L'ART
DE VÉRIFIER LES DATES
DES FAITS HISTORIQUES,
DES CHARTES, DES CHRONIQUES,

ET AUTRES ANCIENS MONUMENTS,

DEPUIS LA NAISSANCE DE NOTRE-SEIGNEUR;

L'ART
DE VÉRIFIER LES DATES
DES FAITS HISTORIQUES,
DES CHARTES, DES CHRONIQUES,
ET AUTRES ANCIENS MONUMENTS,

DEPUIS LA NAISSANCE DE NOTRE-SEIGNEUR,

Par le moyen d'une Table Chronologique, où l'on trouve les Olympiades, les Années de J. C., de l'Ère Julienne ou de Jules César, des Ères d'Alexandrie et de Constantinople, de l'Ère des Séleucides, de l'Ère Césaréenne d'Antioche, de l'Ère d'Espagne, de l'Ère des Martyrs, de l'Hégire; les Indictions, le Cycle Pascal, les Cycles Solaire et Lunaire, le Terme Pascal, les Pâques, les Épactes, et la Chronologie des Éclipses;

Avec deux Calendriers Perpétuels, le Glossaire des Dates, le Catalogue des Saints; le Calendrier des Juifs; la Chronologie historique du Nouveau Testament; celle des Conciles, des Papes, des quatre Patriarches d'Orient, des Empereurs Romains, Grecs; des Rois des Huns, des Vandales, des Goths, des Lombards, des Bulgares, de Jérusalem, de Chypre; des Princes d'Antioche; des Comtes de Tripoli; des Rois des Parthes, des Perses, d'Arménie; des Califes, des Sultans d'Iconium, d'Alep, de Damas; des Empereurs Ottomans; des Schahs de Perse; des Grands-Maîtres de Malte, du Temple; de tous les Souverains de l'Europe; des Empereurs de la Chine; des grands Feudataires de France, d'Allemagne, d'Italie; des Républiques de Venise, de Gênes, des Provinces-Unies, etc., etc., etc.

PAR UN RELIGIEUX DE LA CONGRÉGATION DE SAINT-MAUR;

Réimprimé avec des corrections et annotations, et continué jusqu'à nos jours,

Par M. DE SAINT-ALLAIS, chevalier de plusieurs Ordres, auteur de l'Histoire généalogique des Maisons souveraines de l'Europe.

TOME QUATRIÈME.

A PARIS,
RUE DE LA VRILLIÈRE, N°. 10, PRÈS LA BANQUE.

VALADE, IMPRIMEUR DU ROI, RUE COQUILLIÈRE.

1818.

L'ART
DE
VÉRIFIER LES DATES.

SUITE
DE LA
CHRONOLOGIE HISTORIQUE
DES PATRIARCHES
DE L'ÉGLISE D'ORIENT.

La ville d'Antioche, bâtie sur l'Oronte par Séleucus Nicator, premier roi de Syrie, devint la capitale des états de ce prince et de ses successeurs. Réduite avec toute la Syrie sous la puissance des Romains par Pompée, elle conserva ses anciennes prérogatives, et continua d'être regardée comme la capitale des quinze provinces dont était composé le royaume de Syrie, et qui formèrent dans la suite le diocèse d'Orient. Ces provinces, gouvernées par un vicaire du préfet du prétoire, qui prenait le titre de comte d'Orient, étaient, suivant la Notice de l'Empire, la Palestine, la Syrie, la Phénicie, l'île de Chypre, la première Cilicie, la deuxième Palestine, la Palestine salutaire, la Phénicie du Mont-Liban, l'Euphratésienne, la Syrie salutaire, l'Osrohène, la Mésopotamie, la deuxième Cilicie, l'Isaurie et l'Arabie; à quoi il faut ajouter une partie de la Perse. Toutes ces provinces réduites ensuite, sans démembrement, par une nouvelle division, au nombre de sept, savoir :

la Syrie creuse, ou la Célésyrie, la Phénicie, la Palestine, l'Arabie, (ce qu'il faut entendre de l'Arabie pétrée ; car les Romains n'allèrent jamais plus avant.) La Cilicie, la Mésopotamie et l'Isaurie furent également soumises à l'évêque d'Antioche, qui jouissait du second rang dans l'église orientale, jusqu'à ce qu'il déféra au canon du deuxième concile général, qui attribuait le premier à l'évêque de Constantinople.

PATRIARCHES D'ANTIOCHE.

I. SAINT PIERRE.

Saint Pierre fonda l'église d'Antioche en l'an de J. C. 36. Il trouva en y arrivant un grand nombre de juifs et de gentils, convertis par les fidèles qui étaient venus de Judée. Ce fut dans Antioche, comme nous l'apprend saint Luc, que les disciples de J. C. commencèrent à être appelés chrétiens. Saint Pierre quitta cette ville en 42 pour établir un nouveau siège à Rome.

II. EVODE.

42. Evode fut nommé par saint Pierre pour son successeur dans l'église d'Antioche, lorsque cet apôtre partit pour se rendre à Rome. Son épiscopat fut d'environ vingt-six ans. Il mourut, et probablement avec la gloire du martyre, sur la fin de la persécution et de l'empire de Néron, c'est-à-dire l'an 68. L'église latine honore sa mémoire le 6 mai, et l'église grecque le 29 avril et le 7 septembre.

III. SAINT IGNACE.

68. Ignace, surnommé Théophore, disciple de saint Jean l'évangéliste, fut ordonné évêque par saint Pierre, suivant Eusèbe, saint Chrysostôme et Théodoret, du vivant d'Evode auquel il succéda. Son gouvernement fut remarquable, et par sa longue durée et par l'éclat des vertus qu'il fit briller dans l'épiscopat. On admire ses lumières et l'ardeur de sa charité dans les sept lettres qui nous restent de lui; monument précieux dont l'authenticité a été vainement combattue par quelques protestants, et solidement établie par d'autres. L'empereur Trajan, passant par Antioche, le fit comparaître devant lui pour rendre raison de sa foi. Sur ses réponses vraiment apostoliques, il le condamna à être conduit à Rome pour y être dévoré par les bêtes. L'année de son martyre est un point contesté parmi les

critiques : les uns le mettent, d'après saint Chrysostôme, au 20 décembre de l'an 107 ; les autres, avec le P. Pagi, le rapportent au même jour de l'an 116. Ce dernier sentiment nous paraît le mieux appuyé. (Pagi, le Quien.)

IV. HERON.

116. Héron, suivant Eusèbe, fut le successeur de saint Ignace dont il était disciple, et qui l'avait ordonné diacre. Le même historien lui donne vingt ans d'épiscopat. Il mourut, per conséquent, l'an 136 de J. C. Sa mémoire est honorée dans l'église le 27 octobre.

V. CORNEILLE.

136. Corneille fut élu, pour succéder à Héron, sur la fin de l'an 136. Il gouverna l'église d'Antioche l'espace de treize ans, et mourut l'an 150.

VI. ÉROS.

150. Éros monta sur le siége d'Antioche après Corneille. Nicéphore et Georges Syncelle lui donnent vingt-six ans d'épiscopat. Sa mort par conséquent arriva l'an 176.

VII. THEOPHILE.

176. Théophile fut le successeur d'Eros. Il joignait un rare savoir à une éminente piété. Il nous reste des productions de sa plume trois livres à Autolicus contre le Paganisme ; ouvrage rempli d'érudition sacrée et d'érudition profane, employées avec discernement. Dodwel a vainement tâché de transporter ces trois livres à un autre Théophile plus récent, selon lui, que l'évêque d'Antioche, et absolument inconnu. Pearson, Basnage et Tillemont, l'ont victorieusement réfuté sur ce point. L'évêque Théophile mourut la sixième année de l'empereur Commode, l'an de J. C. 186.

VIII. MAXIMIN.

186. Maximin, successeur de Théophile, occupa la chaire épiscopale d'Antioche durant treize ans, et mourut l'an de J. C. 199.

IX. SERAPION.

199. Sérapion succéda à Maximin. Eusèbe et Saint-Jérôme louent le savoir de ce prélat, et son zèle pour la défense de la vérité. Il avait écrit un livre contre l'hérésie de Montan, et un

autre adressé aux fidèles de Rosse, en Cilicie, pour réfuter l'évangile supposé de saint Pierre. Sérapion mourut la première année de l'empereur Caracalla, de Jésus-Christ 211.

X. ASCLEPIADE.

211. ASCLÉPIADE, successeur de Sérapion sur le siége d'Antioche, rendit un glorieux témoignage à la foi sous la persécution de Caracalla. Son épiscopat fut de 8 à 9 ans. Il mourut la deuxième année de l'empereur Héliogabale, l'an de J. C 219, après le 7 juin.

XI. PHILET.

219. PHILET devint évêque d'Antioche après Asclépiade. Son gouvernement fut de onze ans, et finit par conséquent l'an 230.

XII. ZIBEN.

230. ZIBEN remplit le siége d'Antioche après Philet, et mourut l'an 236.

XIII. S. BABYLAS.

236. BABYLAS, suivant Eusèbe, fut mis à la tête de l'église d'Antioche dans le même tems que Fabien prit le gouvernement de celle de Rome; caractère qui dénote le commencement de l'an 236. Il fut arrêté pendant la persécution de Déce, et mourut en prison l'an 251. Il voulut être enterré avec ses fers. L'église latine honore sa mémoire le 24 janvier, et l'église grecque le 4 septembre.

XIV. FABIUS.

251. FABIUS, ou FABIEN, successeur de S. Babylas, n'occupa le siége qu'un peu plus d'un an. Le pape saint Corneille et saint Denis, évêque d'Alexandrie, lui écrivirent touchant le schisme de Novatien, pour lequel il semblait pencher. On convoqua même un concile pour le juger. Mais il mourut sur ces entrefaites l'an 252.

XV. DEMETRIEN.

252. DÉMÉTRIEN succéda à Fabius. Il fit preuve de son zèle pour l'unité de l'église dans un concile qu'il assembla contre Novatien, suivant le témoignage de saint Denis d'Alexandrie. Sa mort arriva dans la huitième année de son épiscopat l'an de J. C. 260.

XVI. PAUL DE SAMOSATE.

260. PAUL, natif de Samosate, sur l'Euphrate, fut le successeur de Démétrien. On lui donne presque toujours, dit M. de Tillemont, le surnom de sa patrie plutôt que d'Antioche, dont il déshonora le siége par le dérèglement de ses mœurs et par sa fausse doctrine. Il imitait, ajoute le même critique, le faste d'un grand du siècle et non la simplicité d'un évêque. Il violait même ouvertement les lois de la pudeur et de la justice. Sa doctrine était presque entièrement semblable à celle que Sabellius avait publiée l'an 255. La reine Zénobie, qui rassemblait alors à Palmyre, où elle tenait sa cour, les hommes célèbres par leurs talents et leurs lumières, y appela Paul, dans le dessein de s'entretenir avec lui des dogmes du Christianisme. Elle avait embrassé la religion juive, et la préférait aux mystères de la religion chrétienne, qu'elle ne pouvait accorder avec la raison. L'évêque, pour condescendre à ses préjugés, lui proposa sur la Trinité une doctrine qui paraissait plus assortie à son entendement, en disant que les trois personnes dans ce mystère n'étaient en effet que des attributs différents, loin de former comme elle s'imaginait, trois dieux; et que J. C. n'était appelé Fils de Dieu que parce que la sagesse divine s'était communiquée à lui d'une manière extraordinaire, quoique dans le fond il ne fût qu'un pur homme. La reine goûta cette exposition, mais les fidèles, et surtout les évêques de Syrie en furent scandalisés. On assembla contre lui, l'an 264, à Antioche, un concile d'où il se tira en niant l'hérésie qu'on lui imputait. Fier du succès de sa mauvaise foi, il continua de débiter ses faux dogmes, et le fit avec moins de circonspection. On le cita, l'an 269 ou 270, à un nouveau concile dans la même ville. Il y fut convaincu non seulement d'erreur dans la foi, mais encore de déréglement dans les mœurs, et en conséquence déposé. Il persista dans son hérésie, et se maintint sur son siége par la protection de la reine de Palmyre. Mais après la défaite de cette princesse, il fut chassé vers la fin de l'an 270, par ordre de l'empereur Aurélien, à la demande des évêques qui l'avaient déposé.

XVII. DOMNUS I.

270. DOMNUS, après l'expulsion de Paul, fut mis à sa place. Il gouverna deux ans l'église d'Antioche, et mourut l'an 273, le 2 janvier. (Bolland. Le Quien.)

XVIII. TIMEE.

273. TIMÉE succéda à Domnus. Il mourut, suivant Eusèbe,

la quatrième année de Probus, c'est-à-dire l'an de Jésus-Christ 280. (Bolland.)

XIX. CYRILLE.

280. CYRILLE, après la mort de Timée, remplit le siége d'Antioche jusqu'à l'an 300, époque de sa mort. (Bolland. tom. IV. Jul., pag. 28.)

XX. TYRAN.

300. TYRAN fut le successeur de Cyrille. La persécution de Dioclétien, dont l'effort se fit sentir particulièrement à Antioche, rendit son épiscopat fort orageux. Sans abandonner son peuple, il fut obligé de se tenir presque toujours caché. Il mourut, suivant les uns, en 313 ; selon les autres, en 316. Nous préférons le premier sentiment, pour les raisons qu'on verra dans un moment.

XXI. S. VITAL.

313. VITAL, suivant saint Jérôme, fut placé sur le siége d'Antioche lorsque la paix des églises commençait à prendre consistance, c'est-à-dire après la mort de l'empereur Maximin, arrivée en 313. Son nom se trouve parmi les souscriptions des conciles d'Ancyre et de Néocésarée, célébrés l'un et l'autre l'an 314. Il fit rétablir l'église de la Palée, ou de la vieille ville d'Antioche, qui avait été détruite pendant la persécution. Nicéphore et Théophane lui donnent environ six ans d'épiscopat, c'est-à-dire qu'il mourut vers l'an 319.

XXII. S. PHILOGONE.

319 ou environ. PHILOGONE, successeur de Vital, fut tiré du barreau pour être mis à la tête de l'église d'Antioche, et passa tout-à-coup, dit saint Chrysostôme, du tribunal des magistrats séculiers à celui des princes de l'église. Il fit paraître beaucoup de fermeté pendant la persécution de Licinius. Il acheva la reconstruction de l'église de la Palée. Saint Alexandre, évêque d'Alexandrie, après avoir chassé Arius de son église, lui envoya la sentence qu'il avait prononcée contre cet hérésiarque, comme à un défenseur des dogmes apostoliques. Saint Philogone la confirma, et prit hautement la défense de la foi orthodoxe touchant la divinité du verbe. M. de Tillemont place sa mort au 20 décembre de l'an 323 ; les Bollandistes la mettent en 322.

XXIII. PAULIN I.

322 ou 323. PAULIN, natif d'Antioche, était évêque de Tyr

lorsque saint Philogone mourut. Le peuple d'Antioche alors le revendiqua, dit Eusèbe, comme un bien qui lui était propre, et le mit sur le siége que la mort du saint laissait vacant. Mais il le tint fort peu de tems, étant mort l'an 324, ou dans le commencement de l'année suivante.

XXIV. S. EUSTATHE.

324 ou 325. EUSTATHE, né à Side, en Pamphilie, fut transféré du siége de Berée en Syrie, qu'il occupa d'abord, sur celui d'Antioche. Cette translation se fit à la demande du peuple et du clergé d'Antioche. Elle fut approuvée par le concile de Nicée, où le prélat se trouva, et où il eut l'honneur de haranguer l'empereur Constantin. Le zèle qu'il fit paraître dans cette assemblée, contre Arius, lui attira la haine des sectateurs de cet hérésiarque. L'an 331, Eusèbe de Nicomédie et Eusèbe de Cérarée, le firent déposer dans un concile tenu à Antioche, même sur une fausse accusation dont ils étaient les auteurs. L'empereur Constantin, dont ils surprirent la religion, le relégua ensuite à Philippe, en Macédoine. L'année et le lieu de sa mort sont incertains. M. de Tillemont place cet événement vers l'an 337; mais Socrate et Sozomène attestent qu'Evagre fut ordonné, l'an 370, évêque de Constantinople par Eustathe, qui avait été, disent-ils, évêque d'Antioche, et demeurait alors caché dans la capitale de l'empire. Ils ajoutent que les Ariens, irrités de cette ordination, le firent exiler à Byzie, dans la Thrace. Saint Jérôme dit qu'il mourut à Trajanople, ville de cette province ; d'autres le font mourir dans le premier lieu de son exil en 338 : c'est le sentiment, à ce qu'il nous paraît, le mieux appuyé.

XXV. PAULIN II.

331. PAULIN fut placé sur le siége d'Antioche par les Eusébiens, après la déposition d'Eustathe. Comme il n'était pas arien déclaré, plusieurs catholiques ne firent pas difficulté de communiquer avec lui. Mais d'autres demeurèrent séparés de sa communion et de celle de ses successeurs. On les nomma les Eustathiens. Paulin ne tint le siége d'Antioche qu'environ six mois. (Pagi, Tillemont.) Le P. le Quien ne parle point de cet évêque, qu'il confond avec le premier Paulin.

XXVI. EULALIUS, *hérétique.*

331. EULALIUS fut substitué, pas les Eusébiens, à Paulin. Il mourut l'an 332.

XXVII. EUPHRONIUS, *hérétique*.

332. Euphronius fut tiré de Césarée, en Cappadoce, dont il était évêque, pour remplir le siége d'Antioche. Cette place ne lui fut accordée qu'au refus d'Eusèbe de Césarée, à qui elle avait été d'abord offerte. Euphronius était arien, mais si dissimulé, que l'empereur Constantin l'avait proposé lui-même pour Antioche, le croyant bon catholique. Il mourut l'an 333.

XXVIII. PLACILLE, *hérétique*.

333. Placille, ou Flacille, fut donné pour successeur à Euphronius. Il présida, l'an 335, dans le mois d'août, au concile de Tyr, où il se rangea du parti des Ariens contre saint Athanase et les évêques d'Egypte. Le 13 septembre suivant, il eut le même honneur au concile de Jérusalem, où l'on reçut Arius à la communion. L'an 341, on le voit encore à la tête du concile d'Antioche, et toujours favorable aux Ariens. M. de Tillemont met sa mort en 345, le P. Mansi en 342.

XXIX. ETIENNE, *hérétique*.

345. Etienne, prêtre, autrefois déposé pour ses impiétés, fut choisi par les Ariens pour succéder à Placille. Etant venu l'an 347 au concile de Sardique, il fut du nombre de ceux qui s'enfuirent à Philipopoli, voyant que cette assemblée ne voulait condamner ni S. Athanase ni les autres défenseurs de la vérité. L'an 348, les Eusébiens furent obligés de le déposer pour une fourberie détestable qu'il commit envers les députés du concile de Sardique. (Tillemont.) Le P. Mansi, qui place le concile de Sardique en 344, met la déposition d'Etienne en 345. (*Voy. le concile de Sardique.*)

XXX. LEONCE, *hérétique*.

348. Léonce, phrygien de nation et prêtre, fut mis par les Eusébiens à la place d'Etienne. Il n'était pas meilleur que son prédécesseur. Il fut le maître d'Aëtius, chef des Anoméens, qu'il fit diacre en 350, et qu'il fut presque aussitôt contraint de déposer. Léonce était d'autant plus dangereux, qu'il masquait son impiété sous les dehors de la modération. Les prêtres Flavien et Diodore eurent soin de prémunir les Catholiques contre les piéges qu'il leur tendait. S'étant séparés de lui, ils apprirent aux fidèles à psalmodier dans les prières publiques, alternativement et à deux chœurs; usage qui se répandit ensuite par

toute la terre. On croit aussi que, pour se distinguer des Ariens, ils faisaient chanter à la fin de chaque pseaume : *gloire au Père, au Fils et au S. Esprit ;* au lieu que ces hérétiques disaient, *gloire au Père dans le Fils et le S. Esprit.* Léonce mourut l'an 357, ou au commencement de l'année suivante. (Tillemont, Bollandus, le Quien.)

XXXI. EUDOXE, *hérétique.*

358. EUDOXE, évêque de Germanicia, s'empara du siége d'Antioche après la mort de Léonce, par le crédit des eunuques du palais. Il tint la même année un concile, où il condamna le *Consubstantiel* et le *semblable en substance.* L'an 359, étant au concile de Séleucie, il se déclara pour les purs ariens, ce qui engagea la plus saine partie de cette assemblée à le déposer. Mais peu de tems après il trouva moyen de se faire placer sur le siége de Constantinople.

XXXII. ANIEN.

359. ANIEN fut nommé, par le concile de Séleucie, pour remplacer Eudoxe, sur le siége d'Antioche dont il était prêtre. Mais Acace de Césarée et les ariens de son parti le firent envoyer aussitôt en exil. Depuis on n'entendit plus parler de lui. (Tillemont, le Quien, Orsi.)

XXXIII. S. MELECE. EUZOÏUS, *intrus.*

361. MÉLÈCE, successeur d'Anien, fut élu par le concile d'Antioche, en présence de l'empereur Constance Il était alors à Bérée, où il s'était retiré après avoir quitté l'évêché de Sébaste, en Arménie. Sur la nouvelle de son élection, il arriva à Antioche avant que le concile fut séparé. Il prêcha devant cette assemblée le jour de son intronisation, et prêcha la foi de Nicée au grand étonnement des Ariens. L'empereur, séduit par leurs artifices, l'exila au bout de trente jours à Mélitine, en Arménie, lieu de sa naissance.

EUZOIUS, diacre d'Alexandrie, et privé de son rang par saint Alexandre, pour avoir embrassé le parti d'Arius, fut mis à la place de Mélèce. Les Catholiques alors se séparèrent ouvertement des Ariens, et commencèrent à tenir leurs assemblées à part. Les Eustathiens, regardant Mélèce lui-même comme un intrus, firent schisme avec les autres catholiques, et se rassemblèrent sous la conduite du prêtre Paulin. Euzoius jouit de son usurpation jusqu'en 376, époque de sa mort. Les Ariens lui donnèrent pour successeur Dorothée, qui fut chassé l'an 381. (Bollandus.)

XXXIV. MELECE et PAULIN III, *ensemble*.

362. MÉLÈCE, après la mort de l'empereur Constance, revint à son église, en vertu de l'édit de Julien qui rappelait tous les évêques exilés. Il y trouva Paulin, ordonné peu de tems auparavant évêque d'Antioche par Lucifer de Cagliari en Sardaigne. Alors toute l'église catholique se partagea entre les deux compétiteurs. L'Orient était pour Mélèce, l'Occident avec l'Egypte pour Paulin. Ce schisme dura quatre-vingt-cinq ans. Mélèce subit, l'an 363, un second exil, qui fut de peu de durée, et un troisième plus long en 372; celui-là pour s'être opposé au rétablissement de l'idolâtrie sous Julien, et l'autre pour avoir défendu la religion catholique sous Valens. Rendu enfin à son église l'an 378, il convint avec Paulin que celui des deux qui survivrait à l'autre, demeurerait seul évêque d'Antioche, et que cependant ils gouverneraient dans l'église d'Antioche les ouailles qui les reconnaissaient pour leurs pasteurs. L'an 381, Mélèce présida au concile général de Constantinople. C'était Théodose, nouvellement associé par Gratien à l'empire, qui avait convoqué cette assemblée. Quand les évêques qui la composaient vinrent saluer pour la première fois ce prince, il défendit qu'on lui montrât Mélèce, qu'il ne connaissait que de réputation. Il le reconnut entre tous d'après un songe où il avait vu, peu de jours avant son élévation, cet illustre prélat le revêtir du manteau impérial. A l'instant il courut à lui, et baisa la main qui l'avait couronné. Mélèce ne vit pas la fin du concile, étant mort à Constantinople dans les derniers jours de mai, avec la gloire d'avoir souffert pour la vérité trois exils, et avec le titre de *divin* que ses éminentes qualités lui avaient mérité. Les évêques le pleurèrent comme leur père. Son corps fut reporté à Antioche avec une pompe qui n'avait point d'exemple. L'Occident, qui lui avait refusé la communion pendant sa vie, lui a rendu justice après sa mort, en le plaçant au nombre des saints.

XXXV. PAULIN et FLAVIEN Ier., *ensemble*

381. FLAVIEN, prêtre d'Antioche, d'une naissance illustre et d'une vertu supérieure à sa naissance, fut substitué à Mélèce par les catholiques de son parti, contre la foi du traité fait entre lui et Paulin. Le concile de Constantinople approuva néanmoins cette élection. Paulin, accompagné de saint Épiphane, se rendit, peu de tems après, à Rome, et assista au concile qui s'y tint l'an 382. Il reprit ensuite la route d'Antioche, où il mourut vers le mois de septembre 388. (Bollandus.)

XXXVI. FLAVIEN et EVAGRE, *ensemble*.

388. Evagre prit la place de Paulin, qui l'avait ordonné pour son successeur avant que de mourir. L'an 390, l'empereur Théodose donne ordre aux deux compétiteurs de se rendre au concile de Capoue, qui se tint l'année suivante, pour y subir le jugement de cette assemblée sur leurs prétentions. Flavien ayant fait défaut, l'affaire est renvoyée aux évêques d'Egypte ; Flavien les récuse. Les Occidentaux, irrités de cette conduite, pressent l'empereur d'envoyer ce prélat à Rome. Sur ces entrefaites, Evagre meurt l'an 392.

FLAVIEN, *seul*.

392. Flavien, après la mort de son rival, vient à bout d'empêcher que ses partisans ne lui donnent un successeur ; mais il ne peut les faire entrer dans sa communion. L'an 398, il est rétabli dans celle de Rome, par la médiation de saint Chrysostôme et de Théophile d'Alexandrie, avec lequel il s'était réconcilié. Alors tous les évêques d'Orient se réunissent à lui. Les seuls Eustathiens d'Antioche persistent dans le schisme. L'an 404 (peut-être le 26 septembre), Flavien meurt avec la réputation de l'un des plus saints et des plus éloquents prélats de son siècle. Nous avons le beau discours par lequel il désarma la colère de Théodose, sur le point d'éclater contre les habitants d'Antioche, pour avoir outragé ses statues et celles de sa famille dans une sédition occasionnée par les impôts.

XXXVII. PORPHYRE.

404. Porphyre, prêtre d'Antioche, est ordonné furtivement évêque de cette église peu de jours après la mort de Flavien. Rejeté par la plus grande partie du clergé et du peuple, il se ligue avec les ennemis de saint Chrysostome. Cette conduite augmente l'aversion publique contre lui ; mais elle lui rend la cour favorable. Edit de l'empereur Arcade, qui ordonne de communiquer avec Théophile d'Alexandrie, Porphyre d'Antioche et Arsace de Constantinople. Les gens de bien sont persécutés à l'occasion de cette loi. L'an 407, Porphyre obtient un ordre de faire transférer saint Chrysostôme de Cucuse à Pithyunte. Il fut par-là, dit M. de Tillemont, le principal auteur de la mort qui ravit ce saint à la terre dans ce voyage. Dieu différa néanmoins encore sa punition de quelques années, ajoute le même écrivain, et peut-être jusqu'en 413 ou 414, où l'on croit qu'il mourut.

XXXVIII. ALEXANDRE.

413 ou 414. ALEXANDRE, exercé dans la pratique des vertus chrétiennes et monastiques, fut élu canoniquement pour remplacer Porphyre sur la chaire d'Antioche. Il eut le bonheur d'éteindre le schisme de cette église en ramenant ce qui restait d'eustathiens à sa communion. Il eut aussi la gloire de rétablir en Orient la mémoire de saint Chrysostôme, ayant donné l'exemple aux évêques de mettre son nom dans les diptiques. A l'amour de la paix, il joignait une grande charité pour les pauvres. Nicéphore ne lui donne que cinq ans d'épiscopat; mais Bollandus, Noris, Pagi et le Quien prouvent qu'il mourut en 421.

XXXIX. THEODOTE.

421 ou 422. THÉODOTE fut placé sur le siége d'Antioche après la mort d'Alexandre. C'était un homme savant, selon Théodoret, mais peu ressemblant, à ce qu'il paraît, pour le caractère, à son prédécesseur. Un des premiers actes de son épiscopat fut de retrancher des diptiques le nom de saint Chrysostôme; mais les murmures de son peuple l'obligèrent bientôt à l'y remettre. l'auteur de la vie de saint Alexandre, patriarche des Acémètes, lui reproche des procédés fort durs envers ce vénérable solitaire. Jean Mosch fait néanmoins l'éloge de sa douceur. L'an 424, il parut à la tête d'un concile où Pélage fut convaincu d'hérésie et chassé des lieux saints. Théodoret, dont l'histoire ecclésiastique finit à l'an 428, dit y avoir mis la dernière main l'année que Théodote d'Antioche et Théodore de Mopsueste moururent, c'est-à-dire l'an 429 au plus tard. Théodote avait ordonné prêtre et chargé de l'emploi de catéchiste le fameux Nestorius.

XL. JEAN I.

429. JEAN, élevé dans le monastère de saint Euprèpe, voisin d'Antioche, avec le fameux Nestorius et le célèbre Théodoret fut élu pour succéder à Théodote dans la chaire d'Antioche. L'an 430, il écrivit à Nestorius pour l'engager à rétracter ses erreurs. Séduit par la réponse artificieuse de cet hérésiarque, il engagea Théodoret à réfuter les anathématismes de saint Cyrille. Invité l'année suivante au concile général d'Ephèse, il diffère de s'y rendre, prie qu'on l'attende avec ses suffragants, n'est point écouté, et malgré les remontrances de 68 évêques, arrive enfin un samedi 27 juin après la condamnation de Nestorius. Le même jour, il tient un conciliabule avec les siens, où il dépose saint Cyrille et Memnon,

évêque d'Ephèse. Excommunié lui-même par le concile légitime, il s'en retourne sur la fin d'octobre. La même année, il tient deux nouveaux conciliabules, l'un à Tarse, l'autre à Antioche, contre saint Cyrille et ses partisans. Enfin, l'an 433, au mois d'avril, il fait sa paix avec saint Cyrille, en disant anathème aux erreurs de Nestorius, en approuvant sa déposition, et en reconnaissant pour légitime évêque Maximien son successeur. Mais l'an 435, pressé par saint Cyrille et Procle de Constantinople de condamner la mémoire de Théodore de Mopsueste, il le refuse avec son concile. Sa mort arriva l'an 442 dans la treizième année de son épiscopat. Quoiqu'attaché à la personne de Nestorius, il conserva toujours la pureté de la foi. Le concile de Calcédoine l'appelle un sage évêque, et saint Euloge d'Alexandrie le qualifie de saint.

XLI. DOMNUS II.

442. DOMNUS, neveu du patriarche Jean et disciple de l'abbé saint Euthyme, succéda au premier dans le siége d'Antioche. Avant son épiscopat, il avait fait preuve de son amour pour la paix, par les soins qu'il s'était donnés pour réconcilier son oncle avec saint Cyrille. L'an 449, il fut une des victimes du brigandage d'Ephèse. Déposé par cette assemblée, Domnus se retira auprès de son maître saint Euthyme en Palestine. Il y termina saintement ses jours l'an 461.

XLII. MAXIME.

449. MAXIME fut nommé par la cour, à la sollicitation de Dioscore, pour succéder à Domnus. Le promoteur de sa nomination le fit ordonner dans Constantinople par Anatole, évêque de cette église. Toute irrégulière que fût une telle ordination, elle fut néanmoins confirmée par le concile de Calcédoine et par le pape saint Léon, qui l'avait d'abord hautement désapprouvée. Mais la pureté de la foi de Maxime couvrit le vice de son entrée dans l'épiscopat. Nicéphore ne lui accorde que quatre années de gouvernement; mais le P. le Quien prouve qu'il faut lui en donner au moins six, et qu'il ne mourut au plutôt qu'en 455.

XLIII. BASILE.

456. BASILE, successeur de Maxime, n'occupa le siége d'Antioche qu'environ deux ans. Il mourut vers le milieu de l'an 458. (Le Quien.)

XLIV. ACACE.

458. ACACE, que Victor de Tunone appelle Alexandre, fut

élu pour succéder à Basile. Sous son pontificat, la ville d'Antioche fut bouleversée par un horrible tremblement de terre. Cet événement date, suivant Evagre, du 14 septembre de la seconde année de l'empereur Léon. Acace mourut vers la fin de l'an 459, après un an et quatre mois d'épiscopat.

XLV. MARTYRIUS

460. MARTYRIUS monta sur le siége d'Antioche après la mort d'Acace. L'an 470, la paix de son église fut troublée par l'arrivée de Pierre le Foulon, que Zénon, gendre de l'empereur Léon I, avait amené avec lui en Orient. Ce fanatique, chassé d'un monastère d'Acémètes, ou il exerçait le métier de Foulon, souleva le peuple contre son évêque, l'accusant de Nestorianisme. Il était lui-même eutychien, et eutychien outré. Pour faire entendre que la divinité avait elle-même souffert, il ajouta au Trisagion : *Vous qui avez été crucifié pour nous.* L'an 471, Martyrius voyant son peuple divisé, sans espérance de pouvoir le réunir, fit publiquement son abdication, en se réservant l'honneur du sacerdoce.

XLVI. PIERRE LE FOULON, *intrus*.

471. PIERRE LE FOULON s'empara du siége d'Antioche après l'abdication de Martyrius. L'empereur Léon en étant instruit, ordonna aussitôt qu'il fût exilé dans l'Oasis. Pierre prévint cet ordre par la fuite.

XLVII. JULIEN.

471. JULIEN, après la retraite de Pierre le Foulon, fut mis canoniquement sur le siége d'Antioche. Il n'en jouit pas tranquillement. L'an 475, Pierre le Foulon rentra dans Antioche par la faveur du tyran Basilisque. Il y excita tant de troubles que Julien en mourut de chagrin.

PIERRE LE FOULON, *pour la seconde fois*.

475. PIERRE LE FOULON remonta sur le siége d'Antioche après la mort de Julien. Nicéphore dit qu'il l'occupa cette fois l'espace de trois ans, c'est-à-dire jusqu'en 478. Un concile l'ayant de nouveau déposé, Zénon le relégua dans le Pont.

XLVIII. JEAN II, dit CODONAT.

478. JEAN, surnommé CODONAT, que Pierre le Foulon avait fait évêque d'Apamée, fut mis à sa place. Il avait contribué

plus que tout autre a l'expulsion de cet intrus ; mais il n'en était pas meilleur catholique. Au bout de trois mois, il fut déposé et chassé à son tour. (Bollandus.)

XLIX. ETIENNE II.

478. ETIENNE fut donné pour successeur à Jean Codonat. La Chronique de Nicéphore et les Tables de Théophane lui donnent trois années d'épiscopat. Il mourut par conséquent l'an 481.

L. ETIENNE III.

481. ETIENNE III monta sur le siége d'Antioche après Etienne II. Baronius et d'autres modernes confondent mal à propos ces deux prélats. Le gouvernement d'Etienne III ne fut que d'un an. Son attachement à la saine doctrine lui mérita la couronne du martyre. L'an 482, les partisans de Pierre le Foulon s'étant élevés contre lui, le massacrèrent au pied des autels. L'église honore sa mémoire le 25 avril.

LI. CALENDION.

482. CALENDION, après la mort d'Etienne III, fut élu et ordonné à Constantinople par Acace pour l'évêché d'Antioche. Son épiscopat fut de quatre ans commencés, pendant lesquels il ramena plusieurs hérétiques à l'unité de l'église. Mais l'an 485, l'empereur Zénon, à la sollicitation du perfide Acace, le chassa de son église vers le mois d'août, et rétablit Pierre le Foulon. (Pagi.)

PIERRE LE FOULON, *pour la troisième fois.*

485. PIERRE LE FOULON, replacé pour la troisième fois sur le siége d'Antioche, renouvela ses ravages dans toutes les églises soumises à son patriarcat. L'an 486, il chassa Cyrus de son siége d'Hiéraple, et lui fit substituer Xénaias, autrement dit Philoxène, qui avait été chassé de la Perse, sa patrie, par les soins du patriarche Calendion. (Ce Xénaias est le premier auteur de l'hérésie des Iconoclastes. Il soutenait qu'on ne doit peindre ni les anges ni Jésus-Christ, et effaçait ou enlevait leurs images par tout où il en trouvait.) La mort de Pierre le Foulon arriva l'an 488, vers le mois d'août. (Bollandus.)

LII. PALLADE, *hérétique.*

488. PALLADE, prêtre de Séleucie, en Isaurie, fut le successeur de Pierre le Foulon. Il était ennemi, comme son prédé-

cesseur, du concile de Calcédoine. Il avait eu deux concurrents pour le siége d'Antioche, Anastase, qui fut depuis empereur, et alors engagé dans le clergé de Constantinople, et un nommé Jean. Tous trois eurent des voix; mais Pallade l'emporta pour le nombre. (Villoison, *Anecd. Græca.*, *tom. II.*) Pallade, suivant Théophane et Nicéphore, tint le siége dix ans, et mourut l'an 498 après le mois d'août.

LIII. FLAVIEN II.

498. FLAVIEN, prêtre et apocrisiaire de l'église d'Antioche, fut nommé par l'empereur Anastase pour succéder à Pallade. Dans les commencements de son épiscopat, il usa de dissimulation touchant le concile de Calcédoine, par complaisance pour l'empereur: mais, l'an 511, il empêcha qu'il ne fût proscrit au concile de Sidon, où il assista. Les Hérétiques devinrent alors ses ennemis. L'an 512, Xénaias, évêque d'Hiéraple, et d'autres prélats, opposés comme lui au concile de Calcédoine, déposèrent Flavien dans un conciliabule. L'empereur Anastase le relégua ensuite à Pétra, où il mourut au mois de juillet 518.

LIV. SEVERE.

512. SÉVÈRE, l'un des plus grands fléaux de l'église d'Orient, fut substitué à Flavien dans le mois de novembre 512, par ordre de l'empereur Anastase. Il était de Sozople, en Pisidie. L'an 475, étant en Egypte, il avait embrassé le parti de Pierre Monge. Le trouvant ensuite trop modéré, il s'était séparé de lui, et avait formé la secte des Acéphales, ou Sévériens. Assis sur la chaire d'Antioche, il ne cessa de vexer les catholiques de sa dépendance, tant que l'empereur Anastase vécut. Pour se faire un autre partisan capable d'appuyer ses violences, il entreprit de gagner à sa secte Almandoure, prince des Sarrasins, nouvellement converti, et le plus redoutable ennemi qu'eut alors l'empire. Deux évêques, qu'il chargea de cette commission, ayant expliqué sa doctrine au prince, il remit au lendemain à leur répondre. Ils reviennent, et dans le moment un officier vient lui parler à l'oreille. Une grande tristesse paraît alors sur son visage. *J'apprends*, leur dit-il, *une bien fâcheuse nouvelle; l'archange Michel est mort.* Les évêques lui ayant représenté que cela ne pouvait être, un ange étant immortel de sa nature. *Eh quoi!* leur dit-il, *vous voulez me persuader que la nature divine a subi la mort!* Il les renvoya ainsi confus. L'an 518, Justin, successeur d'Anastase, fit déposer Sévère dans un concile tenu à Constantinople, au mois de juillet. Peu de tems après, il le condamna à avoir la langue coupée, en punition des blasphèmes qu'il ne ces-

sait de vomir contre la foi. Sévère évita ce châtiment par la fuite qu'il prit au mois de septembre de la même année. Il reparut après la mort de Justin, et excita beaucoup de troubles à Constantinople et en Egypte. Sa mort, suivant Abulfarage, arriva l'an des Grecs 850 (de Jésus-Christ 539), ou trois ans plus tard (l'an 542), selon Sévère d'Aschmonin, plus ancien qu'Abulfarage de trois siècles.

L'expulsion de Sévère n'empêcha pas ses partisans de le reconnaître pour vrai patriarche tant qu'il vécut. Après sa mort, ils lui donnèrent un successeur; et depuis ce tems, ces Hérétiques, nommés dès-lors Jacobites, n'ont cessé d'avoir un patriarche de leur secte pour l'église d'Antioche, comme ils en avaient un pour celle d'Alexandrie. Mais celui d'Antioche, sous les empereurs grecs, n'eut pas la liberté de résider en cette ville. Sa demeure fut à Diarbeckir (l'ancienne Amide), où dans le monastère de Saint-Ananie, près de Mélitine, en Arménie.

LV. PAUL II.

519. PAUL, prêtre de Constantinople, fut élu au mois de mai 519, pour remplir le siége d'Antioche. Aussitôt après son ordination, il rétablit le concile de Calcédoine. Son orthodoxie lui aliéna les Hérétiques; mais sa mauvaise conduite indisposa presque également les Orthodoxes. Devenu odieux à tout son peuple, il prit le parti d'abdiquer, l'an 521, au mois d'avril. Il vécut encore trois ans après son abdication. (Bollandus.)

LVI. EUPHRASIUS.

521. EUPHRASIUS, natif de Jérusalem, fut substitué à Paul dans le siége d'Antioche. Il commença son épiscopat, dit Théophane, par retrancher des diptiques les noms du pontife romain et des prêtres de Calcédoine. La crainte, ajoute-t-il, lui fit publier ensuite les quatre conciles. Les Hérétiques s'étant soulevés à cette occasion, il y en eût plusieurs de tués. Un accident funeste termina l'épiscopat et les jours d'Euphrasius. Il périt dans un tremblement de terre, qui, ayant commencé le 29 mai 526, dura un an entier, selon Théophane, et il y périt, suivant Evagre, des derniers.

LVII. EPHREM.

527. EPHREM, comte d'Orient, dans le tems du tremblement de terre qui bouleversa la ville d'Antioche, mérita, par le soin qu'il prit des habitants, d'être élu pour succéder à Euphrasius. La conduite qu'il tint dans l'épiscopat justifia ce choix.

Ses mœurs furent simples, sa vie frugale, sa doctrine pure, son zèle actif et réglé. Il poursuivit avec vigueur les Hérétiques, dans ses discours et ses écrits. Antioche, au commencement de son pontificat, essuya, le 29 novembre 528, un nouveau tremblement de terre, qui dura une heure, et fit écrouler le reste des édifices qui avaient résisté au premier. Ce fut une nouvelle occasion pour Ephrem, de faire éclater sa charité. Ce digne pasteur mourut l'an 545, vers le commencement de mai.

LVIII. DOMNUS III.

545. DOMNUS, thrace de naissance, fut choisi par l'empereur Justinien pour remplacer Ephrem sur le siége d'Antioche. Il eut le même attachement que son prédécesseur à la foi catholique. L'an 553, il assista au cinquième concile général, dont il souscrivit les actes. Nicéphore et Théophane lui donnent quatorze ans d'épiscopat. Les Tables du dernier mettent sa mort en l'an de l'Incarnation 552, selon le calcul d'Alexandrie; ce qui revient à l'an de notre ère 559, avant le 29 août, par où débute l'année des Egyptiens.

LIX. ANASTASE I.

559. ANASTASE, moine de Palestine, qu'il ne faut pas confondre avec le Sinaïte, fut élu pour succéder à Domnus. Il soutint dans l'épiscopat la réputation qu'il s'était acquise par sa doctrine et ses vertus dans le cloître. L'an 563, il résista courageusement à l'empereur Justinien, qui voulait faire ériger en dogme son erreur de l'incorruptibilité du corps de Jésus-Christ avant sa résurrection. Sa grande charité lui fit épuiser le trésor de son église en faveur des pauvres. L'empereur Justin II, irrité contre lui d'ailleurs, lui en fit un crime, et le chassa de son siége vers la fin de l'an 569. (Le Quien.)

LX. GREGOIRE.

569. GRÉGOIRE, abbé dans la Palestine, fut mis à la place du patriarche Anastase I par l'empereur Justin. La sagesse de son gouvernement couvrit le vice de son entrée dans l'épiscopat. Il signala sa prudence et sa charité pendant les incursions que les Perses firent en Syrie sous les règnes de Justin, Tibère et Maurice. Sa vertu ne le mit pas néanmoins à l'abri de la calomnie. Un laïque l'accusa de crimes honteux, dont il se purgea, l'an 588, au concile de Constantinople. L'an 593, il remit le siége d'Antioche à son prédécesseur, et mourut la même année d'une attaque de goutte. (Pagi.)

ANASTASE I, *pour la seconde fois.*

593. ANASTASE remonta sur son siége le 25 mars 593 après 23 ans d'exil. Il le tint encore 5 ans, et mourut l'an 598, avant le mois de septembre, en odeur de sainteté. (Pagi, le Quien.)

LXI. ANASTASE II, dit LE JEUNE ET LE MARTYR.

598. ANASTASE II fut le successeur d'Anatase I. Ce fut à lui et non pas à son prédécesseur, que le pape S. Grégoire écrivit sa lettre 48ᵉ, datée du mois de janvier, indiction II, (599 de J. C.) en réponse à celle qu'il lui avait adressée en lui envoyant sa profession de foi. Son épiscopat fut vivement agité par les guerres des Perses contre les Romains. Les Juifs, à la faveur de ces troubles, attaquèrent les Chrétiens à force ouverte. Anastase, voulant défendre ses ouailles, fut mis à mort par ces forcenés vers le mois d'août de l'an 610. Le siége d'Antioche vaqua 19 ans depuis sa mort. Les Grecs font sa fête le 21 décembre.

LXII. ATHANASE, ou ANASTASE III.

629. ATHANASE, ou ANASTASE III, est retranché du catalogue des patriarches d'Antioche par les PP. Pagi et le Quien, ainsi que par M Assemani. Mais le P. Boschius. (*Hist. Chro. Patriar. Anth.*) fait voir qu'il doit être établi, par des preuves dont voici le résultat. Il est certain qu'Athanase était patriarche ou catholique des jacobites de Syrie dès l'an 604, et peut-être même l'était-il dès l'an 597. Après la victoire que l'empereur Héraclius remporta, l'an 629, sur les Perses, victoire qui procura le recouvrement de la vraie croix : étant allé trouver ce prince à Hiérapolis, en Syrie pour le féliciter sur cet événement, il en fut gracieusement accueilli. Héraclius s'engagea de le faire patriarche d'Antioche, s'il voulait recevoir le concile de Calcédoine, et reconnaître les deux natures en J. C. Flatté de cette offre, Athanase feignit d'admettre en J. C. les deux natures en se retranchant à dire qu'elles ne produisaient qu'une seule opération, qu'il appellait *Théandrique* ou *Dei-Virile*. L'empereur, satisfait de cette restriction dont il ne connut pas le venin, tint parole à l'hypocrite prélat, en le plaçant sur le siége qu'il lui avait promis. Athanase, dès qu'il y eût été installé, manifesta hautement le Monothélisme dont il était imbu, et le soutint persévéramment jusqu'à sa mort arrivée, à ce qu'on croit, l'an 640.

LXIII. MACEDONIUS.

640. MACÉDONIUS fut nommé, l'an 640, par l'empereur Héraclius pour remplir le siége d'Antioche. Il fit sa résidence à Constantinople, attendu que la Syrie était entre les mains des Arabes. Macédonius était monothélite, comme le patriarche Sergius, qui l'avait proposé à l'empereur, et ensuite ordonné. Les Bollandistes mettent sa mort en 650 ; mais le P. le Quien prouve qu'il vivait encore du tems de Pierre, patriarche de Constantinople. Ainsi sa mort ne peut être arrivée plutôt qu'en 655.

LXIV. GEORGES I.

655 au plutôt. GEORGES, ou JARIH, fut élu et consacré à Constantinople pour succéder à Macédonius dans le siége d'Antioche. Il était monothélite, comme son prédécesseur. L'année de sa mort est incertaine.

LXV. MACAIRE.

MACAIRE fut élu et consacré patriarche d'Antioche à Constantinople, après la mort de Georges. Son attachement opiniâtre au Monothélisme le fit déposer le 7 mars 681 dans la 8ᵉ session du 6ᵉ concile général, auquel il assista, et où il fut convaincu d'avoir inséré plusieurs pièces supposées dans les actes du 5ᵉ concile œcuménique. L'empereur Constantin le fit transférer ensuite à Rome, où il mourut dans un monastère que le pape Léon II lui avait assigné pour prison, après avoir travaillé inutilement à le faire revenir de son errreur. (Boschius.)

LXVI. THEOPHANE.

681. THÉOPHANE, abbé sicilien, fut élu dans le 6ᵉ concile général pour successeur du patriarche Macaire, et ordonné sur le champ. Il assista aux trois dernières sessions de cette assemblée, dont il souscrivit les actes. Théophane mourut vers le commencement de 685.

LXVII. ALEXANDRE II.

685. ALEXANDRE, suivant les Bollandistes, fut le successeur du patriarche Théophane. Les mêmes critiques pensent qu'il mourut l'an 686. C'est apparemment le même qui est appellé Thomas par Eutychius.

LXVIII. GEORGES II.

686. GEORGES monta sur le siége d'Antioche après la mort

d'Alexandre. L'an 692, il assista au concile, dit In Trullo, dont il souscrivit les actes. Les Bollandistes mettent sa mort en 702.

LXIX. ETIENNE III.

742. Etienne, moine syrien, fut placé sur le siége d'Antioche avec la permission du calife Nescham, après 40 ans de vacance. Eutychius et Théophane font l'éloge de sa piété. Il mourut, suivant le dernier, l'an 744. (Bollandus.)

LXX. THEOPHYLACTE.

744. Theophylacte, prêtre d'Edesse, succéda au patriarche Etienne III. Théophane loue sa tempérance et sa modestie ; deux vertus qui en supposent beaucoup d'autres dans un prélat. Le même auteur rapporte sa mort à la fin de juin de la 10e. année de Copronyme, (751 de Jésus-Christ.)

LXXI. THEODORE.

751. Théodore, fils du vicaire de la petite Arménie, monta sur le siége d'Antioche après la mort de Théophylacte. L'an 756, il fut exilé par le calife Almanzor, sur une fausse accusation de crime d'état. L'an 763, de retour en son église, il excommunia Cosme, évêque de Philadelphie, en Syrie, pour s'être déclaré contre les saintes Images. Il mourut, suivant Eutychius, la 23e année de son gouvernement, (l'an 773.)

LXXII. THÉODORET.

773. Théodoret succéda au patriarche Théodore. L'an 781 il tint un concile en faveur des saintes Images. L'an 787, il fut représenté au second concile de Nicée par le moine Jean, son syncelle. L'an 812 fut l'époque de sa mort, ou si elle arriva plutôt, son siége vaqua jusqu'à cette année. (Assemani.)

LXXIII. JOB.

812. Job succéda, vers la fin de 812, au patriarche Théodoret. L'an 822, il couronna un imposteur, nommé Thomas, qui avait usurpé le titre d'empereur en Orient, où il se donnait pour le fils de Constantin Copronyme. Il mourut l'an 842, après 30 ans commencés d'épiscopat. (Bollandus.) Le siége, depuis sa mort, vaqua environ 4 ans.

LXXIV. NICOLAS I.

846 ou 847. Nicolas fut élevé sur le siége d'Antioche après

une vacance d'environ 4 ans. L'an 867, il se joignit aux autres patriarches d'Orient pour anathématiser Photius. La même année, ou la suivante, il fut exilé par le calife Motaz. Nicolas mourut vers l'an 870, suivant Eutychius, qui lui donne 23 ans d'épiscopat. Il eut pour successeur Etienne, qui mourut le jour même de son installation. (Le Quien.)

LXXV. THÉODOSE I.

870. THÉODOSE, ou THADUSE, prit la place du patriarche Etienne. L'an 879, il envoya de sa part Basile, métropolitain de Martyropolis, au concile de Constantinople, tenu par Photius. On voit à la fin des actes de ce concile une lettre de Théodose, où il reconnaît Photius pour légitime patriarche. Il mourut au plus tard l'an 886. (Le Quien.)

LXXVI. EUSTATHE II.

886. EUSTATHE II, successeur de Théodose I, ne nous est connu que par une lettre de Photius, où il l'appelle son père et son frère, et l'invite à le venir voir. Cette lettre fut sans doute écrite depuis le rétablissement de Photius, et avant son dernier exil arrivé l'an 886. Eustathe mourut au plus tard l'an 893. (Le Quien.)

LXXVII. SIMEON.

892 ou 893. SIMÉON, fils de Zarnaki, monta, suivant Eutychius, sur le siége d'Antioche la première année du calife Mothaded, c'est-à-dire l'an 892 ou 893 de J. C. Il mourut dans la 12e. année dans son épiscopat, l'an 904 ou 905 de J. C.

LXXVIII. ELIE II.

904 ou 905. Elie succéda au patriarche Siméon. Eutychius lui donne 28 ans d'épiscopat ; mais il se trompe, si cela est, en rapportant sa mort à l'an 929. Il devait la mettre en 934. D'autres la placent en 930, sur la supposition plus vraisemblable qu'il n'a tenu le siége que 26 ans. Après sa mort il y eut une vacance d'environ 6 ans.

LXXIX. THEODOSE II.

935. THÉODOSE II, dit aussi ETIENNE, fut ordonné patriarche d'Antioche, suivant Eutychius, au mois ramadhan de l'an 323 de l'hégire, (août de J. C. 935.) Il vivait encore lorsque le même Eutychius acheva ses Annales, c'est-à-dire l'an de l'hégire 326, (de J. C. 937 ou 938.) On n'a rien de plus certain sur la durée de son épiscopat.

LXXX. THEODORET II.
LXXXI. AGAPIUS I.
LXXXII. CHRISTOPHE.

Théodoret II et Agapius I, dont on ne sait que les noms, viennent à la suite de Théodose II dans le catalogue des patriarches d'Antioche.

Christophe avait succédé au patriarche Agapius I dans le tems que Nicéphore Phocas entreprit le siége d'Antioche, c'est-à-dire l'an 968 ou 969. Alors les Musulmans, dit le diacre Léonce, auteur contemporain, se saisirent du patriarche Christophe, et le percèrent d'un coup de dard, en haine de sa religion. L'empereur, instruit de sa mort, lui donna pour successeur Eustrathe, évêque de Flaviade, en Cilicie. Mais il ne paraît pas que celui-ci ait pris possession du patriarcat. (Le Quien.)

LXXXIII. THEODORE II.

969. Théodore II, anachorète, fut nommé patriarche d'Antioche par l'empereur Jean Zimisquès, et ordonné à Constantinople par le patriarche Polyeucte l'an 969. Après son ordination, il pria l'empereur de retirer de l'Orient les Manichéens qui l'infectaient de leurs erreurs; ce qu'il obtint, au grand désavantage de l'Occident, où ils se répandirent. Théodore mourut sur la fin de l'an 975. (Boschius.)

LXXXIV. AGAPIUS II.

976. Agapius II, évêque de Séleucie, fut transféré sur le siége d'Antioche par l'empereur Constantin Porphyrogénète. Son installation, suivant Elmacin, se fit un dimanche 23 du mois canun 2ᵉ de l'an des Grecs 1287 (1), (23 janvier de l'an de J. C. 976.) L'an 987, ce prince le relégua dans un monastère de Constantinople, pour des intelligences avec le rebelle Bardas Phocas. Il y mourut après l'an 994. Il paraît qu'il était monophysite. (Boschius.)

LXXXV. JEAN III.
LXXXVI. NICOLAS II.
LXXXVII. ELIE II.
LXXXVIII. THEODORE III, ou GEORGES.

995 au plutôt. Jean III, moine de l'île d'Oxia, dans la Propontide, fut donné pour successeur au patriarche Agapius.

---

(1) Ce devrait être 1288, suivant la Table chronologique. *Voyez* pag. 46 du premier volume, ce qu'on dit sur l'époque de l'ère des Grecs.

On ignore l'année de sa mort. De son tems, le nom de l'évêque de Rome se trouvait dans les diptiques de l'église d'Antioche.

NICOLAS II, dont on ne sait que le nom, fut le successeur de Jean III.

ÉLIE II, aussi peu connu que Nicolas, monta sur le siége d'Antioche après lui.

THÉODORE, ou GEORGES (on ne sait lequel des deux est le vrai nom) devint le successeur d'Elie. Les Bollandistes croient qu'il mourut en 1051.

LXXXIX. BASILE II.

1051. BASILE II, suivant le P. le Quien, fut le successeur du patriarche Théodore III. Il mourut l'an 1052. Les Bollandistes ne reconnaissent point ce patriarche.

XC. PIERRE III.

1052. PIERRE III, homme docte et éloquent, successeur de Basile, fut élu patriarche d'Antioche vers l'an 1052. Aussitôt après son ordination il envoya, suivant l'ancien usage, sa lettre synodique au pape Léon IX. La réponse n'arriva que vers la fin de l'an 1053, Léon n'ayant reçu sa lettre que plus d'un an après sa date. Le pape, dans cette réponse, après avoir approuvé la profession de foi du nouveau patriarche, le félicitait sur sa nouvelle dignité, et lui envoyait une formule de foi semblable à celle qu'il avait reçue. Mais l'union de ce patriarche avec le saint siége ne fut point persévérante. L'an 1054, Michel Cérulaire ayant écrit à Pierre pour l'engager dans son schisme, celui-ci en lui répondant l'exhorta d'abandonner, comme trop futiles, plusieurs des chefs d'accusation qu'il formait contre l'église romaine. Mais il ne mettait pas de ce nombre l'addition *Filioque*, faite au symbole. Il la regardait, au contraire, comme un très-grand mal, *malorum pessimum* (ce sont ses termes) et ne craignait pas d'anathématiser ceux qui l'avaient faite ou qui l'adoptaient. *Nobis*, disait-il, *ad perfectam pietatis agnitionem et confirmationem sufficit sapientiâ plenum et salutare divinæ gratiæ symbolum* (Nicænum).... *Eos vero qui non nihil vel adjiciunt vel detrahunt anathemate percutimus.* Il avait précédemment fait une réponse un peu plus modérée à la lettre que Dominique, patriarche de Grado, lui avait écrite pour le prémunir contre les erreurs de ce même Cérulaire, et l'engager à demeurer fermement attaché à l'église romaine. Mais ce qui dût mortifier Dominique, c'est la surprise que Pierre lui témoignait du titre de patriarche qu'il prenait. « On n'a jamais, dit-il, reconnu

» dans l'Eglise d'autres patriarches que ceux de Rome, de
» Constantinople, d'Alexandrie, d'Antioche et de Jérusalem.
» Jamais je n'avais oui dire que l'évêque d'Aquilée et de la
» Vénétie fût appelé patriarche. Je sais même que des évêques
» de villes capitales plus considérables que la vôtre n'ont osé
» prendre ce titre. J'ajouterai qu'il n'y a que l'évêque d'An-
» tioche qui se nomme proprement patriarche. Ceux de Rome
» et d'Alexandrie sont appelés papes, et ceux de Constanti-
» nople et de Jérusalem sont qualifiés archevêques. » (Coteler,
Monum. Eccl. Gr., tom. II, pp. 108, 123.) L'année de la mort
de Pierre est incertaine. (Bollandus.)

XCI. THEODOSE III.

1047 au plus tard. THÉODOSE, ou THÉODORE, fut substitué au patriarche Pierre. Il fut présent, l'an 1057, à la proclamation qui se fit à Constantinople de l'empereur Isaac Comnène à la place de Michel Stratiotique qu'on avait déposé ; et non content de la répéter lui-même plusieurs fois, il exhorta le peuple à piller les maisons des grands qui témoignaient ne pas l'approuver. Anastase de Césarée dit qu'à l'exemple de Pierre III, son prédécesseur, il recommanda le jeûne de l'assomption de la sainte Vierge. C'est tout ce qu'on sait de lui. Il a pu vivre jusqu'en 1078. (Bollandus.)

XCII. EMILIEN.

EMILIEN occupait le siége d'Antioche sous l'empire de Michel Parapinace. Cette ville s'étant divisée au sujet de ce prince, Emilien se mit à la tête de la faction opposée à Michel. Isaac l'Ange, gouverneur d'Antioche, le fit transporter à Constantinople pour prévenir les suites de ses mauvaises dispositions. Les Bollandistes mettent sa mort vers la fin de l'an 1089.

XCIII. NICEPHORE LE MAURE.

1089. NICÉPHORE LE MAURE fut substitué par l'empereur Alexis Comnène au patriarche Emilien. On n'est pas assuré du tems de sa mort.

XCIV. JEAN IV.

JEAN IV était assis sur le siége d'Antioche lorsque les croisés assiégèrent cette ville, c'est-à-dire l'an 1098. Il eut beaucoup à souffrir pendant ce siége de la part des Musulmans. Après la conquête on lui conserva sa place. Mais en moins de deux ans il prit le parti de se retirer, ne pouvant s'accoutumer aux rits ni aux mœurs des Latins, et alla finir ses jours à Constantinople. C'est ainsi que parlent de ce prélat Albert d'Aix (*Hist. Hieros.*, L. V, c. 1,) et Guillaume de Tyr (L. VI, c. 23,) dont le premier le qualifie d'homme illustre et très chrétien, et le second l'appelle un véritable confesseur. L'autorité de ces deux écrivains doit sans doute l'emporter sur celle d'Orderic Vital, qui le représente comme un prélat qui, s'étant rendu insupportable aux Normands et justement suspect de trahison, n'eût d'autre parti à prendre que de s'enfuir et d'aller se confiner dans un désert. Casimir Oudin n'est pas plus recevable à lui attribuer les écrits schismatiques d'un certain Jean d'Antioche, malgré les preuves de la différence de ces deux hommes, données par Lambecius, (*Bibl. Cæsar.*, L. IV, p. 150,) qu'il s'efforce en vain de réfuter. Les Grecs, après la mort de ce prélat, continuèrent de nommer des patriarches qui n'en eurent que le titre. Ces prélats résidèrent à Constantinople tant que les Latins restèrent maîtres d'Antioche, et même long-tems après qu'elle eut été reprise par les Musulmans. Nous nous dispenserons d'en donner la suite. Les patriarches latins d'Antioche sont les seuls qui vont désormais nous occuper.

PATRIARCHES LATINS D'ANTIOCHE.

BERNARD, PREMIER PATRIARCHE LATIN.

1100. BERNARD, natif de Valence, en Dauphiné, fut transféré, vers le mois de juin 1100, de l'évêché d'Arthasium, en Syrie, sur le siége d'Antioche, deux ans après la retraite du patriarche grec. Il avait d'abord été chapelain d'Aimar, évêque du Pui, légat du pape à la croisade, mort de la peste le premier août 1098 dans la ville d'Antioche. L'an 1108, il devait être destitué pour faire place à un patriarche grec, suivant une des clauses du traité que Boémond, prince d'Antioche, conclut au mois de septembre de cette année avec l'empereur Alexis Comnène : car elle portait formellement qu'il n'y aurait plus désormais de patriarche latin à Antioche, et qu'on y recevrait celui que sa majesté tirerait du clergé de Constantinople pour être élevé à cette dignité : *promitto etiam et jurans testor.... non futurum Antiochiæ patriarcham ex genere nostro ; sed eum quem vestra majestas in eam dignitatem promoverit delectum e numero alumnorum magnæ Constantinopolitanæ ecclesiæ.* (*An. Comn. Alexiad.*, L. XIII, *sub fin.*) Mais cette clause ne fut jamais exécutée, et Antioche continua d'avoir des patriarches latins tant qu'elle fut sous la puissance des Francs. L'an 1113, Bernard se plaignit au pape Pascal II de ce qu'à la demande du roi Baudouin il avait soumis au patriarche de Jérusalem tout ce que ce prince avait conquis en Syrie et en Palestine; surquoi le pape avoua dans sa réponse qu'il avait été surpris. Bernard mourut l'an 1135, dans la trente-sixième année de son patriarcat. Guillaume de Tyr le donne pour un prélat simple et craignant Dieu ; mais Orderic Vital le taxe d'avarice et de hauteur ; ce qui le fit, dit-il, haïr de son peuple.

II. RAOUL.

1135. RAOUL, né à Domfront, en Normandie, et évêque de Mamistra, ou Mopsueste, en Cilicie, fut élu tumultuairement pour succéder au patriarche Bernard. Accoutumé à manier les armes et à vivre magnifiquement, il traita son clergé et son peuple avec hauteur et dureté. Voyant presque tous les esprits soulevés contre lui, il mit dans ses intérêts la princesse Alix, veuve de Boémond II, sous la promesse qu'il lui donna de lui faire épouser Raimond, fils du comte de Poitiers. Mais le fourbe travaillait en même tems avec ses amis à donner la jeune Constance, fille d'Alix, pour épouse à ce prince qu'il avait fait venir d'Occident à ce dessein. Pour le tenir dans sa dépendance, il exigea de lui le serment de fidélité comme son suzerain, avant de célébrer le mariage qui devait lui procurer la principauté d'Antioche. Son arrogance alla depuis en croissant, et fut telle qu'il se croyait égal au pape, attendu que saint Pierre avait été évêque d'Antioche avant que de l'être de Rome. Elle le rendit bientôt insupportable à Raimond luimême, qui se joignit aux chanoines et aux principaux d'Antioche pour le déférer au saint siége. Raoul se rendit à Rome, et en rapporta un ordre aux parties de vivre en paix jusqu'à l'arrivée d'un légat. Pierre, archevêque de Lyon, fut envoyé l'an 1139 pour examiner les plaintes et rendre son jugement. Mais étant allé premièrement à Jérusalem pour y faire ses dévotions, il mourut subitement de poison ou autrement sur la route de cette ville à Antioche, le 29 mai de la même année. Les adversaires du patriarche, consternés de cet événement, ne virent point d'autre parti à prendre que de recourir à sa clémence. Mais Raoul, se confiant en la protection du prince, qu'il croyait avoir regagnée, voulut avoir un jugement, et fit une seconde fois le voyage de Rome pour obtenir un nouveau légat. L'an 1141, Albéric, évêque d'Ostie, vint en cette qualité sur les lieux, et y tint, le dernier de novembre, un concile où Raoul fut déposé. Le prince d'Antioche le fit ensuite renfermer dans un monastère. Raoul s'échappe de sa prison après quelques mois de captivité, revient à Rome, fait sa paix avec le saint siége, reprend le chemin de Syrie, et meurt de poison sur la route. (Bollandus.) Guillaume de Tyr fait son éloge, sans néanmoins dissimuler ses défauts.

III. AIMERI.

1142. AIMERI, gentilhomme limosin, homme sans lettres et d'une vie peu régulière, fut donné pour successeur dans le mois d'avril 1142 au patriarche Raoul. Ce fut Armoin, son oncle, capitaine du château d'Antioche, qui procura cette élection par les sommes immenses qu'il distribua aux évêques du patriarcat. L'an 1152, Aimeri s'étant vainement opposé au mariage de Constance, veuve du prince Raimond, avec Renaud de Châtillon, encourut l'inimitié de ce dernier. La rupture alla si loin que Renaud, ayant fait arrêter le prélat en 1154, l'enferma dans une étroite prison où il fut inhumainement traité. Cinnamus (l. IV.) dit que c'était pour avoir ses trésors. Baudouin III, roi de Jérusalem, étant informé de ce traitement, dépêcha l'archevêque d'Acre, avec son chancelier, vers Renaud pour lui en faire des reproches et l'obliger de remettre le prélat en liberté : ce qui fut exécuté. Aimeri suivit ces députés à Jérusalem, où il demeura quelques années. Il est probable que le motif de cette retraite fut l'engagement que Renaud avait pris avec Manuel, suivant le même auteur, de recevoir un patriarche grec de sa main pour le substituer au patriarche latin. Mais ce traité n'eut pas plus d'effet que celui qui avait été conclu l'an 1107 pour le même objet entre l'empereur Alexis et le prince Boémond Ier. suivant la princesse Anne Comnène (L. XIII, p. 413.) Aimeri résidait encore à Jérusalem en 1157 ; et ce fut lui qui, cette année, fit la cérémonie des épousailles du roi Baudouin III avec Marie Comnène ; Amauri, nouveau patriarche de Jérusalem, n'étant pas encore sacré. L'an 1180, Aimeri eut un autre différent aussi sérieux que le précédent avec le prince Boémond III, au sujet de son mariage avec Théodore Comnène, qu'il contracta, sa première femme étant encore vivante. Le prélat ayant employé les censures contre Boémond, ce prince ne garda plus de mesures ; et lui ayant déclaré la guerre, il vint l'assiéger dans un château appartenant à son église. Aimeri se défendit avec valeur et succès. Les hostilités durèrent l'espace de trois ans avec tant de fureur, que le royaume de Jérusalem était menacé d'une ruine totale, attaqué comme il était d'ailleurs par le redoutable Saladin. Les grands maîtres de l'Hôpital et du Temple, s'étant portés pour médiateurs, vinrent enfin à bout de réconcilier le patriarche avec le prince. L'an 1183, Aimeri eut le bonheur de réunir à l'église catholique le patriarche des Maronites, avec une partie de ses ouailles. M. Assemani prétend que ce fut moins un retour à l'église catholique, dont ils ne furent jamais, selon lui, séparés par l'hérésie des Monothélites, qu'on leur impute communément, qu'un renouvellement d'union. Cependant Eutychius, patriarche d'Alexandrie, Guillaume, archevêque de Tyr, auteur contemporain, et Jacques de Vitri, assurent le contraire. Quoiqu'il en soit, les Maronites ont persévéré depuis ce tems dans leur attachement à l'église romaine. L'an 1187, après la funeste bataille de Tibériade, et pendant le siége de Jérusalem qui la suivit, le patriarche Aimeri envoya deux évêques en Occident, avec des lettres aux princes chrétiens, pour les conjurer de venir au secours de la Terre-Sainte. Benoît de Péterborough nous a conservé celle qu'il écrivit au roi d'Angleterre. Ce monarque, dans sa réponse adressée aux patriarches de Jérusalem et d'Antioche, et au prince de cette dernière ville, les exhorte à prendre courage, et leur promet que, dans peu de tems, il leur arrivera des renforts si considérables, qu'ils passeront tout ce qu'ils pourraient imaginer. Il s'engage même à venir en personne en Palestine. Toutes ces belles promesses furent sans effet. Aimeri mourut dans le mois de septembre de la même année 1187. Guillaume de Tyr le représente comme un prélat adroit, fourbe, qui sacrifiait sans remords l'intérêt public à son ambition. C'est à lui qu'Hugues Ethérien dédia son livre de la procession du Saint-Esprit contre les Grecs. Aimeri, par reconnaissance, lui envoya une coupe d'argent avec une lettre de remercîments. (Martenne, *Anecd.*, tome I, col. 480.)

IV. RAOUL II.

1187. RAOUL II fut, à ce qu'on prétend, le successeur d'Aimeri. L'histoire ne fournit rien sur sa personne. Si ce patriarche est réel, il mourut au plus tard en 1201.

V. PIERRE I.

1201. PIERRE I occupait, en 1201, le siége d'Antioche. L'an 1205, il fut arrêté et mis en prison par Boémond, comte de Tripoli, pour avoir investi, de la principauté d'Antioche, Rupin, neveu de ce prince, et petit-fils de Léon, roi d'Arménie, après avoir reçu son hommage-lige. Il mourut dans les liens au commencement de l'an 1208. Le pape Innocent III (liv. XV, *Epist.* 181), l'appelle un prélat d'heureuse mémoire,

qui avait souffert, pour la justice, persécution jusqu'à la mort.
(Bollandus.)

VI. PIERRE II.

1208. PIERRE II, natif d'Amalfi, de la maison des comtes de Prata, ou Patra, docteur de l'école de Paris, fut élu, vers le mois de septembre 1208, pour remplir le siége d'Antioche. Il avait déjà refusé l'archevêché de Thessalonique, auquel le pape Innocent III l'avait nommé. Ce pontife le contraignit d'accepter le patriarcat d'Antioche, pour lequel il partit le 16 mai 1209. Il est souvent fait mention de ce prélat dans les lettres d'Innocent III, et toujours avec éloge. L'an 1215, il envoya un député au concile de Latran, où ses infirmités l'empêchaient de se rendre en personne. Il mourut, suivant le P. Sébast. Paoli, le 23 mars de l'an 1219. Peu de tems avant sa mort, il avait été nommé cardinal de Sainte-Croix de Jérusalem par le pape Honorius III. On trouve dans Balsamon (liv. V, *Juris. Orient. Interr.* 34), une réponse à la question que ce patriarche lui avait faite, savoir s'il pouvait accorder aux abbesses la permission d'entendre les confessions de leurs filles. Balsamon répond affirmativement, fondé sur l'autorité de saint Basile, qui, dans ses Petites Règles, accorde cette permission aux abbesses, pourvu qu'elles soient accompagnées d'un prêtre. Nous voyons aussi qu'en Occident sainte Fare, abbesse de Farmoutiers au septième siècle, recevait les confessions de ses religieuses. (Mabil. *Sœc. Bened.*, II. *vit. Burgundorf*, capp. 10 et 13.)

VII. RAINIER.

1219. RAINIER, toscan de nation, vice-chancelier de l'église romaine, fut nommé par le pape Honorius III pour le siége d'Antioche, et sacré par ce pape à Viterbe, le 18 novembre 1219. Deux hommes avaient été nommés avant lui, depuis la mort de Pierre II, à cette dignité. Le premier était Pélage, cardinal d'Albane, que les chanoines d'Antioche avaient eux-mêmes choisi. Sur son refus, le pape Honorius III lui substitua Pierre de Capoue; mais peu de tems après, l'ayant fait cardinal, il mit à sa place Rainier dont il s'agit. Ce dernier mourut dans son église l'an 1226, comme le prouve Raynaldi, et non l'an 1229, comme l'avance M. Fleuri. (Bolland.)

VIII. ALBERT.

1226 ou 1227. ALBERT fut transféré de l'évêché de Brescia, l'an 1226 ou 1227, par le pape Honorius III, sur le siége

SUITE

DE LA CHRONOLOGIE

HISTORIQUE

DES PATRIARCHES DE L'ÉGLISE D'ORIENT.

L'église de Jérusalem, dans son origine et sous les quinze premiers évêques qui la gouvernèrent, ne fut composée que de juifs convertis, qui joignaient à la profession du Christianisme plusieurs pratiques de la Loi de Moïse, sans les croire toutefois nécessaires au salut. Sa juridiction, sous l'épiscopat de saint Jacques et sous celui de son successeur, jusqu'à la ruine de Jérusalem, s'étendit sur toutes les églises de la Palestine. Mais après que cette ville eut été détruite par Vespasien et Tite, Césarée acquit les droits de Jérusalem, et devint, dans l'ordre ecclésiastique, comme dans l'ordre civil, métropole de la Phénicie et de la Judée. Les choses subsistèrent de la sorte jusqu'au concile de Calcédoine. Elles changèrent alors de face. Juvenal, évêque de Jérusalem, obtint, dans cette assemblée, comme on le verra plus amplement à son article, la juridiction sur toute la Palestine, divisée pour lors en trois provinces. Ses successeurs se maintinrent dans cette prérogative tant que le pays fit partie de l'empire romain. Mais après que les Arabes s'en furent emparés, les affaires de l'église de Jérusalem tombèrent dans une telle confusion, qu'elle fut sans patriarches durant plus de soixante ans. Enfin étant venue à bout de se donner un chef, elle conserva quelques restes de son ancienne forme, jusqu'à l'arrivée des croisés. Ceux-ci s'étant rendus maîtres de Jérusalem, changèrent l'état de cette église, et lui donnèrent pour limites celles du royaume de Jérusalem. Les Musulmans ayant

d'Antioche. L'an 1234, Grégoire IX le chargea de la légation qu'il avait retirée au patriarche de Jérusalem, lui ordonnant de travailler, avec les maîtres du Temple et de l'Hôpital, à ramener la noblesse du royaume de Jérusalem et les citoyens d'Acre à l'obéissance de l'empereur Frédéric II. L'an 1235, Albert, de retour en Italie, fut envoyé par Grégoire en Lombardie pour en appaiser les troubles, et disposer les peuples à une nouvelle croisade. Albert assista au concile de Lyon, tenu en 1245. Il mourut en France l'an 1246 au plus tard, et fut enterré à Cîteaux.

IXe ET DERNIER PATRIARCHE LATIN D'ANTIOCHE.

CHRETIEN.

CHRÉTIEN, de l'ordre des frères prêcheurs, fut le dernier patriarche latin d'Antioche. Il est douteux s'il fût le successeur immédiat d'Albert; mais aucun monument ancien ne parle d'un Robert Elie, dominicain, d'abord évêque de Reggio, ensuite de Brescia, qu'Onuphre, le P. Echart et le P. le Quien mettent entre Albert et Chrétien. L'an 1268, les Musulmans, s'étant rendus maîtres, le 29 mai, de la ville d'Antioche, massacrèrent le patriarche Chrétien dans l'église des Dominicains de cette ville, où il s'était retiré. (Bollandus.)

reconquis la Palestine, l'église de Jérusalem rentra sous la dépendance des Grecs, qui ont continué de lui donner des patriarches jusqu'à la fin de leur empire.

PATRIARCHES DE JERUSALEM.

I. S. JACQUES LE MINEUR.

SAINT JACQUES, surnommé le MINEUR pour le distinguer de saint Jacques le Majeur, fils de Zébédée et frère de saint Jean, fut créé par les apôtres, du nombre desquels il était, évêque de Jérusalem. L'écriture le nomme frère, c'est-à-dire cousin du Seigneur ; et presque tous les critiques anciens et modernes s'accordent à l'identifier avec Jacques, fils d'Alphée et l'un des douze apôtres que J. C. élut sur la montagne. Mais les Bollandistes s'écartent de l'opinion commune, prétendant qu'il était fils de Cléophas et de Marie, sœur de la mère du sauveur. Car avant le dernier voyage de J. C. à Jérusalem, disent-ils, ses frères ne croyaient pas encore en lui, selon saint Jean l'évangéliste. Il est même très probable, ajoutent-ils, qu'ils ne se convertirent qu'après l'avoir vu monter aux cieux. D'où ils concluent que ce ne fut qu'après cet événement que les apôtres associèrent Jacques à leur collége et le nommèrent évêque de Jérusalem. Mais ce sentiment ne s'accorde nullement avec celui des anciens qui prétendent que saint Jacques fut ordonné par J. C. même évêque de Jérusalem. *Ecclesia Dei*, dit l'auteur des Récognitions attribuées à saint Clément (l. 1, c. 43.) *in Jerusalem constituta, copiosissimè multiplicata crescebat per Jacobum qui a Domino ordinatus in episcopum, gubernata.* L'auteur des Constitutions Apostoliques (l. 8, c. 35), joint le concours des apôtres avec celui du Seigneur pour l'ordination de saint Jacques. *Episcopus Ierosolymorum ab ipso Domino et ab apostolis ordinatus.* Et saint Epiphane, *primus ille*, dit-il, *episcopalem Cathedram cepit, cum ei ante ceteros omnes suum in terris thronum Dominus tradidisset.* (Hæres. 78, n°. 7, t. 1, p. 1059.) La chaire de Jérusalem était en effet celle du fils de Dieu, puisqu'il en fut le fondateur et le docteur, n'ayant été envoyé, ainsi qu'il le déclare lui-même, que pour les brebis de la maison d'Israël. Saint Jacques doit donc être regardé comme son successeur, de quelque manière qu'il ait été élu. Ce saint pasteur rendit un témoignage éclatant à la vérité dans la grande dispute qui s'éleva touchant les observances légales. Ceux qui soutenaient dans Antioche que la loi de Moïse obligeait les Gentils, n'opposaient autre chose à saint Paul et à saint Barnabé que la croyance et la conduite de l'église de Jé-

rusalem, qu'ils soutenaient leur être contraires en ce point. Pour terminer cette question, il fallut que l'église s'assemblât à Jérusalem. « Il est inutile, dit un habile homme, de re-
» chercher qui présida à ce concile : il suffit de savoir que la
» charité et l'humilité y présidèrent. Saint Pierre, la bouche
» des apôtres, ainsi que saint Chrysostôme l'appelle, parla
» le premier. Son avis fut fortement soutenu par saint Paul et
» saint Barnabé ; mais ce fut saint Jacques, le frère du Sei-
» gneur, et l'évêque de Jérusalem, qui parla le dernier, qui
» reprit les avis, et qui conclut qu'il fallait écrire aux fidèles
» que les disciples circoncis avaient inquiétés mal à propos. Il
» marqua aussi en quels termes il fallait leur écrire ; et il y a
» de fortes conjectures pour croire qu'il fut l'auteur de la
» lettre. » (Duguet.) Saint Jérôme donne 30 ans d'épiscopat à saint Jacques, et met sa mort à la 7e année de Néron, qui revient à l'an 61 de J. C. Nous admettons la dernière époque, en retranchant environ cinq années de l'épiscopat de saint Jacques. Les anciens varient sur la manière dont il termina ses jours. Hégésippe dit, qu'ayant été précipité du haut du temple, il fut achevé par un Foulon d'un coup de bâton sur la tête. Josèphe l'historien raconte qu'il fut lapidé par sentence du pontife Ananus, et du sanhédrin des Juifs, dans l'intervalle qui s'écoula entre la mort du préfet Portius Festus et l'arrivée d'Albin, son successeur ; ce que ce dernier, ajoute-t-il, blâma fort comme un attentat commis contre l'autorité romaine. Saint Jacques est auteur de l'Epitre catholique qui porte son nom. (Tillemont, t. I ; le Quien, *Or. Chr.* ; Mamachi, *Orig. Eccl.*, t. II.)

II. SIMON, ou SIMEON.

61. SIMON, ou SIMÉON, parent du Seigneur, frère de Jacques, de Joseph et de Judas, et par conséquent fils de Cléophas et de Marie, monta l'an 61 sur le siége de Jérusalem. Son épiscopat fut de 46 ou 47 ans. Il fut mis en croix l'an 107, à l'âge de 120 ans, pour la foi de J. C. Avant le siége de Jérusalem, commencé le 14 avril de l'an 70, et terminé le 8 septembre suivant, il avait quitté cette ville, ainsi que tous les fidèles, et s'était retiré à Pella, petite ville située au-delà du Jourdain.

III JUDE LE JUSTE.

107. JUDE, surnommé le JUSTE, succéda à Siméon, et mourut l'an 110, sous le consultat de Priscien et d'Orfitus, après trois années de gouvernement, pendant lesquelles il convertit un

grand nombre de juifs. Il y a bien de l'apparence qu'il était frère des deux précédents.

IV. ZACHEE, ou ZACHARIE.

110. ZACHÉE, nommé ZACHARIE par S. Epiphane, fut le successeur immédiat de Jude, suivant Eusèbe. Son épiscopat fut très-court, ainsi que celui de ses trois successeurs; mais on n'en sait pas précisément la durée.

V. TOBIE.   VI. BENJAMIN.   VII. JEAN I.

TOBIE, succéda à Zachée. Bientôt après il fut remplacé par BENJAMIN. Celui-ci eut pour successeur JEAN, qui mourut, suivant Eusèbe, l'an de J. C. 116.

VIII. MATHIAS.   IX. PHILIPPE.

116. Après l'évêque Jean, l'église de Jérusalem fut gouvernée par MATHIAS ou MATHIEU, dont le successeur fut PHILIPPE, mort, selon Eusèbe, la 8ᵉ année d'Adrien, 125 de J. C.

X. SÉNEQUE.   XI. JUSTE II.
XII. LEVI.   XIII. EPHREM.
XIV. JOSEPHE.   XV. JUDE II.

De ces six évêques le dernier vécut, suivant Eusèbe, jusqu'à la dix-neuvième année d'Adrien, 136 de Jésus-Christ, et, selon saint Epiphane, jusqu'à la onzième d'Antonin, 149 de Jésus-Christ. Pendant leur gouvernement, les Juifs, qui avaient relevé en partie les ruines de Jérusalem, s'étant révoltés, exercèrent mille cruautés sur les chrétiens du pays, pour les contraindre à prendre part à leur révolte. Les prélats, dont on vient de parler, furent sans doute les principales victimes de leur fureur, et c'est ce qui abrégea la durée de leur gouvernement. L'an 136, les rebelles ayant été entièrement défaits, toute la nation des Juifs, sans excepter ceux qui avaient embrassé le Christianisme, fut bannie de la Judée. Par cette révolution, l'église de Jérusalem, presque toute composée jusqu'alors de juifs de naissance, le fut sur-tout désormais de gentils. Le siége de cette église était toujours à Pella, où elle s'était retirée avant la ruine du temple.

XVI. MARC.

138. MARC, le premier des évêques gentils de Jérusalem,

fut ordonné, suivant M. de Tillemont, la vingt et unième année d'Adrien, l'an 138 de Jésus-Christ. Ce prince ayant rebâti Jérusalem, sous le nom d'*Ælia*, non pas à la vérité sur le même terrain qu'occupait l'ancienne, mais dans le voisinage, l'église de Pella s'y transporta dans la suite; ce qui ne dut souffrir aucune difficulté, l'entrée de la nouvelle Jérusalem n'étant interdite qu'aux seuls juifs. On ignore l'année de la mort de Marc. Le martyrologe romain marque sa fête au 22 octobre.

XVII. CASSIEN. XVIII. PUBLIUS.
XIX. MAXIME I. XX. JULIEN I.
XXI. CAIUS ou GAIUS I. XXII. SYMMAQUE.
XXIII. GAIUS II. XXIV. JULIEN II.
XXV. CAPITON.

Eusèbe passe en revue ces neuf évêques sur l'an 19 d'Antonin, 157 de Jésus-Christ, et termine l'épiscopat du dernier au consulat de Maternus et de Bradua, c'est-à-dire à l'an 185 de Jésus-Christ, sans marquer le tems précis que chacun d'eux a gouverné. Mais saint Epiphane place la mort de Gaius II, qu'il nomme Gaien, à la huitième année de Vérus, 168 de Jésus-Christ. Selon cette opinion, les seize années suivantes, c'est-à-dire l'espace écoulé depuis 168 jusqu'en 185, sont à partager entre ses deux successeurs Julien et Capiton.

XXVI. MAXIME II. XXVII. ANTONIN.
XXVIII. VALENS. XXIX. DOLICHIEN.
XXX. NARCISSE. XXXI. DIUS.
XXXII. GERMANION. XXXIII. GORDIUS,
NARCISSE *de nouveau*.

185. Maxime succéda à Capiton. Il occupa le siége de Jérusalem avec les sept qui lui succédèrent de suite pendant l'espace de vingt-sept ans. Le seul de ces prélats sur lequel on sache quelque détail, est Narcisse. La sévérité de sa conduite, dit Eusèbe, lui attira la haine des méchants, qui, à force de calomnies, l'obligèrent à prendre la fuite. Incertain du lieu de sa retraite, son peuple mit à sa place Dius, dont l'épiscopat fut très-court. A celui-ci, ajoute-t-il, on substitua Germanion, qui fut suivi de Gordius, pendant le gouvernement duquel Narcisse ayant reparu, tous les frères, remplis de joie, l'engagèrent à remonter sur son siége. Narcisse assista, l'an 196, au

concile de Césarée, assemblé par Théophile, évêque de Césarée et métropolitain de la Palestine, touchant la Pâque. Il mourut, suivant Eusèbe, la deuxième année de Caracalla, 212 de Jésus-Christ, âgé de cent-seize ans. Ce fut Narcisse qui, de concert avec Théophile, éleva le célèbre Origène au sacerdoce.

XXXIV. ALEXANDRE.

212. ALEXANDRE, évêque en Cappadoce, fut élu, l'an 212, pour succéder à Narcisse, qu'il aidait depuis quelques années à soutenir le poids de l'épiscopat dans sa vieillesse. L'an 249, arrêté dans la persécution de Dèce, il rendit un glorieux témoignage à la foi devant le gouverneur de Césarée, et fut ensuite jeté dans une prison obscure où il expira. L'église grecque honore le 16 mai et le 22 décembre sa mémoire; l'église latine le 18 mars. (Bollandus.)

XXXV. MAZABANE.

250. MAZABANE fut élevé l'an 250 sur le siége de Jérusalem, qu'il tint, suivant saint Jérôme, jusqu'à la treizième année de Gallien, 266 de J. C. (Le Quien.)

XXXVI. HYMÉNÉE.

266. HYMÉNÉE remplaça l'évêque Mazabane sur le siége de Jérusalem. Il se rendit recommandable par ses vertus et par son zèle pour la saine doctrine. Il assista aux deux conciles tenus contre Paul de Samosate, évêque d'Antioche. On croit qu'il tint le siége jusqu'à la quatorzième année de Dioclétien, 298 de J. C. (Le Quien.)

XXXVII. ZABDAS.

298. ZABDAS, nommé par saint Epiphane BAZAS, fut le successeur d'Hyménée, et gouverna l'église de Jérusalem jusqu'à la dix-huitième année de Dioclétien, 302 de J. C. L'église honore sa mémoire le 19 février. (Bolland., le Quien.)

XXXVIII. HERMON.

302. HERMON succéda à Zabdas. Eutychius lui donne, ainsi que Nicéphore et Théophane, neuf ans d'épiscopat; d'où M. de Tillemont conclut qu'il mourut l'an 311. On pourrait cependant prolonger la durée de son gouvernement jusqu'en 312, attendu que la Chronique d'Eusèbe met en l'année suivante la promotion de son successeur. Les Ménées des Grecs célèbrent sa mémoire le 7 mars, et lui attribuent la gloire d'avoir envoyé

plusieurs évêques en mission parmi les nations barbares, et surtout dans la Scythie du Mont-Taurus.

XXXIX. MACAIRE.

313. MACAIRE fut élevé l'an 313 sur le siége de Jérusalem. Alexandre, évêque d'Alexandrie, connaissant son zèle pour la pureté de la foi, lui écrivit contre Arius, qu'il avait pour la seconde fois condamné. L'an 325, il assista au concile de Nicée, assemblé contre cet hérésiarque. Le siége de Jérusalem fut déclaré apostolique dans cette assemblée, la primauté accordée à son évêque sur tous ses comprovinciaux, sans préjudice néanmoins des droits du métropolitain. Macaire concourut à la découverte qu'on fit, l'an 326 ou 327, des instruments de la passion du sauveur, et fit l'épreuve de la vraie croix sur des malades qu'elle guérit. M. de Tillemont conjecture qu'il vécut jusqu'en 331. L'église romaine honore sa mémoire le 10 mars.

XL. MAXIME III.

331. MAXIME, suivant saint Jérôme et Sozomène, succéda immédiatement à Macaire dont il avait été coadjuteur. Il était un des confesseurs que l'empereur Maximien avait condamnés aux mines après leur avoir crevé l'œil droit et brûlé le jarret gauche. Macaire l'avait d'abord ordonné pour l'évêché de Diospolis; mais, à la prière du peuple de Jérusalem, il le retint pour l'aider dans ses fonctions, et donna un autre évêque aux Diospolitains. L'an 335, s'étant trouvé au concile de Tyr, assemblé contre saint Athanase, il en sortit par le conseil de saint Paphnuce, évêque de Thmuis, voyant que la faction arienne y dominait. Mais la même année, il eut la faiblesse, à ce qu'il paraît, de souscrire à la condamnation du saint évêque d'Alexandrie au concile de Jérusalem. Il répara cette faute l'an 349 dans un autre concile tenu au même lieu : non seulement il y reçut solennellement à la communion saint Athanase qui était présent, mais il écrivit une lettre synodale en sa faveur. Socrate et Sozomène disent qu'il fut déposé la même année par Acace, évêque de Césarée, et envoyé en exil, où il mourut. Mais le silence de saint Jérôme sur ce double événement, et les circonstances où on le place semblent en prouver la fausseté. (*Voyez la nouvelle édition de saint Cyrille de Jérusalem*, préf. p. XVIII *et seq.*) La mort de Maxime arriva sur la fin de 349, ou au commencement de l'année suivante.

XLI. S. CYRILLE.

350 ou 351. CYRILLE, prêtre de l'église de Jérusalem, fut

placé sur le siége de cette église vers la fin de 350, ou au commencement de 351, après une vacance de plusieurs mois. Il fut ordonné par Acace de Césarée, qui, bien que déposé par le concile de Sardique pour son attachement à l'Arianisme, continuait ses fonctions de métropolitain de la Palestine. Cette ordination fit naître, sur la foi de Cyrille, des soupçons qu'il fortifia par ses liaisons avec Basile d'Ancyre, Eustathe de Sébaste, et d'autres semi-ariens. Mais bientôt il dissipa ces nuages en manifestant la pureté de sa doctrine. L'an 357, ou 358, Acace s'étant brouillé avec Cyrille, touchant les droits du siége de Jérusalem, le déposa dans un concile, le chassa de son église, et mit un nommé Eutychius à sa place. Le principal grief sur lequel on appuya sa condamnation, fut d'avoir vendu des étoffes précieuses et autres meubles de son église, sans dire qu'il en avait employé le prix à soulager les pauvres dans le tems d'une extrême disette. C'est ainsi que la malignité lui fit un crime d'une action héroïque. Cyrille appela de ce jugement inique à un tribunal supérieur ; et cet appel, autorisé par l'empereur, fut reçu l'an 359 au concile de Séleucie, où Cyrille fut rétabli sur son siége, et son persécuteur chassé du sien. Mais les intrigues de ce dernier, secondé par les Ariens, firent subir à l'évêque de Jérusalem, l'an 360, dans le concile de Constantinople, une nouvelle déposition qui fut suivie d'un nouvel exil. Rappelé sur la fin de 361 par l'empereur Julien, avec les autres évêques bannis sous Constance, il gouverna paisiblement son église jusqu'en 367. Alors il se vit obligé de la quitter pour la troisième fois, en vertu de l'édit de Valens, qui renvoyait en exil tous les prêtres que Julien avait fait revenir. Pendant son absence, qui fut de plus de onze ans, le siége de Jérusalem fut envahi successivement par Irénée et par Hilarion. L'an 378, il eut part au rappel de tous les évêques exilés, par où Théodose consacra les prémices de son empire. Il assista, l'an 381, au concile général de Constantinople, dont il souscrivit les actes. Enfin après trente-cinq ans d'un épiscopat fort traversé, il mourut tranquille au milieu de son peuple le 18 mars 386 ; jour auquel l'église latine et la grecque célèbrent sa mémoire. Il nous reste de lui vingt-trois Catéchèses qui renferment une exposition simple, claire et exacte de la doctrine chrétienne. Les dix-huit premières sont adressées aux Catéchumènes, et les autres aux Néophytes ou nouveaux baptisés. L'édition qu'en a donnée, en 1715, D. Augustin Touttée ne fait pas seulement l'éloge des presses de l'imprimeur, comme le prétendent les journalistes de Trévoux, mais assure à l'éditeur un rang distingué dans la république des lettres.

XLII. JEAN II.

386. Jean, appelé Sylvain par quelques anciens, succéda l'an 386 à saint Cyrille. Il avait été moine et ordonné prêtre par le saint prélat. L'an 392, il imposa les mains à saint Porphyre pour l'évêché de Gaza. Il commença, l'an 394, à se brouiller avec saint Epiphane et saint Jérôme, au sujet d'Origène, qu'il refusait de condamner. Théophile, patriarche d'Alexandrie, le réconcilia, l'an 397, avec saint Jérôme. Dans cette réunion, dont quelques-uns font honneur à sainte Mélanie, fut compris Rufin, prêtre d'Aquilée, autrefois l'intime ami de saint Jérôme, et devenu, faute de s'entendre réciproquement, son adversaire, ou, si l'on veut, son ennemi. L'amitié qui attachait l'évêque de Jérusalem à Théophile, ne l'aveugla pas sur ses torts dans la conduite qu'il tint vis-à-vis de saint Jean Chrysostôme. Il se déclara hautement pour cet illustre persécuté lorsqu'il apprit sa condamnation prononcée, l'an 403, par Théophile et sa cabale au concile du Chêne. Mais il ne fut pas également en garde contre les artifices de Pélage. Cet hérésiarque lui ayant été déféré, l'an 415, au concile de Diospolis, il eut la facilité de le renvoyer absout sur une profession de foi équivoque qu'il présenta: ce qui étant venu à la connaissance de saint Augustin et du pape Innocent, ils écrivirent l'un et l'autre à ce prélat pour le désabuser. La même année, le 26 décembre, il fit transférer dans l'église de Sion les reliques de saint Étienne, découvertes le 3 du même mois. Sa mort arriva, l'an 417, dans la trentième, ou trente et unième année de son épiscopat. Plusieurs anciens auteurs respectables ont parlé de lui avec éloge. Le P. Pagi met sa mort en 416.

XLIII. PRAYLE.

417. Prayle fut élu peu de jours après la mort de l'évêque Jean pour lui succéder. Au commencement de son épiscopat, il se laissa surprendre, comme son prédécesseur, par les artifices de Pélage et de Célestius. Il écrivit même en leur faveur au pape Zozime. Mais bientôt revenu de son illusion, il chassa le premier de la Palestine. On n'est pas assuré de l'année de sa mort. Idace, dans sa Chronique, dit que son gouvernement fut assez court. Théodoret néanmoins parle de lui comme vivant au trente-huitième chapitre du cinquième livre de son Histoire, et nomme son successeur au quarantième et dernier. Ce qui prouve qu'il mourut au plus tard, en 428, où finit cette histoire. Le P. Pagi met sa mort en 425.

XLIV. JUVÉNAL.

428. JUVÉNAL succéda, l'an 428 au plus tard, à Prayle. Il assista, l'an 431, au concile général d'Ephèse, où il concourut à la déposition de Nestorius, et ordonna lui-même Maximien à la place de cet hérésiarque. Mais il fit un personnage bien différent l'an 449, au brigandage d'Ephèse. Dans cette assemblée, il se rangea du parti de Dioscore, et souscrivit tous les actes que ce prélat y fit dresser, tant contre la vérité orthodoxe, que contre les évêques qui en prirent la défense. Cette faute, quoique très-grave, était plutôt l'effet de la faiblesse que de la méchanceté. L'an 451, il la répara pleinement au concile de Calcédoine : ce fut un de ceux que le concile chargea de dresser sa formule de foi. Son crédit y fut tel, que dans la septième session il fit ratifier par tous les pères, sans excepter les légats du saint siége, le traité qu'il avait fait avec Maxime d'Antioche : traité par lequel il était dit que l'évêque de Jérusalem aurait la juridiction sur les trois Palestines, et que celui d'Antioche jouirait du même droit sur les deux Phénicies et l'Arabie. C'est ainsi qu'il acquit le rang de patriarche, pour lequel il avait déjà fait des tentatives au premier concile d'Ephèse. A son retour, il trouva son église en combustion, au sujet du concile de Calcédoine. Craignant pour sa vie, il s'enfuit à Constantinople. Pendant son absence, le moine Théodose, auteur du trouble, s'empare de son siége. L'an 453, il rentre dans son eglise; Théodose prend la fuite. La même année, l'impératrice Pulchérie, suivant Nicéphore, ayant demandé à Juvénal le corps de la sainte Vierge, s'il se trouvait encore, il répond que, selon la tradition, il n'existe plus sur terre, et lui envoie son cercueil avec les linges, dans lesquels on l'avait enseveli. L'an 458, Juvénal meurt avec la réputation d'un évêque rempli de zèle et de lumières, mais fort jaloux d'étendre les prérogatives de son siége.

XLV. ANASTASE.

458. ANASTASE, d'abord moine de Saint-Passarion, ensuite chorévêque de Jérusalem, succéda l'an 458 à Juvénal. Son attachement au concile de Calcédoine lui attira la haine des Schismatiques, dont la fureur se ranima, l'an 475, à l'occasion des lettres encycliques du tyran Basilisque contre ce concile. Ils mirent à leur tête l'archimandrite Géronce, et donnèrent beaucoup d'exercice au patriarche. Son gouvernement finit avec sa vie au mois de janvier 478.

XLVI. MARTYRIUS.

478. MARTYRIUS, solitaire du Mont de Nitrie, en Egypte, puis ordonné prêtre de l'église de Jérusalem par Anastase, devint son successeur l'an 478. Les Schismatiques, sous son épiscopat et par ses soins, rentrèrent dans le sein de l'église. Ce prélat mourut le 13 avril de l'an 486.

XLVII. SALUSTE.

486. SALUSTE succéda à Martyrius. Il eut la faiblesse de souscrire l'hénotique de Zénon, par amour de la paix, et non par haine de la vraie foi. L'an 491, il ordonna prêtre saint Sabas, dédia l'église de sa laure, et l'établit archimandrite de tous les Anachorètes de Palestine. Il donna la même intendance à saint Théodose sur tous les cénobites du ressort de son église. Le gouvernement de Saluste fut de huit ans et trois mois. Il mourut, suivant le moine Cyrille, auteur de la Vie de saint Sabas, le 23 juillet, indiction II, c'est-à-dire, l'an 494. (Pagi.)

XLVIII. ELIE.

494. ELIE, arabe de nation et disciple de l'abbé saint Euthyme, fut élu le 25 juillet 494 pour succéder à Saluste. L'an 511, il assista au concile de Sidon, où il empêcha qu'on ne condamnât la foi de Calcédoine ; mais il feignit en même tems de ne pas recevoir ce concile. Cette dissimulation n'empêcha pas qu'il ne fût chassé, l'an 513, de son siége par l'empereur Anastase, pour avoir dit anathème à Sévère, usurpateur du siége d'Antioche. L'an 518, Elie mourut en Arabie le 20 juillet. L'église romaine honore sa mémoire le 4 juillet.

XLIX. JEAN III.

513. JEAN, fils de Marcien, fut substitué au patriarche Elie par l'autorité du gouverneur Olympius. Il était auparavant évêque de Sébaste, en Arménie. En montant sur le siége de Jérusalem, il avait promis d'anathématiser le concile de Calcédoine, et de communiquer avec Sévère. Mais après son installation, il refusa l'un et l'autre. Sur ce refus, Anastase, successeur d'Olympius, le fait mettre en prison. Il en sort peu de tems après en donnant des paroles équivoques, et continue de prêcher la vraie foi. L'an 518, après la mort de l'empereur Anastase, il assemble un concile où il fait recevoir celui de Calcédoine et anathématise Sévère. L'an 524, il meurt le 22 avril. (Le Quien.)

L. PIERRE.

524. Pierre, natif d'Eleutérople, succéda au patriarche Jean. L'an 530, il députa saint Sabas à Constantinople pour demander du secours contre les Samaritains révoltés, qui mettaient tout à feu et sang dans la Palestine. A ces mouvements succédèrent, l'an 532, ceux des Origénistes, qui, par la mollesse du patriarche, troublèrent son église pendant toute la suite de son gouvernement. L'an 536, le 19 septembre, il tient un concile où il anathématise Anthyme, patriarche de Constantinople, dont il avait auparavant embrassé la communion. Il assista, l'an 541, par ordre de l'empereur Justinien, au concile de Gaza, où Paul, patriarche d'Alexandrie, fut déposé. L'an 544, il souscrivit avec les autres patriarches, mais malgré lui, l'édit de Justinien contre les trois chapitres. Pierre mourut la même année. Prélat foible, mais bien intentionné. (Pagi, Bollandus, le Quien.)

LI. EUSTOCHIUS.

544. Après la mort de Pierre, les moines de la nouvelle Laure, attachés à l'Origénisme, placèrent Macaire, homme de leur secte, sur le siége de Jérusalem. Mais l'empereur cassa cette élection au bout de deux mois, chassa Macaire, et lui fit substituer Eustochius, économe de l'église d'Alexandrie. Celui-ci tint le siége 19 ans, pendant lesquels il assista, l'an 553, par ses légats, au second concile général de Constantinople, dont il confirma les actes la même année dans un concile de son patriarcat. Son éloignement pour l'Origénisme le rendit odieux à Théodore Ascidas, évêque de Césarée, en Cappadoce, fameux, puissant et adroit origéniste, par les intrigues duquel il fut déposé l'an 563 et exilé. (Le Quien.) Pagi met la déposition d'Eustochius en 561, et les Bollandistes en 556. On ignore ce que devint ensuite ce prélat.

LII. MACAIRE II.

563. Macaire, après la déposition d'Eustochius qui l'avait supplanté, remonta sur le siége de Jérusalem ; mais on lui fit auparavant condamner solennellement Origène. Ce prélat gouverna encore son église l'espace de onze ans, au bout desquels il mourut sur la fin de l'an 574. Bollandus avance sa mort de quatre ans.

LIII. JEAN IV.

574. Jean, moine acémete, succéda au patriarche Macaire

Il tint le siége 19 ans, et mourut au commencement de l'an 594. (*Oriens Christ.*, t. III.)

LIV. AMOS.

594. AMOS ou NÉAMUS, fut élu vers la fin de 594, pour succéder à Jean IV. Il était moine, et avait gouverné quelque tems l'une des laures de la Palestine. Lorsqu'il se rendit à Jérusalem, les abbés des différents monastères vinrent au devant de lui pour le saluer. « Priez pour moi, mes pères, leur dit-il;
» car on m'a imposé un grand et terrible fardeau. La dignité
» sacerdotale me fait trembler. C'est à Pierre et à Paul, ainsi
» qu'à leurs semblables, à gouverner les âmes. Pour moi, je ne
» suis qu'un misérable pécheur. Mais ce que je redoute par
» dessus toute chose, ce sont les ordinations ». Amos mourut vers la fin de 601, après environ sept ans d'épiscopat.

LV. ISAAC, ou HESYCHIUS.

601. ISAAC, ou HESYCHIUS, vers la fin de l'an 601, fut élu pour remplir le siége de Jérusalem. Aussitôt après son élection il envoya, suivant la coutume, sa lettre synodale au pape saint Grégoire le Grand. La réponse de ce pontife rend témoignage à la pureté de la foi d'Isaac. Elle nous apprend aussi que la simonie était commune en Orient, et qu'il régnait des dissensions dans l'église de Jérusalem. Saint Grégoire exhorte Isaac à donner ses soins pour remédier à ces abus. Ce patriarche tint le siége huit ans, et mourut l'an 609. On prétend qu'il est le même qu'Hesychius, auteur d'un excellent Lexique Grec.

LVI. ZACHARIE.

609. ZACHARIE, prêtre et garde des vases sacrés de l'église de Constantinople, fut élu pour succéder au patriarche Isaac. L'an 614, il fut témoin de la désolation de la Palestine, lorsque Sarbazas, général de Chosroès II, roi de Perse, y étant entré avec une armée formidable, couvrit de ruines tout le pays. Ce fut vers la mi-juin de cette année que Jérusalem tomba au pouvoir des Perses. Tout ce qui s'y trouva d'habitants, hommes, femmes, vieillards et enfants, fut chargé de chaînes pour être traîné au-delà du Tigre. Les Juifs, que Sarbazas épargnait, en rachetèrent un grand nombre qu'on fait monter à 80 mille, pour se donner le plaisir cruel de leur arracher la vie. Le patriarche fut du nombre des captifs qu'on emmena, et avec lui fut emportée la vraie croix enfermée dans un étui qu'il scella de son sceau. (Sarbazas la déposa, suivant

la tradition des Arméniens, à Tauris, dans un château dont on montre encore les ruines.) L'an 628, Zacharie est renvoyé à son église par Syroès, fils et successeur de Chosroès. L'année suivante, Héraclius reporte à Jérusalem la vraie croix que Syroès lui avait renvoyée; et Zacharie l'ayant reçue de ses mains, la replace au lieu qui lui était destiné. Ce patriarche mourut l'an 631 ou 632. L'église grecque fait mémoire de lui le 21 février.

LVII. MODESTE.

632. MODESTE, prêtre et abbé du monastère de Saint-Théodose, après avoir gouverné, pendant l'absence de Zacharie, l'église de Jérusalem, est élu pour lui succéder. Son patriarcat fut très court. Giacomelli, prélat domestique de Clément XIII, a donné de ce patriarche un sermon *sur le passage de la très-sainte Vierge, mère de Dieu*, dans lequel on voit que la tradition sur l'assomption corporelle de Marie se maintenait toujours dans l'église de Jérusalem. Le père Pagi met la mort de Modeste en 633, et le père Papebroch en 634. L'église grecque honore sa mémoire le 16 décembre.

LVIII. SOPHRONE.

634. SOPHRONE, moine de Palestine, fut élevé sur le siége de Jérusalem après Modeste. Sa vertu, sa science et les combats qu'il avait soutenus contre les hérétiques, lui avaient mérité cette place. Dès l'an 614, il avait été employé avec Jean Mosch, auteur du *Pré Spirituel*, par saint Jean l'aumônier, patriarche d'Alexandrie, pour ramener à l'unité de l'église les Acéphales, et y avait réussi. L'an 633, il fit ses efforts, mais inutilement, auprès du patriarche Cyrus, pour l'empêcher de publier sa doctrine sur l'unité de volonté et d'opération en Jésus-Christ. Devenu patriarche de Jérusalem, il assembla aussitôt un concile, où il foudroya cette hérésie, connue sous le nom de Monothélisme. De là il envoya ses lettres synodiques au pape Honorius et à Sergius, patriarche de Constantinople, qu'il croyait encore catholique. Les trouvant peu favorables l'un et l'autre à ses vues, il députa à Rome Etienne, évêque de Dore, avec un long écrit, où il explique savamment le dogme des deux volontés en Jésus-Christ. L'an 638, les Musulmans ayant formé le siége de Jérusalem, Sophrone traite de la capitulation avec le général, et reçoit ensuite le calife Omar, qui était venu d'Arabie pour prendre possession de la place. On ignore l'année de la mort de ce patriarche, dont Théophane dit qu'il remporta

d'illustres trophées sur Sergius et Pyrrhus. Baronius prétend qu'il mourut en 638. Le P. Papebroch et le P. le Quien reculent cet événement jusqu'en 644. Quoi qu'il en soit, il mourut le 11 mars, jour auquel sa mémoire est célébrée dans l'église latine et l'église grecque.

ADMINISTRATEURS

Pendant la vacance du siége de Jérusalem.

Après la mort du patriarche Sophrone, le siége de Jérusalem vaqua jusqu'à l'an 705. Car il faut regarder comme une fiction cet Anastase, évêque de Jérusalem, et ce Pierre, évêque d'Alexandrie, dont on voit les souscriptions au bas des actes du concile *in Trullo*. Il est certain qu'alors, c'est-à-dire en 692, ces deux siéges étaient vacants.

I. ETIENNE, évêque de Dore.

Sergius, évêque de Joppé et monothélite, voyant le siége de Jérusalem vacant par la mort de Sophrone, s'ingéra, par l'autorité de l'empereur, soit Héraclius, soit Constant, de gouverner cette église, et y fit plusieurs ordinations. Le pape Théodore en étant instruit, confia le soin, et proprement le vicariat de l'église de Jérusalem, à Etienne, évêque de Dore, qui se trouvait pour la seconde fois à Rome. Etienne usa de son pouvoir avec sagesse, et fit rentrer les rebelles dans le devoir. L'an 649, il se démit de ce vicariat au concile de Latran entre les mains du pape Martin.

II. JEAN, évêque de Philadelphie.

A Etienne le pape Martin substitua, l'an 649, Jean, évêque de Philadelphie, pour l'administration de l'église de Jérusalem. On ignore combien de tems il exerça cet emploi.

III. THEODORE, prêtre.

Après Jean de Philadelphie, le prêtre Théodore fut chargé de l'administration de l'église de Jérusalem. L'an 680, il envoya Georges, prêtre et moine, au sixième concile général, pour y tenir sa place. On ne peut dire combien de tems il gouverna depuis cette église, ni s'il eut un successeur jusqu'en 705. En un mot, c'est le dernier administrateur connu de l'église de Jérusalem.

Suite des patriarches de Jérusalem.

LIX. JEAN V.

L'an 705, l'église de Jérusalem, après environ soixante ans de vacance, eut pour patriarche JEAN, que saint Jean Damascène qualifie de saint homme. Eutychius lui donne quarante ans d'épiscopat. On doit lui en donner au moins quarante-neuf, s'il est auteur d'une invective contre l'empereur Constantin Copronyme, qui se trouve dans la nouvelle édition de saint Jean Damascène, sous le nom de Jean, patriarche de Jérusalem : car cette pièce n'a pu être composée qu'après le conciliabule assemblé par ce prince en 754. Mais peut-être Jean V aura-t-il eu un successeur du même nom, que les historiens n'auront point connu.

LX. THÉODORE.

754. THÉODORE fut élevé sur le siége de Jérusalem au plus tard vers la fin de 754. Il se déclara pour les saintes Images, et fulmina, l'an 763, de concert avec les patriarches d'Antioche et d'Alexandrie, une sentence d'excommunication contre Cosme, évêque iconoclaste de Philadelphie. Théodore vivait encore en 767, tems auquel il envoya sa lettre synodique sur les saintes Images au pape Paul; mais on ignore ce qu'il devint depuis ce tems-là.

LXI. EUSEBE.

Ce patriarche est assez douteux, n'étant connu que par la Vie de saint Madalvé, évêque de Verdun, où il est dit que le saint, étant allé l'an 772 ou 773 à Jérusalem, il y fut très-bien reçu par le patriarche Eusèbe. C'est aux savants à voir si Hugues de Flavigni, auteur de cette Vie, est un garant assez sûr de l'existence de ce patriarche de Jérusalem.

LXII. ELIE II.

ELIE, dans les Catalogues latins des patriarches de Jérusalem, est mis immédiatement à la suite de Théodore. Il était monté sur le siége avant l'an 785. Cette année, les légats de Constantinople étant venus en Palestine pour inviter ce patriarche au septième concile général, trouvèrent qu'il était en exil dans la Perse. Un moine, nommé Théodore, était l'auteur de cette disgrâce, et avait obtenu du gouverneur la place d'Elie. Détesté des Catholiques, il prit bientôt la fuite. Le patriarche Elie revint à son église, et vécut au moins jusqu'en 796.

LXIII. GEORGES.

GEORGES fut le successeur d'Elie dans le siége de Jérusalem.

L'an 800, il fit accompagner à leur retour, par deux de ses moines, les ambassadeurs que Charlemagne avait envoyés au calife Haroun. Ces moines apportaient, par ordre du calife, les clefs du Saint-Sépulcre et de l'église du calvaire pour ce monarque avec un étendard que M. de Fleuri croit avoir été le signe de la puissance et de l'autorité qu'Haroun avait remise à Charlemagne. Georges mourut au plus tard l'an 807.

LXIV. THOMAS I.

THOMAS, moine de la Laure de Saint-Sabas, diacre et médecin, avait remplacé, l'an 807, le patriarche Georges. L'an 808, avant la fête de Noël, les moines du Mont des Olives ayant consulté le patriarche touchant une dispute qui s'était élevée parmi eux sur la procession du Saint-Esprit, Thomas les renvoya au saint siége. Il écrivit en conséquence sur ce sujet au pape Léon III. Les moines écrivirent de leur côté à ce pontife. Ce fut la même question qu'on agita l'année suivante au concile d'Aix-la-Chapelle. L'an 817, saint Théodore Studite écrivit à Thomas, ainsi qu'aux autres patriarches et au pape touchant l'état de la religion en Grèce, sous l'empire tyrannique de Léon l'Arménien, ennemi des saintes Images. Thomas, sur cette lettre, envoya deux moines de Saint-Sabas à l'empereur pour défendre en sa présence la vérité. Léon les fit fouetter et envoyer en exil. Thomas mourut l'an 829 au plus tard.

Du tems de ce patriarche, une grande famine chassa presque tous les mahométans de Jérusalem; ce qui fournit à Thomas une occasion favorable de réparer le comble de l'église de la Résurrection. Abdallah, fils de Taher, passant à Jérusalem pour aller à Bagdad, quelques musulmans lui déférèrent Thomas comme ayant fait des augmentations à cette église. Abdallah, sur cette accusation, le fit mettre en prison avec menace du fouet, si elle se trouvait véritable. Thomas vint à bout d'intéresser en sa faveur un vieux musulman fort accrédité, au moyen d'une somme d'argent qu'il lui promit, et fut si bien servi que, non seulement il évita le châtiment, mais qu'il obtint l'approbation de ce qu'il avait fait. (*Hist. Univ.*, t. XVI, p. 80.)

LXV. BASILE.

829. BASILE, successeur de Thomas, occupait le siége de Jérusalem au mois d'octobre 829, lorsque l'empereur Théophile monta sur le trône. Il écrivit, de concert avec les patriarches d'Alexandrie et d'Antioche, une lettre très forte à ce prince en faveur des saintes Images. Elle ne fit aucun effet. Basile mourut au plus tard l'an 843.

LXVI. SERGIUS.

843. Sergius fut élu patriarche de Jérusalem la seconde année du calife Watek, c'est-à-dire l'an 843, suivant Eutychius, qui lui donne seize années de patriarcat. Il mourut donc en 858 ou 859.

LXVII. SALOMON.

858 ou 859. Salomon, fils de Zarkum, fut tiré du nombre des laïques, suivant Anastase, pour être élevé à la dignité patriarcale. Eutychius lui donne cinq années de gouvernement, c'est-à-dire qu'il mourut en 862 ou 863.

LXVIII. THEODOSE.

862 ou 863. Théodose, ou Théodore, fut substitué, la première année du calife Mostain, (l'an de l'hégire 248) à Salomon. Eutychius lui donne dix-neuf ans de gouvernement; mais il est certain qu'il mourut l'an 879. Il écrivit, l'an 867, à saint Ignace, patriarche de Constantinople, une lettre contre Photius, usurpateur de son siège, qui fut lue au huitième concile général, auquel il assista par Elie, son syncelle. Théodose mourut avant le mois de novembre 879, puisqu'il est fait mention de son successeur dans les actes du faux concile que Photius tint dans ce mois.

LXIX. ELIE III.

879. Elie fut élu l'an 879 au plus tard pour succéder au patriarche Théodose. Il assista, par son syncelle, nommé, comme lui, Elie, au conciliabule que Photius tint au mois de novembre de cette année sur son rétablissement. Si l'on peut ajouter foi aux actes de cette assemblée, il paraît que le patriarche Elie, ainsi que son syncelle, avait été surpris par les artifices de Photius. Car le syscelle se déclara, au nom de celui qu'il représentait, en faveur de cet intrus, et condamna la mémoire de saint Ignace. L'an 881, il écrivit à l'empereur Charles le Gros et aux grands de France pour demander des subsides, à l'effet de réparer les églises de Jérusalem, ruinées par les Arabes. Elie mourut la 29ᵉ année de son gouvernement, c'est-à-dire l'an 907.

LXX. SERGIUS II.

907. Sergius, nommé Georges par Eutychius, fut placé le 4 ou le 5 avril sur le siège de Jérusalem, qu'il tint l'espace de 4 ans. Il mourut l'an 911, vers le commencement d'avril.

LXXI. LEONCE.

911. LÉONCE, ou LÉON, monta sur le siége de Jérusalem au mois d'avril 911. Il l'occupa 17 ans, et mourut par conséquent l'an 927 ou 928.

LXXII. ANASTASE.

Les Catalogues latins des patriarches de Jérusalem donnent pour successeur à Léonce un nommé ANASTASE. Si ce patriarche est réel, son gouvernement fut très court. Il ne paraît pas avoir passé l'an 928.

LXXIII. NICOLAS.

Le patriarcat de NICOLAS est aussi douteux que celui d'Anastase. En supposant réel ce patriarche, il mourut l'an 937 au plus tard.

LXXIV. CHRISTOPHE, ou CHRISTODULE I.

CHRISTOPHE, ou CHRISTODULE, natif d'Ascalon, était patriarche de Jérusalem l'an 937, suivant Eutychius, qui rapporte une irruption des Musulmans, faite le jour des Rameaux de cette année, sous le patriarcat de Christophe. On ignore l'année de sa mort.

LXXV. JEAN VI.

JEAN VI fut le successeur de Christophe. Les Musulmans, ayant été battus plusieurs fois par l'empereur Nicéphore Phocas, s'en prirent à ce prélat, comme ayant excité l'empereur à leur faire la guerre. Pleins de cette préoccupation, ils se saisirent de sa personne, et le brûlèrent vif l'an 969.

LXXVI. CHRISTOPHE, ou CHRISTODULE II.

CHRISTOPHE, ou CHRISTODULE II, succéda au patriarche Jean VI, suivant les Catalogues latins des patriarches de Jérusalem. Mais on ignore quelle fut la durée de son gouvernement

LXXVII. THOMAS II. LXVIII. JOSEPH.

THOMAS, dans les Catalogues cités, est donné pour successeur à Christophe II. Mais ils ne s'expliquent pas davantage sur sa personne, et ce silence n'est suppléé par aucun autre monument. On n'a pas plus de lumières sur le gouvernement de JOSEPH, successeur de Thomas, que sur celui de ses deux prédécesseurs. Son nom est tout ce que les Catalogues nous en ont conservé.

LXXIX. ALEXANDRE.

Nicéphore Calixte (*Hist. Eccl.*, l. XIV, c. 39), dit que sous l'empire de Constantin Porphyrogénète (qui régna depuis 975 jusqu'en 1025), ALEXANDRE fut placé sur le siége de Jérusalem. C'est vraisemblablement le successeur immédiat de Joseph ; mais on ne sait pas combien de tems il tint le siége.

Le père le Quien (*Or. Ch.*, t. III, p. 42) donne pour successeur d'Alexandre, Agapius, dont il est dit, dans le IVe livre du Droit grec-romain, p. 294, que « sous l'empire de Constantin » Porphyrogénète, Agapius, archevêque de Séleucie, devint » patriarche de Jérusalem, et qu'ensuite s'étant retiré à Constantinople, il y exerça le sacré ministère avec le patriarche » Nicolas. » Mais il est visible qu'il y a faute dans ce texte, et qu'au lieu de patriarche de Jérusalem, il faut y lire patriarche d'Antioche, puisqu'il dit la même chose que ce que nous avons rapporté d'Agapius II, d'après Nicéphore Calixte.

LXXX. JEREMIE.

JÉRÉMIE, appellé ORESTE par quelques anciens, et peut-être le même qu'un Jean, que d'autres font patriarche de Jérusalem sur la fin du 10e siècle, fut élevé sur ce siége par l'autorité d'Aziz, calife d'Egypte, qui avait épousé sa sœur. Cette promotion se fit au plutôt l'an 984, parce que ce fut cette année que le calife devint son beau-frère. L'an 1012, le calife Hakem, successeur d'Aziz, s'étant mis à persécuter les Chrétiens, fit détruire la grande église de Jérusalem, et crever les yeux à Jérémie qu'il emmena captif au Caire, où ce prélat mourut.

LXXXI. THEOPHILE.

THÉOPHILE, suivant Albéric de Trois-Fontaines, succéda immédiatement au patriarche Jérémie. Le P. Papebroch conjecture que son patriarcat fut très-court. On n'en sait par exactement la durée.

LXXXII. ARSENE.

ARSÈNE monta sur le siége de Jérusalem après Théophile. Quoique nul catalogue ne fasse mention de ce prélat, son existence est néanmoins certaine par la Vie de saint Siméon, ermite en Italie, mais arménien de naissance. En effet, l'auteur contemporain de cette vie dit que ce patriarche lui a fourni les traits qui concernent le saint jusqu'à son départ pour l'Occident. Or, cette vie fut composée l'an 1024, pour servir de fondement à la canonisation de saint Siméon, qui se fit la même année par le pape Benoît VIII. Les Bollandistes (*Jul*, t. VI, p. 324,) pensent qu'Arsène fut fait patriarche l'an 1010, et mourut au plutôt l'an 1023.

LXXXIII. JOURDAIN.

Jourdain, successeur du patriarche Arsène, n'est connu que par le témoignage de Raoul Glaber, auteur contemporain. Cet historien rapporte (l. IV, ch. 6,) que l'an 1033, Odolric, évêque d'Orléans, s'étant rendu à Jérusalem, y vit de ses yeux le miracle qui s'opérait tous les ans la veille de Pâques dans la grande église : miracle qui consistait en ce que les lampes, à la bénédiction du feu nouveau, s'allumaient d'elles-mêmes. Témoin de ce prodige, dit Glaber, l'évêque d'Orléans acheta du patriarche Jourdain une de ces lampes, avec l'huile qu'elle renfermait, pour une livre d'or. On ne trouve nulle part combien de tems Jourdain a siégé.

LXXXIV. NICEPHORE.

Nicéphore, qu'Albéric de Trois-Fontaines et les Catalogues latins des patriarches de Jérusalem mettent immédiatement après Théophile sur le siége de cette église, sans parler d'Arsène ni de Jourdain, acheva, selon Guillaume de Tyr, l'an 1048, la reconstruction de la grande église de Jérusalem. C'est la seule époque connue de son patriarcat. Il mourut au plus tard l'an 1053.

LXXXV. SOPHRONE II.

1053 au plus tard. Sophrone occupait, en 1053, le siége de Jérusalem. En voici la preuve. Un seigneur français du comté de Rouergue, nommé Odite, étant venu cette année en dévotion à Jérusalem, y fit vœu de bâtir à son retour un monastère dans le lieu de Moissac ; ce que le patriarche, entre les mains duquel ce vœu fut fait, approuva en ces termes : *Ego Sophronius, patriarcha Hierosolymitanus, oro atque benedico omnes qui in hoc monasterio supradicto serviunt* (*F. servient.*) L'acte, d'où ceci est tiré, se trouve parmi les Preuves du deuxième tome de l'Histoire de Languedoc, p. 224. Sophrone fut témoin, dit Albéric, des succès des Turcs contre les Arabes, auxquels ils enlevèrent, l'an 1059, Jérusalem, où ils mirent à mort tous les habitants, à l'exception des Chrétiens qui se soumirent volontairement.

LXXXVI. EUTHYMIUS.

EUTHYMIUS succéda à Sophrone, suivant le même historien que nous venons de citer. Il mourut avant l'an 1094. C'est tout ce qu'on sait de sa personne.

LXXXVII. SIMEON II.

SIMÉON II, qu'Albéric fait succéder immédiatement à Euthymius, était assis sur le siége de Jérusalem dès l'an 1094. Ce fut lui, suivant Guillaume de Tyr, à qui Pierre l'ermite, natif d'Amiens, en Picardie, s'adressa cette année dans son premier voyage de Jérusalem, et avec lequel il s'entretint sur les malheurs de l'église de Palestine, et sur les moyens d'y apporter du remède. Le résultat de leurs conférences fut que si le pape et les princes d'Occident étaient informés de l'état déplorable des Chrétiens en Palestine, ils viendraient rompre leurs fers et délivrer les lieux saints de la tyrannie des infidèles. Siméon, en conséquence, lui donna des lettres pour le pape Urbain II et pour les princes de l'Europe. Elles étaient touchantes, et Pierre, à son retour, sut les faire si bien valoir par une éloquence qui lui était naturelle, que ses discours firent naître et exécuter le projet étonnant des croisades. L'an 1098, à la nouvelle de l'arrivée des croisés, Siméon, intimidé par les menaces des Musulmans, se retira dans l'île de Chypre, où il mourut vers le mois de juillet de l'an 1099, dans le tems de la prise de Jérusalem.

PATRIARCHES LATINS DE JÉRUSALEM.

ARNOUL, PREMIER PATRIARCHE LATIN.

L'an 1099, les croisés, après avoir élu Godefroi de Bouillon roi de Jérusalem, pensèrent à faire un patriarche latin. L'évêque de Martorane et son parti firent tomber le choix sur ARNOUL DES ROCHES OU DE ROCAS, qui est un château dans le Hainaut, chapelain du duc de Normandie, qui fut proclamé le jour de saint Pierre-aux-Liens, 1er août. Le défaut de sa naissance (il était bâtard et fils de prêtre), joint à la conduite licencieuse qu'il avait tenue pendant le voyage de la croisade, et qu'il ne démentait pas même depuis qu'il était élu, lui aliéna les esprits. On le déposa la même année, après la fête de Noël, par ordre du pape Pascal. Les anciens historiens le nomment, les uns patriarche, les autres, vice-patriarche, selon qu'ils sont affectés.

II. DAYMBERT.

1099. DAYMBERT, archevêque de Pise et légat du saint siége pour la croisade, fut mis sur le siége de Jérusalem après la déposition d'Arnoul; par le conseil d'Arnoul même. Son élection est de la fin de l'an 1099. Après l'installation du nouveau patriarche, Godefroi de Bouillon et Boémond reçurent humblement de ses mains l'investiture, l'un du royaume de Jérusalem, l'autre de la principauté d'Antioche. Daymbert, en vertu de cet acte religieux, prétendit que la ville de Jérusalem avec ses forteresses, et même la ville de Joppé avec ses dépendances, lui appartenaient. Accord passé le jour de Pâques, 1er avril de l'an 1100, entre le roi et le patriarche. Le premier assure à l'autre le royaume de Jérusalem au cas qu'il meure sans enfants. Le cas étant arrivé le 18 juillet suivant, Baudouin, successeur de Godefroi, ne veut point tenir la convention. Le prince et le patriarche se brouillent à ce sujet. L'an 1103, Daymbert se retire auprès de Boémond, prince d'Antioche. Baudouin fit aussitôt placer sur le siége patriarcal le prêtre Ebremar, homme de bonnes mœurs, mais fort ignorant. Il était né au diocèse de Térouanne, et avait été ordonné par Lambert, qui, d'archidiacre de cette église, devint évêque d'Arras. Nous avons la lettre que Daymbert écrivit à ce dernier pour lui faire part de son élection, avec la réponse qu'il en reçut. (Baluze, *Miscell.*, tom. V, p. 331.) Daymbert passe à Rome pour se plaindre de cette intrusion. Il part en l'an 1107 pour s'en retourner, après avoir été favorablement écouté, et meurt à Messine le 16 juin de la même année. Gibelin, archevêque d'Arles, arrivé dans le même tems en Palestine avec titre de légat, dépose Ebremar, et lui donne l'église de Césarée pour dédommagement.

III. GIBELIN.

1107. Le légat GIBELIN fut élu l'an 1107, pour succéder au patriarche Daymbert, et mourut le 6 avril de l'an 1112. Nous suivons ici Guillaume de Tyr et Albéric de Trois-Fontaines, en identifiant le patriarche Gibelin avec le légat de ce nom, archevêque d'Arles. Cependant, il faut avouer qu'Albert d'Aix, plus ancien que Guillaume de Tyr et qu'Albéric, les distingue assez clairement, soit en nommant Gobelin le successeur de Daymbert, soit en lui donnant la simple qualité de clerc. *Quidam clericus*, dit-il, *nomine Gobelinus surrogatur*. Quoi qu'il en soit, ce patriarche, fort âgé lorsqu'il fut élu, gouverna paisiblement son église. Le pape Pascal lui accorda une bulle qui lui permettait d'unir à son siége les places que le roi Baudouin prendrait sur les infidèles, quoiqu'elles relevassent anciennement d'autres métropolitains, ce qui excita les plaintes de Bernard, patriarche d'Antioche.

ARNOUL, *une seconde fois.*

1112. ARNOUL, après la mort du patriarche Gibelin, trouva moyen de remonter sur le siége de Jérusalem. Il fut une seconde fois déposé, l'an 1115, par l'évêque d'Orange, légat du saint-siége. Mais s'étant rendu à Rome, il se fit rétablir. Arnoul mourut peu de jours après avoir couronné le roi Baudouin II, c'est-à-dire vers le milieu d'avril 1118. Guillaume de Tyr dit qu'il fut surnommé *Mala corona*, parce qu'il ne menait pas une vie conforme à son état. Il ajoute qu'ayant marié sa nièce avec Eustache Garnier, seigneur de Césarée et de Sidon, personnage distingué par sa valeur, il lui donna en dot la ville de Jéricho, dont le revenu était de cinq mille besants d'or.

IV. GORMOND.

1118. GORMOND, fils de Gormond II, seigneur de Péquigni dans le diocèse d'Amiens, fut le successeur d'Arnoul. L'an 1124, sur la fin de février, pendant la prison du roi Baudouin, il engagea les croisés à faire le siége de la fameuse ville de Tyr, qui fut emportée dans le mois de juillet suivant. Ce patriarche mourut l'an 1128, de fatigue, en défendant le château de Béthasem, près de Sidon, que des brigands voulaient enlever à son église. (Orderic Vital, l. XIII.)

V. ETIENNE.

1128. ETIENNE, chanoine régulier, abbé de Saint-Jean-en-Vallée, près de Chartres, et parent du roi Baudouin II, fut élu pour succéder au patriarche Gormond. Son épiscopat fut d'environ 2 ans. Il finit ses jours l'an 1130, non sans soupçon de poison. Il était, dit Guillaume de Tyr, de bonnes mœurs, mais haut, jaloux de ses droits et ferme dans ses résolutions. Il eut de grands démêlés avec le roi de Jérusalem au sujet de la ville de Jaffa et d'autres biens qu'il voulait réunir à son église, comme en ayant été aliénés; mais il ne vit pas la fin de cette dispute, et mourut à la peine.

VI. GUILLAUME I.

1130. GUILLAUME I, natif de Malines, et prieur du Saint-Sépulcre, fut élu pour succéder au patriarche Etienne. Il gouverna l'église de Jérusalem jusqu'au 27 septembre de l'an 1144, époque de sa mort, si les quinze années de patriarcat que lui donne Guillaume de Tyr sont incomplètes; mais si elles sont complètes, il faut mettre sa mort au même mois de l'an 1145. C'est le même qui est nommé Frédéric par Albéric de Trois-Fontaines. Guillaume de Tyr dit qu'il était d'une belle prestance, d'une conversation agréable, qu'il était passablement instruit, et qu'il fut chéri des grands et du peuple.

VII. FOUCHER.

1145 ou 1146. FOUCHER, en latin *Fulcherius*, d'une famille noble et ancienne, connue dès les huitième et neuvième siècles, qui subsiste encore aujourd'hui dans le Poitou et en Bretagne, natif d'Angoulême, chanoine régulier, puis archevêque de Tyr, fut placé sur le siége de Jérusalem le 25 janvier 1145 ou 1146. Il assista l'an 1148 à l'assemblée générale qui se tint dans la ville d'Acre en présence de l'empereur Conrad et du roi Louis le Jeune, et les accompagna au siége de Damas. On sait le mauvais succès de cette expédition. Il eut part dans la suite à une autre qui réussit mieux. Ce fut en effet par ses conseils et ses exhortations que les croisés, ayant mis le siége devant l'importante place d'Ascalon au mois de février 1153, s'en rendirent maîtres le 19 août suivant. (Pagi, *ad hunc an.*) L'an 1155, au printems, il passa en Italie pour se plaindre au pape du refus que faisaient les hospitaliers de payer la dîme de leurs terres aux prélats. Il fut mal accueilli, et s'en retourna couvert de confusion. Il mourut à Jérusalem le 20 novembre de l'an 1157, à l'âge de près de cent ans.

VIII. AMAURI.

1157. AMAURI, natif de Néele, au diocèse de Noyon, et prieur du Saint-Sépulcre, fut élu contre les règles et par le crédit des deux sœurs du roi, patriarche de Jérusalem. Il se maintint néanmoins sur son siége, et obtint même du pape le *pallium*, malgré l'appel que l'archevêque de Césarée et l'évêque de Bethléem avaient interjeté de son élection à Rome. Il présida l'an 1160 au concile de Nazareth, où celle d'Alexandre III fut confirmée, non sans contradiction. C'était un homme assez lettré, dit Guillaume de Tyr, mais simple et peu capable de remplir une si grande place. Il mourut le 6 octobre de l'an 1180.

IX. HERACLIUS.

1180. HÉRACLIUS, auvergnat de naissance, archevêque latin de Césarée, fut élu le 16 octobre 1180, pour succéder au patriarche Amauri. Voici comment une ancienne chronique fran-

çaise manuscrite raconte son élection et ce qui la suivit : « Deux
» clers en la terre d'Ihérusalem estoient en cel tens, dont l'un
» estoit arcevesques de Sur (Tyr), li autres arcevesques de
» Césaire (Césarée.) Li arcevesques de Sur ot nom Guillaumes,
» et fut nés en lhérusalem. Ne savoit-on en Chrestenté melior
» clers de lui. A cel tens li arcevesques de Césaire avoit nom
» Héraclès, et fu nés d'Auvergne, et poure clers ala en la terre,
» et biaus clers estoit, et par sa biauté l'en ama le mère le roy,
» et si le fist arcevesques de Césaire. Il avint au tems de ces
» deux clers que li patriarches de Ihérusalem mourut. Donc
» vint le Roy, si manda les arcevesques de la terre qu'il venis-
» sent en Ihérusalem à l'ésecion del patriarches, et il si fisrent.
» Quand li arcevesques et li évesques furent assemblé en Ihéru-
» salem, si vint l'arcevesques de Sur as (aux) canoines del
» Sépulcre, à cui l'ésecion del patriarches estoit à faire ; si l'on
» dist en capitre, et cria merci, Seignor, je ai trové en scrip-
» ture que Eracle conquist la sainte Crois en Perse, et porta
» en Ihérusalem, et que Eracle la giteroit fors de Ihérusalem,
» et à son tens seroit perdue. Por vos pri por Deu que vos ne le
» només mie en ésecion à estre patriarches. Car se vos le només,
» sachiés bien de voir que li Roys li prendra à mal, et ert (sera)
» la terre perdue, s'il es patriarches. Mais por Deu només deux
» aultres que nos deux..... et se vos ne les trovés en cest païs,
» nos vos aiderons bien à mettre conseil de prudhome à querre
» en France à estre patriarches. Li canoines ne firent mie ce
» que li arcevesques de Sur lor avoit dit d'Eracle l'arcevesques
» de Césaires, qu'il ne le nomenassent ; et il le nomenerent, et
» si nomenerent li canoines del Sépulcre l'arcevesques Eracle,
» que mere le Roy l'en avoit priés. L'ésecion estoit tele en la
» terre d'outremer de patriarches, d'arcevesques et d'évesques
» et d'abbés, qu'il en nomment deux et présentent le Roys, et
» li Roys en prent un. S'on li présente la matinée, il le doit
» prendre dedans vespres sonans, et si on li présente à vespres,
» le demain il le prent après le chant, et li Roys prist Eracle,
» porce que sa mère l'en avoit proié..... par cele manière fu
» Eracle patriarches de Ihérusalem. Quant il fut patriarches,
» si manda li arcevesques et li évesques de la terre qu'ils fissent
» obédience, et si fistrent tuit, fors soulement l'arcevesques de
» Sur ; ains apella à Rome sa propre personne, et que bien mos-
» teroit que deus estoient, et patriarches ne doit estre. Quant
» li arcevesques de Sur ôt fait son apel, si a tiré son cri et passé
» la mer, si s'en ala à Rome, si fu li apostres liés (réjoui) de sa
» venue et li porta grant honor, et il et li cardinal ; ne onques
» n'avoit-on oi parler de clers qui veni à Rome, que li apos-
» toiles honorast, ne li cardinal cum il fistrent lui..... et tant y

» avoit ja fait vers l'apostoile et vers les cardinaux, que s'il
» eust vescu tant e li patriarche fust venu à Rome, qu'il eust
» esté déposé : or vos dirai comment il fu mors. Ains que li
» patriarches sot que li arcevesques de Sur estoit alés à Rome,
» si sot bien qe s'il vivoit tant q'il le trovast à Rome, qu'il
» seroit desposé (déposé). Donc dist à un suen fisicien qu'il
» alast après et si l'empoisonast, et cil fist, et ensi fu mors.
» Après ala li patriarches à Rome, et out ce qu'il veut, et s'en
» retourna arière Ihérusalem..... Quant il fu revenu de Rome,
» si ama la femme à un merchier qui manoit à Naples (Naplouse)
» à douze lieues de Ihérusalem, et il la mandoit souvent..... et
» la tenoit toute à vue del siècle, ainsi com li hom fait sa femme,
» fors tant qu'elle ne manoit mie avec lui..... Cils qi la connois-
» soient, disoient che ce estoit la patriarchesse. Elle avoit à
» nom Pasque de Riven, et si avait enfan del patriarches. » L'an
1184, Héraclius fut envoyé par le roi Baudouin IV en Occident,
avec les deux grands-maîtres des chevaliers pour demander du
secours contre les progrès de Saladin. Après quelque séjour en
Italie, il arriva, le 16 janvier 1185, à Paris, et présenta au roi
Philippe Auguste les clefs de la ville de Jérusalem avec celles du
Saint-Sépulcre, comme une espèce d'investiture, ou du moins
comme des gages de droit de protection qu'il devait acquérir
par ses armes. Philippe, jeune prince, s'enflamme d'une ardeur qui était de son âge, et veut partir pour la Terre-Sainte ;
mais son conseil l'en empêche, ou plutôt l'engage à différer.
Le patriarche de-là, passe en Angleterre, où il met pied à terre
au commencement de février, pour déterminer le roi Henri II
à prendre la croix ; il s'efforce, dans l'audience qui lui est accordée, de persuader à ce prince qu'il n'a été absout qu'à cette
condition, du meurtre de saint Thomas. Henri, qui était sur
le déclin de l'âge, allègue le mauvais état de sa santé pour excuse,
et offre de l'argent. *Nous n'avons pas besoins d'argent*, lui répondit insolemment le patriarche, *mais d'un chef plus digne que vous
de nous défendre contre les infidèles*. Puis, s'apercevant que le
monarque rougissait de colère : *Voilà ma tête*, ajouta-t-il, *vous
pouvez me traiter comme vous avez traité mon frère Thomas. Il
m'est indifférent de mourir ici par vos ordres, ou en Syrie par les
mains des infidèles : aussi bien vous êtes plus méchant que les Sarrasins.* Le roi se tut et respecta le droit des gens. Mais il n'abandonna pas les Chrétiens d'Asie, et voulut conférer sur leurs
intérêts avec le roi de France. Les secours toutefois qu'il leur
fit passer, ni ceux que Philippe Auguste leur envoya, n'empêchèrent pas la prise de Jérusalem, dont Héraclius fut témoin à
son retour. En quittant cette ville, le patriarche emporta tous
les ornements de son église, l'argenterie du Saint-Sépulcre, les

lames d'or et d'argent dont il était couvert, et plus de deux cent mille écus d'or. Les officiers musulmans voulaient s'y opposer, disant que la capitulation ne permettait d'emporter que les effets des particuliers. *Il est vrai*, dit généreusement Saladin, *qu'on pourrait contester sur cet article ; mais il ne faut pas donner aux Chrétiens sujet de se plaindre et de décrier notre religion.* Chargé de ces dépouilles, Héraclius se retira avec la reine Sibylle, les Templiers, et d'autres seigneurs, à Antioche. De-là il vint au siége d'Acre, où il mourut l'an 1191. Cet infâme patriarche est loué par Héribert, dans la Vie de saint Thomas de Cantorberi, comme un prélat d'une vertu distinguée: *vitæ sanctitate non infimus*; et cela pour donner du poids à des révélations qu'il disait avoir été faites en Palestine du martyre de ce saint, quinze jours avant cet événement.

X. ALBERT I, DIT L'HERMITE.

1191. ALBERT, surnommé l'HERMITE, français de nation, petit-neveu du fameux Pierre l'Hermite, et évêque de Béthléem, fut nommé, par le pape Célestin III, pour succéder au patriarche Héraclius. Il choisit Acre pour le lieu de sa résidence. Albert mourut l'an 1194. (Pagi.)

XI. MONACO.

1194. Albert étant mort, on élut patriarche, le 24 avril 1194, Michel de Corbeil, docteur et doyen de Paris. Mais quinze jours après, le clergé de Sens l'ayant choisi pour son archevêque, on mit à sa place, sur le siége de Jérusalem, MONACO, florentin de naissance, et archevêque de Césarée. C'était un homme savant et vertueux. Il tint le siége patriarcal 8 ans, et mourut vers le commencement de l'an 1203.

XII. SIFRED.

1203. SIFRED, ou GEOFFROI, qu'Albéric de Trois-Fontaines nomme SIMON, cardinal de Ste-Praxède, et légat en Palestine, fut nommé par Innocent III, pour remplacer le patriarche Monaco. On a une charte de lui datée du 7 mai 1203, où il se dit patriarche de Jérusalem et légat du saint siége. Mais il abdiqua le patriarcat l'année suivante. (Mansi.)

XIII. LE BIENHEUREUX ALBERT II.

1204. ALBERT II, natif de Castro di Gualtéri, au diocèse de Parme, chanoine régulier et évêque de Verceil, fut élu patriarche de Jérusalem après l'abdication du cardinal Sifred. Il était absent ; et ce fut sa réputation de savoir et de vertu qui détermina les suffrages en sa faveur. Ayant reçu la nouvelle de son élection, il vint trouver à Rome le pape Innocent III, qui lui donna le *pallium* avec le titre de légat. Il aborda, l'an 1206, en Palestine. L'an 1209, il rassembla, sous un chef ou directeur, un petit nombre d'ermites qu'il trouva épars sur le Mont Carmel, et leur donna une règle comprise en 16 petits articles. Telle est l'origine des Carmes. L'an 1214, le 14 de septembre, étant à la procession de la fête de l'Exaltation de la sainte croix, il fut assassiné par un italien, outré de ce qu'il l'avait repris de ses désordres. Cette mort, qualifiée de martyre par plusieurs écrivains, couronna une vie exercée dans la pratique de toutes les vertus religieuses et apostoliques. (Papebroch, *ad diem VIII*am *aprilis*. Le Quien.) Gretzer (*De Cruce*) rapporte une médaille du patriarche Albert, sur un des côtés de laquelle on voit ses armes, qui sont un écu chargé d'un chapelet posé en chevron, accompagné de trois quintefeuilles, au chef chargé d'une croix de Jérusalem, cantonnée de quatre croisettes. Au-dessous de l'écu, qui est penchant, est une mitre avec une croix simple et une autre à trois branchons, posés en sautoir. A côté est écrit, MCCVI ; et pour inscription on lit ces mots: ALBERTUS PATR. HIEROSO. L'autre côté représente une porte de ville accostée de deux tours. l'inscription y est double. Au moindre cercle, on lit celle-ci: NUMUS PEREGRINOR. Au plus grand, HIEROS. A. SARA. CAP. SED. ACC. TRANS. C'est-à-dire *Hierosolyma a saracenis capta, sede Acconem translatâ*. De cette médaille on tire ces inductions : 1.° que Pierre l'Hermite est inventeur du chapelet ; en second lieu que la maison qui porte le nom de l'Hermite aux Pays-Bas, est issue de la même famille que le patriarche Albert, portant encore à présent pour armoiries, *de sinople au dizain ou à la patenôtre d'or, enfilé et houpé de même, mis en chevron, accompagné de trois quintefeuilles d'argent, posées deux en chef, et une en pointe ; au chef de Jérusalem.*

XIV. RODULFE.

1214. RODULFE, évêque de Sayette, ou Sidon, résident à Sarepta, succéda au patriarche Albert sur la fin de l'an 1214. Son patriarcat fut de moins de deux ans. Il mourut l'an 1216. (Boll.)

XV. LOTHAIRE.

1216. LOTHAIRE, évêque de Verceil et ensuite archevêque de Pise, s'étant trouvé en Palestine à la mort de Rodulfe, fut élu pour lui succéder. On ne sait presque rien de lui jusqu'à sa mort, arrivée, à ce qu'on croit, l'an 1224. Ainsi ce dut être lui qui porta la vraie croix en 1218, au siége de Damiette; car elle y fut portée par le patriarche de Jérusalem. Le P. le Quien met Lothaire avant Rodulfe, et place la mort du dernier en 1225. Nous suivons ici les Bollandistes.

XVI. GEROND, ou GIRAUD.

1224 ou 1225. GÉROND, ou GIRAUD, abbé de Cluni, devenu évêque de Valence, en Dauphiné, fut nommé par le pape Honorius au patriarcat de Jérusalem. Il emmena de France, l'an 1227, une florissante jeunesse au secours de la Terre-Sainte. L'an 1228, voyant que, faute d'exercice, une partie des croisés, au nombre de quarante mille, s'en étaient retournés, et que les autres étaient disposés à les suivre, il est d'avis, avec les autres prélats, les trois grands-maîtres et les seigneurs laïques, de rompre la trève qui causait cette désertion. La même année, au mois de septembre, il va au-devant de l'empereur Frédéric II, à la tête du clergé et du peuple ; mais il refuse de couronner ce prince roi de Jérusalem, parce qu'il était excommunié par le pape Grégoire IX. L'année suivante, il écrit à ce pontife pour se plaindre du traité que Frédéric avait fait avec le soudan de Babylone. Il en était si indigné, qu'il jeta l'interdit sur la ville de Jérusalem, quoiqu'elle fût restée au pouvoir des Chrétiens, et reporta son siége à Saint-Jean-d'Acre. Il mourut le 7 septembre de l'an 1239. (Mathieu Paris, le Quien.)

XVII. ROBERT.

1240. ROBERT, appelé GUI, par Albéric, nommé, l'an 1240, patriarche de Jérusalem par Grégoire IX, était né dans la Pouille, y avait été nommé évêque ; et en ayant été chassé par l'empereur Frédéric II, il s'était retiré en France, où il avait obtenu l'évêché de Nantes. A la nouvelle de sa nomination au patriarcat de Jérusalem, faite par le pape contre le vœu du clergé, qui avait élu Jacques de Vitri, il se rendit en diligence sur les lieux. Mais, l'an 1244, les Kharismiens étant venus fondre sur Jérusalem, il s'enfuit avec les maîtres du Temple et de l'Hôpital, d'abord à Joppé, et de-là à Saint-Jean-d'Acre. L'an 1249, il se trouva au siége de Damiette ; et la ville ayant été prise le 4 juin, il y entra nu-pieds avec le roi saint Louis, et y célébra les saints mystères. Après la prise du saint roi, il fut député vers les infidèles, pour traiter avec eux de sa délivrance. Mais, pendant qu'il négociait, le soudan d'Égypte fut mis à mort par les siens. Voici ce que raconte à ce sujet le sire de Joinville : « Il y avoit ung patriarche avecques le roy, qui » estoit de Jérusalem, de l'eage de quatre-vingts ans ou envi-

» ron ; lequel patriarche avoit autrefois pourchassé l'asseurance
» des Sarrazins envers le roy, et estoit venu vers le roy pour lui
» aider aussi à avoir sa délivrance envers les Sarrazins. Or estoit
» la coustume entre les payens et les chrestiens, que quant au-
» cuns princes estoient en guerre l'un vers l'autre, et l'un se
» mouroit devant qu'ils eussent envoyé des ambassadeurs en
» message l'un à l'autre, les ambassadeurs demouroient en
» celui cas prinsonniers et esclaves, fust en payennie ou en
» chrestienté. Et pour ce que le soudan (d'Egypte), qui avoit
» donné seheurté à iceluy patriarche dont nous parlons, avoit
» esté tué, pour ceste cause le patriarche demoura prinsonnier
» aux Sarrazins, aussi bien comme nous. Et voyant les admiraux
» que le roy (pour lors prisonnier) n'avoit nulle crainte de
» leur menasse, l'un d'iceux admiraux dist aux aultres que c'es-
» toit le patriarche qui ainsy conseilloit le roy. Et disoit l'ad-
» miral que si on le vouloit croire, qu'il feroit bien jurer le
» roy : car il couperoit la teste au patriarche et la feroit voler ou
» giron du roy. Dont de ce pas ne le voulurent croire les aul-
» tres admiraux ; mais prindrent le bonhomme de patriarche,
» et le lierent devant le roy à ung pousteau les mains darriere
» le dos si estroitement, que les mains lui enflerent en peu de
» tems grosses comme la teste, tant que le sang lui sailloit par
» plusieurs lieux de ses mains. Et du mal qu'il enduroit, il crioit
» au roy : Ha sire, sire, jurez hardiment ; car j'en prens le pé-
» ché sur moy et sur mon âme, puisque ainsy est que vous avez
» desir et voulenté d'accomplir vos promesses et le serement. Et
» ne scay si en la fin le serement fut faict. Mais quoy qu'il en
» soit, les admiraux se tindrent au derrenier acontens du sere-
» ment que le roy leur avoit faict, et des autres seigneurs qui
» là estoient. » Le patriarche, délivré de cette torture, resta
auprès du roi saint Louis, qui le ramena en Palestine. Il eut,
peu de tems après son retour, un démêlé avec Gautier de
Brienne, comte de Jaffa, pour une tour de cette place qu'il
prétendait lui appartenir, et que Gautier refusait de lui remettre. Le patriarche, sur ce refus, excommunia Gautier, qui
d'abord fit peu de cas de cette punition. Mais l'année suivante,
étant obligé de marcher contre le sultan de Perse, qui avait
fait irruption en Palestine, il demanda l'absolution au patriarche, qui la refusa. Prêt à combattre, il la demande une seconde
fois au prélat qui était présent, et essuie un nouveau refus ; ce
qui jette la consternation dans l'armée. « Et avecques le conte,
» dit Joinville, se trouva ung très notable clerc qui estoit
» évêque de Rainnes (Rames)....... lequel dist ou conte : Ne
» vous troublez mie en vostre conscience de l'excommuniement
» du patriarche, car il a très grand tort ; et de ma puissance

» je vous absoulz ou nom du Père, et du Fils, et du Saint-
» Esprit, amen ; et dist, sus allons, marchons sur eulx. »
Mais l'armée chrétienne fut battue, et Brienne fait prisonnier,
puis mis en pièces par les vainqueurs. Le patriarche eut le bonheur de s'échapper. Les PP. le Quien et Mansi placent sa mort
en 1254, et le continuateur de Guillaume de Tyr (*Apud Mar-
ten.*, tom. V, p. 375, n°. 3) la fixe au 8 mai. Il était plus que
nonagénaire. Wassebourg, suivi par des modernes, dit, sans
preuve, qu'il fut noyé dans la mer de Syrie par les Sarrasins.

XVIII. JACQUES PANTALEON.

1255. JACQUES PANTALÉON, surnommé de COURT-PALAIS,
natif de Troyes, en Champagne, fut nommé patriarche de Jérusalem avec le titre de légat par Alexandre IV. Il avait été auparavant
archidiacre de Liége, puis évêque de Verdun. Il débarqua, le
3 juin 1256, à Saint-Jean-d'Acre. L'an 1261, étant venu en
cour de Rome pour les affaires de son église, il se rencontra à
Viterbe, dans le tems qu'on y délibérait sur l'élection du successeur d'Alexandre IV. Les suffrages tombèrent sur lui, et il
fut élu pape le 29 août de cette année, sous le nom d'Urbain IV.
Pendant son séjour à la Terre-Sainte, il en fit la description qui
a servi au moine Brocard pour composer la sienne, et dont
Adrichomius a pareillement fait usage dans son Théâtre de la
Terre-Sainte.

XIX. GUILLAUME II.

1263. GUILLAUME II, évêque d'Agen, fut nommé, par le
pape Urbain IV, au patriarcat de Jérusalem, après que Bar-
thelemi de Bragance, dominicain, et Humbert, cinquième
général du même ordre, eurent successivement refusé cette
dignité. Il arriva, le 25 septembre 1263, à Saint-Jean-d'Acre.
Le siége de cette église étant alors vacant, le pape en confia
l'administration, tant pour le spirituel que pour le temporel,
à Guillaume et aux patriarches, ses successeurs, jusqu'au recouvrement des revenus de l'église de Jérusalem. L'an 1267, ce
prélat vint en Chypre, où il couronna le roi Hugues III de Lu-
signan, le jour de Noël. Le P. le Quien et le P. Mansi, d'après
le continuateur de Guillaume de Tyr, mettent sa mort au
21 avril 1270. Le siége ensuite vaqua près de deux ans.

XX. THOMAS, DIT DE LENTINO.

1272. THOMAS, natif de Lentino, ou Léontino, dans la Sicile, de l'ordre des Dominicains, évêque de Bethléem, ensuite

archevêque de Cosence, en Calabre, l'an 1267, fut nommé, par le pape Grégoire X, au mois de mars 1272, pour remplir le siége de Jérusalem. (Le Quien.) Il arriva, le 8 octobre de cette année, à Saint-Jean-d'Acre. Dans le tems qu'il gouvernait l'église de Bethléem, il avait beaucoup relevé, suivant le témoignage du même pape, les affaires des Chrétiens en Syrie. Il y a de l'apparence qu'il ne les servit pas avec moins de zèle étant patriarche. Mais tous ses efforts n'aboutirent qu'à reculer de peu d'années la ruine de la religion dans cette contrée. Ughelli conjecture qu'il mourut l'an 1276. Le siége de Jérusalem vaqua depuis sa mort jusqu'en 1279. Il a écrit la Vie de saint Pierre, martyr, de l'ordre de Saint-Dominique.

XXI. ÉLIE.

1279. ÉLIE, français de naissance, à ce qu'on croit, fut élevé à la dignité de patriarche de Jérusalem, en 1279, par Nicolas III, sur le refus persévérant de Jean de Verceil, général des Dominicains. On ne sait aucun détail de son administration. Il mourut, suivant la conjecture des PP. Papebroch et Mansi, en 1287.

XXIIe. ET DERNIER PATRIARCHE LATIN DE JÉRUSALEM.

NICOLAS D'HANAPE.

1288. NICOLAS D'HANAPE, du diocèse de Reims et de l'ordre des Dominicains, grand-pénitencier de Rome, fut nommé, le 30 avril 1288, patriarche de Jérusalem par le pape Nicolas IV. L'an 1291, après que la ville d'Acre eut été emportée d'assaut par les Musulmans, le patriarche Nicolas étant monté sur une barque pour s'enfuir, y reçut tant de monde, que la barque étant coulée à fond, il fut submergé, le 18 mai, avec tous ceux qui s'y trouvaient, excepté son porte-croix. C'est en sa personne que finirent les patriarches latins de Jérusalem. Les papes ont continué de nommer, jusqu'à nos jours, des patriarches titulaires de cette église, mais sans aucune fonction. Les Grecs en avaient fait autant de leur côté, pendant que la Palestine fut au pouvoir des Latins. Après l'expulsion de ceux-ci, les chrétiens qui restèrent en Palestine, rentrèrent sous la juridiction des Grecs, qui, depuis ce tems, n'ont point cessé d'avoir un patriarche de leur rit à Jérusalem. Le patriarche Nicolas est auteur du *Biblia pauperum*, attribué, mal-à-propos, à saint Bonaventure.

SUITE

DE LA CHRONOLOGIE

HISTORIQUE

DES PATRIARCHES DE L'ÉGLISE D'ORIENT.

Constantinople, appelée Bysance avant que Constantin le Grand en eût fait la capitale de l'empire, eut pour premier évêque Philadelphe, sous l'empire de Sévère et de Caracalla, c'est-à-dire au commencement du troisième siècle. Ce prélat et ses successeurs n'eurent aucune prérogative au-dessus des autres évêques; ils furent même soumis au métropolitain d'Héraclée, en Thrace, tant que Bysance demeura dans le rang des villes ordinaires. Mais lorsqu'elle eut acquis le titre de nouvelle Rome, ses évêques commencèrent à jouir d'une considération particulière, qui, s'étant accrue insensiblement, leur fit décerner, au premier concile général de Constantinople, le second rang après celui de Rome, sans toutefois leur attribuer aucune juridiction sur d'autres églises. On voit néanmoins que saint Chrysostôme prenait soin de celles d'Asie et de Thrace, qu'il y ordonnait des évêques, et qu'il y exerçait une sorte de droit précaire qu'on nomme de *prévention*; en quoi il fut imité par ses successeurs Atticus et Flavien. Les choses subsistèrent en cet état jusqu'au concile de Calcédoine, où l'évêque de Constantinople obtint l'autorité patriarcale sur ces églises, sur celles du Pont et des nations barbares: autorité dans laquelle il se maintint malgré la réclamation du pape saint Léon, l'opposition de l'évêque d'Éphèse, et le rescrit de l'empereur Marcien, pour conserver à chaque église ses anciennes prérogatives. Les évêques de Constantinople obtinrent par la suite, usurpèrent ou entreprirent de s'attribuer d'autres priviléges que nous ferons connaître dans le cours de cet article.

PATRIARCHES DE CONSTANTINOPLE.

I. PHILADELPHE. II. EUGÈNE. III. RUFIN. IV. METROPHANE.

Ces quatre premiers évêques de Bysance sont assez peu connus. PHILADELPHE, comme on l'a dit, vivait au commencement du troisième siècle. On donne la troisième année de Gordien, c'est-à-dire l'an 240 de Jésus-Christ pour la première de l'épiscopat d'EUGÈNE, qui fut, dit-on, de vingt-cinq ans. RUFIN, qui lui succéda l'an 265, tint le siége neuf ans. S'il n'y eut point de vacance après lui, il faut donner quarante-deux ans de gouvernement à MÉTROPHANE qui le remplaça; car celui-ci mourut en 316 ou 317.

V. ALEXANDRE.

317. ALEXANDRE fut le successeur de Métrophane dans le siége de Bysance. L'an 322, saint Alexandre d'Alexandrie lui écrivit pour lui faire part de la condamnation qu'il avait prononcée l'année précédente contre l'hérésiarque Arius. Cette lettre le mit en garde contre l'hérésie naissante et son auteur. L'an 325, il assista au concile de Nicée, dont il fit publier à son retour les actes dans les îles Cyclades. Il en conserva précieusement la doctrine, et la défendit en toute occasion sans déguisement ni respect humain. Sa fermeté parut avec éclat l'an 336, lorsque l'empereur Constantin ayant fait venir à Constantinople Arius, à la sollicitation des Eusébiens, voulut l'engager à le recevoir dans son église. Alexandre s'y opposa fortement sans être effrayé des menaces qu'on lui fit. Arius, voulant surmonter la résistance du saint prélat, éprouva la main de Dieu qui l'arrêta. Il mourut subitement dans un lieu public d'aisance, un samedi au soir, la veille du jour que ses partisans avaient destiné pour le mener en triomphe à l'église. Alexandre, suivant M. de Tillemont, cessa de vivre la même année, vers le mois d'août. Mais le P. Pagi, les Bollandistes et le P. le Quien, prouvent qu'il ne mourut qu'en 340.

VI. PAUL.

340. PAUL, secrétaire de l'évêque Alexandre, et prêtre,

connu par son zèle pour la foi orthodoxe, qui lui avait mérité l'exil en 336, fut élevé sur le siége de Constantinople en 340, malgré les efforts des Ariens qui voulaient y placer le diacre Macédone, un de leurs partisans secrets. C'était Alexandre qui avait décidé ce choix en mourant. Interrogé par ses clercs touchant le successeur qu'ils devaient lui donner. *Si vous cherchez,* leur dit-il, *un homme savant et vertueux, vous avez Paul; si vous aimez mieux un intrigant, vous le trouverez dans Macédone.* Mais Paul fut à peine intronisé, que les Ariens le déposèrent dans un concile sur les calomnies de Macédone; ils le firent ensuite chasser par l'empereur Constance, pour s'être fait ordonner sans avoir l'approbation de ce prince. (Pagi, Bollandus, le Quien.)

EUSÈBE, *hérétique intrus.*

340. EUSÈBE, évêque de Bérythe et ensuite de Nicomédie, chef de la faction arienne, fut transféré sur le siége de Constantinople après la déposition de Paul. Il avait fait semblant d'abjurer les erreurs d'Arius au concile de Nicée. Mais il prouva bien dans la suite qu'il les avait toujours conservées dans le cœur. La plus grande occupation de cet intrus fut de noircir, par des calomnies, les plus illustres défenseurs de la foi, dans l'esprit de Constance, comme il avait fait auprès de Constantin. L'an 341, il assista au concile d'Antioche, où il fit un personnage digne de lui. Il mourut, suivant Sozomène, peu de tems après le concile d'Antioche tenu vers le mois d'août 341, c'est-à-dire sur la fin de cette année ou au commencement de la suivante. Eusèbe de Césarée fait son éloge, et ne rougit pas même de le donner pour un saint, en comptant jusqu'à ses fourberies pour des vertus. N'en soyons point surpris, c'est un sectaire qui canonise son chef.

PAUL *rétabli et chassé de nouveau.*

VII. MACEDONE.

342. PAUL fut rétabli sur le siége de Constantinople par les Catholiques après la mort d'Eusèbe, en l'absence de l'empereur. MACÉDONE, son ancien rival, lui fut opposé de nouveau par les Ariens. Les deux partis en viennent aux armes. Hermogène, maître de la milice équestre, envoyé pour appaiser la sédition, est mis à mort. Le préfet Philippe enlève adroitement Paul, et le fait embarquer pour Thessalonique d'où ce prélat était originaire. Constance laisse en place Macédone, sans toutefois approuver son élection. (Socrate.)

PAUL *rétabli pour la troisième fois, puis encore chassé*

347. PAUL remonta sur son siége pour la troisième fois, en vertu du décret du concile de Sardique, qui rétablissait tous les évêques catholiques déposés par les Ariens. Le crédit de l'empereur Constant le servit beaucoup en cette occasion. Il demeura paisible jusqu'à la mort de ce prince, arrivée l'an 350. Sur la fin de cette année, il fut chassé de nouveau et relégué à Cucuse, où les Ariens le firent étrangler.

MACEDONE *seul*.

350. MACÉDONE demeura maître du siége de Constantinople par le dernier exil de l'évêque Paul. Il n'employa son crédit et son autorité qu'à vexer les Catholiques et les Novatiens. Mais dans la suite il irrita les Ariens purs, en se rangeant du côté des semi-Ariens. L'an 360, ceux-là s'étant assemblés dans une espèce de concile à Constantinople, le déposèrent le 15 du mois grec peritius, suivant Evagre, c'est-à-dire le 15 février. Macédone, retiré dans une terre, reparut sous l'empereur Julien, forma la secte des Pneumatomaques appellés aussi de son nom Macédoniens, et mourut peu de tems après.

VIII. EUDOXE.

360. EUDOXE, évêque d'Antioche, fut transféré sur le siége de Constantinople par l'assemblée qui déposa Macédone. Il ordonna, l'année même de sa translation, évêque de Cyzique, Eunome, fameux arien, qu'il fut obligé de déposer l'année suivante. L'an 364, il est déposé lui-même, mais sans effet, par le concile de Lampsaque, composé de macédoniens, pour avoir refusé d'y comparaître. Lorsque Valens fut élevé sur le trône impérial, il s'insinua dans son esprit par des flatteries, et réussit à l'infecter du venin de ses erreurs. Ce fut lui qui administra le baptême à ce prince en 367 : et tandis qu'il le recevait, il l'engagea à promettre solennellement de maintenir la doctrine de l'Arianisme. L'an 370, vers le mois de mai, Eudoxe mourut à Nicée en sacrant Eugène évêque de cette ville.

IX. EVAGRE. DEMOPHILE, *intrus*.

370. La mort d'Eudoxe fut suivie d'une double élection. Celle des Catholiques tomba sur EVAGRE, et celle des Ariens sur DÉMOPHILE, évêque de Bérée, en Thrace. Le premier est aussitôt envoyé en exil par l'empereur Valens. Quatre-vingts

clercs, députés par les Catholiques, vont trouver ce prince à Nicomédie, pour réclamer leur évêque. Valens, pour toute réponse, les fait embarquer sur un vaisseau, où l'on mit le feu par ses ordres, lorsqu'il fut en pleine mer. Démophile, maître de toutes les églises de Constantinople, tantôt persécute ouvertement les orthodoxes, tantôt fait semblant d'adopter leur doctrine. Sa duplicité fut à la fin dévoilée, et il en devint la victime. L'an 380, le 26 novembre, il est chassé par l'empereur Théodose. L'an 383, il se trouve à la conférence que ce prince fit tenir au mois de juin à Constantinople, entre les chefs des différentes sectes. Le personnage qu'il y fit ne démentit point son caractère. Il mourut l'an 386.

X. S. GRÉGOIRE DE NAZIANZE.
MAXIME LE CYNIQUE.

379. GRÉGOIRE, fils de Grégoire et de Nonne, né l'an 329 (Tillemont), dans le territoire de Nazianze, en Cappadoce, dont son père fut évêque; dressé à la vertu par ses parents, formé aux lettres dans les écoles d'Alexandrie, de Césarée et d'Athènes, où il brilla par ses talents et ses mœurs; élevé au sacerdoce pour aider son père dans les fonctions de l'épiscopat, après avoir passé quelques années dans la solitude avec Basile, son illustre ami; administrateur ensuite de l'évêché de Sasime, qu'il abandonna l'an 375 pour se retirer à Séleucie, vint à Constantinople, après la mort de l'empereur Valens, pour prendre soin de cette église. Il n'avait accepté que malgré lui cette commission, dont Pierre d'Alexandrie, à la demande de plusieurs évêques, assemblés à Antioche, l'avait chargé. Mais presque aussitôt ce même Pierre envoya MAXIME, philosophe cynique, pour remplir le siége de Constantinople. Celui-ci fut chassé par le peuple, après avoir néanmoins reçu l'ordination en secret. Le pape Damase, instruit de cette ordination, la réprouva. L'an 381, l'élection de Grégoire est confirmée au concile de Constantinople. Mais les murmures des évêques égyptiens l'engagent à donner son abdication. L'église de Constantinople se vit par là privée de l'une des plus grandes lumières et du plus zélé défenseur de la religion catholique. Grégoire étant retourné à Nazianze, gouverna encore quelque tems cette église; puis y ayant fait mettre un évêque, il alla s'enfoncer de nouveau dans sa retraite, où il mourut l'an 391, avec la réputation de l'un des plus saints évêques et des plus beaux génies de son siècle.

XI. NECTAIRE.

381. NECTAIRE, sénateur de Tarse et simple catéchumène,

est choisi par l'empereur Théodose, entre plusieurs candidats qui lui furent présentés, pour remplir le siége de Constantinople, et reçoit l'ordination épiscopale en présence du concile tenu dans cette ville. Son gouvernement fut plus sage et plus éclairé que n'avait semblé le promettre l'état d'où il avait été subitement tiré L'an 390, à l'occasion d'un scandale arrivé dans son eglise, il supprime la charge de pénitencier, laissant à chaque fidèle la liberté de choisir tel prêtre qu'il voudrait pour recevoir sa confession et le conduire dans la pénitence, soit publique, soit secrette, suivant l'ordre établi par les canons. Tous les évêques d'Orient imitèrent en ce point la conduite de Nectaire. (Tillemont.) Il présida l'an 394 au concile de Constantinople, tenu le 29 septembre, et mourut l'an 397, le 27 septembre, suivant l'historien Socrate, après seize ans et trois mois d'épiscopat.

XII. S. JEAN CHRYSOSTOME.

397. JEAN, surnommé CHRYSOSTÔME, à cause de son éloquence admirable, né à Antioche, l'an 344, ordonné diacre par saint Mélèce, son évêque, après avoir passé quelques années dans la solitude, élevé à la prêtrise en 383, par saint Flavien, successeur de Mélèce, fut choisi par l'empereur Arcade, à la demande du clergé et du peuple de Constantinople, pour succéder à Nectaire. L'an 398, le 26 février, il reçut la consécration épiscopale des mains de Théophile, patriarche d'Alexandrie, après mille pratiques sourdes employées par ce prélat pour empêcher sa promotion. Placée sur le chandelier, cette grande lumière répandit au loin ses rayons qui réjouirent les gens de bien en les éclairant, et blessèrent les yeux malades des jaloux. La sollicitude des évêques de Constantinople s'était renfermée jusqu'alors dans les bornes de leur diocèse. Celle de l'évêque Jean s'étendit au-delà. L'an 401, il se rend en Asie, où il dépose six évêques ordonnés à prix d'argent par Antonin d'Ephèse, mort l'année précédente. C'étaient les évêques de cette province qui, par considération pour son mérite extraordinaire, l'avaient appelé pour y rétablir l'ordre. *Venez*, lui avaient-ils écrit, *régler notre église, troublée par les Ariens, par l'avarice des évêques, par la cupidité de ces loups ravissants qui achètent le sacerdoce.* Ainsi ce ne fut qu'un pouvoir précaire qu'il exerça dans cette occasion, et non une juridiction attachée à son siége. Les églises d'Asie, en effet, ne reconnaissaient point d'autre supérieur que l'exarque d'Ephèse, comme celles de Pont et de Cappadoce ne relevaient que de celui de Césarée. Cependant cette démarche, inspirée par la charité et sans prétention de la part de saint Chrysostôme, servit de prétexte,

comme on l'a dit plus haut, à l'ambition de ses successeurs. Ils firent des tentatives ; ils les soutinrent, et firent rendre par l'empereur une loi portant défense d'ordonner dans l'Asie et le Pont aucun évêque sans avoir obtenu leur consentement. Enfin, nous verrons confirmée par le concile de Calcédoine, du moins une partie des droits dont l'usage les avait déjà mis en possession. Cette même année 401, saint Chrysostôme se brouille avec Théophile, évêque d'Alexandrie, pour avoir donné retraite aux grands frères que ce prélat avait chassés. La véhémence de ses discours contre le luxe, l'orgueil et la violence des grands, son zèle pour la réformation du clergé et pour la conversion des Hérétiques, lui avaient déjà fait une foule d'ennemis. De ce nombre était l'eunuque Eutrope, ministre de l'empereur, et Gaïnas, l'un de ses généraux. Un sermon où l'on prétendit qu'il avait indirectement noté l'impératrice Eudoxie, en parlant du luxe et de l'avidité des femmes, fut traduit comme un crime de lèze-majesté dans le récit qu'on en fit à cette princesse. Elle chercha à s'en venger. L'an 403, au mois de juin, Théophile, de concert avec elle, assemble des évêques de sa cabale dans un faubourg de Calcédoine : c'est le conciliabule nommé *du Chêne*. On y dépose saint Chrysostôme en son absence, et l'empereur l'envoie en exil. Le peuple se soulève à cette occasion. Un tremblement de terre, qui arrive dans ces entrefaites à Constantinople, engage l'impératrice à le faire rappeler. Il rentre dans la ville aux acclamations du peuple, et reprend les fonctions de son ministère sans nulle opposition. Huit mois après son retour, on érigea une statue en l'honneur de l'impératrice, entre le palais du sénat et l'église de Sainte Sophie. A la dédicace de ce monument, il y eut des danses, des jeux et un si grand tumulte, que le bruit en retentit dans l'église et troubla le service divin. Le pontife, indigné de ces divertissements scandaleux, éleva la voix en chaire, et contre ceux qui s'y livraient, et contre ceux qui les permettaient. Il n'en fallut pas davantage pour réveiller la haine de ses ennemis et la remettre en mouvement. Ils assemblent peu avant Pâques un nouveau concile, où le prélat est une seconde fois déposé. Le 10 juin suivant, il est envoyé en exil à Cucuse, dans la petite Arménie, au pied du Mont Taurus. Tandis qu'on l'y conduit, tous ceux qui avaient parlé librement ou pris la plume pour sa défense, essuyèrent la plus violente persécution. Ce qu'il y a de plus triste, c'est de voir, parmi ses adversaires, d'illustres et saints personnages, tels que saint Epiphane et saint Jérôme, que les calomnies de ses ennemis avaient séduits. Le pape Innocent I ne fut pas la dupe de leurs artifices. Il se déclara hautement pour saint Chrysostôme, et le consola par ses lettres dans son exil. Il engagea même l'empereur Honorius à écrire en sa faveur à l'empereur Arcade, son frère. Mais cette démarche fut inutile. Le saint évêque, après avoir long-tems souffert à Cucuse, lieu désert, où les choses nécessaires à la vie lui manquaient, fut transféré à Arabisse, puis à Pitiunte, sur le Pont-Euxin. Mais en allant à ce dernier exil, excédé par les mauvais traitements des soldats qui le conduisaient, il mourut sur la route à Comane, le 14 de septembre 407, la troisième année de son exil, la dixième de son épiscopat, à l'âge de soixante ans. La supériorité de ses talents, l'éminente sainteté de sa vie, et le zèle avec lequel il attaqua les vices des grands dans ses discours, firent tous ses crimes aux yeux de ses persécuteurs. Il est regardé à juste titre comme le plus éloquent des pères de l'église. Treize volumes in-fol. forment l'édition complète de ses Œuvres, donnée par D. Montfaucon.

XIII. ARSACE, *intrus.*

404. ARSACE, frère de Nectaire, prêtre de la grande église de Constantinople, et l'un des accusateurs de saint Chrysostôme fut mis à sa place le 27 juin de l'an 404, à l'âge de 80 ans. Le peuple refusant de communiquer avec lui, il employa la violence pour se faire reconnaître. L'an 405, il meurt le 11 septembre, après 14 mois et 16 jours d'épiscopat. « C'est bien » peu, dit M. de Tillemont, pour une éternité de peines, » qu'il avait méritée par son ambition, ses parjures et ses autres crimes. » Les Grecs font néanmoins sa fête au 11 septembre.

XIV. ATTICUS.

406. ATTICUS, prêtre de Constantinople, autre calomniateur de saint Chrysostôme, devient le successeur d'Arsace au mois de février de l'an 406. Le peuple refuse encore de communiquer avec lui ; plusieurs évêques en font de même. De-là une persécution violente qui s'exerce contre ces prélats et contre les adhérens de saint Chrysostôme. Le pape Innocent ayant appris sa mort, presse les Orientaux pour le rétablissement de sa mémoire. Atticus est sourd aux sollicitations du pontife romain. L'an 417, privé jusqu'alors de la communion du saint siége il consent enfin par politique à remettre le nom du saint dans les diptyques. Son zèle pour étendre sa juridiction fut bien plus sincère et plus actif. L'an 421, il obtient de l'empereur Théodose une loi pour soumettre l'Illyrie à son siége. Mais le pape Boniface fait révoquer cette loi l'année suivante. Atticus meurt l'an 425, le 10 octobre, dans la 20ᵉ année de son épis-

copat. Les Grecs honorent sa mémoire, assez gratuitement, le 8 janvier.

XV. SISINNIUS I.

426. SISINNIUS, prêtre de Constantinople, fut ordonné, le 28 février par un grand nombre de prélats, évêque de cette église, après une élection vivement débattue par le peuple. Il tint le siége moins de deux ans, et mourut le 24 décembre de l'an 427. Le pape Célestin pleura sa mort comme par un pressentiment des maux que son successeur devait causer.

XVI. NESTORIUS.

428. NESTORIUS, natif de Germanicie, prêtre de l'église d'Antioche, après avoir été moine, fut nommé par l'empereur Theodose II, pour succéder à Sisinnius. Son ordination se fit le premier avril, suivant Libérat, ou le 10 du même mois, selon Socrate. Dans le sermon qu'il fit à l'issue de cette cérémonie, il exhorta pathétiquement l'empereur à poursuivre les Hérétiques. Peu de tems après il fait prêcher et prêche lui-même une nouvelle hérésie, en soutenant que le verbe n'était point né de Marie, mais seulement le Christ adopté par le verbe. Les oreilles du peuple sont scandalisées de cette nouveauté. L'avocat Eusèbe, depuis évêque de Dorylée, alors simple laïque, s'élève en pleine assemblée contre la doctrine de son évêque, et fait une protestation au nom des Catholiques. Nestorius, loin de se rétracter, n'en est que plus obstiné dans son erreur. Plusieurs se séparent de sa communion. L'an 431, on assemble contre lui un concile général à Ephèse. Il y est déposé le 22 juin, après trois citations auxquelles il avait refusé de déférer. Au mois de septembre suivant, il se retire dans un monastère d'Antioche. L'an 436, il est exilé dans l'Oasis, d'où il passe en Thébaïde, et y meurt misérablement l'an 439 ou l'an 440. Son hérésie ne finit pas avec lui. Elle passa de l'empire Romain dans la Perse où elle fit des progrès rapides. De-là elle se répandit aux extrémités de l'Asie; et le Nestorianisme domine encore aujourd'hui parmi les Chrétiens de Chaldée ou de Syrie. Il est remarquable que Nestorius ne fut point excommunié personnellement par le concile d'Ephèse; mais il le fut équivalemment par les anathèmes prononcés contre ses erreurs, auxquelles il demeura opiniâtrement attaché.

XVII. MAXIMIEN.

431. MAXIMIEN, prêtre et moine, fut substitué à Nestorius le 25 octobre 431. Son épiscopat fut de 2 ans et cinq mois, pen-

dant lesquels il s'appliqua à rétablir la paix dans l'église. Maximien mourut le 12 avril 434, le jeudi-saint.

XVIII. PROCLUS.

434. PROCLUS, nommé l'an 426 à l'évêché de Cyzique, sans avoir pu se mettre en possession de cette église, fut élu pour succéder à Maximien dans celle de Constantinople, avant que celui-ci fut inhumé. L'an 438, le 27 janvier, il fit la translation du corps de saint Chrysostôme à Constantinople. L'an 447, après avoir assidûment travaillé pour l'extirpation de l'erreur et le rétablissement de la discipline, il mourut le 12 juillet, au bout de 13 ans 3 mois d'épiscopat. L'église grecque honore sa mémoire le 24 octobre. (Le Quien.)

XIX. FLAVIEN.

447. FLAVIEN, prêtre de Constantinople, fut le successeur de Proclus. L'an 448, il convoque un concile qui s'ouvre le 8 novembre, Eusèbe, pour lors évêque de Dorylée, le même qui avait résisté en pleine église à Nestorius, y défère l'archimandrie Eutychès, comme coupable d'une nouvelle hérésie. Ils avaient été amis ensemble; et Eusèbe, avant que de rompre avec ce novateur, avait fait tous ses efforts pour le faire revenir de son égarement. Le 22 du même mois de novembre, Flavien prononce, avec le concile, une sentence d'anathème et de déposition contre Eutychès, après l'avoir convaincu de confondre les deux natures en Jésus-Christ. La nouvelle hérésie ne fut point abattue par ce coup. Eutychès trouva des amis puissants qui entreprirent de le venger. L'an 449, le 8 août, Flavien est lui-même déposé au brigandage d'Éphèse, foulé aux pieds, et enfin si cruellement maltraité, qu'il en mourut trois jours après (le 11 août), à Epipe, en Lydie, sur la route du lieu où il était envoyé en exil. Son corps, l'an 451, fut rapporté à Constantinople et inhumé dans l'église des Apôtres

XX. ANATOLE.

449. ANATOLE, prêtre de l'église d'Alexandrie, est mis sur le siége de Constantinople, par Dioscore d'Alexandrie, après la mort de Flavien, et ordonné par le même sur la fin de novembre 449. Il trompa l'attente de celui qui l'avait élu, et la crainte du peuple qui lui était confié, en se déclarant presque aussitôt pour la vraie doctrine, au grand étonnement de tout le monde. Ayant assemblé, l'an 450, un concile à CP. il y souscrivit la lettre de S. Léon à Flavien, et anathématisa Eutychès,

L'an 451, il assista au concile de Calcédoine, où il occupa le premier rang après les légats du saint siége. Il y soutint la cause de la foi ; mais il travailla en même-tems pour les intérêts de son siége, et vint à bout de faire dresser, en l'absence des légats, le 28e canon qui, soumettant à sa juridiction les églises de Thrace, d'Asie et de Pont, l'élevait au-dessus des autres patriarches d'Orient, et lui donnait les mêmes prérogatives dont jouissait l'église de Rome en Occident. L'an 458, il meurt vers le mois de juillet.

XXI. GENNADE.

458. GENNADE, prêtre de l'église de Constantinople, fut le successeur d'Anatole. Baronius l'appelle un fidèle gardien, et un zélé défenseur de la foi et de la discipline de l'église. L'an 459, il tint un concile contre les Simoniaques, dont le nombre se multipliait en Orient. L'an 462, il favorisa la fondation du monastère de Stude, à Constantinople, qui devint si célèbre dans la suite. L'an 471, vers le 25 août, Gennade mourut en odeur de sainteté. Les Grecs font sa fête le 25 août.

XXII. ACACE.

471. ACACE, prêtre de Constantinople, monta sur le siége de cette église après la mort de Gennade. Les premières années de son épiscopat furent employées à édifier son peuple, à l'instruire et à le garantir de la séduction des Hérétiques. L'an 475, il résiste au tyran Basilisque, et refuse d'adhérer à sa lettre circulaire contre le concile de Calcédoine. L'an 476, il est déposé pour ce sujet au concile d'Ephèse par Timothée Elure, faux patriarche d'Alexandrie ; mais cette déposition fut sans effet. L'an 482, par un changement étrange, il engage l'empereur Zénon à publier son hénotique, qui sappe l'autorité du concile de Calcédoine. Peu de tems après, il fait replacer Pierre Monge sur le siége d'Alexandrie, après en avoir fait chasser Jean Talaïa. L'an 484, il est excommunié et déposé par le pape Félix, dans un concile, pour s'être uni avec les ennemis de la vraie foi. Le pape va plus loin, il sépare de sa communion tous ceux qui ne se sépareraient point de celle d'Acace ; ce qui occasione un schisme de trente-cinq ans. La sentence de Rome contre Acace ayant été portée à Constantinople, des moines acémètes osèrent l'attacher à son manteau. Cette hardiesse leur coûta la vie. L'an 489, Acace meurt vers le mois d'août. Esprit fourbe, intrigant, altier, ambitieux, il ne fut occupé qu'à flatter le prince qu'il devait instruire, qu'à vexer les Catholiques zélés qu'il devait appuyer, qu'à composer avec les Hérétiques qu'il

devait réprimer. Il est le premier évêque de Constantinople qui ait été qualifié patriarche.

XXIII. FLAVITA.

489. FLAVITA, prêtre goth, du faubourg de Sicques, est élevé sur le siége de Constantinople après la mort d'Acace. Ce fut un esprit flottant qui ne savait à quoi s'en tenir sur les disputes de la religion. Il envoie ses lettres synodiques à Pierre Monge, pour lui demander sa communion. Il en envoie de semblables au pape Félix, qui le suspend de sa communion jusqu'à ce qu'il ait effacé des diptyques les noms d'Acace et de Pierre Monge. Flavita mourut avant que de recevoir la réponse du pape, trois mois, dix-sept jours après son élection, vers le mois de mars 490.

XXIV. EUPHEMIUS.

490. EUPHÉMIUS succède à Flavita. Il demande la communion de Rome, et ne peut l'obtenir pour la même raison qui l'avait fait refuser à son prédécesseur. C'était Félix qui tenait alors le saint siége. Gélase, qui le remplaça l'an 492, montra la même fermeté. Euphémius craignant d'exciter une sédition en rayant des diptyques le nom d'Acace, demeura également ferme à le conserver. Euphémius ne gagna rien du côté des Hérétiques, que sa conduite semblait favoriser. L'empereur Anastase, leur protecteur, irrité personnellement contre lui pour avoir fait abattre la chaire où il enseignait ses erreurs, étant dans le clergé de Constantinople, le fit déposer l'an 495, selon Muratori, ou 496, suivant Pagi, et l'envoya en exil à Euchaïtes. L'an 510, ou environ, il meurt à Ancyre.

XXV. MACEDONE II.

495 ou 496. MACÉDONE, neveu, à ce qu'on croit, de Gennade, et prêtre de Constantinople, fut substitué, par l'empereur Anastase, au patriarche Euphémius. Il signa, comme les autres, l'hénotique. C'était la porte unique en Orient pour entrer dans l'épiscopat. Macédone était néanmoins déclaré pour la foi catholique. Anastase fit de vains efforts, l'an 507, pour l'engager à condamner le concile de Calcédoine. L'an 510, Macédone refuse de communiquer avec Sévère, chef des Acéphales, qu'Anastase avait attiré à Constantinople. Ce qu'il avait lieu de prévoir arriva. L'an 511, sur la fin du mois d'août, il est enlevé la nuit par ordre de l'empereur, transporté dans le Pont, où il est déposé dans un conciliabule, et ensuite re-

légué à Euchaïtes auprès de saint Euphémius, son prédécesseur. Il mourut l'an 515 à Gangres, où les ravages des Huns l'avaient obligé de se réfugier. L'église grecque honore sa mémoire le 25 avril.

XXVI. TIMOTHÉE.

511. Timothée, prêtre et trésorier de l'église de Constantinople, fut substitué au patriarche Macédone. Cet intrus, dont la religion se pliait aux circonstances, condamna tantôt le concile de Calcédoine, et tantôt le reçut, suivant que ses intérêts l'exigeaient. On peut voir dans les historiens les troubles qui s'élevèrent de son tems à Constantinople au sujet de l'hymne *Trisagion*, que les Hérétiques interpolaient. Timothée jouit de son usurpation l'espace de six ans, et mourut le 5 avril de l'an 517, suivant Victor de Tunone. Ce fut lui qui ordonna, au commencement de son épiscopat, qu'on réciterait tous les jours le symbole à l'autel.

XXVII. JEAN II.

517. Jean de Cappadoce, prêtre de l'église de Constantinople, remplaça Timothée, qui l'avait désigné pour son successeur, et fut ordonné la troisième fête de Pâques de l'an 517. Avant son ordination, l'empereur Anastase l'avait obligé de condamner le concile de Calcédoine. Mais l'an 518, sous Justin, successeur de ce prince, il anathématisa Sévère dans un concile qu'il tint le 20 juillet, et rétablit la mémoire des pères de Calcédoine. L'année suivante, il mit fin au schisme en retranchant des diptiques les noms d'Acace et de ses successeurs, suivant le formulaire qui lui fut apporté par les légats du pape. Jamais la joie ne fut aussi grande à Constantinople : et l'on ne se souvenait pas d'avoir vu communier une aussi grande multitude de peuple. L'an 520, le patriarche Jean meurt au commencement de février.

XXVIII. ÉPIPHANE.

520. Épiphane, prêtre de l'église de Constantinople et syncelle, fut élu pour succéder au patriarche Jean, et ordonné le 25 février. L'an 528, l'empereur Justinien lui adresse une loi du 12 février, portant défense aux évêques de venir à la cour sans un ordre particulier. L'an 535, il meurt le 5 juin avec la réputation d'un bon prélat.

XXIX. ANTHIME.

535. Anthime, évêque de Trébizonde, quitte ce siége pour

passer sur celui de Constantinople, après la mort d'Epiphane. C'était un fourbe qui couvrait l'Eutychianisme, dont il était infecté, du manteau de la foi catholique qu'il faisait semblant de professer. Le pape Agapit étant venu l'an 536 à Constantinople, refusa de le voir, quelque instance que lui fit l'empereur Justinien de communiquer avec lui. Ce prince s'étant emporté jusqu'à dire au pape qu'il l'enverrait en exil, Agapit lui déclara que ses menaces ne l'effrayaient point : « Mais pour vous prou-
» ver, ajouta-t-il, que mon refus n'est point l'effet d'une aveu-
» gle prévention, faites seulement confesser au patriarche deux
» natures en Jésus-Christ et je communique avec lui. » Anthime, aussitôt mandé au palais, est sommé par l'empereur de s'expliquer nettement sur ce point. Il s'embarrasse ; on le presse ; et il répond enfin qu'il n'admet qu'une nature en Jésus-Christ. Justinien, alors désabusé, fait ses excuses au pape de son emportement ; et, de concert avec lui, chasse Anthime de son siége et de la ville dans les premiers jours du mois de mars 536, après l'avoir fait déposer dans un concile où présida le pape.

XXX. MENNAS.

536. MENNAS, natif d'Alexandrie, abbé de Saint-Samson, fut substitué à Anthime, et ordonné par le pape Agapit le 13 mars, un jeudi. Le 2 mai suivant, il tient un concile dans le vestibule, ou la nef de Sainte Marie, où il confirme et ordonne de mettre à exécution les décrets portés par Agapit, mort peu de tems auparavant, contre Anthime et les Acéphales. L'an 551, le pape Vigile, étant à Constantinople, le prive de sa communion, ainsi que Théodose de Césarée, le 22 août, pour avoir souscrit la condamnation des trois chapitres. Le second avait fait plus ; c'était lui qui avait engagé l'empereur à publier son édit contre les trois chapitres. Mennas et Théodose, pour se réconcilier avec le pape, lui envoient dans l'église de Sainte-Euphémie, où il s'était réfugié, leur profession de foi, dans laquelle ils déclarèrent leur soumission aux quatre conciles généraux, avec promesse de se conformer à tout ce qui a été décidé du *consentement des légats et des vicaires du saint siège*. Vigile, de retour à Constantinople, met cet acte à la tête de son *Constitutum* publié le 14 mai 552. Mennas, la même année, termine ses jours le 25 août, qui est celui auquel sa mémoire est consacrée dans l'église grecque. Ce fut lui qui établit à Constantinople la fête de la Purification, qu'on y célébra pour la première fois le 2 février de l'an 542.

XXXI. EUTYCHIUS.

552. EUTYCHIUS, prêtre et moine d'Amasée, dans le Pont,

fut mis à la place du patriarche Mennas. Il présida l'an 553 au concile général de Constantinople, sur le refus que fit le pape Vigile de s'y trouver. L'an 565, le 2 avril, l'empereur Justinien le chasse de son siége, pour s'être opposé à l'édit publié par ce prince en faveur de ceux qui croyaient le corps de Jésus-Christ incorruptible avant sa résurrection.

XXXII. JEAN III, DIT LE SCHOLASTIQUE.

565. JEAN LE SCHOLASTIQUE, syrien, apocrisiaire de l'église d'Antioche à Constantinople, est nommé successeur d'Eutychius, et reçoit l'ordination le 12 avril 565. Huit jours après il fait citer son prédécesseur dans une assemblée d'évêques à Constantinople. Eutychius ayant refusé de comparaître, est condamné par défaut, puis relégué dans le Pont. L'an 577, Jean finit ses jours le 31 août.

EUTYCHIUS, *rétabli.*

577. EUTYCHIUS, après la mort de Jean, fut rappelé à la demande du peuple, et remonta sur son siége le 3 octobre 577. L'an 582, saint Grégoire le Grand, alors nonce à Constantinople, entre en conférence avec lui, sur ce qu'il soutenait que nos corps, après la résurrection, ne seraient point palpables. Eutychius rétracte cette erreur peu de tems avant sa mort, arrivée un dimanche 5 avril de la même année. L'église grecque honore sa mémoire le 6 du même mois.

XXXIII. JEAN IV, *surnommé* le JEUNEUR.

582. JEAN, diacre de l'église de Constantinople, fut élu le 11 avril pour succéder au patriarche Eutychius, et ordonné le lendemain. L'an 588, il indique un concile général d'Orient pour juger la cause de Grégoire, patriarche d'Antioche, accusé faussement, et prend, dans ses lettres de convocation, le titre de patriarche œcuménique. Il n'en était pas à la vérité l'inventeur. Justinien l'avait donné auparavant aux évêques de sa capitale; mais aucun d'eux n'avait encore osé s'en parer. Le pape Pélage, et depuis saint Grégoire le Grand, lui firent des reproches de ce titre fastueux, et voulurent, mais inutilement, l'obliger à s'en désister. Le second, dans sa lettre qu'il lui écrivit le premier janvier 595, traite ce titre de *nom plein d'orgueil et d'extravagance.* Il écrivit aussi aux autres patriarches pour les engager à s'opposer à cette nouveauté. Jean mourut cette même année 595, le 2 septembre, jour auquel les Grecs honorent sa mémoire. Sa grande abstinence lui fit donner le surnom de Jeûneur.

XXXIV. CYRIAQUE.

595. CYRIAQUE, prêtre et économe de l'église de Constantinople, succéda au patriarche Jean. Il adopta les prétentions de son prédécesseur, et eut, comme lui, pour adversaire saint Grégoire le Grand. Cyriaque mourut le 29 octobre de l'an 606.

XXXV. THOMAS I.

607. THOMAS fut élu le 23 janvier 607 pour succéder à Cyriaque. Il mourut le 20 mars de l'an 610. L'empereur Phocas, sur les instances redoublées du pape Boniface III, l'avait obligé de quitter le titre d'œcuménique. (Pagi, Bollandus, le Quien.)

XXXVI. SERGIUS.

610. SERGIUS, diacre de l'église de Constantinople, fut élu le 18 avril, veille de Pâques, pour succéder au patriarche Thomas. L'an 626, consulté de la part de l'empereur Héraclius par Cyrus, alors évêque de Phasis, si l'on devait reconnaître une seule ou deux opérations en Jésus-Christ, il se déclare pour le premier sentiment qu'il fait approuver dans un concile, et par là donne naissance à l'hérésie du Monothélisme. L'an 634 (et non 633), il écrit au pape Honorius pour lui faire autoriser le silence sur les deux opérations en Jésus-Christ, et il y réussit. (Pagi.) L'an 638, il détermina l'empereur Héraclius à publier son ecthèse, ou exposition de la foi, qui imposait la même loi. (*Idem.*) Il tint un concile peu de tems après pour la faire confirmer, et mourut au mois de décembre de la même année.

XXXVII. PYRRHUS.

639. PYRRHUS, prêtre et moine de Constantinople, succède à Sergius au commencement de l'an 639. La même année il confirme dans un concile l'ecthèse d'Héraclius. Accusé, l'an 641, d'avoir contribué à la mort de Constantin, fils et successeur d'Héraclius, il est obligé de prendre la fuite. Avant de partir il déposa son *pallium* sur l'autel, en disant : *Je quitte un peuple indocile sans renoncer au sacerdoce.*

XXXVIII. PAUL II.

641. PAUL II, prêtre de l'église de Constantinople, devient au mois d'octobre le successeur de Pyrrhus. L'an 646, il écrit au pape Théodore qu'il suit le sentiment d'Honorius et de Ser-

gius sur l'unité de volonté et d'opération en J. C. L'an 648, il tend un nouveau piége aux Catholiques en substituant, sous le nom de l'empereur Constant, à l'ecthèse d'Héraclius, un autre édit appellé le *type*, portant défense de parler ni d'une ni de deux opérations en Jésus-Christ. Ayant appris sa déposition prononcée à Rome, il renversa l'autel que le pape avait à Constantinople dans l'oratoire du palais de Placidie, et persécuta plusieurs évêques et d'autres catholiques, dont les uns furent bannis, d'autres mis en prison, d'autres déchirés de coups. L'an 654 il meurt le 26 décembre.

PYRRHUS *de retour*.

654. PYRRHUS, après avoir quitté Constantinople, se retira en Afrique, où il eut, au mois de juillet 645, une conférence avec saint Maxime touchant la foi. De là il se rendit à Rome l'an 646, et y abjura son erreur entre les mains du pape Théodore, qui l'honora comme patriarche, malgré ce qui s'était passé à Constantinople. Mais l'an 648, l'exarque de Ravenne l'ayant attiré auprès de lui, sur un ordre de l'empereur, le contraignit de rétracter ce qu'il avait fait à Rome. Revenu à Constantinople, il remonta sur son siége après la mort de Paul, le tint encore près de cinq mois, et mourut au mois de mai ou de juin 655. (Pagi, Muratori.)

XXXIX. PIERRE.

655. PIERRE, prêtre de l'église de Constantinople, succéda au patriarche Pyrrhus. Dans la vue de paraître catholique, sans s'éloigner des Hérétiques, il imagina trois volontés en J. C., deux naturelles et une hypostatique. Il eut part aux dernières violences qui furent exercées contre saint Maxime et son disciple Anastase. Pierre tint le siége, suivant Théophane et Zonaras, environ douze ans, et mourut l'an 666.

XL. THOMAS II.

666. THOMAS, diacre de l'église de Constantinople, fut élu pour succéder au patriarche Pierre. Il occupa le siége environ trois ans, suivant Théophane, et mourut l'an 669.

XLI. JEAN V.

669. JEAN, prêtre de l'église de Constantinople, succède à Thomas. Théophane lui donne six ans d'épiscopat; ce qui nous détermine à placer sa mort en 675.

XLII. CONSTANTIN I.

675. Constantin, diacre et scevophylax, ou garde des vases sacrés de l'église de Constantinople, fut le successeur du patriarche Jean V. Les anciens chronographes sont fort divisés sur la durée de son épiscopat. Nous suivons Théophane, qui le fait durer l'espace de deux ans, au bout desquels il fut chassé. Les Bollandistes lui donnent le titre de saint, et pensent que son attachement à la saine doctrine fut la cause de son expulsion.

XLIII. THÉODORE I.

677. Théodore, prêtre et scevophylax de l'église de Constantinople, succéda l'an 677 à Constantin. Les papes ayant rejeté les lettres synodiques de ses prédécesseurs, comme peu orthodoxes, il se dispensa d'en envoyer. La deuxième année de son épiscopat il fut déposé, ou abdiqua de lui-même : on ne sait pour quel sujet.

XLIV. GEORGES I.

678. Georges, prêtre de l'église de Constantinople, fut substitué à Théodore sur la fin de l'an 678. Il assista au sixième concile général tenu l'an 680, dont il souscrivit les actes. Théophane et Nicéphore Calliste lui donnent six ans d'épiscopat, mais seulement commencés. Il mourut par conséquent l'an 683. (Pagi, le Quien). Les Grecs l'ont mis au nombre des saints.

THEODORE, *rétabli*.

683. Théodore remonta l'an 683 sur le siége de Constantinople, qu'il tint encore l'espace d'environ trois ans. Le père Pagi et les Bollandistes, mettent sa mort en 686. Il paraît que Théodore adopta la doctrine du sixième concile général, et que ce fut une des conditions de son rétablissement.

XLV. PAUL III.

686. Paul, laïque et l'un des secrétaires du sixième concile, remplaça le patriarche Théodore. Il présida, l'an 692, au concile *Quinisexte*, dit *in Trullo*, dont il souscrivit les actes. Sa mort se rapporte à l'an 693, son épiscopat ayant été, suivant Nicéphore et tous les Catalogues, de six ans et huit mois.

XLVI. CALLINIQUE.

693. Callinique, prêtre de l'église de Constantinople, fut substitué au patriarche Paul. L'an 705, dans l'automne, l'em-

reur Justinien II, après lui avoir fait crever les yeux, pour s'être attaché au parti du tyran Léonce, le relégua à Rome, où il mourut. L'église grecque fait mémoire de lui au 23 août.

XLVII. CYRUS.

705. CYRUS, prêtre et supérieur du monastère de Chora, dans l'île d'Amastris, fut mis à la place de Callinique, par Justinien, en reconnaissance de ce qu'il lui avait prédit son rétablissement. L'an 712, Filépique, qui s'était emparé l'année précédente du trône impérial, chassa ce patriarche et le renvoya dans son monastère. Son zèle contre le Monothélisme fut la cause de cette disgrâce. Il est fait mémoire de lui au 8 janvier dans les Menées des Grecs.

XLVIII. JEAN VI.

712. JEAN, diacre de l'église de Constantinople, fut substitué par Filépique au patriarche Cyrus. Il se prêta, ainsi que la plupart des prélats, au dessein qu'avait ce tyran d'abolir le sixième concile. Mais aussitôt que Filépique eut été renversé du trône, il désavoua ce qu'il avait fait de contraire aux intérêts de la foi, et en demanda pardon au pape Constantin. Il est néanmoins douteux que ce changement fut sincère. Il mourut vers le milieu de l'an 715.

XLIX. GERMAIN.

715. GERMAIN, évêque de Cyzique, fut transféré le 11 août 715 sur le siége de Constantinople, par le choix du clergé et du peuple. La même année il répara, dans un grand concile, ce qu'il avait fait en faveur du Monothélisme sous le tyran Filépique. L'an 726, il commence à écrire pour la défense des saintes Images, contre l'édit que l'empereur Léon l'Isaurien venait de rendre pour les abolir. Ce prince, l'an 730, ayant assemblé son conseil (*Silentium*) le 17 (et nom le 7) de janvier, un mardi, y fit comparaître le patriarche, et lui présente son édit avec ordre d'y souscrire sur le champ. Le patriarche s'en défend par un assez long discours qu'il termine par ces paroles : *Prince, je respecte les ordres de l'empereur; mais sur un point qui intéresse la foi, je ne puis céder qu'à l'autorité d'un concile général. En attendant, rendez la paix à l'église; et si je suis un autre Jonas, jettez-moi dans la mer.* En même tems il se dépouille de son *pallium*, et se retire dans une terre de sa famille, où il passa le reste de ses jours dans la prière et le silence. Il était âgé pour lors d'environ quatre-vingt-quinze ans, étant né vers l'an 635. Dieu l'appela à

lui le 12 mai 733, comme le prouvent, d'après les anciens, Pagi, le Quien et Bollandus.

L. ANASTASE I.

730. ANASTASE, disciple et syncelle du patriarche Germain, est mis à sa place le 22 janvier de l'an 730. Son exaltation fut le fruit de sa perfidie. Il s'était rendu l'accusateur de Germain sous la promesse que l'empereur lui avait faite de le mettre en sa place. Léon, en le déclarant patriarche, exigea de plus qu'il s'engageât d'exterminer les Images. Il tint parole, et consentit, dès qu'il fut en possession de son siége, que l'on détruisît celle du sauveur, qui était dans le vestibule du palais impérial. Il en coûta la vie à l'officier que l'empereur avait chargé de commettre ce sacrilége. Comme il était monté sur l'échelle pour abattre l'image, des femmes le firent tomber, et aussitôt il fut mis en pièces. L'empereur vengea sa mort par le massacre de ceux qui en avaient été les auteurs ou les complices. Mais le patriarche eut son tour. L'an 743, au mois de novembre, l'empereur Constantin Copronyme, après lui avoir fait crever les yeux, le fait promener dans l'Hypodrome, monté sur un âne, la tête tournée vers la queue, et cela pour avoir suivi le parti d'Artavasde. Cependant il ne le déposa point, sans doute, parce qu'il n'espérait pas alors de trouver un homme aussi méchant que lui pour le remplacer. Cet indigne pontife mourut d'une colique vers la fin de l'an 753, dans la vingt-quatrième année de son épiscopat. (Pagi.)

LI. CONSTANTIN II.

754. CONSTANTIN, moine, puis évêque de Sylée, en Pamphylie, fut placé sur le siége de Constantinople par l'empereur Copronyme, sans observer aucune forme canonique, le 8 août de l'an 754, après le faux concile des Iconoclastes. Il surpassa en méchanceté son prédécesseur, et eut aussi un sort plus funeste que lui. Non content d'approuver le faux concile des Iconoclastes, il applaudit à l'horrible persécution que l'empereur fit aux défenseurs des saintes Images, et surtout aux moines. Ce prince ayant donné, l'an 766, un édit par lequel il ordonnait à tous ses sujets de s'engager par serment devant les magistrats, à ne jamais rendre aucun culte aux Images, le patriarche fut un des plus empressés à s'y conformer. Pour cette effet, étant monté sur la tribune de Sainte-Sophie, et tenant une croix entre ses mains, il jura qu'il n'avait jamais révéré ces figures faites de la main des hommes, et qu'il ne leur rendrait jamais aucun hommage. Lorsqu'il fut descendu de la tribune, l'empereur, comme pour le récompenser de son obéissance, lui mit

sur la tête une couronne, et l'emmena au palais où il lui fit un grand festin. Mais ces honneurs furent bientôt suivis d'une disgrâce éclatante. Le 30 août de la même année, l'empereur, sur une accusation d'intelligence avec des conjurés, le déposa de son autorité, puis le relégua dans l'île du Prince, d'où l'ayant fait revenir au bout de 13 mois, sur une nouvelle accusation, il lui fit d'abord essuyer une rude bastonnade; après quoi l'ayant fait solennellement déposer dans Sainte-Sophie, il l'envoya dans le cirque où le peuple l'accabla d'outrages. Jeté ensuite dans un cachot, il y resta oublié jusqu'au 15 août de l'année suivante. Ce jour fut le dernier de ses souffrances. Deux patrices envoyés par l'empereur, après avoir tiré de lui une nouvelle approbation du concile des Iconoclastes et de leur doctrine, le menèrent à l'amphithéâtre où il eut la tête tranchée. C'est ainsi, dit M. le Beau, que ce prince farouche récompensa le patriarche d'avoir sacrifié sa conscience pour autoriser les impiétés de son maître.

LII. NICÉTAS I.

766. NICÉTAS, prêtre de l'église de Constantinople, sclave d'origine, et eunuque, fut mis par l'empereur, le 16 décembre 766, sur le siége de Constantinople. Il était iconoclaste comme ses prédécesseurs, et fort ignorant. A son entrée dans le palais patriarcal, il montra qu'il était digne du choix de Copronyme, en détruisant de magnifiques mosaïques dont les murailles étaient ornées, et que ses deux prédécesseurs avaient laissé subsister à cause de leur beauté. Nicétas mourut le 6 février 780. (Bollandus.)

LIII. PAUL IV.

780. PAUL, natif de Salamine, en Chypre, lecteur de l'église de Constantinople, fut élu, malgré lui, le 20 février, pour succéder au patriarche Nicétas. Pendant le règne de Léon Chazare, il n'osa se déclarer ouvertement en faveur des saintes images. Il tint même, contre les lumières de sa conscience, une conduite qui favorisait l'hérésie régnante. Après la mort de ce prince, une maladie dont il fut attaqué, lui ouvrit les yeux sur sa lâcheté criminelle. Pour l'expier, il abdiqua le 31 août 784, et se retira dans le monastère de Florus, où il mourut la même année.

LIV. TARAISE.

784. TARAISE, laïque et secrétaire du palais impérial, élu, malgré lui, sur la désignation du patriarche Paul pour lui suc-

céder, fut ordonné le jour de Noël 784. L'année suivante il envoie ses lettres synodiques au pape Adrien, qui le reçoit à la communion. Le septième concile général ayant été convoqué sur ses instances, il y assiste en 787, et y tient le premier rang après les légats du pape. L'an 795, il s'oppose à l'empereur Constantin, qui voulait répudier Marie, son épouse, pour épouser Théodote, sa concubine. Ces noces ayant été célébrées la même année, au mois de septembre, par le prêtre Joseph, à son refus, il use de dissimulation, ce qui engage saint Platon, abbé de Saccudion, et saint Théodore Studite, à se séparer de sa communion. Mais après la mort de Constantin, il interdit ce prêtre, et par là il se réconcilia avec les deux abbés. L'an 806, le 25 février, Taraise meurt en odeur de sainteté. Sa fête est marquée au jour de sa mort.

LV. NICÉPHORE.

806. NICÉPHORE, de secrétaire du palais devenu solitaire, fut élevé sur le siége de Constantinople après la mort de Taraise, et ordonné le 12 avril, jour de Pâques. L'empereur Nicéphore l'ayant engagé à lever, dans un concile, la censure lancée par Taraise contre le prêtre Joseph, saint Platon, saint Théodore, et Joseph, archevêque de Thessalonique, frère du second, s'élevèrent contre cette condescendance, et se séparèrent de la communion du patriarche, qui les fit excommunier eux-mêmes dans un nouveau concile. Comme ils persistaient dans leur opposition, l'empereur les fit mettre en prison, et ensuite les envoya en exil avec plusieurs de leurs adhérents. L'an 811, Michel Rangabé, nouvel empereur, affligé de la division qui troublait l'église de Constantinople, s'empressa de réconcilier ces exilés avec le patriarche. Le prêtre Joseph fut encore sacrifié à l'intérêt de la réunion, et fut une deuxième fois chassé de l'église. Le patriarche eut la liberté que le précédent empereur lui avait toujours refusée, d'écrire au pape sa lettre synodique, et de donner cette marque de communion au chef du corps épiscopal. L'an 815, son zèle pour les saintes Images lui attire l'indignation de l'empereur Léon l'Arménien, successeur de Michel. Ce prince l'ayant fait déposer dans un concile, tenu au commencement de février de cette année, l'envoie le 11 du même mois en exil. Nicéphore y mourut l'an 828, le 2 juin, jour auquel l'église grecque célèbre sa mémoire. Les Latins l'honorent le 13 mars. (Le Quien.) Il est auteur d'un Abrégé d'Histoire et de quelques Traités contre les Iconoclastes.

LVI. THÉODOTE CASSITERE.

815. THÉODOTE de Mélisse, dit CASSITÈRE, officier du pa-

lais, nommé patriarche par l'empereur Léon l'Arménien, fut ordonné le 1er. avril 815. Il tint la même année, par ordre de ce prince, au mois d'avril, un conciliabule, où il dit anathème au septième concile général. L'an 821, il mourut après avoir fait une guerre continuelle aux saintes Images et à leurs défenseurs. (Pagi, le Quien.)

LVII. ANTOINE I.

821. ANTOINE, métropolitain de Sylée ou Pergé, en Pamphylie, grand iconoclaste, frappé d'anathème pour ce sujet au concile de Constantinople, tenu vers les fêtes de Noël, en 814, succéda au patriarche Théodote. Livré à ses plaisirs, indifférent sur tout le reste, il ne maltraita les Catholiques que par ses mépris. Il tint le siège douze ans commencés, et mourut vers le mois d'avril 832.

LVIII. JEAN VII.

832. JEAN, surnommé LÉCONOMANTE, succéda au patriarche Antoine, par le choix de l'empereur Théophile, dont il avait été l'instituteur, et auquel il avait inspiré son aversion pour les saintes Images. Son ordination se fit le 21 avril de l'an 832, et peu de tems après parut un édit foudroyant contre les Catholiques, auquel il n'eut garde de s'opposer, si même il ne l'avait pas sollicité. Il vit avec une satisfaction cruelle les prisons s'ouvrir et se remplir d'évêques, de prêtres, et sur-tout de moines auxquels l'empereur en voulait particulièrement. Son épiscopat finit avec le règne de Théophile. L'an 842, après avoir tenu le siège de Constantinople l'espace d'environ dix ans, il fut chassé par l'impératrice Théodora, puis relégué dans un monastère, où il eut les yeux crevés. (Bollandus, le Quien.)

LIX. MÉTHODIUS.

842. MÉTHODIUS, natif de Syracuse, moine de Constantinople, fut substitué le 12 février 842 au patriarche Jean. Il avait souffert de grandes persécutions sous les empereurs Michel le Bègue et Théophile, pour la défense des saintes Images. La même année, le premier dimanche de Carême (19 février), il tint un grand concile, où il rétablit la mémoire du deuxième concile de Nicée. (*Voy. les Conciles.*) Des calomniateurs ayant osé attaquer ses mœurs, il se contenta de les confondre, et empêcha qu'ils ne fussent punis. Son épiscopat ne fut que de quatre ans et quatre mois. Il mourut le 14 juin 846. Sa mémoire est honorée le jour de sa mort. (Pagi, le Quien.)

LX. S. IGNACE.

846. IGNACE, fils de l'empereur Michel Curopalate, prêtre et moine de Saint-Satyre, fut placé sur le siége de Constantinople le 4 juillet, par les suffrages unanimes du clergé et du peuple. L'an 847, il dépose dans un concile Grégoire Asbeste, évêque de Syracuse, convaincu de divers crimes. L'an 857, le 23 novembre, le césar Bardas, irrité de ce qu'Ignace lui avait refusé la communion pour cause d'inceste, le fait exiler dans l'île de Térébynthe. Quelque tems après, il est tiré de cet exil et transféré dans un autre, où on l'enferme dans une étable à chèvres, avec menaces d'être traité encore plus durement, s'il ne donne son abdication. Sur son refus on lui tint parole. Amené dans un bourg voisin de Constantinople, il est jeté nu, malade et chargé de chaînes, dans un cachot glacé, après avoir été cruellement fouetté. On emploie de semblables violences contre ses partisans. On porta même la barbarie jusqu'à couper la langue au garde des archives pour avoir parlé trop librement en sa faveur. Ignace, après avoir passé trois mois dans sa prison, en est tiré pour être transporté dans l'île de Mytilène.

LXI. PHOTIUS.

857. PHOTIUS, protospathaire, homme de naissance et très-savant, est ordonné, le jour de Noël 857, patriarche de Constantinople, par Grégoire de Syracuse, après avoir reçu les autres ordres dans le cours des cinq jours précédents. L'un de ses premiers soins fut d'écrire au pape Nicolas Ier. pour le mettre dans ses intérêts et lui faire approuver son élection. Sa lettre, pleine d'artifice, de mensonges et de flatteries, était très-propre à produire cet effet. *Il gémissait*, disait-il, *de ce qu'on lui avait imposé le pesant fardeau de l'épiscopat et de ce qu'Ignace s'en était déchargé.* Il demandait des légats pour détruire avec eux dans un concile les restes des Iconoclastes, qui se réduisaient presque à rien. Nicolas sentit le piége ; il envoya deux légats avec une ample instruction pour les mettre en garde contre la surprise. Ils arrivèrent à Constantinople sur la fin de l'an 860. Photius, dans un conciliabule qu'il tient au mois de mai suivant, les oblige, après une longue résistance, à le reconnaître pour patriarche légitime. Le pape, à leur retour, désavoue ce qu'ils ont fait à Constantinople. L'intrus cependant s'assurait de la protection de l'empereur par les plus criminelles complaisances, jusques-là que dans un repas dont il était, ce prince ayant avalé cinquante verres de vin, il en but dix de plus. Fier de cet appui, il brave les anathèmes dont Nicolas le frappe, et ne craint pas de lui rendre la pareille. Il va plus loin,

il ose accuser d'erreur l'église romaine, pour avoir inséré dans le symbole que le Saint-Esprit procède du Fils comme du Père, et par rapport à l'usage qu'elle fait du pain azyme dans l'Eucharistie. (*Voy.* les Conciles.) Une autre fourberie digne de lui, ce fut d'écrire à Louis II, empereur d'Occident, pour l'engager à déposer Nicolas, avec promesse de le faire à ce prix reconnaître empereur en Orient. Mais un évènement, auquel il ne s'attendait pas, rompit toutes ses mesures. L'empereur Michel fut assassiné le vingt-quatre septembre 867; et Basile mis à sa place. Photius est chassé peu de jours après et relégué dans le monastère de Scopé.

S. IGNACE *rétabli.*

867. IGNACE, après l'expulsion de Photius, est rétabli le 23 novembre 867 sur le siége de Constantinople. L'an 870, il donne Théophylacte pour premier archevêque aux Bulgares, après qu'ils eurent chassé les clercs latins que le pape leur avait envoyés. L'an 877, le 23 octobre, Ignace meurt à l'âge de quatre-vingts ans. L'église honore sa mémoire le jour de sa mort. (Pagi.)

PHOTIUS *rétabli.*

877. PHOTIUS, rentré en grâce avec l'empereur Basile, par le moyen d'une fausse généalogie qu'il lui avait supposée, est rappelé et rétabli le 26 octobre de l'an 877, trois jours après la mort d'Ignace. L'an 886, au mois de septembre, il est chassé de nouveau par l'empereur Léon, et transporté dans un monastère, où il mourut l'an 891. (Pagi, le Quien.) *Photius*, dit M. Fleuri, *était le plus grand esprit et le plus savant homme de son siècle* (témoin sa Bibliothèque et son Nomocanon); *mais c'était un parfait hypocrite, agissant en scélérat et parlant en saint*. (*Voy.* les Conciles de Rome 860, 861, 863, et de Constantinople, 867 et 869.

LXII. ÉTIENNE.

886. ETIENNE, frère de l'empereur Léon, âgé de 16 ans, fut mis à la place de Photius, qui l'avait élevé, fait diacre et choisi pour son syncelle. Etienne fut intronisé vers les fêtes de Noël 886. Quoiqu'il eût reçu son éducation d'un scélérat, il conserva toujours une grande pureté de mœurs, et gouverna très-sagement, malgré sa jeunesse, l'église de Constantinople. Son épiscopat ne fut que de six ans et cinq mois, au bout desquels il mourut au mois de mai 893. Un auteur du tems rapporte que voulant calmer les ardeurs importunes de son âge par des remèdes, il se refroidit tellement l'estomac qu'il lui en coûta la vie.

LXIII. ANTOINE II.

893. Antoine II, surnommé Caulée, de famille noble et abbé d'un monastère, succéda au patriarche Etienne dans le mois de mai 893. Il soutint le bien qu'avait établi son prédécesseur, et l'augmenta pendant l'espace d'environ deux ans qu'il tint le siège de Constantinople. Il mourut âgé de soixante-sept ans, le 12 février de l'an 895, jour auquel l'église honore sa mémoire. (Pagi, Bollandus.)

LXIV. NICOLAS LE MYSTIQUE.

895. Nicolas, surnommé le Mystique, c'est-à-dire assesseur secret du conseil de l'empereur, monta sur le siége de Constantinople après la mort du patriarche Antoine. L'an 902, vers la mi-janvier, il dépose le prêtre Thomas pour avoir, l'année précédente, donné la bénédiction nuptiale à l'empereur Léon et à Zoé, sa quatrième femme. Il interdit même à l'empereur, pour ce sujet, l'entrée de l'église. Les évêques se déclarèrent d'abord pour le patriarche; mais l'empereur, à force de présents, les détourna presque tous. Cette désertion ne rendit pas Nicolas plus flexible. L'empereur ne pouvant obtenir de lui ni par prières ni par menaces son rétablissement dans la communion des fidèles, s'adressa au pape Sergius III, et lui demanda des légats pour juger le différent qui était entre lui et le patriarche. Sergius ne manqua pas d'en envoyer; mais tandis qu'ils étaient en route, une nouvelle tentative que le prince avait faite sur l'esprit du prélat n'ayant point réussi, il le fit enlever et transporter, le 1er février 906, au-delà du Bosphore, où il resta seul sur le rivage, au milieu d'une nuit obscure, dans un froid très-rigoureux. Il lui fallut gagner à pied, au travers des neiges, le bourg de Galacrènes, où il avait fondé un monastère. Les légats de Rome étant ensuite arivés s'assemblèrent avec les évêques courtisans; et après avoir autorisé par dispense le mariage de Léon, prononcèrent la déposition de Nicolas.

LXV. EUTHYMIUS I.

906. Euthymius, moine du Mont-Olympe et syncelle du patriarche Nicolas, lui fut substitué par les évêques qui l'avaient déposé. Il consentit aux quatrièmes noces de l'empereur Léon, sans vouloir néanmoins souffrir qu'il les autorisât par une loi expresse. L'an 911, l'empereur Léon se voyant près de sa fin, rappelle le patriarche Nicolas, lui fait la confession de ses désordres, et se recommande à ses prières. A peine a-t-il fermé les yeux, qu'Alexandre, son frère et son successeur, ayant assemblé le clergé et le sénat dans le palais de Magnaure, y fait amener Euthymius. Dès qu'il paraît, des clercs insolents

l'accablent d'outrages, et lui sautant au visage, le frappent indignement, lui arrachent la barbe, et le chassent de l'assemblée, le traitant d'usurpateur, d'adultère infâme, qui avait enlevé une épouse à son époux légitime. Euthymius, après avoir supporté patiemment ces outrages, fut relégué dans un monastère où il mourut peu de tems après. Mais c'est un grand crime à Nicolas, dit M. le Beau, que de ne s'être pas opposé à ces indignités dont il fut témoin.

NICOLAS *rétabli.*

911. Nicolas, rétabli sur le siége de Constantinople, trouva son clergé divisé comme il l'avait laissé, touchant la légitimité des quatrièmes noces. L'an 920, il demande au pape Jean X des légats pour terminer avec eux cette dispute. Les légats, étant arrivés, réussirent à rétablir la concorde dans l'église de Constantinople. La discipline, au sujet des mariages, fut réglée par un édit de l'empereur Constantin, dont on faisait lecture publique tous les ans dans le jubé de Sainte-Sophie. Cet édit portait qu'à commencer de la présente année 920, les quatrièmes noces ne seraient plus permises sous peine d'exclusion de l'entrée de l'église, tant qu'elles subsisteraient. Les troisièmes noces ne se permettaient même qu'avec certaines restrictions. La conduite d'Euthymius étant assez justifiée par là, son corps fut transféré avec pompe à Constantinople. Mais son nom, que Nicolas avait rayé des diptiques, n'y fut remis que long-tems après. L'an 925, le 15 mai, Nicolas meurt après avoir rendu la paix à son église.

LXVI. ETIENNE II.

925. Etienne, métropolitain d'Amasée, fut transféré, au mois d'août 925, sur le siége de Constantinople qu'il remplit l'espace de 2 ans et 11 mois. Etienne mourut le 18 juillet 928.

LXVII. TRYPHON.

928. Tryphon, moine, fut placé sur le siége de Constantinople le 14 décembre, en attendant que Théophylacte, fils de l'empereur romain Lécapène, fut en âge de le remplir. L'an 931, l'empereur lui fait demander son abdication, qu'il refuse, n'ayant jamais entendu tenir le siége par confidence. Le 2 septembre de la même année, on lui surprend cet acte par une fourberie insigne. (*Voy. les conciles.*) Tryphon se retira dans son monastère, où il mourut saintement l'année suivante. Les Grecs honorent sa mémoire le 19 avril. (Pagi, le Quien.)

LXVIII. THEOPHYLACTE.

L'an 933, le 2 février, l'empereur romain Lécapène, après

avoir laissé vaquer le siége de Constantinople depuis le 2 septembre 931, y fit placer son fils THÉOPHYLACTE, âgé de 16 ans, en présence des légats du pape Jean XI. Les commencements de ce jeune prélat donnèrent de grandes espérances, qu'il démentit ensuite par une vie souillée de toutes sortes de crimes. L'histoire avertit qu'elle rougirait de raconter tout ce qu'il ne rougissait pas de faire. Pour fournir aux dépenses de ses débauches, il faisait trafic des évêchés et des autres dignités ecclésiastiques qu'il vendait au plus offrant. Il introduisit dans les offices publics les plus solennels, des danses, des divertissements, des clameurs insensées, des chansons profanes et même deshonnêtes, qui, mêlées au chant des hymnes, alliaient le culte du diable avec celui de la majesté divine. Un auteur qui vivait 150 ans après, observe que cet usage monstrueux n'était pas encore aboli de son tems. « On peut croire, dit M. le Beau, » que c'est de là qu'il s'est répandu jusqu'en Occident, où » une ignorance licencieuse a maintenu dans quelques diocèses, » pendant des siècles, un abus aussi scandaleux que ridicule, » malgré toutes les censures ecclésiastiques. » Les chevaux étaient la passion dominante de Théophylacte ; et l'on rapporte qu'un jeudi-saint, tandis qu'il était à l'autel, il interrompit les saints mystères pour aller voir un poulain qu'une de ses jumens venait de mettre bas. Cet indigne patriarche s'étant froissé rudement contre une muraille dans une cavalcade, fut pris d'une violente hémorrhagie, qui fut suivie d'une hydropisie dont il mourut, après 2 ans de langueur, le 27 février 956.

LXIX. POLYEUCTE.

956. POLYEUCTE, moine de Constantinople, fut élevé, le 3 avril 956, par ordre de l'empereur Constantin Porphyrogénète, sur le siége de cette église. Ses parents, par un esprit de dévotion fort mal entendu, mais assez ordinaire en ce tems-là, le destinant à la vie monastique, l'avaient fait eunuque dès l'enfance. Heureusement sa vocation répondit à leurs désirs. La science et la vertu qu'il acquit dans son monastère furent les seules recommandations qu'il eut pour le patriarcat. C'était le métropolitain d'Héraclée qui, par le droit de sa place, devait le sacrer. Mais ce prélat étant dans la disgrâce de l'empereur, fut remplacé par celui de Césarée. On sut mauvais gré à Polyeucte d'avoir consenti à cette innovation. Il augmenta le mécontentement en insérant le nom d'Euthymius dans les diptiques, dont il avait été retranché pour avoir admis l'empereur Léon à la communion. Polyeucte, moins courtisan qu'évêque, perdit encore les bonnes grâces de Constantin, par

la liberté qu'il prit de lui faire des remontrances sur les malversations de ses proches, qui pillaient l'église et l'empire. Théodore, évêque de Cyzique, homme puissant en intrigues, se prévalut de ces conjonctures pour soulever une partie du clergé; et l'empereur, séduit par ces cabales, cherchait l'occasion de déposer le patriarche, lorsque la mort de ce prince, arrivée l'an 959, fit échouer ce mauvais dessein. Polyeucte vécut tranquille sous les règnes suivants, et mourut le 10 janvier 970, après avoir couronné, aux fêtes de Noël précédent, l'empereur Jean Zimisquès.

LXX. BASILE I, dit le SCAMANDRIN.

970. BASILE, solitaire du Mont-Olympe, monta, le 13 février 970, sur le siége de Constantinople, qu'il remplit l'espace d'environ quatre ans. Il en fut chassé, l'an 974, par l'empereur Zimisquès, sur une fausse accusation. En vain reclama-t-il un concile œcuménique pour être jugé suivant les canons. Loin de déférer à une si juste demande, on le relégua dans un monastère qu'il avait bâti sur le Scamandre, ce qui lui fit donner le surnom de Scamandrin. Il y finit saintement ses jours.

LXXI. ANTOINE III, dit le STUDITE.

974. ANTOINE III, surnommé PACHÉ, moine studite et syncelle, fut mis à la place de Basile en 974. L'austérité de sa vie, son savoir et son désintéressement, l'avaient fait juger digne de cette place. Après un gouvernement de cinq ans, tel qu'on se l'était promis, il abdiqua au commencement de l'an 979, pour retourner dans sa retraite où il mourut l'an 983. Le respect qu'on avait pour sa vertu empêcha de lui donner un successeur de son vivant. On espérait l'engager à reprendre le gouvernement de son église. Ainsi le siége vaqua quatre ans.

LXXII. NICOLAS II, dit CHRYSOBERGE.

983. NICOLAS II, surnommé CHRYSOBERGE, fut élevé, vers le milieu de l'année 983, sur le siége de Constantinople après la mort d'Antoine le Studite. Il le tint, suivant Cédrénus, l'espace de douze ans et huit mois. Sa mort arriva par conséquent vers le mois de mars 996, et non pas 995, comme le marque le P. le Quien.

LXXIII. SISINNIUS II.

996. SISINNIUS, médecin habile et revêtu de plusieurs dignités séculières, succéda l'an 996 au patriarche Nicolas. « On voit

» dit M. le Beau, que, malgré l'improbation des papes, les
» Grecs continuaient d'élever des laïques à l'épiscopat. Sisin-
» nius, ajoute-t-il, était estimé pour sa vertu et son savoir.
» Dans la sombre ignorance dont toute l'Europe était alors
» obscurcie, on conservait encore quelques traits de lumière à
» Constantinople. » Sisinnius, par sa prudence, éteignit, l'an
997, les restes de la discorde qui régnait parmi les Grecs depuis
l'empereur Léon le *Sage*, touchant la légitimité des quatrièmes
noces. Maimbourg l'accuse d'avoir tenté de renouveler le schisme
des Grecs, et, pour cet effet, d'avoir reproduit la lettre de Photius aux trois patriarches contre les Latins, en substituant son
nom à celui de l'auteur, et les noms des patriarches vivants
à ceux des patriarches à qui Photius l'avait adressée. C'est de
Léon Allatius que Maimbourg emprunte cette accusation. Mais
Allatius ne l'avance qu'en doutant; et Maimbourg tourne ce
doute en assertion. Quoi qu'il en soit, il n'y eut point de rupture ouverte du vivant de Sisinnius entre l'église romaine et
l'église grecque. Sisinnius mourut l'an 999, dans la troisième
année de son patriarcat. (Pagi, *ad hunc an. n. X.*)

LXXIV. SERGIUS II.

999. SERGIUS II, supérieur du monastère de Manuel, et
issu de la famille du fameux Photius, fut élu l'an 999 pour succéder au patriarche Sisinnius. Il gouverna vingt ans l'église de
Constantinople, et mourut au mois de juillet de l'an 1019.

LXXV. EUSTATHE II.

1019. EUTATHE II, chef des prêtres du palais, fut donné
pour successeur au patriarche Sergius en 1019. Il tint le siége
environ 5 ans et demi, et mourut au mois de décembre de l'ère
de Constantinople 6534 (de J. C. 1025). Il avait envoyé, l'année précédente, de concert avec l'empereur Basile, des députés
à Rome pour tâcher d'obtenir par argent le titre d'œcuménique
en Orient Les Romains cherchèrent les moyens de leur accorder secrètement ce qu'ils désiraient; mais les Italiens se déclarèrent contre cette demande. Les Français s'y opposèrent de
même; et Guillaume, abbé de S. Bénigne de Dijon, écrivit
au pape Jean XIX pour le détourner de ce dessein. Sa lettre,
comme il le fait entendre, n'était que l'expression des sentiments du clergé de France. Richard, abbé de Verdun, fit aussi
éclater son opposition. La cour de Rome n'osant braver ce
murmure universel, renvoya sans succès les députés de Constantinople.

LXXVI. ALEXIS.

1025. ALEXIS, supérieur du monastère de Stude, fut ordonné patriarche de CP. sur la désignation de l'empereur Basile, au mois de décembre 1025, le jour même de la mort de ce prince. L'an 1034, il refusa la bénédiction nuptiale à l'impératrice Zoé et à Michel Paphlagonien, tous deux coupables de la mort de l'empereur Romain Argyre. Mais un présent de 50 livres d'or triompha de sa résistance. Il bénit les deux époux et les couronna. L'an 1037, quelques évêques assemblés en synode voulurent le déposer pour mettre en sa place l'eunuque Jean, ministre de l'empereur, et l'homme le plus ambitieux de son siècle. Ils alléguaient pour prétexte qu'Alexis n'avait pas été fait patriarche par les suffrages des métropolitains, mais par le commandement de l'empereur. Alexis se tira heureusement d'affaire, en disant qu'il était prêt à quitter son siège, pourvu qu'on déposât les métropolitains qu'il avait faits pendant 11 ans et demi, et qu'on anathématisât les deux empereurs qu'il avait couronnés. Une réponse si peu attendue déconcerta ses ennemis, et les obligea d'abandonner leur entreprise. L'an 1042, le 12 juin, il couronna empereur Constantin Monomaque, après avoir refusé de bénir son mariage avec Zoé. Alexis mourut le 20 février 1043, laissant un grand trésor qu'il avait amassé, et dont l'empereur s'empara.

LXXVII. MICHEL I, DIT CÉRULAIRE.

1043. MICHEL, surnommé CÉRULAIRE, fut placé sur le siège de Constantinople en 1043, le jour de l'Annonciation. L'an 1053, il se déclara contre l'église romaine par une lettre écrite en son nom et au nom de Léon, archevêque d'Acride, en Bulgarie, à Jean, évêque de Trani, dans la Pouille, pour être communiquée au pape et à toute l'église d'Occident. Dans cette lettre il blâme les Latins sur l'usage du pain azyme dans la célébration des saints mystères, sur le jeûne du samedi en Carême, sur la liberté qu'ils se donnaient de manger du sang des animaux et des viandes suffoquées, sur le célibat des prêtres, etc., et enfin sur l'addition *Filioque* faite au symbole. « Il faut, dit un habile protes-
» tant (Benedict. Pictet) que ce Cérularius eût un petit génie;
» car on ne peut raisonner plus pitoyablement qu'il fait. Les
» raisons qu'il apporte sont, pour la plupart, si ridicules,
» qu'il est étonnant qu'un patriarche eût si peu de mérite. »
L'an 1054, trois légats du saint siège, envoyés par le pape Léon IX, arrivent à Constantinople. Ils sont bien reçus de l'empereur Constantin Monomaque : mais le patriarche refuse de

les voir. Ils publient un écrit en réponse à sa lettre et à l'ouvrage composé par Nicétas Pectoratus, moine de Stude, pour sa défense. Nicétas se retracte; Michel persiste obstinément dans son erreur. Il fait plus, il falsifie la lettre du pape en la traduisant, afin d'exciter une sédition. Le 16 juillet, les légats, l'excommunient publiquement dans l'église de Sainte-Sophie. Michel use de représailles; il entraîne le clergé et le peuple dans son parti. Telle est l'origine du schisme déplorable, qui sépare encore de nos jours l'église grecque de l'église latine. L'an 1059, l'empereur Isaac Comnène, las de l'insolence de Michel, qui voulait s'égaler à lui en toutes choses, portant même la chaussure d'écarlate réservée à la majesté impériale, et qui exigeait sans cesse de nouvelles grâces, menaçant ce prince lorsqu'il était refusé, de le déposer, le fait enlever et transporter dans l'île Proconèse, le 8 novembre, jour de la fête des Saints Anges chez les Grecs. On ignore l'année de sa mort. (Pagi, le Quien.)

LXXVIII. CONSTANTIN III, SURNOMMÉ LICHUDES.

1059. CONSTANTIN III, surnommé LICHUDES, préfet et protovestiaire, fut élu dans le mois de juillet 1059, pour succéder au patriarche Michel. C'était un homme savant et très-versé dans les affaires. Après avoir tenu le siège quatre ans et demi, il mourut sur la fin de l'an 1063, ou dans les premiers jours de l'année suivante. Michel Psellus a composé un long panégyrique de ce patriarche, qui existe en manuscrit, à la Bibliothèque du Roi. Mais comme Psellus était un schismatique déclaré, il y a bien de l'apparence que son héros, avec lequel il se vante d'avoir été étroitement lié, n'était pas mieux disposé que lui envers l'église latine.

LXXIX. JEAN VIII, SURNOMMÉ XIPHILIN.

1064. JEAN VIII, surnommé XIPHILIN, natif de Trébizonde, homme sage et savant, moine du Mont-Olympe, après avoir été élevé à la dignité de sénateur fut élu, malgré lui, vers le 12 janvier 1064, pour remplir le siège de Constantinople. La vertu de Xiphilin ne fut pas à l'épreuve de la tentation sur le siège patriarcal. L'empereur Constantin Ducas, pour assurer le trône à ses enfants, avait, en mourant, fait promettre par écrit, et même avec serment, aux sénateurs de ne point reconnaître d'autres souverains qu'eux, et à sa femme de ne jamais se remarier. Sept mois se passèrent après sa mort sans qu'on donnât atteinte à cet engagement. Mais enfin l'impératrice, ennuyée du veuvage, désira de convoler à de secondes noces. Pour cela il fallait annuller l'écrit fatal qui la retenait. Un eunuque, son confident, se charge d'agir auprès du patriarche. Il va le trouver, et lui fait espérer que, s'il veut user de dispense envers l'impératrice, Bardas, son frère selon Glycas, son neveu suivant Zonaras, sera l'époux qu'elle choisira. Xiphilin, séduit par cet appât, s'adresse à chaque sénateur en particulier, et réussit par son éloquence à les entraîner dans son sentiment. L'écrit, d'un commun consentement, est rendu à l'impératrice. Mais au lieu de Bardas elle épouse Romain Diogène, et trompe ainsi l'ambition du prélat. Le gouvernement de Xiphilin fut de onze ans et sept mois, au bout desquels il mourut le 2 août 1075. Il ne faut pas le confondre avec son neveu l'historien Jean Xiphilin, abréviateur de Dion Cassius.

LXXX. COSME I.

1075. COSME I, moine de Jérusalem, fut choisi par l'empereur Michel Ducas pour succéder au patriarche Xiphilin. Son gouvernement fut de cinq ans et neuf mois. C'était un homme peu versé dans les sciences, moins encore dans les affaires, mais d'une vertu rigide. L'an 1081, voyant que l'empereur Alexis Comnène, nouvellement élu, non-seulement retranchait les pensions accordées par ses prédécesseurs aux personnes qui avaient le mieux servi l'état, et les largesses qu'il avait accoutumé de faire à leur avènement, mais inventait même des prétextes pour dépouiller les plus riches d'entre les sénateurs, il blâma hautement ces traits d'avarice. Alexis, piqué de cette liberté, s'en plaignit à sa mère, qui fit dire au patriarche, par ses émissaires, de quitter une place qu'il n'était pas capable de remplir. *Non*, répondit Cosme, en jurant par son nom, *je ne quitterai pas que je n'aie couronné l'impératrice Irène*. La cérémonie faite, sept jours après le couronnement de l'empereur, il abdiqua le jour de Saint-Jean l'évangéliste, 8 mai chez les Grecs, et retourna dans sa solitude. (Bolland.) Les Grecs font mention de lui dans leurs Menées au 2 janvier, et lui ont donné le surnom de Thaumaturge à raison du grand nombre des miracles qu'ils lui attribuent. La princesse Anne Comnène n'hésite pas même à lui accorder le don de prophétie. Mais ces faveurs extraordinaires du ciel sont pour le moins très-suspectes dans un homme qu'on sait avoir été attaché au schisme.

LXXXI. EUSTRATE, DIT GARIDAS.

1081. EUSTRATE, surnommé GARIDAS, homme sans érudition et sans connaissance des affaires, fut tiré de l'état monastique pour succéder au patriarche Cosme. La princesse Anne

Comnène assure qu'il donna, par ignorance, dans les erreurs que Jean l'Italien, professeur de philosophie, enseignait de son tems à Constantinople. Quoi qu'il en soit, l'empereur Alexis le chassa, pour raison d'incapacité, vers le milieu de l'an 1084.

LXXXII. NICOLAS III, DIT LE GRAMMAIRIEN.

1084. NICOLAS III, surnommé le GRAMMAIRIEN, KIRDY-NAT et THÉOPROBLÈTE, fut substitué, vers le mois d'août 1084, au patriarche Eustrate. La secte des Bogomiles, espèce de Manichéens, qui avait pour chef un certain Basile, moine et médecin, ayant éclaté vers 1110, Nicolas donna ses soins, avec l'empereur Alexis Comnène, pour la dissiper. Basile fut brûlé par jugement du sénat. Quelques-uns de ses disciples se convertirent, un plus grand nombre demeura attaché à ses erreurs. Le patriarche Nicolas mourut l'an 1111.

LXXXIII. JEAN IX, DIT HIEROMNEMON.

1111. JEAN IX, diacre de l'église de Constantinople, dit HIEROMNÉMON, et le CALCÉDONIEN du nom de sa patrie, succéda, l'an 1111, au patriarche Nicolas. Il était versé dans les lettres divines et humaines. Le surnom qu'on lui donna d'Hiéromnémon marque une dignité de l'église de Constantinople, dont les fonctions étaient de tenir le missel du patriarche pendant la messe, et d'enregistrer les professions de foi que les évêques faisaient à leur ordination. Suivant les catalogues, qui lui donnent vingt-trois ans de pontificat, il mourut l'an 1134.

LXXXIV. LEON, DIT STYPIOTE.

1134. LÉON, surnommé STYPIOTE, remplaça le patriarche Jean IX. Au mois de mai de l'an 1140, il tint un concile, où il condamna les écrits de Constantin Chrysomale, remplis des erreurs des Enthousiastes et des Bogomiles. C'est vraisemblablement de son tems qu'Anselme, évêque d'Havelberg, dans la marche de Brandebourg, étant venu en ambassade à CP. de la part de l'empereur Lothaire, y eut une dispute pacifique avec l'archevêque de Nicomedie touchant le schisme des Grecs. On voit par la relation qu'Anselme en publia dans la suite, et qui se trouve insérée dans le tome I de l'édition in-folio du Spicilège, p. 161, que l'empereur Jean Comnène et le patriarche voulurent qu'on tînt là-dessus une conférence publique, Le résultat fut qu'on tâcherait d'assembler un concile œcuménique pour terminer définitivement les controverses des Latins et des Grecs;

ce que les conjonctures ne permirent pas d'exécuter. On peut conclure de là que Léon Stypiote n'était pas absolument opposé à la réunion des deux églises. Mais ce qui prouve qu'il resta néanmoins dans le schisme, c'est le titre de *très-saint* que lui donne Balsamon, schismatique décidé. Léon abdiqua l'an 1143, après huit ans et demi de gouvernement.

LXXXV. MICHEL II, dit CURCUAS.

1143. MICHEL, dit CURCUAS et OXITE, supérieur du monastère du Mont-Saint-Auxence, en Bithynie, dans l'île d'Oxia, fut mis, l'an 1143, à la place du patriarche Léon par l'empereur Manuel Comnène, qu'il couronna peu de jours après son ordination. Ce prince, en sortant de l'église, déposa sur la table des offrandes cent écus, et en assigna autant de pension annuelle au clergé; ce qui excita de grandes acclamations. Michel, l'année suivante, condamna, dans un concile, Niphon, qui renouvelait l'hérésie des Bogomiles, et prononça contre lui et ses sectateurs la peine du feu; ce que Théodore Balsamon, célèbre canoniste de l'église grecque, blâme comme une entreprise sur la puissance temporelle, seule maîtresse, dit-il, de la vie de ses sujets. A l'égard de Niphon, on se contenta de le renfermer après lui avoir coupé la barbe. L'an 1146, deux ans et huit mois après son intronisation, Michel, voyant le peu de fruit que produisaient ses instructions et ses exemples, abdique sa dignité et retourne dans le monastère d'où il était venu. Là, prosterné dans le vestibule de l'église, il se fit fouler aux pieds par les moines, en punition, disait-il, de la vanité qui lui avait fait quitter cette sainte retraite pour prendre un emploi dont il était indigne. (Pagi, le Quien, Bolland. le Beau.)

LXXXVI. COSME II, dit L'ATTIQUE.

1146. COSME II, surnommé l'ATTIQUE, natif de l'île d'Egine, diacre de l'église de Constantinople, fut substitué, l'an 1146, au patriarche Michel. C'était un prélat, suivant Nicétas, également recommandable par sa science et sa vertu. Il portait, dit cet écrivain, la charité pour les pauvres, jusqu'à se dépouiller de ses habits pour les vêtir. Mais il fut la dupe du moine Niphon, qui, s'étant insinué dans sa familiarité, répandait, à son insu, l'hérésie des Bogomiles dont il était infecté, et séduisait un grand nombre de personnes. On fit d'inutiles efforts pour faire ouvrir les yeux au patriarche sur les sentiments et la conduite de cet hypocrite. Jamais il ne voulut rien croire du mal qu'on lui en rapportait. L'empereur Manuel, bien convaincu de la perversité de Niphon, qui avait déjà été précédemment condamné, comme on l'a dit, par le patriarche Michel dans un synode, et mis en prison, donna ordre de l'arrêter de nouveau. Cosme, n'ayant pu l'arracher des mains des gardes, l'accompagna jusqu'à la prison, et fit instance pour y être enfermé avec lui. Un zèle si outré révolta le clergé. On assembla dans le palais de Blaquernes un concile nombreux, où l'on dit anathème à Niphon, malgré la réclamation du patriarche. On procéda ensuite contre ce prélat comme fauteur d'hérétiques ; et toute l'assemblée le déclara déchu de son siége. Il sortit en maudissant le synode, la cour et l'impératrice. Ceci arriva le 26 février 1147. Cosme, peu de jours après, quitta la ville et disparut. Pendant la vacance qui suivit sa retraite, arrivèrent successivement devant Constantinople les deux armées de croisés, conduites, l'une par l'empereur Conrad et l'autre par le roi Louis le Jeune. Ce dernier y était encore le 9 octobre, jour de la fête de Saint-Denis. Odon de Deuil raconte que le monarque français voulant célébrer cette solennité, comme on faisait en France, l'empereur grec, qui en fut informé, lui envoya une troupe choisie de clercs, portant chacun à la main un gros cierge peint en or et en différentes couleurs. C'étaient tous des chantres, et parmi eux il y avait des eunuques dont les faussets mêlés, dit Odon, aux voix fortes et moëlleuses des autres, formaient un concert qui charma les oreilles des Français, pour qui cette sorte de mélodie était entièrement nouvelle. On voit par là, que l'admission des eunuques dans la musique ecclésiastique, est plus ancienne chez les Grecs que chez les Latins.

LXXXVII. NICOLAS IV, dit MUZALON.

1147. NICOLAS IV, surnommé MUZALON, fut mis au commencement de décembre 1147 sur le siége de Constantinople par l'empereur Manuel, après une vacance d'environ dix mois. Il avait été auparavant archevêque de Chypre, et avait quitté ce siége pour se retirer dans un monastère. Son gouvernement à Constantinople fut orageux. L'an 1151, il fut obligé, vers la fin de mars, d'abdiquer, ayant indisposé tous les esprits contre lui.

LXXXVIII. THÉODOTE II.

1151. THÉODOTE II, supérieur d'un monastère de Constantinople, fut élevé, l'an 1151, sur le siége de cette église, qu'il remplit jusqu'au mois d'octobre 1153.

NÉOPHYTE, *élu*.

1153. NÉOPHYTE, reclus, fut élu au mois de décembre 1153,

pour succéder à Théodote. On le vit de très-mauvais œil sur le siége de Constantinople; parce qu'après avoir reçu l'ordre de lecteur, il avait quitté le service de l'église pour reprendre l'habit séculier. Il n'avança pas plus loin ; et, cédant aux murmures qui s'élevaient de toutes parts contre lui, il abandonna la maison patriarcale cinq mois après son élection, c'est-à-dire vers la fin de mai 1154. Dom Banduri et le P. Mansi, d'après Nicéphore, le retranchent du catalogue des patriarches de Constantinople.

LXXXIX. CONSTANTIN IV, DIT CHLIARENE.

1154. CONSTANTIN, dit CHLIARÈNE, diacre et grand-sacellaire de l'église de Constantinople, en fut élu patriarche après la retraite de Néophyte. Il occupa cette place l'espace de deux ans et cinq mois, c'est-à-dire depuis mars 1154 jusqu'en août 1156, époque de sa mort. (Bolland.)

XC. LUC, DIT CHRYSOBERGE.

1156. LUC, surnommé CHRYSOBERGE, monta sur le siége de Constantinople après la mort de Constantin. Pendant son pontificat, ces paroles de l'Evangile : *Mon père est plus grand que moi*, excitèrent une grande dispute, dans laquelle l'empereur Manuel, qui se piquait de dialectique, et même de théologie, prit parti. « Mais, quoiqu'il soutint la doctrine ortho-
» doxe, les gens sensés, dit M. le Beau, jugèrent dès-lors
» qu'il convenait aux princes, non pas de décider les questions
» de foi, mais de soutenir de leur autorité les décisions de
» l'église, et qu'ils n'avaient pas tant besoin de lumières théo-
» logiques que de discernement et de droiture pour distinguer
» les jugements canoniques d'avec ceux que l'intrigue, la cabale,
» les passions humaines voudraient faire passer pour tels. »
Luc, dans cette occasion, s'attira la haine de ceux qui défendaient l'opinion hétérodoxe : ils l'accusèrent de plusieurs chefs ; mais l'empereur le déclara innocent et le maintint dans son siége. Ce patriarche présida à plusieurs conciles, dont nous n'avons marqué ci-devant qu'un seul, parce que l'on n'a ni les dates, ni les actes des autres. Nous savons seulement que dans un de ceux-ci, le droit d'asile, attaché à l'église de Sainte-Sophie pour les plus grands crimes, fut restreint à l'égard de l'homicide volontaire. Luc mourut vers le milieu de l'an 1169. Ce prélat était fort versé dans le droit canonique des Grecs, comme il paraît par ses réponses ou décrets dont une partie a été recueillie par Balsamon. (Banduri, le Quien, Mansi.)

XCI. MICHEL III.

1169. MICHEL, évêque d'Anchiale, devint, en 1169, le successeur du patriarche Luc. Il portait le titre de prince des philosophes; espèce de prééminence, dit M. le Beau, inconnue à la bonne antiquité, et aussi chimérique que la philosophie même, telle qu'elle était alors, même dans l'empire grec. Ce patriarche fut un des plus furieux adversaires de l'église romaine. Dans une conférence qu'il eut avec l'empereur Manuel, touchant la réunion des deux églises, il ne rougit pas d'avancer qu'il aimerait mieux obéir au calife que de faire la paix avec les Romains. Michel mourut l'an 1176, après avoir tenu le siège de Constantinople sept ans et deux mois.

XCII. CHARITON.

1176. CHARITON, moine de Mangane, succéda, l'an 1176, à Michel. Il occupa le siège de Constantinople onze mois, et mourut vers le mois de juillet 1177. (Mansi, *Suppl. Conc.* tom. II.)

XCIII. THÉODOSE, DIT BORRADIOTE.

1177. THÉODOSE, surnommé BORRADIOTE, natif d'Antioche, et moine de Saint-Auxence, fut élu patriarche de Constantinople l'an 1177. La même année il tint un concile à Constantinople, le 30 juillet; ce qui prouve que les Bollandistes et le P. le Quien retardent trop son intronisation, en la rapportant, celui ci à l'an 1178, celui-là à l'an 1179. (Mansi, *ibid.*, pag. 683.) L'an de l'ère de Constantinople 6688, indiction XIII (1180 de Jésus-Christ), suivant Codin, il fiança le jeune empereur Alexis Comnène avec Agnès de France. Théodose fut témoin, l'an 1182, mais sans y prendre part que par sa douleur, d'une sédition que le césar Jean et sa femme Marie, fille de l'empereur Manuel, excitèrent, à l'instigation du vieux Andronic, contre l'impératrice mère et le protosébaste Alexis, son amant. L'église de Sainte-Sophie étant devenue la place d'armes des rebelles, le patriarche ne put s'empêcher de faire des remontrances et des plaintes sur les profanations que les hostilités réciproques occasionnaient dans ce lieu saint. Le calme succéda la même année à ces mouvements. Mais le protosébaste ne put pardonner au patriarche l'impartialité qu'il avait montrée dans une occasion où il avait espéré de l'avoir tout à lui. Après avoir tenté vainement de le faire condamner par une commission, il lui fit signifier un ordre secret de l'empereur d'aller se renfermer dans un monastère hors de la ville. Mais à peine fut-il parti, que les cris et les menaces de tous les ordres de l'état obligèrent de le rappeler. Son retour fut un vrai triomphe. L'empressement de le revoir et de le féliciter fut si général, qu'étant entré le matin dans Constantinople, il ne put, arrêté par la foule qui baisait à l'envi le bas de sa robe, arriver que le soir à Sainte-Sophie. Mais Andronic s'étant rendu maître, peu de jours après, du gouvernement, le patriarche se vit presque aussitôt exposé à de nouveaux assauts. L'usurpateur, dès la première entrevue qu'il eut avec lui, s'étant aperçu qu'il aurait un ennemi dans sa personne, ne chercha qu'à lui faire perdre la haute estime dont il jouissait dans le public. Théodose acheva de l'irriter par le refus qu'il fit, l'an 1183, d'approuver le mariage qu'il projetait entre Irène, sa fille naturelle, et le bâtard de son cousin : alliance contraire aux lois de l'église d'Orient. Un synode, assemblé sur ce sujet par Andronic, lui ayant marqué plus de complaisance, le patriarche aima mieux se retirer que de prostituer son ministère. Ayant donc quitté la ville, il se retira dans l'île de Térébinthe, où il s'était bâti un hospice et un tombeau. Charmé de cette démission volontaire, Andronic fit célébrer le mariage par l'archevêque de Bulgarie, qui se trouvait à la cour.

XCIV. BASILE, dit CAMATERE.

1183. BASILE, dit CAMATÈRE, diacre et garde des archives de Sainte-Sophie, obtint le siège de Constantinople en promettant par écrit de se conformer en tout aux volontés d'Andronic, et de ne rejeter comme illégal que ce qui pourrait lui déplaire. Une des premières opérations de son épiscopat fut d'assembler, à la demande de ce prince, un synode, où il le releva du serment qu'il avait fait à l'empereur Manuel et à son fils Alexis, et accorda une absolution générale à tous ceux qui avaient contribué à son élévation. Andronic ayant été renversé du trône, l'an 1185, par Isaac l'Ange, qui lui succéda, la fortune du patriarche se ressentit de cette révolution. Isaac, se défiant de lui et redoutant son crédit, le fit déposer l'année suivante, sous prétexte qu'il avait sécularisé des veuves et des vierges qu'Andronic avait contraintes de prendre le voile.

XCV. NICETAS II, dit MUNTANÈS.

1186. NICÉTAS II, surnommé MUNTANÈS, diacre et sacellaire de l'église de Constantinople, fut élu patriarche, l'an 1186, sur la désignation d'Isaac l'Ange. L'an 1190, ce prince le chassa, à raison, disait-il, de son extrême vieillesse et de sa trop grande simplicité.

XCVI. LEONCE.

1190. LÉONCE, supérieur du monastère du Mont-Saint-Auxence, fut nommé patriarche par Isaac l'Ange, après l'expulsion de Nicétas. Ce prince le fit encore chasser, l'an 1191, pour des raisons qu'on ignore, après sept mois de pontificat.

XCVII. DOSITHÉE.

1191. DOSITHÉE (nommé par méprise DOROTHÉE par M. le Beau, vénitien de naissance, fut transféré, l'an 1191, par l'empereur Isaac, du patriarcat titulaire de Jérusalem à celui de Constantinople. Les évêques que l'empereur avait trompés pour les engager à consentir à cette translation, tinrent des assemblées, où ils déclarèrent Dosithée patriarche intrus. Théodore Balsamon, patriarche d'Antioche et célèbre canoniste, était à leur tête. C'était lui que l'empereur, avant de nommer Dosithée, avait engagé à déclarer les translations permises, à l'appât de la chaire de Constantinople qu'il lui avait fait espérer. Piqué d'avoir été dupe, il ne rougit point de chanter la palinodie et de cabaler contre celui qu'on lui avait préféré. L'empereur toutefois maintint Dosithée pendant un an et demi ou environ. Mais, vers la fin de 1192, ce prélat, devenu de jour en jour plus odieux au clergé et au peuple, fut obligé d'abdiquer. (Banduri, Mansi.)

XCVIII. GEORGES II, DIT XIPHILIN.

1193. GEORGES II, surnommé XIPHILIN, diacre et garde des vases sacrés de l'église de Constantinople, fut donné pour successeur, vers le milieu de 1193, au patriarche Dosithée. Il tint le siége six ans et deux mois, au bout desquels il fut relégué dans un monastère, vers le mois d'août 1199. De son tems, Michel Glycas, un des écrivains de l'Histoire Bizantine, soutint que le corps de Jésus-Christ, dans l'eucharistie, était sujet à la corruption : erreur que le patriarche Georges proscrivit avec son auteur. (Le Quien.)

XCIX. JEAN X, DIT CAMATÈRE.

1199. JEAN X, surnommé CAMATÈRE, garde des archives de l'église de Constantinople, fut substitué, dans le mois d'octobre 1199, au patriarche Georges Xiphilin. L'an 1204, Constantinople ayant été prise, le 13 avril, par les Francs, il en partit durant le pillage, monté sur un âne, n'emportant de tous ses trésors qu'une méchante tunique, et se retira à Didymotique, en Thrace. L'an 1206, il abdiqua la dignité patriarcale au mois de février, et mourut au mois de juin suivant. Albéric de Trois-Fontaines l'appelle, mais mal, Samson. *Depuis la prise de Constantinople, il y eut deux patriarches de cette église, l'un grec et l'autre latin.*

Patriarches grecs.

C. MICHEL IV, DIT AUTORIEN.

1206. MICHEL IV, surnommé AUTORIEN, garde des archives de l'église de Constantinople, fut élu, le 20 mars 1206, pour succéder au patriarche Jean Camatère. Il tint son siége à Nicée, où il mourut le 25 août 1212. (Le Quien.) De son tems, les violences dont usait Pélage, légat du saint siége, pour forcer les clercs et les moines grecs de Constantinople à reconnaître l'autorité du pape, en fit déserter un grand nombre qui se retirèrent à Nicée. Ils y furent bien accueillis par le patriarche, qui pourvut, avec l'aide de l'empereur Théodore Lascaris, à leur subsistance.

CI. THEODORE, DIT IRENIQUE.

1213. THEODORE, dit IRÉNIQUE ET COPAS, succéda, le 28 septembre 1213, à Michel, après une vacance de treize mois et trois jours. Il mourut le 31 janvier 1215. (Le Quien.)

CII. MAXIME II.

1215. MAXIME II, supérieur

Patriarches latins.

I. THOMAS MOROSINI.

1204. THOMAS MOROSINI, noble vénitien, fut élu, par les Francs, au mois de mai 1204, patriarche de Constantinople du rit latin, après l'intronisation de l'empereur Baudouin. Ce prélat fut sacré à Rome l'année suivante par Innocent III. S'étant ensuite rendu à Venise à dessein de s'y embarquer pour retourner à Constantinople, la seigneurie le force à promettre de ne donner les canonicats de Sainte-Sophie qu'à des vénitiens, et de les faire jurer qu'ils n'éliront jamais qu'un patriarche de leur nation. Le pape, instruit de ces engagemens, les déclare nuls, avec défense à ce prélat de s'y conformer. L'an 1206, le pape, qu'il avait consulté par lettres sur plusieurs articles, lui permet, par sa réponse, vu le trop grand nombre d'évêchés qu'il y avait dans son patriarcat, d'en conférer plusieurs à une même personne : premier exemple des unions personnelles de bénéfices pour la vie du titulaire. Le pape aussi confirma le concordat que le patriarche avait fait, le 17 mars 1206, avec le régent Henri; traité par lequel on accordait aux églises la quinzième

Patriarches grecs.

des Acémètes, fut élu, le 3 juin 1215, à Nicée patriarche grec de Constantinople. « C'était un » moine, dit M. le Beau, qui » ne dut son élévation qu'aux » intrigues des femmes de la » cour, dont il était devenu » l'idole à force de les adorer. » Mais il ne jouit que peu de » tems du fruit de ses longues » complaisances. » Il mourut au mois de décembre de la même année qu'il fut élu.

CIII. MANUEL I, DIT CHARITOPULE.

1216. MANUEL I, dit CHARITOPULE, diacre, succéda au patriarche Maxime en janvier 1216. Il tint le siége cinq ans et sept mois, au bout desquels il mourut vers la fin d'août de l'an 1221.

CIV. GERMAIN II, DIT NAUPLIUS.

1221. GERMAIN II, surnommé NAUPLIUS, diacre et moine, fut substitué, l'an 1221, au patriarche Manuel. L'an 1232, il écrivit au pape Grégoire IX, pour le prier de seconder le désir qu'il avait de travailler à la réunion des deux églises. « Tout le monde est témoin, » lui marquait-il, que nous de- » mandons à mains jointes de » nous réunir après que la vé- » rité aura été examinée à fond, » afin que, de part et d'autre,

Patriarches latins.

partie de tous les domaines situés hors des murs de Constantinople, pour les dédommager de ce qu'elles possédaient sous la domination des Grecs. Vers le même tems, le patriarche se brouille avec les Vénitiens au sujet d'une image de la sainte Vierge, qu'ils voulaient enlever à son église. On la disait peinte de la main de saint Luc; et les empereurs la portaient eux-mêmes dans les processions solennelles, tant ils avaient pour elle de vénération. Le baile de la seigneurie l'ayant enlevée de force, le patriarche l'excommunie; ce qui fut confirmé par le légat. Alors il fallut lâcher prise. L'image resta, et les Grecs la retrouvèrent lorsqu'ils eurent repris Constantinople. Thomas eut aussi querelle avec Henri, parvenu alors à l'empire, touchant la séance dans l'église de Sainte-Sophie. Le pape prit sa défense, et écrivit à l'empereur une lettre pleine d'aigreur, où il étalait les prérogatives du sacerdoce sur l'autorité royale. Innocent III ne se montra pas moins opposé à l'édit que Henri avait publié, l'an 1210, pour défendre à toute personne de léguer ou vendre aucun immeuble ou héritage aux églises. Les mouvements qu'il se donna pour faire révoquer cette loi, et le zèle avec lequel il fut secondé par le clergé, obligèrent Henri d'en venir à un accomodement avec

Patriarches grecs.

» on ne se traite plus de schis-
» matique. Et pour toucher
» jusqu'au vif, nous croyons
» devoir vous dire que plusieurs
» personnes considérables vous
» obéïraient, si elles ne crai-
» gnaient les oppressions, les
» impositions odieuses et tout
» ce que vous exigez de ceux
» qui vous sont soumis..... Est-
» ce là ce qu'enseigne saint
» Pierre quand il recommande
» aux pasteurs de s'éloigner de
» l'esprit de domination. Je
» sais que, de part et d'autre,
» nous croyons avoir raison et
» ne nous tromper en rien.
» Mais rapportons-nous en à
» l'Ecriture et aux écrits des
» saints pères. » Il écrivit avec
la même franchise aux cardinaux. L'empereur grec Jean
Vatace écrivit aussi de son côté
au pape, qui répondit à ce prince, ainsi qu'au patriarche, avec
beaucoup de douceur. A la fin
de la lettre à ce dernier, il disait qu'aussitôt que l'église
grecque s'était séparée des latins, elle avait perdu sa liberté,
et était devenue esclave de la
puissance séculière. Sur quoi
M. Fleuri observe que le fondement de ce reproche est que
le clergé, chez les Grecs, était
beaucoup plus soumis aux magistrats que chez les Latins, et
contenait mieux dans ses anciennes bornes l'immunité ecclésiastique. Les lettres du pape
furent apportées par quatre religieux à Nicée, où ils tinrent

Patriarches latins.

le pape. Le patriarche Thomas
mourut l'an 1211 à Thessalonique, au mois de juin. Les
disputes des Vénitiens et des
Français, touchant son successeur, firent vaquer le siége
quatre ans : disputes qui furent
portées jusqu'aux voies de fait
dans l'église même de Sainte-
Sophie.

II. GERVAIS.

1215. GERVAIS, appelé aussi
EBÉRARD, toscan de nation,
fut nommé au concile de Latran, dans le mois de novembre
1215, patriarche latin de Constantinople par Innocent III. Il
assista à la suite du concile en
cette qualité. Gervais, établi sur
son siége, osa s'égaler au pontife romain, affectant d'envoyer
dans le district de son patriarcat des légats auxquels il donnait les mêmes pouvoirs que les
papes donnaient aux leurs; ce
qui déplut beaucoup à la cour
de Rome. Sa mort arriva dans
le cours de l'an 1220.

III. MATHIEU.

1221. MATHIEU, évêque de
Jésol, au duché de Venise, fut
nommé, dans le mois de mars
1221, par Honorius III, au patriarcat de Constantinople. Ce
prélat, au commencement de
son pontificat, suivit les erre-
ments de son prédécesseur. Il
vécut d'ailleurs dans le luxe et

Patriarches grecs.

des conférences avec les Grecs en présence de l'empereur. Ce furent les préliminaires d'un concile que l'empereur assembla dans le mois d'avril 1233 à Nymphée. On y disputa beaucoup sur les points qui divisaient les deux églises sans pouvoir s'accorder. (Voy. *les conciles.*) L'an 1239, Germain mourut après avoir repris, dans sa dernière maladie, l'état monastique.

CV. METHODIUS II.

1240. METHODIUS II, supérieur du monastère d'Hiacynthe, fut élu patriarche grec de Constantinople en 1240, après la mort de Germain. Il mourut la même année, trois mois après son élection.

CVI. MANUEL II.

1245. MANUEL II, que M. Fleuri confond mal-à-propros avec Manuel I, dit Charitopule, fut élu, l'an 1245, pour remplir le siége de Constantinople après quatre ans de vacance. Il était prêtre et marié suivant la discipline de l'église grecque; d'ailleurs respectable par ses mœurs, mais ignorant. L'an 1247, Laurent, de l'ordre des frères mineurs, étant venu avec le titre de légat à Constantinople, eut avec Manuel, à Nicée, des entretiens dans lesquels il crut l'avoir disposé à la réunion. Sur l'avis qu'il en donna à Rome, Jean de Parme,

Patriarches latins.

la mollesse ; dissipa les revenus de son église, et négligea le soin des âmes dont il était chargé. On lui inputa même d'avoir fait des traités illicites avec les Vénitiens contre les autres nations. Le pape, instruit de ces déportements, le menaça de l'interdire, et même de le déposer, s'il ne changeait de conduite. On ignore si ces menaces firent leur effet. Quoiqu'il en soit, Mathieu mourut avant la fin de l'an 1226. (Bolland., du Cange.)

IV. SIMON.

1227. SIMON, archevêque de Tyr, fut transféré par Grégoire IX sur le siége de Constantinople, au refus de Jean d'Abbeville, archevêque de Besançon, qu'Honorius III y avait nommé. On ignore le détail de sa vie. Albéric de Trois-Fontaines rapporte sa mort sous l'an 1233.

V. NICOLAS DE PLAISANCE.

1134. NICOLAS DE PLAISANCE, évêque de Spolette, fut nommé, par le pape Grégoire IX, pour remplir le siége latin de Constantinople en 1234, après un an et plus de vacance. Il assista, l'an 1245, au concile de Lyon, où il exposa le triste état de son église, pour laquelle il avait épuisé tout son revenu. Nicolas mourut à Milan et fut enterré dans l'église

Patriarches grecs.

général du même ordre, fut envoyé sur les lieux en 1249 avec semblable caractère; il y resta cinq ans, honoré des Grecs pour sa vertu, sans pouvoir néanmoins vaincre leur opiniâtreté. L'empereur Vatace députa cependant au pape, en 1254, deux seigneurs et deux évêques pour lui faire des propositions qui n'étaient pas à rejeter. Mais il parut bien, par le peu d'effet de cette négociation, qu'elle n'était pas sincère de la part de ce prince, et qu'elle ne tendait qu'à détacher le pape des intérêts de l'empereur latin de Constantinople. Le patriarche Manuel finit les jours avant le mois de novembre 1255.

CVII. ARSENE.

1255. ARSÈNE, moine, fut nommé, vers Noël 1255, patriarche de Constantinople, par l'empereur Théodore Lascaris, au refus de l'abbé Nicéphore Blemmyde. Il reçut tous les ordres dans le cours d'une semaine. L'an 1260, il consentit, malgré lui et au préjudice du jeune prince Jean Lascaris, à couronner empereur Michel Paléologue avec Théodora, sa femme. Les remords que lui inspira cette action, le déterminèrent, peu de jours après, à quitter son siége pour aller s'enfermer dans un monastère. Sur le refus persévérant qu'il fit de revenir, et même d'expliquer

Patriarches latins.

des Frères Mineurs l'an 1251. Le siége latin de Constantinople vaqua deux ans après sa mort.

VI. PANTALÉON JUSTINIANI.

1253. PANTALÉON JUSTINIANI, noble vénitien, fut nommé, l'an 1253, patriarche latin de Constantinople par Innocent IV, dont il était chapelain. Il fut en même tems revêtu du titre de légat pour l'armée des Francs, en Romanie. On voit, par une lettre du pape Alexandre IV, datée du mois de juillet 1258, que les courses et les ravages des Grecs sur les terres des Latins mettaient ceux-ci tellement à l'étroit, que leur patriarche fut obligé, pour subsister, d'avoir recours au pape, qui fit contribuer les évêques de la Morée. (*Hist. du Bas Emp.*, t. XXII, pp. 37-38.) L'an 1261, après la prise de Constantinople par les Grecs, Justiniani revint en Italie, où il mourut l'an 1286. C'est le dernier patriarche latin de Constantinople qui en ait exercé les fonctions. Les papes ont continué, jusqu'à nos jours, de nommer des patriarches de Constantinople, qui n'en ont eu que le titre. Voyez-en la suite dans du Cange. (*Histoire de CP.*, liv. VII, n. 11) et dans le troisième vol. de l'*Oriens Christ.* du P. le Quien.)

les motifs de sa retraite, les

évêques, assemblés en synode, le firent sommer de donner l'acte de son abdication. Il le donna ; mais l'empereur voulut encore qu'il fut déposé : et il le fut sur des prétextes qui révoltèrent un grand nombre de personnes : ce qui occasionna un schisme parmi les Grecs.

CVIII. NICEPHORE II.

1260. NICÉPHORE II, évêque d'Ephèse, fut substitué au patriarche Arsène dans un concile tenu à Lampsaque l'an 1260. C'était lui qui avait suggéré les prétextes qui servirent à la déposition d'Arsène. Trois évêques s'opposèrent à son élection, et aimèrent mieux abdiquer que d'y consentir. Nicéphore, malgré cette réclamation et celle du peuple, qui regrettait son pasteur déposé, fut installé par l'empereur dans la chaire de Nicée. Mais peu de tems après, dégoûté du séjour de Nicée par les affronts qu'il y recevait, il quitta cette ville en secouant la poussière de ses pieds, et se retira auprès de l'empereur à Sélymbrie, dans l'espérance d'entrer triomphant avec lui dans Constantinople, dont il préparait la conquête, et d'y établir son siége. Ce prince ayant été obligé de passer en Asie, Nicéphore l'y accompagna, et fit apporter d'Éphèse, son premier siége, les grandes richesses qu'il y avait laissées jusqu'alors. Il n'eut pas le loisir d'en jouir. Une maladie l'emporta en peu de jours vers la fin de la même année 1260, n'ayant guère tenu le siége patriarcal plus de dix mois, et n'étant même regardé que comme un intrus par une grande partie de l'église grecque.

ARSENE, *rétabli*.

1261. ARSÈNE fut rappellé par l'empereur Michel Paléologue deux mois après qu'il eut recouvré Constantinople, c'est-à-dire vers le mois d'octobre 1261. Mais la paix ne régna pas longtems entre ce prince et le prélat. Michel ayant fait aveugler, le jour de Noël 1261, Jean Lascaris, son pupille, le patriarche l'excommunia pour ce crime. L'empereur, après lui avoir inutilement demandé, avec des instances plusieurs fois réitérées, son absolution, le fit déposer dans un concile tenu vers la fin de mai 1264, suivant Banduri et le Quien. Possines et les Bollandistes placent deux ans plus tard cet événement. L'empereur relégua ensuite Arsène dans l'île de Proconèse, où il mourut vers la fin de septembre 1273. Par son testament il renouvela l'excommunication de l'empereur, et confirma son aversion pour l'église latine. Sa mort n'éteignit pas le schisme que sa déposition avait occasionné dans l'église de Constantinople.

On distingua les Arsenites des autres grecs sous les patriarches suivants.

CIX. GERMAIN III.

1267. GERMAIN, métropolitain d'Andrinople, fut élu, malgré lui, à la sollicitation de l'empereur Michel Paléologue, par une assemblée d'évêques tenue dans l'église de Blaquernes le 5 juin 1267. C'était un homme poli, instruit dans les lettres, d'un commerce facile et agréable, plus porté à la douceur qu'à la sévérité, d'ailleurs irréprochable dans ses mœurs. L'empereur, zélé pour le rétablissement des lettres extrêmement déchues en Orient, fonda deux écoles à Constantinople; l'une pour la grammaire, et l'autre pour des sciences plus relevées. Germain donna ses soins pour y entretenir l'émulation parmi les élèves. Mais le penchant qu'il marqua pour la réunion des deux églises, lui fit tort dans l'esprit des fanatiques et grossit le parti des Arsenites. On lui fit un crime de sa translation d'un siége à un autre, quoique autorisée par plusieurs exemples; et on persuada à l'empereur que la paix ne pourrait se rétablir que par sa déposition. L'abbé Joseph, confesseur, ou, comme on parlait en Orient, père spirituel de ce prince, fomenta ces dispositions dans l'âme de son pénitent. Étant aller trouver le patriarche de sa part, il l'ébranla tellement par la crainte d'une destitution non moins ignominieuse qu'inévitable, qu'il le fit consentir à donner son abdication : ce qu'il exécuta le 15 septembre 1267. Dans la suite (l'an 1274) il fut mis à la tête des ambassadeurs envoyés par l'empereur au concile général de Lyon, et y embrassa solennellement avec eux le parti de la réunion.

CX. JOSEPH.

1267. JOSEPH, dont on vient de parler, abbé du monastère de Gales, fut donné, comme il l'avait désiré, pour successeur au patriarche Germain le 28 décembre, et ordonné le 1er. janvier 1268. Le 2 février suivant, il donna l'absolution à l'empereur Michel, que Germain avait laissé dans les liens de l'excommunication. Mais l'empereur, ayant assemblé les évêques, l'an 1273, dans son palais, pour leur proposer la réunion avec l'église latine, éprouva une résistance invincible à ses volontés de la part du patriarche soutenu par l'éloquence du cartophylax Jean Veccus. La liberté que prit celui-ci fut punie par la prison; châtiment qui lui devint salutaire par le loisir qu'il lui donna d'approfondir la cause dont il était la victime et d'en reconnaître le vice à la lumière des preuves qu'on lui fournit. Sa conversion, fruit d'un examen impartial, n'ébranla pas le patriarche. Il publia même une lettre pastorale dans laquelle il s'engageait par serment à ne jamais consentir à la réunion. L'heureuse issue du concile de Lyon, où la concorde fut rétablie entre les deux églises, aurait peut-être fait plus d'effet sur son esprit, s'il n'eût été retenu par son serment. Pressé d'ailleurs par la promesse qu'il avait faite à l'empereur d'abdiquer au cas que la réunion fût acceptée, il se trouvait dans un défilé d'où l'empereur le tira en faisant déclarer, par une assemblée d'évêques, qu'il était déposé en vertu de cette promesse. Le 3 janvier 1275, Joseph se retira hors de la ville, dans un monastère sur les bords du Bosphore, d'où l'empereur, quelque tems après, le fit transférer au château de Chelé.

CXI. JEAN XI, DIT VECCUS.

1275. JEAN XI, surnommé VECCUS ou BECCUS, diacre et cartophylax, ou garde des archives de l'église de Sainte-Sophie, fut substitué, le 26 mai 1275, au patriarche Joseph, et sacré le 2 juin suivant, jour de la Pentecôte. Revenu, comme on l'a vu, de son attachement au schisme, il ne négligea rien pour maintenir la réunion des deux églises, arrêtée et consentie de part et d'autre avec une parfaite unanimité au concile de Lyon. L'an 1277, il tint à ce sujet deux conciles, dans le second desquels il publia, le 16 juillet, une excommunication contre les Schismatiques. Ceux-ci lui rendirent la pareille, et enveloppèrent dans leurs anathèmes l'empereur et le pape. Les attaques qu'ils livrèrent au patriarche ne se bornèrent pas à sa doctrine; ils forgèrent des accusations calomnieuses pour rendre sa fidélité suspecte à l'empereur. Voyant qu'elles avaient pris faveur et changé les dispositions de ce prince à son égard, il prit le parti de donner sa démission au mois de mars 1279, et se retira dans un monastère. Mais, le 6 août suivant, il fut rappelé avec honneur. L'an 1280, le 3 mai, Veccus assembla un nouveau concile, où il convainquit le grand référendaire Escammatismène, schismatique des plus ardents, d'avoir altéré, dans un exemplaire de saint Grégoire de Nysse, un passage décisif sur la procession du Saint-Esprit. L'empereur Michel étant mort l'an 1282, ce prélat se vit exposé à de nouvelles persécutions sous le gouvernement de son successeur Andronic II. Ce jeune prince, se laissant conduire par Eulogie, sa tante, chassa Veccus de son siége le 26 décembre de la même année.

JOSEPH, *rétabli*.

1282. JOSEPH, après l'expulsion de Veccus, remonta sur

son siége le 30 décembre 1282. Au mois de janvier suivant, il assembla un concile où Veccus fut cité pour rendre raison de sa doctrine et donner la formule de sa démission. Après s'être victorieusement justifié sur le premier point, il donna l'acte qu'on lui demandait, en protestant de la violence qui lui était faite. Etant ensuite retourné dans le monastère de Panachrante, qu'il avait choisi pour sa retraite, il en fut tiré pour être enfermé dans la citadelle dite de Grégoire, où il finit ses jours, à ce qu'on croit, au mois de mars 1288. On a les ouvrages que ce prélat composa soit sur son siége, soit dans sa prison, pour la défense de l'église latine. Ils ne démentent point l'idée que donnent de son éloquence et de son savoir Pachymère et Grégoras, tout schismatiques qu'ils sont. Les mêmes écrivains font l'éloge de sa charité compatissante envers les malheureux; vertu qu'il poussa quelquefois jusqu'à l'indiscrétion, en intercédant pour eux à contre-tems auprès de l'empereur; ce qui contribua à refroidir ce prince à son égard. Le P. Goar, dans son Euchologe des Grecs (p. 156), a fait graver le portrait de ce prélat sans avertir d'où il l'a tiré. Nous le jugeons néanmoins fidèle, puisqu'il est tel que les historiens du tems représentent Veccus, d'une taille avantageuse, d'un port majestueux, d'un visage vénérable et serein. Revenons au patriarche Joseph. Il était cassé de vieillesse lorsqu'il remonta sur son siége, et malade lorsqu'il tint le concile dont on vient de parler. Il y survécut à peine deux mois, étant mort en mars 1283.

CXII. GRÉGOIRE II, DIT DE CHYPRE.

1283. GRÉGOIRE II, né en Chypre, fut pris de l'état laïque pour être élevé sur la chaire de Constantinople. Le 11 avril de l'an 1283, jour des Rameaux, il fut sacré patriarche, après avoir passé rapidement par tous les autres ordres ecclésiastiques. Le lendemain de Pâques suivant, il tint un concile, où l'on condamna et maltraita indignement tous les évêques qui avaient eu part à la réunion. Le fanatisme des Schismatiques alla si loin, qu'ils se mirent tous en pénitence, comme si la réunion avec les Latins eût été un crime. L'an 1284, le 8 avril, Grégoire vient à bout de ramener à son obéissance plusieurs arsénites dont le parti subsistait toujours, et cela par une épreuve superstitieuse à laquelle il s'était soumis. L'an 1289, un écrit qu'il publie sur la procession du Saint-Esprit, et qu'il fait lire publiquement dans l'église de Sainte-Sophie, soulève les esprits contre lui. Pour les appaiser, il est obligé de donner sa démission vers le mois de juin de la même année. Grégoire avait été partisan de Veccus avant que d'être patriarche. La politique le fit changer de sentiment lorsqu'il lui eut succédé. (Banduri *j* le Quien.) Ce prélat mourut l'année même de son abdication, à la suite d'une longue maladie, ou, comme quelques-uns disaient, du chagrin de se voir méprisé. L'empereur défendit qu'il fut enterré comme évêque. (Fleuri.)

CXIII. ATHANASE.

1289. ATHANASE, évêque d'Andruse dans le Péloponèse, homme grossier et sans lettres, mais de mœurs austères, fut élu patriarche de Constantinople le 14 octobre 1289. Dès qu'il fut sur ce siège, il entreprit de réformer le clergé séculier et régulier de Constantinople, qui vivait dans un grand relâchement. Son zèle s'étendit même aux laïques de toutes les conditions, et jusqu'aux évêques de cour qu'il obligea d'aller résider dans leurs diocèses. Mais le peu de ménagement qu'il mit dans ses réprimandes et ses corrections, lui aliéna tous les esprits. On ne le menaça pas moins que de le mettre en pièces s'il ne quittait le siège de Constantinople. Quelques-uns lui disaient des injures jusques dans l'église; d'autres lui jetaient des pierres lorsqu'il paraissait dehors. Se voyant donc abandonné de l'empereur contre son espérance, il résolut de se retirer, et demanda des gardes à ce prince pour le pouvoir faire en sûreté. Avec cette escorte, il sortit du palais patriarcal, la nuit du 16 octobre 1293, et gagna le monastère de Cosmidion, d'où il envoya l'acte de sa démission à l'empereur.

CXIV. JEAN XII.

1294. JEAN, natif de Sozople, nommé Cosme au baptême, vieillard vénérable, qui, après avoir été long-tems prêtre et marié, s'étant fait moine, était devenu supérieur du monastère de Pammacariste, et l'un des confesseurs de l'empereur Andronic, fut ordonné patriarche de Constantinople le 1er. janvier de l'an 1294. Il avait été partisan de Veccus, et avait souffert la prison pour la défense de sa cause, si l'on en croit le P. le Quien. Mais Pachymère dit au contraire qu'il avait été maltraité de la sorte pour s'être déclaré contre la réunion; qu'il était resté long-tems dans les liens, et qu'il n'en avait été tiré qu'à la prière du patriarche d'Alexandrie. L'an 1294, il couronna solennellement à Sainte-Sophie, Michel, fils aîné de l'empereur Andronic, le 21 mai, jour auquel les Grecs célèbrent la mémoire du grand Constantin. Mais Andronic, ayant prié le patriarche et les prélats assistants d'ajouter à l'acte du couronnement qu'il leur avait fait souscrire, des excommunications et les malédictions les plus terribles, sans espérance d'absolution pour quiconque oserait se révolter contre le nouvel empereur, essuya sur ce point un refus. Il suffit lui dirent ces prélats, que les lois imposent aux rebelles des peines si rigoureuses, que la vie, quand ils sont convaincus, leur devient plus insupportable que la mort. Il n'est pas juste, et il ne convient pas à nous, qui devons être pleins de compassion, d'y ajouter contre ces malheureux la séparation de Jésus-Christ. Andronic, piqué de cette réponse, publia une novelle pour retrancher les présents qui se faisaient aux ordinations des évêques, traitant de simonie cet usage. C'était le second ordre du clergé qui recevait ces gratifications, et qu'on punissait mal-à-propos pour une affaire où il n'avait eu aucune part. Les évêques s'opposèrent à cette constitution ; mais ils n'y gagnèrent rien ; et le patriarche la souscrivit avec tous les évêques, excepté ceux de Smyrne et de Pergame. La conduite sévère de Jean XII lui fit un grand nombre d'ennemis dans le clergé. On en vint jusqu'à l'accuser auprès de l'empereur d'un crime honteux. Ayant convoqué, l'an 1303, un concile pour se purger de cette accusation, comme il vit que plusieurs évêques, par crainte, tardaient à s'y rendre, la patience lui échappa; et se livrant à l'ardeur de son tempérament, il sortit brusquement avec chagrin, et se retira au monastère de Pammacariste. De-là, il envoya quelques jours après à l'empereur et aux évêques, l'acte de sa démission, où il se disait chef de l'église universelle, et protestait contre les calomnies dont on l'avait noirci. Pachymère date cet acte du 6 juillet, sixième férie 1303 et la confirmation de la même démission du 21 août, sixième férie 1304.

ATHANASE, *rétabli.*

1304. ATHANASE fut rappelé par l'empereur le 23 août 1304. Les disgrâces qu'il avait essuyées ne le rendirent ni plus humain ni plus circonspect envers son clergé et son peuple. Il continua à se faire des ennemis par la dureté de sa conduite. Pour le rendre plus odieux, on fit peindre sur le marche-pied du trône patriarcal l'image de Notre-Seigneur, et à ses deux côtés l'empereur Andronic avec un frein à la bouche, et le patriarche Athanase le tirant comme un cheval. Quelques-uns ayant dénoncé à l'empereur cette malice, il les condamna, ne doutant point qu'ils en fussent les auteurs, à une prison perpétuelle. Athanase, toujours excessif dans les châtiments, ne crut pas cette peine suffisante ; et de dépit il renonça de nouveau à son siège dans le mois de mai 1311. (Cuper.)

CXV. NIPHON.

1313. NIPHON, métropolitain de Cyzique, monta sur le

siége de Constantinople l'an 1313, après environ deux ans de vacance. C'était un prélat ignorant jusqu'à ne savoir pas écrire ; mais fort avide d'honneurs et de richesses, aimant le faste et la bonne chère ; d'ailleurs fort versé dans les affaires temporelles. Il restait encore des arsénites. L'empereur les ayant fait assembler, ils sortirent de leurs cachettes couverts de haillons, et firent des demandes exorbitantes que l'empereur leur accorda pour le bien de la paix. Ensuite le patriarche étant monté sur l'ambon de Sainte-Sophie, prononça une absolution générale sur le peuple et le clergé au nom d'Arsène. Mais ceux des arsénites qui n'obtinrent pas des évêchés ou d'autres récompenses, retournèrent bientôt au schisme. L'an 1315, Niphon, accusé de divers crimes, fut déposé dans un concile tenu le 11 avril. (Banduri.) Cuper met sa déposition au commencement de la même année.

CXVI. JEAN XIII, dit GLYCYS.

1316. JEAN, dit GLYCYS, grand-logothète du Drôme, ayant femme et enfants, fut placé, le 12 mai 1316, sur le siége de Constantinople vacant depuis un an. C'était un homme savant et vertueux. Son pontificat ne fut que de quatre ans, au bout desquels, ayant abdiqué pour raison de santé, le 11 mai 1320, il se retira dans le monastère de Kyriotisse. (le Quien.) Cuper met cette abdication au commencement de la même année.

CXVII. GÉRASIME.

1320. GÉRASIME fut tiré du monastère de Mangane, l'an 1320, pour succéder au patriarche Jean. Il était fort ignorant, déjà cassé de vieillesse, et fut bientôt accablé par le poids des affaires. Il mourut le jour de Pâques, 19 avril de l'année suivante. (Banduri.)

CXVIII. ISAYE.

1323. ISAYE, moine du Mont-Athos, fut nommé le 30 novembre 1323, patriarche de Constantinople, par l'empereur Andronic II, après une vacance de deux ans, sept mois et onze jours. Il était alors septuagénaire, n'ayant rien de la dignité d'un évêque, et sachant à peine assembler ses lettres. L'an 1325, il couronna, le 2 février, le jeune Andronic, petit-fils de l'empereur, en présence de son aïeul. Ces deux princes n'ayant point tardé à se brouiller, Isaye prit le parti du jeune, forma, dans son palais, une conjuration contre le vieil empereur, dans laquelle entrèrent secrètement plusieurs personnes considérables; et trois jours après, ayant assemblé le petit peuple au son de la cloche, il prononça excommunication contre quiconque supprimerait dans les prières publiques le nom du jeune empereur, et ne lui rendrait pas les honneurs dûs à sa dignité. Il prononça encore une autre excommunication contre les évêques du parti contraire. Ceux-ci, s'étant assemblés, excommunièrent à leur tour le patriarche comme auteur de sédition. Le vieil empereur voyant à quel excès on avait porté les choses, et craignant encore pis, fit enfermer le patriarche dans le monastère de Mangane. Mais le mardi de la Pentecôte, 24 mai de la même année 1328, il fut ramené en triomphe par le jeune empereur à Constantinople. Il voulait se venger des évêques qui lui avaient été opposés. Mais le grand domestique Jean Cantacuzène vint à bout de le réconcilier avec eux. Isaye mourut, l'an 1333, fort peu regretté de son peuple. (Fleuri, Banduri, le Quien.)

CXIX. JEAN XIV, SURNOMMÉ D'APRI ET CALECAS.

1333. JEAN, surnommé d'APRI du lieu de sa naissance en Thrace, et CALÉCAS, prêtre, et ayant femme et enfants, fut placé, l'an 1333, sur le siége de Constantinople par l'adresse du grand domestique Jean Cantacuzène. L'année suivante arrivèrent en cette ville deux nonces du pape Benoît XII, pour traiter de la réunion, sur la nouvelle qu'on avait reçue à Rome que l'empereur la désirait. Le peuple demandant qu'on entrât en conférence avec eux, le patriarche le refuse par le conseil de Nicéphore Grégoras, qui nous a conservé dans son Histoire le long discours qu'il fit pour appuyer cet avis. Ainsi la mission des deux nonces fut sans effet. L'an 1341, Barlaam, abbé de Saint-Sauveur, au retour d'un voyage qu'il avait fait à la cour d'Avignon pour travailler à la réunion, dénonça au patriarche la doctrine de Grégoire Palamas dont il avait trouvé les moines du Mont-Athos imbus. C'était en partie le Quiétisme des Messaliens ressuscité avec de nouvelles extravagances, telles que celle de s'imaginer qu'en regardant son nombril pendant un certain tems et dans une certaine posture, on voyait la lumière du Thabor. On tint sur ce sujet, le 11 juin, un concile, où Barlaam, malgré le patriarche, fut condamné. (*V.* les Conciles.) L'empereur Andronic le jeune étant mort, quatre jours après cette assemblée, des efforts qu'il avait faits en y haranguant, le patriarche dispute à Cantacuzène la régence de l'empire, et, le 19 novembre suivant, il couronne empereur le jeune prince Jean Paléologue, âgé de 9 ans. L'an 1347, l'impératrice Anne, ennemie de ce prélat, le fait déposer dans un concile de Palamites, sans permettre qu'il y entre pour se défendre.

Il fut ensuite jeté dans une prison où il mourut dix mois après sa déposition. L'historien Manuel Calécas était parent, et peut-être frère de ce patriarche. Jean d'Apri, fort opposé, comme on l'a vu, à Jean Cantacuzène, était grand partisan d'Apocauque, rival de ce dernier. Pour flatter ce patriarche, Apocauque lui conseilla d'ajouter à sa dignité de nouveaux honneurs, et entre autres d'employer, au lieu d'encre ordinaire, une liqueur bleue, pour signer ses lettres et ses diplômes, et de porter des souliers d'écarlate. (Grégoras, l. XIV, c. 13.)

CXX. ISIDORE, DIT BUCHIRAM.

1347. ISIDORE, surnommé BUCHIRAM, évêque de Monem-Lase, déposé par le patriarche Jean d'Apri, pour son attachement à la doctrine des Palamites, fut élu, par ce parti, pour lui succéder. Son élection causa un grand schisme dans l'église de Constantinople. Isidore se soutint par la faveur de Cantacuzène, devenu empereur, et mourut au mois d'avril 1349. (Le Quien.) Ce patriarche prétendait avoir des révélations, se mêlait de faire des prophéties, et faisait de ses visions la règle de sa conduite. La honte et le chagrin qu'il eut de voir démenti par l'événement ce qu'il avait prédit, lui causèrent la longue maladie qui l'emporta. (Fleuri.)

CXXI. CALLISTE I.

1349. CALLISTE I, moine du Mont-Athos, et grand ami de Palamas, succéda au patriarche Isidore par les soins de l'empereur Jean Cantacuzène. C'était un homme fort ignorant et sévère jusqu'à la dureté. Trois mois s'étaient à peine écoulés depuis son ordination, que la plupart des évêques se séparèrent de sa communion, protestant avec serment qu'il était messalien, Calliste le niait, et accusait par représailles ses adversaires de divers crimes. L'empereur fit ses efforts pour éteindre ce nouveau schisme, et n'y réussit qu'avec peine. Mais la doctrine des Palamites ne laissa pas de se maintenir; et l'an 1351, le patriarche la fit confirmer dans un concile qu'il tint par ordre de l'empereur. Calliste se brouilla dans la suite avec ce prince à l'occasion de Mathieu Cantacuzène, son fils, qu'il voulait faire couronner empereur. Calliste, l'an 1354, pressé à ce sujet, plutôt que d'y consentir, quitta le palais patriarcal au commencement de février, et se retira au monastère de Saint-Mamas, qui lui appartenait. Une députation, que l'empereur lui envoya, ne put l'engager à revenir. Sur son refus, le siège patriarcal fut déclaré vacant.

CXXII. PHILOTHÉE.

1354. PHILOTHÉE, supérieur du Mont-Athos, fut tiré de son monastère par Jean Cantacuzène pour succéder à Calliste. Aussitôt après son élévation, il couronna empereur, dans le mois de février, Mathieu Cantacuzène, au préjudice de Jean Paléologue. L'an 1355, celui-ci ayant dépouillé son rival, Philothée se sauve dans un monastère pour se soustraire à son ressentiment.

CALLISTE, *rétabli.*

1355. CALLISTE, après la fuite de Philothée, remonta sur le siége de Constantinople. L'an 1362, il est député auprès d'Elisabeth, veuve du crale, ou prince de Servie, pour l'engager à faire la paix avec l'empire. Calliste meurt dans son ambassade, sur la fin de la même année. (Banduri, le Quien.)

PHILOTHÉE, *rétabli.*

1363. PHILOTHÉE, après la mort de Calliste, fut rétabli par l'empereur Jean Paléologue. Il tint le siége encore treize ans et demi, et mourut l'an 1376. Nous avons plusieurs écrits de Philothée, dont le principal est contre Nicéphore Grégoras, en faveur des Palamites.

CXXIII. MACAIRE.

1376. MACAIRE fut choisi par l'empereur Cantacuzène, entre trois sujets que les évêques lui présentèrent suivant la coutume, pour succéder à Philothée. M. de Villoison est porté à croire qu'il est le même que Macaire Chrysocéphale, auteur d'un ouvrage grec intitulé : *Rhodonia*, ou le Rosier (espèce de florilége ou de spicilége, tiré d'un grand nombre d'anciens écrivains), et d'une chaîne sur saint Mathieu, souvent citée par les commentateurs de l'Ecriture-Sainte. (*Anecdota Græca.*) Macaire occupa le siége de Constantinople deux ans sept mois et demi, au bout desquels il mourut l'an 1379.

CXXIV. NIL.

1379. NIL, archevêque de Thessalonique, fut porté sur le siége de Constantinople après la mort de Macaire. Il écrivit contre l'église latine, et en faveur des erreurs des Palamites. D. Banduri place sa mort en 1387.

CXXV. ANTOINE IV.

1387. ANTOINE IV, surnommé CALOGER, succéda au patriarche Nil. Il mourut, suivant D. Banduri, l'an 1396.

CXXVI. CALLISTE II, DIT XANTOPULE.

1396. CALLISTE II, surnommé XANTOPULE, succéda, l'an 1396, au patriarche Antoine. Il mourut la même année, après avoir tenu le siége trois mois. (Banduri , le Quien.)

CXXVII. MATHIEU I.

1396. MATHIEU I, métropolitain de Cyzique, fut transféré, vers la fin de 1396, sur le siége de Constantinople. Il le remplit l'espace de treize ans, et mourut l'an 1410. (Banduri, le Quien.)

CXXVIII. EUTHYME II.

1410. EUTHYME II monta sur le siége de Constantinople après la mort du patriarche Mathieu. Il l'occupa jusqu'en 1416, époque de sa mort.

CXXIX. JOSEPH II.

1416. JOSEPH II, métropolitain d'Éphèse, fut choisi par l'empereur Manuel Paléologue, le 21 mai, pour remplir le siége de Constantinople. L'an 1422, il eut une conférence avec Antoine de Messine, nonce du pape Martin V, sur la réunion des deux églises. L'an 1437, le 27 novembre, il part de Constantinople, avec l'empereur, pour le concile général, indiqué par le pape Eugène, et arrive le 8 février suivant à Venise; de là, ils se rendent à Ferrare, où le concile s'ouvrit le 9 avril 1438. Lorsqu'ils furent arrivés, il y eut de la difficulté pour l'entrevue du patriarche avec le pape. Joseph, se regardant comme le chef de l'église d'Orient, prétendait traiter de pair avec le chef de l'église latine; il ne voulait point sur-tout entendre parler de baiser les pieds du pape. Eugène, pour le bien de la paix, fut obligé de se relâcher sur cet article. Le patriarche entrant dans la chambre du pape, le pontife se leva de son trône pour le recevoir : ils s'embrassèrent et se donnèrent le baiser de paix; après quoi le pape s'étant remis sur son trône, on fit asseoir à sa gauche le patriarche sur un siége semblable à ceux des cardinaux. L'an 1439, le concile ayant été transféré à Florence, le patriarche Joseph y mourut le 9 juin, après avoir consenti, de vive voix et par écrit, à la réunion. (*Voyez* la concile général de Florence, de l'an 1439.) Aussitôt après sa mort, l'empereur et les évêques grecs qui se trouvaient à Florence, lui donnèrent pour successeur Bessarion, métropolitain de Nicée, aussi présent au concile. Mais ce prélat, prévoyant les troubles qui devaient agiter l'église de Constantinople, refusa cette dignité, et aima mieux se fixer à Rome, où il fut dans la suite élevé au cardinalat.

CXXX. MÉTROPHANE II.

1440. MÉTROPHANE II, métropolitain de Cyzique, fut élu, le 4 mai 1440, patriarche de Constantinople. Le lendemain, jour de l'Ascension, le peuple et le clergé, soulevés par Marc d'Ephèse, refusèrent de communiquer avec lui dans les saints mystères, à cause de son attachement aux Latins. Métrophane, faute de ministres et d'assistants, ne put offrir le sacrifice ce jour-là. Cet abandon ne le déconcerta point. Il réprima, autant qu'il fut en lui, les efforts des Schismatiques, les chassa des évêchés qu'ils possédaient, et en mit d'autres plus dociles à leur place, même hors de son patriarcat. Par-là il s'attira, l'an 1443, les anathèmes des trois autres patriarches, quoiqu'ils eussent souscrit, par leurs députés, au concile de Florence. Voyant enfin que l'empereur négligeait de le seconder, il en tomba malade de chagrin, et mourut le 1er. août 1443.

CXXXI. GREGOIRE IV, DIT MAMMA ET MÉLISSÈNE.

1446. GRÉGOIRE IV, surnommé MÉLISSÈNE, du nom de sa patrie, en Calabre, et MAMMA, fut porté, malgré lui, sur le siége de Constantinople au mois de juillet 1446, après une vacance de trois ans. Il était auparavant proto-syncelle et grand pénitencier. Son attachement au concile de Florence, où il avait assisté, et son zèle pour la réunion, lui suscitèrent des contradictions, qui l'obligèrent à quitter son siége. Il sortit de Constantinople au mois d'août de l'an 6960 de l'ère de Constantinople (1452 de J. C.), et se retira à Rome, où il mourut l'an 1459. On a de lui quelques écrits pour la défense du concile de Florence, sous le nom de Gennade : ce qui l'a fait confondre avec son successeur.

CXXXII. GENNADE.

1453. GENNADE, moine, appelé Georges Scholarius avant son entrée en religion, fut élu patriarche de Constantinople, après la prise de cette ville par les Turcs, avec la permission de l'empereur Mahomet II. Ce prince lui donna l'investiture, suivant la coutume des empereurs grecs, lui mit entre les mains un bâton pastoral d'argent, travaillé avec art, et le fit accompagner, monté sur un cheval, par les grands de sa cour, tous à pied, jusqu'à l'église des Apôtres, où il fut sacré par le métropolitain d'Héraclée. Gennade avait assisté, n'étant encore que laïque, au concile de Florence, y avait disputé, et l'avait approuvé à son retour en Grèce. Marc d'Ephèse l'ayant depuis fait changer de sentiment, il devint un des plus grands adversaires de la réunion. Mais voyant les troubles s'augmenter, sans espérance de pouvoir les appaiser: il abdiqua vers le commencement de l'année 1458, et se retira dans le monastère du précurseur.

CXXXIII. ISIDORE II.

1458. ISIDORE II, grand-pénitencier, fut substitué à Gennade, en payant le tribut de deux mille ducas, établi par Mahomet, et nommé la *pescherie*. Il tint le siège fort peu de tems.

XXXIV. JOASAPH I, DIT COCAS.

JOASAPH I, surnommé COCAS, fut substitué à Isidore, sur le siège de Constantinople. Ses bonnes intentions pour la paix furent traversées par son clergé. Tant de contradictions lui furent suscitées, qu'il en perdit la tête, et alla se jeter de désespoir dans un puits. On l'en tira et on le guérit; mais peu de tems après il fut exilé par le sultan.

CXXXV. MARC I, DIT XYLOCARABES.

MARC I, surnommé XYLOCARABES, prêtre et moine, fut donné pour successeur au patriarche Joasaph. Il eut bientôt le sort de son prédécesseur, par la révolte de son clergé qui le fit exiler. Dans la suite il obtint l'archevêché d'Acride.

CXXXVI. SIMEON.

SIMÉON, natif de Trébisonde et moine, fut substitué au patriarche Marc. Un concile le déposa pour cause de simonie.

CXXXVII. DENIS I.

DENIS, métropolitain de Philippopoli, obtint le patriarcat moyennant 2000 ducats, qui furent payés au sultan. Il était élève de Marc d'Ephèse. Il tint huit ans le siège de Constantinople et le quitta ensuite pour se retirer dans un monastère.

CXXXVIII. MARC II.

Marc II, prit la place du patriarche Denis. Accusé dans un concile d'avoir reçu la circoncision, il se purgea de cette accusation, et néanmoins il fut privé de sa dignité.

SIMEON, *rétabli.*

Siméon, après la déposition de Marc, se fit rétablir, en payant au fisc le tribut de 2000 ducats. Il fut déposé une seconde fois, trois ans après son rétablissement.

CXXXIX. RAPHAEL I.

Raphael I, moine, vint à bout de se faire mettre à la place de Siméon, en promettant à quelques seigneurs turcs une grosse somme, outre celle que Siméon avait payée. N'ayant pas satisfait à cet engagement, il fut mis en prison, d'où on ne lui permit de sortir que pour aller mendier de porte en porte de quoi se racheter. Il finit ainsi ses jours, l'an 1475, dans l'opprobre et la misère.

CXL. MAXIME III.

1476. Maxime III, grand-ecclésiarque de Constantinople, fut élu par le concile, l'an 1476, pour succéder à Raphaël. Il était savant et zélé pour le bon ordre. Son gouvernement fut de six ans. De son tems mourut le sultan Mahomet II, l'an 1481. Il mourut lui-même cette année, ou la suivante.

CXLI. NIPHON II.

1482. Niphon II, métropolitain de Thessalonique, fut élu pour succéder au patriarche Maxime, l'an 1482. Au bout de quelques années, les Turcs le déposèrent et le chassèrent.

DENIS, *rétabli.*

Denis remonta sur le siége de Constantinople, après l'expulsion de Niphon, non tout de suite, mais au bout d'une assez longue vacance. Il gouverna fort paisiblement son église depuis son rétablissement. Mais deux ans et demi s'étant écoulés, il abdiqua de nouveau, et retourna dans son monastère.

CXLII. MAXIME IV.

Manuel, métropolitain de Serres, en Macédoine, fut mis

à la place du patriarche Denis. On lui fit prendre alors le nom de MAXIME IV. Au bout de 6 ans, il fut déposé sur une accusation vraie ou fausse.

NIPHON, *rétabli.*

NIPHON, après la déposition de Maxime IV, fut rappelé par quelques évêques. Mais d'autres, s'y étant opposés, le firent exiler de nouveau. Il aimait la paix. L'an 1493, il conseilla au métropolitain de Kiovie de recevoir le décret d'union du concile de Florence.

CXLIII. JOACHIM.

JOACHIM, métropolitain de Drama, en Thrace, fut substitué à Niphon. Le sultan Bajazet II l'exila pour avoir fait bâtir une église sans sa permission.

CXLIV. PACHOME.

PACHOME, métropolitain de Zichne, en Macédoine, fut élu, par les évêques et le clergé de Constantinople, pour succéder à Joachim. Le sultan Sélim ne le laissa qu'un an sur le siége patriarcal, et l'obligea ensuite de l'abandonner.

JOACHIM, *rétabli.*

JOACHIM, après l'expulsion de Pachome, fut rétabli au moyen de 3500 florins que ses amis donnèrent au sultan. Le prince de Valaquie, et d'autres, ayant refusé de le reconnaître, il en mourut de chagrin.

PACHOME, *rétabli.*

PACHOME, après la mort de Joachim, fut rappelé par son clergé. Il fut empoisonné dans un voyage, et revint mourir à Constantinople.

CXLV. THÉOLEPTE.

THÉOLEPTE, métropolitain de Janna, dans l'Epire, fut le successeur de Pachome. Il mourut l'an 1521, à la veille d'un concile, où il avait été cité pour un crime honteux. (Bollandus.)

CXLVI. JEREMIE. I.

1521. JÉRÉMIE I, métropolitain de Sofia, dans la Mésie européenne, parvint au patriarcat de Constantinople, après la mort de Théolepte. L'an 1523, il fut déposé dans un concile tenu, en son absence, par des factieux, tandis qu'il était en Chypre.

CXLVII. JOANNICE.

1523. JOANNICE, métropolitain de Sozople, fut transféré sur le siége de Constantinople par le concile qui déposa Jérémie. Celui-ci ayant appris cette nouvelle à Jérusalem, où il était allé de Chypre, assembla les autres patriarches, avec lesquels il anathématisa son rival. Cet anathème fit son effet. Joannice, chassé peu après, en mourut de chagrin.

JEREMIE, *rétabli.*

1524. JÉRÉMIE, de retour à Constantinople, fut rétabli par un des pachas, son ami, moyennant une somme de 500 ducats que ses adhérents payèrent. L'an 1527, les Turcs voulant détruire les églises de Constantinople, Jérémie détourna ce malheur par son adresse. Il mourut en Bulgarie, suivant Sponde et les Bollandistes, le 23 décembre 1545.

CXLVIII. DENIS II.

1546. DENIS II, métropolitain de Nicomédie, fut élu patriarche dans un concile par une partie des évêques et des clercs, le 17 avril, veille des Rameaux, de l'an 1546. L'autre partie du concile ayant refusé de consentir à cette élection, il y eut schisme dans l'église de Constantinople à ce sujet; mais Denis se maintint par la protection des Turcs. Onuphre et les Bollandistes mettent sa mort en 1555.

CXLIX. JOASAPH II.

1555. JOASAPH II succéda au patriarche Denis. Sous son pontificat, il se tint à Constantinople un concile, où l'on excommunia Métrophane, métropolitain de Césarée, pour avoir été à Rome dans le dessein de travailler à la réunion. L'an de l'ère de Constantinople 7073, indiction VIIIe, au mois de janvier, suivant Malaxus, c'est-à-dire l'an de J. C. 1565, et non 1564, comme le marque le père le Quien, Joasaph fut déposé dans un autre concile, sur une accusation de simonie. Il appella de ce jugement, mais sans succès, aux trois autres patriarches.

CL. METROPHANE III.

1565. MÉTROPHANE III, le même qui avait été excommunié

sous Joasaph, lui fut donné pour successeur. L'an 1571, il abdiqua le 4 mai.

CLI. JEREMIE II.

1572. JÉRÉMIE II, métropolitain de Larisse, fut transféré, le 5 mai 1572, sur le siége de Constantinople. L'an de l'ère de Constantinople 7083 (de J. C. 1575), ayant reçu des docteurs luthériens de Tubinge un exemplaire de la confession d'Ausbourg, il leur répondit de manière qu'ils ne purent tirer avantage de sa lettre. Ils lui adressèrent ensuite d'autres écrits pour le séduire; mais ils n'y réussirent pas. Ceux de Wurtemberg étant revenus à la charge, Jérémie leur répondit, l'an 1578, par un ample écrit qui leur ferma la bouche. L'an de J. C. 1579, suivant Sponde, il fut chassé de son siége.

MÉTROPHANE III, *rétabli*.

1579. MÉTROPHANE III remonta sur le siége de Constantinople le 24 decembre 1579. Les protestants le sollicitèrent en vain d'embrasser leur doctrine; il l'eut toujours en aversion. Il paraît qu'il fut porté pour la réunion des deux églises. Ce prélat mourut, suivant les Bollandistes, au mois d'août 1580.

JEREMIE II, *rétabli*.

1580. JÉRÉMIE II fut rétabli sur le siége de Constantinople, au mois de décembre 1580. Il se montra favorable à la réunion, et s'engagea même à faire adopter par les Grecs le calendrier réformé de Grégoire III. Mais Théolepte, métropolitain de Philippopoli, l'ayant accusé devant les Turcs d'intelligence avec le pape et les princes chrétiens, il fut mis en prison vers l'an 1583. Il en sorti par les soins des ambassadeurs de France et de Venise; mais son siége était alors occupé par un autre.

CLII. PACHOME II.

1583 PACHOME, moine de Lesbos, fut substitué à Jérémie par une faction. Il ne fit que paraître sur le siége; ses adversaires l'en firent presqu'aussitôt descendre.

THÉOLEPTE II.

1585. THÉOLEPTE II, auteur de l'emprisonnement de Jérémie et de la destitution de Pachôme, obtint du sultan le patriarcat de Constantinople. Il fut intronisé le 10 mars de l'an

1585, par les patriarches d'Alexandrie et d'Antioche. L'année suivante au plus tard, il fut obligé de rendre le siége à Jérémie.

JEREMIE, *pour la troisième fois.*

1586. JÉRÉMIE II recouvra, pour la troisième fois, son siége par le crédit de ses amis. L'an 1593 (de l'ère de Constantinople 7101), au mois de février, il tint à Constantinople un grand concile, où l'on confirma l'institution d'un patriarcat chez les Russes. Jérémie mourut l'an 1594. (Le Quien.)

CLIII. MATHIEU II.

1594. MATHIEU II, métropolitain des Joannnins, fut le successeur de Jérémie sur le siége de Constantinople. Il ne l'occupa que dix-sept ou dix-neuf jours, après lesquels ils fut obligé de se retirer.

CLIV. GABRIEL I.

1594. GABRIEL I, métropolitain de Thessalonique, remplit le siége de Constantinople l'espace de cinq mois, après la retraite de Mathieu, et mourut vers la fin de l'an 1594.

CLV. THEOPHANE II.

1595. THÉOPHANE II, de métropolitain d'Athènes devint patriarche de Constantinople vers le commencement de 1595, et mourut au bout de sept mois. Après sa mort, il y eut une vacance de plus d'un an, pendant laquelle Mélèce Piga, patriarche d'Alexandrie, gouverna l'église de Constantinople.

MATHIEU, *rétabli.*

1596. MATHIEU, rétabli sur le siége de Constantinople après la mort de Théophane, fut chassé une seconde fois vers l'an 1600. Il retourna au monastère du Mont-Athos, où il avait été moine. (Le Quien.)

CLVI. NEOPHYTE II.

1600. NÉOPHYTE II, métropolitain d'Athènes substitué au patriarche Mathieu, fut envoyé en exil l'an 1602, par Mahomet III.

MATHIEU, *pour la troisième fois.*

1602. MATHIEU étant remonté sur son siége pour la troisième

fois après l'exil de Néophyte, ne l'occupa que dix-sept jours, au bout desquels il mourut l'an 1602. (Le Quien.)

CLVII. RAPHAEL II.

1602. RAPHAEL II, métropolitain de Méthyme, devint pa- patriarche de Constantinople après la mort de Mathieu, l'an 1603. Léon Allatius atteste qu'il embrassa la communion de l'église romaine, et travailla, non sans quelque fruit, pour y faire rentrer les Grecs. Il mourut l'an 1606. (Le Quien.)

NEOPHYTE, *rétabli.*

1606. NÉOPHYTE, après la mort de Raphaël, fut placé sur le siége de Constantinople. L'an 1610, il fut exilé par les Turcs à Rhodes.

CLVIII. TIMOTHÉE II.

1613. TIMOTHÉE, métropolitain de Patras, fut substitué à Néophyte, après deux ans de vacance, pendant lesquels Cyrille Lucar, patriarche d'Alexandrie, administra l'église de Constantinople. Timothée mourut l'an 1621.

CLIX. CYRILLE LUCAR.

1621. CYRILLE LUCAR, né dans l'île de Candie en 1572, élevé dans l'école de Padoue, fait, on ne sait en quelle année, patriarche d'Alexandrie, fut transféré, le 5 novembre 1621, sur le siége de Constantinople par les soins de l'ambassadeur de Hollande. Au mois de mars 1622, il commença à prêcher la doctrine des Protestants, sur l'Eucharistie, qu'il avait sucée en Allemagne, et désavouée depuis, c'est-à-dire avant de monter sur le siége d'Alexandrie. Les évêques, scandalisés de ces nouveautés, s'assemblent en concile, le déposent, et obtiennent de la Porte un ordre qui le relègue à Rhodes la même année.

CLX. GRÉGOIRE D'AMASÉE.

1622. GRÉGOIRE, métropolitain d'Amasée, fut mis à la place de Cyrille. Le sultan l'ayant exilé au bout de trois mois, Cyrille le fait étrangler sur la route. (Bollandus.)

CLXI. ANTHYME II.

1623. ANTHYME II, métropolitain d'Andrinople, fut substitué à Grégoire. Ayant abdiqué le troisième jour après son intronisation, il se retira au Mont-Athos, où il attendit vainement quatre mille écus d'or que Cyrille Lucar lui avait promis pour l'engager à cette démarche.

CYRILLE LUCAR, *rétabli*.

1623. CYRILLE LUCAR, après la retraite d'Anthyme, remonta sur le siége de Constantinople par les intrigues de l'ambassadeur de Hollande, suivant Allatius. Il recommence alors à publier la nouvelle doctrine dans des catéchismes et des professions de foi, qui excitent contre lui de nouveaux soulévements. L'an 1631, il fut encore chassé par le sultan Amurath, et relégué dans l'île de Ténédos.

CLXII. CYRILLE DE BÉRÉE.

1631. CYRILLE, métropolitain de Bérée, nommé auparavant Contaren, fut mis à la place de Cyrille Lucar par les soins de Zacharie, métropolitain d'Amasée. Après avoir tenu le siége deux ans, il fut déposé, l'an 1633, par un concile.

CYRILLE LUCAR, *pour la troisième fois*.

1633. CYRILLE LUCAR, après la déposition de Cyrille de Bérée, trouve moyen de rentrer dans le siége de Constantinople. Au bout de quatorze mois, il est encore chassé.

CLXIII. ATHANASE II.

1634. ATHANASE II, surnommé PATELLARIUS, candiot, métropolitain de Thessalonique, fut substitué à Cyrille Lucar; mais au bout de vingt-deux jours, il fut relégué à Chio.

CYRILLE LUCAR, *pour la quatrième fois*.

1634. CYRILLE LUCAR est rappelé; mais l'année suivante, il est exilé à Rhodes.

CYRILLE DE BÉRÉE, *rétabli*.

1635. CYRILLE DE BÉRÉE, remis à la place de Lucar, fut chassé l'an 1636.

CLXIV. NÉOPHYTE III.

1636. NÉOPHITE, métropolitain d'Héraclée, substitué, l'an 1636, à Cyrille de Bérée, abdiqua, l'année suivante, en faveur de Cyrille Lucar, son maître, qu'il avait trouvé moyen de faire revenir de son exil.

CYRILLE LUCAR, *pour la cinquième fois.*

1637. CYRILLE LUCAR, par ses intrigues, trouve encore moyen de se faire replacer sur le siége de Constantinople. Les métropolitains et les autres prélats, souffrant avec indignation un homme infecté du Calvinisme à leur tête, obtinrent du visir, le 27 juin 1638, un nouvel ordre qui l'exila au château de Læmocopien, sur les bords du Pont-Euxin. Il fut étranglé sur la route, et inhumé en terre profane. (*Voyez sur cet homme, qualifié de martyr par quelques Protestants, le quatrième tome de la Perpétuité de la Foi, p.* 606 *et suiv.*)

CYRILLE DE BÉRÉE, *pour la troisième fois.*

1638. CYRILLE DE BÉRÉE, rétablisur le siége de Constantinople l'an 1638, assembla aussitôt un concile au mois de septembre de la même année, dans lequel on proscrivit les nouveautés introduites par Lucar. L'an 1639, à la sollicitation des amis de Lucar, il fut relégué en Barbarie, où ils le firent étrangler.

CLXV. PARTHENIUS I.

1639. PARTHÉNIUS I, métropolitain d'Andrinople, fut, malgré lui, transféré, le 4 août 1639, sur le siége de Constantinople. L'an 1642, il tint, au mois de mai, un grand concile à Constantinople, où l'on établit clairement la doctrine de la transsubstantiation, après avoir condamné celle de Cyrille Lucar. S'étant rendu, l'année suivante, en Moldavie, il célébra un nouveau concile à Jassy, dans lequel il confirma la décision du précédent, et proscrivit de nouveau les articles calviniens de Cyrille Lucar. Parthénius, pour être attaché à la vraie foi sur l'eucharistie, n'en fut pas moins ennemi de l'église latine. Ce patriarche mourut, ou fut exilé l'an 1644. (Le Quien.)

CLXVI. PARTHENIUS II.

1644. PARTHÉNIUS II, dit CUSCINÈS, successeur de Parthénius I dans l'évêché d'Andrinople, lui succéda pareillement dans celui de Constantinople. Imbu de la doctrine de Cyrille Lucar, il la conserva dans le cœur, mais il n'osa la publier à la face de son église. L'an 1646, il fut relégué dans l'île de Chypre.

CLXVII. JOANNICE II.

1646. JOANNICE II, métropolitain d'Héraclée, fut substitué à Parthénius II. Il avait assisté au concile de Constantinople contre Cyrille Lucar. Sur la fin de 1647, il fut obligé de prendre la fuite.

PARTHENIUS II, *rétabli.*

1647. Parthénius II· rentra dans le siége de Constantinople après la fuite de Joannice. Chassé de nouveau l'an 1650, il fut étranglé au mois de mai de la même année.

JOANNICE II, *rétabli.*

1650. Joannice II, rétabli sur le siége de Constantinople l'an 1650, fut obligé de se tenir caché l'année suivante.

CLXVIII. CYRILLE III.

1651. Cyrille III, surnommé Spanum, ne tint le siége de Constantinople que dix-huit jours.

ATHANASE II, *rétabli.*

1651. Athanase Patellarius, rétabli dans son siége, n'y resta que quinze jours.

CLXIX. PAYSIUS I.

1651. Paysius I, métropolitain de Larisse, fut mis à la place d'Athanase; au bout de neuf mois, il se retira dans l'île de Lesbos, où il mourut l'an 1688, après y avoir passé 37 ans.

JOANNICE II, *pour la troisième fois.*

1652. Joannice II remonte sur le siége de Constantinople qu'il remplit jusqu'en 1656.

Nous finirons par lui la liste des patriarches de Constantinople. La suite n'offre que des prélats placés, déposés, rétablis, sans donner aucun détail de leur gouvernement.

CHRONOLOGIE

HISTORIQUE

DES CONSULS ROMAINS,

DEPUIS JÉSUS-CHRIST.

La Chronologie des consuls a toujours été regardée, par les savants, comme très-utile et même nécessaire pour fixer les époques. En effet, durant les premiers siècles du Christianisme, la date des consuls était presque la seule qui fût reçue dans les actes et les monuments publics en Occident. (Dans l'Orient, on employait d'autres dates et d'autres époques que nous avons fait ci-devant connaître.) Nous ne pouvions donc nous dispenser de faire entrer la liste chronologique des consuls dans cet ouvrage. Mais comme les tems antérieurs à l'avénement du Messie sont étrangers à notre dessein, nous nous sommes contentés de la prendre à ce terme, pour la continuer jusqu'au dernier consulat. Il est cependant à propos de marquer succinctement les variations que le consulat éprouva depuis son institution jusqu'à la fin.

Les consulats ne duraient toute l'année que dans les tems de la république romaine. Dans la suite, comme il n'y avait pas assez de consulaires pour remplir tous les emplois qui leur étaient affectés, à cause de la multiplication des provinces, les empereurs ne firent des consuls que pour quelques mois, afin de pouvoir leur en substituer d'autres qu'on appelait subrogés, substitués, et petits consuls. Il n'y avait néanmoins que le nom des consuls ordinaires, ou de ceux qui commençaient au mois de janvier, dont on se servît dans la supputation des tems. Le premier consulat des empereurs, surtout depuis Claude, marque l'année qui a suivi leur promotion. De plus, le même consulat des empereurs se comptait toujours jusqu'à ce qu'ils en prissent un nouveau : ainsi le cinquième consulat de Trajan se compte jusqu'au sixième, depuis l'an 103 jusqu'à l'an 112. Une autre remarque à faire, c'est que le premier consulat ordinaire se compte pour un second consulat, lorsqu'il est précédé d'un consulat subrogé, qu'il ne faut pas confondre avec les ornements ou les honneurs consulaires. Suivant cette règle, Claude, ayant pris le consulat au mois de janvier de l'an 42 de Jésus-Christ, deuxième de son règne, est nommé consul pour la deuxième fois, parce qu'il l'avait été le premier de juillet de l'an 37 de Jésus-Christ, et premier de Caligula. Il en est de même de Vespasien, dont le deuxième consulat marque l'an 70, parce qu'il avait été petit consul pendant les deux derniers mois de l'an 51. Enfin, quand il n'y avait point de consuls nommés dans l'année, ou qui fussent reconnus pour tels (ce qui arriva quelquefois dans la décadence de l'empire), on comptait par le consulat précédent. Nous en fournirons plus d'un exemple dans cette liste.

Pour obvier à toute méprise, on n'a marqué que les noms certains des consuls, sans y ajouter leurs prénoms et surnoms, lorsqu'ils ont paru douteux ou supposés. M. Muratori, dont l'exactitude est connue, nous a servi de principal guide à cet égard.

Vis-à-vis de chaque consulat, nous plaçons, d'un côté, les années de l'Incarnation, de l'autre celle de la fondation de Rome, auxquelles il correspond. C'est le calcul de Varron, qui place l'époque de Rome au 21 avril de la IIIe année de la VIe olympiade, 753 ans avant J. C., que nous suivons comme le plus commun et le plus autorisé. Ceux qui reculent cette époque d'une année, suivant les Fastes Capitolins, ou de deux, selon le calcul de Frontin, ou même de six, d'après Fabius Pictor, peuvent aisément se concilier avec nous, au moyen du consulat qu'ils ont coutume d'indiquer.

Ans de J.-C.   Ans de Rome

1   Caius Cæsar, *fils d'Agrippa, et adopté par Auguste*,   754
    M. Æmilius Paulus.

2   P. Vinicius,   755
    P. Alfenius Varus.

Ans de J. C. — Ans de Rome.

3 L. Ælius Lamia, — 756
  M. Servilius.

4 Sex. Ælius Catus, — 757
  C. Sentius Saturninus.

5 L. Valerius Messala Volusus, — 758
  Cn. Cornelius Cinna Magnus.

6 M. Æmilius Lepidus, — 759
  L. Arruntius.

7 A. Licinius Nerva Silianus, — 760
  Q. Cæcilius Metellus Creticus Silanus.
  P. Corn. Lent. Scipio, } substitués le premier juil-
  T. Q. Crisp. Valerianus, } let.

8 M. Furius Camillus, — 761
  Sex. Nonius Quintilianus.
  Lucius Apronius, } substitués le premier juil-
  Aul. Vibius Habitus, } let.

9 Q. Sulpicius Camerinus, — 762
  C. Pompeius Sabinus.
  M. Papius Mutilus, } substitués le premier juil-
  Q. Poppæus secundus, } let.

10 P. Cornelius Dolabella, — 763
  C. Junius Silanus.
  Serv. Corn. Lent. Maluginensis, *subst. le 1 juillet.*

11 M. Æmilius Lepidus, — 764
  T. Statilius Taurus.
  L. Cass. Longinus, *substitué le 1 juillet.*

12 Germanicus Cæsar, — 765
  C. Fonteius Capito.
  C. Visellius Varro, *substitué le 1 juillet.*

13 C. Silius, — 766
  L. Munacius Plancus.

14 Sex. Pompeius (1), — 767
  Sex. Appuleius.

15 Drusus Cæsar, *fils de Tibère*, — 768
  C. Norbanus Flaccus.

---

(1) Cette année Auguste fit faire un nouveau dénombrement du peuple romain, qui se trouva monter à 4,137,000 hommes.

Ans de J. C.		Ans de Rome.
16	T. Statilius Sisenna Taurus,	769
	L. Scribonius Libo.	
	P. Pomponius Græcinus, *substitué le 1ᵉʳ. juillet*.	
17	C. Cæcilius Rufus,	770
	L. Pomponius Flaccus Græcinus,	
18	Tiberius Aug. III,	771
	Germanicus Cæsar II.	
	L. Seius Tubero, } *substitués*.	
	C. Rubellius Blandus, }	
19	M. Junius Silanus,	772
	L. Norbanus Balbus.	
20	M. Valerius Messala,	773
	M. Aurelius Cotta II.	
21	Tiberius Aug. V.	774
	Drusus Cæsar II.	
22	C. Sulpitius Galba,	775
	Q. Haterius Agrippa.	
	M. Cocc. Nerva, } *substitues*.	
	C. Vibius Rufinus, }	
23	C. Asinius Pollio,	776
	L. Antistius Vetus.	
	Q. Jun. Blæsus, *substitué à* Pollio *le 1ᵉʳ. juillet*.	
24	Serv. Cornelius Cethegus,	777
	L. Viselius Varro.	
25	M. Asinius Agrippa,	778
	Cossus Cornelius Lentulus.	
26	C. Calvisius Sabinus,	779
	Cn. Corn. Lentulus Getulicus,	
	Q. Marcius Barea, } *substitués le*	
	T. Rustius Nummus Gallus, } *1ᵉʳ. juillet*.	
27	M. Licinius Crassus Fragi,	780
	L. Calpurnius Piso.	
28	App. Junius Silanus,	781
	Silius Nerva.	
29	L. Rubellius Geminus.	782
	C. Fusius, *ou* Rufius Geminus.	
	Aulus Plautius, } *substitués le 1ᵉʳ. juillet*.	
	L. Nonius Asprenas, }	
30	L. Cassius Longinus,	783
	M. Vinicius.	

Ans de J. C.   Ans de Rome.

  C. Cassius Longinus, } substitués le 1er. juillet.
  L. Naevius Surdinus, }

31 Tiberius Aug. V, *jusqu'au 9 mai.*   784
  Aelius Sejanus, *tué le 18 novembre.*
  Faust. Corn. Sylla,   } substitués le
  Sextidius, *ou* Sex. Teidius Catull. } 9 *mai.*
  L. Fulcinius Trio, *substitué le* 1er. *juillet.*
  Pub. Memmius Regulus, *substitué le* 1er. *octobre.*

32 Cn. Domitius Ahenobardus,   785
  M. Furius Camillus Scribonianus.
  A. Vitellius, *substitué au dernier le* 1er. *juillet.*

33 L. Sulpicius Galba (1),   786
  L. Com. Sylla Felix.
  L. Salvius Otho, *substitué à* Galba *le* 1er. *juillet.*

34 Paulus Fabius Persicus,   787
  L. Vitellius.

35 C. Cestius Gallus,   788
  M. Servilius Nonianus, *ou* Monianus.

36 Sex. Papinius Allenius,   789
  Q. Plautius.

37 Cn. Acerronius Proculus,   790
  Caius Petronius Pontius Nigrinus (2).
  C. Caligula, imper, } substitués le 1er. juillet.
  Tiber. Claudius (3), }

38 M. Aquillius Julianus,   791
  P. Nonius Asprenas.

39 Caius Aug. II,   792
  L. Apronius Caesianus.
  M. Sanquinius, *substitué à* Caius *le* 1er. *février.*
  Cn. Domitius Corbulo, *subtitué le* 1er. *juillet.*
  Domitius Africanus, *ou* Afer, *substitué le* 31 *août.*

40 Caius Aug. III, *seul. Quelques-uns lui joignent mal,*
  L. Gellius Poplicola.   793

---

(1) Galba portait alors le prénom de Lucius, qu'il changea, étant empereur, contre celui de Servius. Cependant on voit des monuments où il est appelé Servius, en parlant de son consulat.

(2) Le second de ces deux consuls est plus communément appelé C. Pontius Nigrinus.

(3) Caligula et Claudius ne tinrent le consulat que deux mois. On n'est pas assuré de ceux qui leur succédèrent. Pighius croit que ce furent Tiberius Vinicius Quadratus et Q. Curtius Rufus.

Ans de J. C.		Ans de Rome.
41	Caius Aug. IV,	794
	Cn. Sentius Saturninus.	
	Q. Pomponius Secundus, *substitué à* Caius *le 7 janvier.*	
42	Tib. Claudius Aug. II, *jusqu'à la fin de février.*	795
	Caius Cæcina Largus.	
43	Tib. Claudius Aug. III, *jusqu'à la fin de février.*	796
	L. Vitellius II, *père de l'empereur de ce nom.*	
44	L. Quinctius Crispinus II,	797
	Marcus Statilius Taurus.	
	Manius Æmilius Lepidus, *subtitué au premier.*	
45	M. Vinicius II,	798
	Taurus Statilius Corvinus.	
46	P. Valerius Asiaticus II,	799
	M. Junius Silanus.	
	Velleius Rufus, Ostorius Scapula, } *substitués.*	
47	Tib. Claudius Aug. IV,	800
	L. Vitellius III.	
48	Aulus Vitellius, *depuis empereur.*	801
	Q. Vipsanius Publicola.	
	L. Vitellius, *frère d'Aulus, substitué le 1er. juillet.*	
49	A. Pompeius Longinus Gallus,	802
	Q. Veranius.	
	L. Memmius Pollio, Q. Allius Maximus, } *substitués le premier mai.*	
50	C. Antistius Vetus,	803
	L. Suillius Nervilianus.	
51	Tib. Claudius Aug. V,	804
	Serv. Corn. Orfitus.	
	C. Minutius Fundanus, C. Vettennius Severus, } *substitués le premier juillet.*	
	Titus Flavius Vespasianus, *substitué à l'un des deux le premier novembre.*	
52	Publ. Corn. Sylla Faustus,	805
	Lucius Salvius Otho Titianus.	
53	Decimus Junius Silanus,	806
	Quintus Haterius Antoninus (1).	

---

(1) Quelques-uns donnent pour consuls substitués cette année,

Ans de J. C.   Ans de Rome.

54 M. Asinius Marcellus   807
    Manius Acilius Aviola.

55 Nero Aug., *jusqu'au premier mars.*   808
    L. Antistius Vetus.

56 Q. Volusius Saturninus,   809
    P. Cornelius Scipio.

57 Nero Aug. II, *jusqu'au premier juillet* (1).   810
    L. Calpurnius Piso.

58 Nero Aug. III,   811
    Valerius Messala.

59 L. Vipstanus Apronianus,   812
    L. Fonteius Capito.

60 Nero Aug. IV,   813
    Cossus Cornelius Lentulus.

61 C. Cæsonius Pætus,   814
    C. Petronius Turpilianus.

62 P. Marius Celsus,   815
    L. Asinius Gallus.
    L. Annæus Seneca,
    Trebellius Maximus, } *substitués le premier juillet.*

63 C. Memmius Regulus,   816
    L. Verginius Rufus.

64 C. Lecanius Bassus,   817
    M. Licinius Crassus.

65 A. Licinius Nerva Silianus (2),   818
    M. Vestinius Atticus.
    Anicius Cerealis, *substitué à* Vestinius *le premier juillet, et tué par ordre de* Néron.

66 C. Lucius Telesinus,   819
    C. Suetonius Paulinus.

Sex. Palpelius Hister, et L. Pedanius; mais, dans le vrai, l'on ne sait point à quelle année ils appartiennent.

(1) Le P. Mansi fait durer le consulat de Néron jusqu'à la fin de l'année, et donne pour consul substitué à Pison, L. Cæsius Martialis.

(2) Plautius Lateranus, celui dont la célèbre basilique de Latran a tiré son nom, avait été désigné pour cette année; mais il fut tué avant d'entrer en charge.

DES CONSULS ROMAINS.

Ans de J. C. — Ans de Rome.

67 L. Fonteius Capito II, — 820
 C. Julius Rufus.

68 C. Silius Italicus, (*c'est le poëte.*) — 821
 M. Galerius Trachalus.

69 Serv. Sulpicius Galba Aug. II, — 822
 T. Vinius Rufinus.
 Salvius Otho Aug.,
 L. Salv. Otho Titianus, } *substitués le 15 janvier.*
 L. Verginius Rufus,
 Vopiscus Pompeius Silvanus, } *substitués le premier mars.*
 Titus Arrius Antoninus,
 P. Marius Celsus II, } *substitués le premier mai.*
 C. Fabius Valens,
 Aulus Alienus Cæcina, } *substitués le premier sept.*
 Roscius Regulus, *substitué le 31 octobre à Cæcina, dégradé ce jour-là même.*
 Cn. Cæcilius Simplex,
 C. Quintius Atticus, } *substitués le prem. novemb.*

70 Titus Fl. Vespasianus Aug. II, — 823
 Titus Cæsar.
 M. Licinius Mutianus,
 Publius Valerius Asiaticus, } *substitués le premier juillet.*
 L. Annius Bassus,
 C. Cæcina Pœtus, } *substitués le premier novembre.*

71 Flav. Vespasianus Aug. III, — 824
 M. Cocceius Nerva.
 Flav. Domitianus Cæsar I,
 Cn. Pædius Castus, } *substitués le premier mars.*

72 Vespasianus Aug. IV, — 825
 Titus Cæsar II.

73 Domitianus Cæsar II, — 826
 M. Valerius Messalinus.

74 Vespasianus Aug. V, — 827
 Titus Cæsar III.
 Domitianus Cæsar III, *substitué à Titus le premier juillet.*

75 Vespasianus Aug. VI, — 828
 Titus Cæsar IV.
 Domitianus Cæsar IV,
 M. Licinius Mutianus III, } *substitués le premier juillet.*

Ans de J. C.   Ans de Rome.

76 Vespasianus Aug. VII,   829
    Titus Cæsar V.
    Domitianus Cæsar V,   } substitués le premier juillet.
    T. Plautius Silvanus II, }

77 Vespasianus Aug. VIII,   830
    Titus Cæsar VI.
    Domitianus Cæsar VI, } substitués le premier juillet.
    Cn. Jul. Agricola,   }

78 L. Ceionius Commodus,   831
    Decimus Novius Priscus.

79 Vespasianus Aug. IX (1),   832
    Titus Cæsar VII.
    M. Titus Frugi,
    Vitius Vinius, *ou* Vinidianus } substitués le premier
    Julianus,   } juillet.

80 Titus Aug. VIII,   833
    Domitianus Cæsar VII.

81 Lucius Flavius Silva Nonius Bassus,   834
    Asinius Pollio Verrucosus (2).

82 Domitianus Aug. VIII,   835
    T. Flavius Sabinus.

83 Domitianus Aug. IX,   836
    Q. Petilius Rufus II.
    C. Valer. Messalinus, *substitué à* Rufus.

84 Domitianus Aug. X,   837
    Sabinus.

85 Domitianus Aug. XI,   838
    T. Aurelius Fulvus, *ou* Fulvius.

86 Domitianus Aug. XII (3),   839
    Ser. Corn. Dolabella Metellianus.

87 Domitianus Aug. XIII,   840
    A. Volusius Saturninus.

88 Domitianus Aug. XIV,   841
    L. Minucius Rufus.

---

(1) Le P. Mansi prétend que Domitien fut consul cette année après la mort de son père.

(2) Une inscription ancienne appelle le premier de ces deux consuls, Lucius Flavius Silvanus.

(3) Ce fut sous ce consulat que les jeux capitolins furent institués.

Ans de J. C.		Ans de Rome.
89	T. Aurelius Fulvus II, A. Sempronius Attratinus.	842
90	Domitianus Aug. XV, M. Cocceius Nerva II.	843
91	M. Ulpius Trajanus, M. Acilius Glabrio.	844
92	Domitianus Aug. XVI, Q. Volusius Saturninus.	845
93	Pompeius Collega, Cornelius Priscus (1).	846
94	L. Nonius Torquat. Asprenas, T. Sex. Magius Lateranus (2). L. Serg. Paullus, *substitué à* Lateranus.	847
95	Domitianus Aug. XVII (3), T. Flavius Clemens (4).	848
96	C. Antistius Vetus, C. Manlius Valens.	849
97	Nerva Aug. III, L. Verginius Rufus III. Cornelius Tacitus, *successeur de* Rufus.	850
98	Nerva Aug. IV, M. Ulpius Trajanus Cæsar II.	851

(1) Plusieurs rapportent à cette année les consuls substitués, M. Lollius Paulius, Valerius Asiaticus Saturninus, et C. Annius Julius Quadratus; d'autres les mettent sous l'année précédente; mais nous n'osons rien décider là-dessus.

(2) Le P. Pagi donne pour collègue au premier de ces deux consuls, M. Arétinus, ou Arricinus Clémens, que Domitien fit mourir cette année. M. de Tillemont croit que Clémens lui fut seulement substitué; mais l'année de son consulat est fort incertaine.

(3) C'est ici le dernier consulat de Domitien, suivant tous les fastes consulaires. Cependant le P. Chamillart avait dans son cabinet une médaille qui portait la marque d'un dix-huitième consulat de ce prince. Elle prouverait qu'il en aurait pris possession avant sa mort, et ne changerait rien à la chronologie ordinaire. D'ailleurs on pourrait croire que cette médaille avait été frappée d'avance. (Mémoires de l'Académie des Belles-Lettres, tome XII, page 313.)

(4) T. Fl. Clémens était cousin et non pas oncle de Domitien, étant fils de Sabinus, frère de Vespasien. Domitien le fit mourir vers le mois de juillet de cette année, à cause du Christianisme qu'il professait.

Ans de J. C.		Ans de Rome.
99	A. Cornelius Palma,	852
	C. Sosius Senecio.	
100	Trajanus Aug. III,	853
	M. Corn. Fronto III.	
101	Trajanus Aug. IV.	854
	Sex. Articuleius.	

Corn. Scipio Orfitus, *succéda le 1er. mars à l'un des deux, à ce que l'on croit.*
Bebius Macer,
M. Valerius Paulinus, } *substitués le 1er mars.*
Rubricus Gallus, } *substitués le 1 juillet. Le der-*
Q. Cælius Hispo, } *nier n'est pas sûr.*

102	C. Sosius Senecio III (1),	855
	L. Licinius Sura II.	
103	Trajanus Aug. V.	856
	L. Appius Maximus (2).	
104	L. Licinius Sura III,	857
	Publ. Horatius Marcellus (3).	
105	Tib. Julius Candidus II,	858
	A. Julius Quadratus II.	
106	L. Ceionius Commodus Verus,	859
	L. Tutius Cerealis.	
107	L. Licinius Sura IV,	860
	C. Sosius Senecio IV.	
108	App. Annius Trebonius Gallus,	861
	M. Atilius Metellus Bradua.	

L. Verulanus Severus *ou* Severianus, } *substitués.*
Appius Annius Gallus, }

109	A. Cornelius Palma II,	862
	C. Calvisius Tullus II.	

Publius Ælius Adrianus, } *substitués.*
L. Publicius Celsus, }

---

(1) Ce consul n'est pas aussi sûr que son collègue; mais nous suivons les meilleurs antiquaires.

(2) Le P. Mansi donne pour consuls ordinaires de cette année, à la place de ces deux-ci, Sura II et Publius Neratius Marcellus; mais ses preuves ne sont nullement convaincantes.

(3) Noris et Mansi placent en cette année nos deux consuls de la précédente.

DES CONSULS ROMAINS.

Ans de J. C.		Ans de Rome.
110	Servius Salvidienus Orfitus, M. Pæducæus Priscinius.	863
111	C. Calpurnius Piso, M. Vettius Bolanus.	864
	Orsus Servianus II, } substitués le 1er mars, sui- L. Fab. Justus, } vant une inscription de } Pamvini.	
112	Trajanus Aug. VI, T. Sextius Africanus.	865
113	L. Publicius Celsus II, C. Clodius Priscinus.	866
114	Q. Ninnius Hasta, P. Manilius Vopiscus.	867
115	L. Vipstanius Messala, M. Vergelianus Pædo.	868
116	L. Ælius Lamia, Ælianus Vetus.	869
117	Quinctius Niger, C. Vipstanius Apronianus.	870
118	Hadrianus Aug. II, Tiberius Claudius Fuscus Alexander.	871
119	Hadrianus Aug. III, Q. Junius Rusticus.	872
120	L. Catilius Severus (1), T. Aurelius Fulvus.	873
121	L. Annius Verus II, Aurelius Augurinus.	874
122	Manius Acilius Aviola, Caius Corn. Pansa.	875
123	Q. Arrius Pœtinus (2), L. Venuleius Apronianus.	876
124	Manius Acilius Glabrio, C. Bellicius Torquatus.	877

---

(1) Titus Aurelius Fulvus, ou Fulvius, fut la première dénomination de l'empereur Antonin le Pieux, suivant Jules Capitolin.

(2) Une inscription, rapportée par le P. Mansi, appelle ce consul Q. Articuleius Pætinus.

Ans de J. C.		Ans de Rome
125	P. Corn. Scipio Asiaticus II, Q. Vettius Aquilinus.	878
126	M. Annius Verus III, Eggius Ambibulus.	879
127	Titianus, Gallicanus.	880
128	L. Nonius Torquatus Asprenas II, M. Annius Libo (1).	881
129	Q. Julius Balbus, P. Juventius Celsus II, C. Neratius Marcellus, Cn. Lollius Gallus, } *substitués*.	882
130	Q. Fabius Catullinus, M. Flavius Asper.	883
131	Ser. Octavius Lænas Pontianus, M. Antonius Rufinus.	884
132	Sentius Augurinus, Arrius Severianus, *ou* Sergianus II.	885
133	M. Ant. Hiberus, Nummius Sisenna.	886
134	C. Jul. Servianus III, C. Vibius Varus (2).	887
135	Pontianus, Atilianus, *ou* Atelanus.	888
136	L. Ceionius Commodus Verus, Sex. Vetulenus Civica Pompeianus.	889
137	Lucius Ælius Cæsar II, L. Cæcilius Balbinus Vibullius Pius.	890
138	Camerinus, Niger.	891
139	Antoninus Pius Aug. II, C. Bruttius Præsens II. Aul. Jun. Rufinus, *substitué au premier*.	892
140	T. Æl. Antoninus Pius Aug. III, M. Ælius Aurelius Verus Cæsar.	893

---

(1) Annius Libo fut oncle paternel de l'empereur Marc Aurèle.
(2) Le P. Mansi nomme ainsi ces deux consuls : L. Servilius Ursus Servianus, et Vibius Juventius Varus.

DES CONSULS ROMAINS. 145

Ans de J. C.		Ans de Rome.
141	M. Peducæus Syloga Priscinus, T. Hœnius Severus	894
142	L. Cuspius Rufinus, L. Statius Quadratus.	895
143	C. Bellicius Torquatus (1), T. Claudius Atticus Herodes (2).	896
144	P. Lollianus Avitus, Maximus.	897
145	Antoninus Pius Aug. IV, Marcus Aurelius Verus Cæsar II.	898
146	Sex. Erucius Clarus II, Cn. Claudius Severus.	899
147	Largus, Messalinus.	900
148	L. Torquatus III, M. Salvius Julianus.	901
149	Serv. Scipio Orfitus, Q. Nonius Priscus.	902
150	Gallicanus, Vetus.	903
151	S. Quintilius Condianus, S. Quintilius Maximus.	904
152	M. Acilius Glabrio (3), M. Valerius Omullus.	905
153	C. Bruttius Præsens, A. Junius Rufinus.	906
154	L. Ælius Aurelius Commodus, Titus Sextius Lateranus.	907
155	C. Julius Severus, M. Junius Rufinus Sabinianus.	908
156	M. Ceionius Silvanus, C. Serius Augurinus.	909

(1) Il était fils du deuxième consul de l'an de J. C. 124.
(2) Il était d'Athènes, et avait enseigné l'éloquence à M. Aurèle et à Lucius Verus.
(3) Noris et Pagi, d'après Panvini, donnent au premier le prénom de Sextus, et au second celui de Caius. Nous suivons Muratori, qui donne à ces deux consuls le même prénom de Marcus.

Ans de J. C.		Ans de Rome.
157	Barbarus (1), Regulus.	910
158	Tertullus, Claudius Sacerdos.	911
159	Plautius Quintilius II, Statius Priscus.	912
160	Appius Annius Atilius Bradua. T. Clodius Vibius Barus, *ou* Varus.	913
161	M. Aurelius Verus Cæsar III, L. Ælius Aurel. Commodus II.	914
162	Q. Junius Rusticus, C. Vettius Aquilinus.	915
163	Pastor, Ælianus, ou Lælianus. Q. Mustius Priscus, *substitué à l'un des deux*.	916
164	M. Pompeius Macrinus, Pub. Juventius Celsus	917
165	L. Arrius Pudens, M. Gavius Orfitus.	918
166	Q. Servilius Pudens, L. Fufidius Pollio.	919
167	L. Æl. Aurelius Verus Aug. III, Quadratus.	920
168	Apronianus II, L. Vettius Paullus (2).	921
169	Q. Sosius Priscus Senecio (3), P. Cælius Apollinaris.	922
170	M. Cornelius Cethegus, C. Erucius Clarus.	923
171	L. Septimius Severus II, L. Aufidius Herennianus.	924

(1) Une ancienne inscription, rapportée par Noris, ajoute au nom de Barbarus celui de Vetulenus.

(2) Gruter rapporte une inscription qui donne pour collègue au second de ces consuls, T. Jun. Montanus. Celui-ci aura vraisemblablement été substitué au premier.

(3) On ne connaît qu'une seule inscription où le surnom de Sénécio soit donné à ce consul.

Ans de J. C.		Ans de Rome.
172	Maximus, Orfitus.	925
173	M. Aurelius Severus II, Tib. Claudius Pompeianus.	926
174	Gallus, Flaccus.	927
175	Calpurnius Piso, M. Salvius Julianus.	928
176	T. Vitrasius Pollio II, M. Flavius Aper II.	929
177	L. Aurelius Commodus Aug. Quintillus.	930
178	Orfitus, Rufus.	931
179	L. Aurelius Commodus Aug. II (1), Publius Martius Verus.	932
180	C. Bruttius Præsens II, Sex. Quintilius Condianus.	933
181	M. Aurelius Anton. Commodus Aug. III (2), L. Antistius Burrhus.	934
182	Pomponius Mamertinus, Rufus.	935
183	M. Aurelius Anton. Commodus Aug. IV, C. Aufidius Victorinus II.	936
184	L. Cossonius Eggius Marullus, Cn. Papirius Ælianus.	937
185	M. Corn. Nigrinus Curiatius Maternus, M. Attilius Bradua (3).	938
186	Commodus Aug. V, M. Acilius Glabrio II.	939
187	Crispinus, Ælianus.	940

(1) Commode n'avait que seize ans. Il est le second qui ait été revêtu de la dignité de consul avant l'âge de vingt ans. Néron l'avait été le premier (l'an 55 de J. C.) à dix-sept ans.

(2) Commode changea son prénom de Lucius en celui de Marcus après la mort de Marc Aurèle.

(3) On voit une ancienne inscription qui porte *Materno et Attico Coss*. Peut-être Atticus avait-il été substitué à Bradua.

Ans de J. C.		Ans de Rome.
188	C. Allius Fuscianus II, Duillius Silanus II.	941
189	Silanus et Silanus (1). } *Il y eut cette année, suivant le P. Pagi, 25 consuls.*	942
190	M. Aur. Commodus Aug. VI, M. Petronius Septimianus.	943
191	Cassius Apronianus, Bradua.	944
192	M. Aur. Commodus Aug. VII, P. Helvius Pertinax II.	945
193	Q. Sosius Falco, C. Julius Erutius Clarus.	946
194	L. Septimius Severus Aug. II, Decimus Clodius Septimius Albinus Cæsar II.	947
195	Scapula Tertullus (2), Tineius Clemens.	948
196	C. Domitius Dexter II. L. Valerius Messala Trasea Priscus.	949
197	T. Sextius Lateranus, L. Cuspius Rufinus.	950
198	Saturnius (3), Gallus.	951
199	P. Cornelius Anullinus II, M. Aufidius Fronto.	952
200	Tib. Claudius Severus, C. Aufidius Victorinus.	953
201	L. Annius Fabianus, M. Nonius Arrius Mucianus.	954
202	L. Septimius Severus Aug. III, M. Aurelius Antonius Caracalla Aug.	955

---

(1) On n'est pas certain des prénoms de ces consuls.

(2) On croit que ce Scapula est le même qui, depuis, étant proconsul d'Afrique, persécuta si cruellement les Chrétiens, et à qui Tertullien adressa son Apologétique.

(3) Les prénoms de Tiberius et de Caius, qu'on donne à ces deux consuls, ne sont pas surs.

Ans de J. C.		Ans de Rome.
203	L. Fulvius Plautianus II (1), P. Septimius Geta.	956
204	L. Fabius Septimius Cilo II, Flavius Libo.	957
205	M. Aurel. Antoninus Caracalla Aug. II, P. Septimius Geta Cæsar.	958
206	L. Fulvius Rusticus Æmilianus, M. Nummius primus Senecio Albinus.	959
207	Aper, Maximus.	960
208	M. Aurel. Antoninus Caracalla Aug. III, P. Septimius Geta Cæsar II.	961
209	Pompeianus, Avitus.	962
210	Manius Acilius Faustinus, Triarius Rufinus.	963
211	Gentianus, Bassus.	964
212	C. Julius Asper II, } frères. C. Julius Asper,	965
213	Antoninus Caracalla Aug. IV, D. Cælius Balbinus II (2).	966
214	Messala, Sabinus.	967
215	Lætus II, Cerealis.	968
216	Catius Sabinus II, Cornelius Anullinus.	969
217	C. Bruttius Præsens, T. Messius Extricatus II.	970
218	M. Opellius Severus Macrinus Aug. Oclatinus Adventus.	971

---

(1) Plautien était beau-père de Caracalla. Sévère voulut qu'il fût appelé consul pour la seconde fois, quoiqu'il ne l'eût pas encore été. A l'égard de Geta, on croit qu'il était le frère et non le fils de Sévère.

(2) Il y a lieu de douter si ce consul ne s'appelait pas plutôt Albinus que Balbinus.

Ans de J. C.   Ans de Rome.

219 M. Aurel. Anton. Elagabalus Aug. II.   972
      Sacerdos II (1).

220 M. Aur. Anton. Elagabalus Aug. III,   973
      Euthychianus Comazon.

221 Gratus Sabinianus,   974
      Claudius Seleucus.

222 Aurel. Anton. Elagabalus Aug. IV,   975
      M. Aurel. Severus Alexander.

223 L. Marius Maximus II,   976
      L. Roscius Ælianus.

224 Julianus II (2),   977
      Crispinus.

225 Fuscus II,   978
      Dexter.

226 Alexander Aug. II,   979
      L. Aufidius Marcellus II.

227 Albinus,   980
      Maximus.

228 Modestus,   981
      Probus.

229 Alexander Aug. III,   982
      Dio Cassius II (3).
      M. Ant. Gordianus, *substitué au second*.

230 L. Virius Agricola,   983
      Sex. Catius Clementinus.

231 Pompeianus,   984
      Pelignianus.

232 Lupus,   985
      Maximus.

233 Maximus,   986
      Paternus, *ou* Paterius.

---

(1) Le prénom de Licinius, que Pagi donne à ce consul, ne se rencontre dans aucun ancien monument; mais Bianchini cite sur cette année un tube de plomb, où il est appelé Tineius Sacerdos.

(2) Il n'est pas bien sûr que Julien fût alors consul pour la seconde fois.

(3) Dio Cassius est le célèbre historien de ce nom, qui se trouve aussi appelé Dionysius dans une ancienne inscription rapportée par Doni.

Ans de J. C.		Ans de Rome.
234	Maximus II, C. Cælius Urbanus.	987
235	Severus, Quinctianus, *ou* Quintilianus.	988
236	C. Julius Maximinus Aug. Africanus.	989
237	Perpetuus, Cornelianus.	990
238	Pius, *ou* Ulpius, Pontianus. Claud. Julianus, } *substitués* (1). Celsus Elianus,	991
239	M. Ant. Gordianus Aug. Man. Acilius Aviola.	992
240	Sabinus II, Venustus.	993
241	M. Ant. Gordianus Aug. II. Civica Pompeianus,	994
242	C. Vettius Atticus, C. Asinius Prætextatus.	995
243	L. Annius Arrianus, C. Cervonius Papus.	996
244	Peregrinus, Æmilianus.	997
245	M. Julius Philippus Aug. Titianus.	998
246	Præsens, Albinus.	999
247	M. Julius Philippus Aug. II, M. Julius Philippus Cæsar.	1000
248	M. Julius Philippus (Senior) Aug. III (2), M. Julius Philippus (Junior) Aug. II.	1001

---

(1) Après la mort de l'empereur Maximin, arrivée sur la fin de mars 238, le sénat ordonna que les deux nouveaux empereurs Balbinus et Pupienus, seraient consuls le reste de l'année. (Murat.)

(2) Cette année l'empereur Philippe célébra à Rome l'année millenaire de la fondation de cette ville, comme le marque Capitolin dans la Vie de Gordien, c. 33. La même chose est marquée sur plusieurs

Ans de J. C.		Ans de Rome.
249	M. Æmilianus II, Junius Aquilinus.	1002
250	C. Messius Q. Trajanus Decius Aug. II, Max. Gratus.	1003
251	C. M. Q. T. Decius Aug. III, Q. Decius (Herennius) Etruscus Cæsar.	1004
252	C. Trebonianus Gallus Aug. II, C. Vibius Volusianus Cæsar.	1005
253	C. Vibius Volusianus Gallus Aug. II, Maximus.	1006
254	P. Licinius Valerianus Aug. II, P. Licinius Gallienus Aug.	1007
255	P. Licinius Valerianus Aug. III, P. Licinius Gallienus Aug. II.	1008
256	Maximus, Glabrio.	1009
257	P. Licinius Valerianus Aug. IV, P. Licinius Gallienus Aug. III, M. Cassianus Latinius Postumus, *substitué* (1).	1010
258	Memmius Tuscus, Bassus.	1011
259	Æmilianus, Bassus.	1012
260	P. Cornelius Secularis II, Junius Donatus II.	1013
261	P. Licin. Gallienus Aug. IV, L. Petronius Taurus Volusianus (2).	1014
262	P. Licinius Gallienus Aug. V, Faustinus.	1015

médailles de Philippe où l'on voit : PHILIPPUS Cos. III. *Millenarium sæculum*. Philippe suivait les fastes capitolins qui retardaient d'un an sur ceux de Varon.

(1) C'est le même qui usurpa, cette année, la pourpre dans les Gaules, où il fut cinq fois consul ordinaire pendant son usurpation. On ne l'a point mis dans la liste des consuls, parce qu'il ne fut point reconnu pour tel à Rome.

(2) Quelques inscriptions lui donnent encore le nom d'Egnatius avant celui de Volusianus.

Ans de J. C.		Ans de Rome
263	Albinus II, Maximus Dexter.	1016
264	P. Lic. Gallienus Aug. VI, Saturninus.	1017
265	P. Licinius Valerianus II, L. Cæsonius Lucilius Macer Rufinianus.	1018
266	Gallienus Aug. VII, Sabinillus.	1019
267	Paternus, Arcesilaus.	1020
268	Paternus II, Marinianus.	1021
269	M. Aurelius Claudius Aug. (1), Paternus.	1022
270	Antiochus II, Orfitus.	1023
271	L. Domitius Aurelianus Aug. Bassus II (2).	1024
272	Quintus, Veldumianus, ou Veldumnianus.	1025
273	M. Claudius Tacitus, Placidianus.	1026
274	L. Domitius Aurelianus Aug. II. C. Julius Capitolinus.	1027
275	L. Domitius Aurelianus Aug. III, T. Nonius Marcellinus. Aurelius Gordianus, et } *substitués le 25 sep-* Velius Cornif. Gordianus, } *tembre.*	1028
276	M. Claudius Tacitus Aug. II (3), Æmilianus.	1029

(1) Il ne reste presque aucun vestige du premier consulat de Claudius.

(2) Une inscription publiée par Reland, d'après Gudius, donne à Bassus les prénoms de N. Ceionius Virius; une autre mise au jour par le même, lui attribue ceux de Lucius Ceionius Virius, mais ni l'une ni l'autre ne sont sûres, au jugement de M. Muratori.

(3) Vopiscus fait mention d'un Ælianus Scorpianus, qui était consul le 3 février de cette année; ce qui donne lieu de croire que Tacite ne garda qu'un mois le consulat.

Ans de J. C.   Ans de Rome

277 M. Aurelius Probus Aug.   1030
     M. Aurelius Paulinus.

278 M. Aurel. Probus Aug. II,   1031
     Lupus.

279 M. Aurelius Probus Aug. III,   1032
     Nonius Marcellus II.

280 Messala,   1033
     Gratus.

281 M. Aurelius Probus Aug. IV,   1034
     Tiberianus.

282 M. Aurelius Probus Aug. V,   1035
     Victorinus.

283 M. Aurelius Carus Aug. (1),   1036
     M. Aurelius Carinus Cæsar.

284 M. Aurelius Carinus Aug. II,   1037
     M. Aurelius Numerianus Aug.

285 C. Aurel. Valerius Diocletianus Aug. II,   1038
     Aristobulus (2).

286 M. Junius Maximus II,   1039
     Vettius Aquillinus.

287 C. Aurelius Valerius Diocletianus Aug. III,   1040
     M. Aur. Val. Maximianus (Herculeus) Aug.

288 M. A. V. Maximianus (Herculeus) Aug. II,   1041
     Pomponius Januarius.

289 Bassus II,   1042
     Quintianus.

290 Diocletianus Aug. IV,   1043
     Maximianus Herculeus Aug. III.

291 C. Junius Tiberianus II,   1044
     Dio.

---

(1) La Chronique d'Alexandrie donne encore pour consuls de cette année Dioclétianus et Bassus; par où il paraît qu'ils furent substitués aux deux précédents.

(2) On voit Carinus cette année consul. M. Muratori pense qu'il y eut cette année quatre consuls, deux pour l'Orient, Dioclétien avec un collègue qu'on ne connaît, et deux pour l'Occident, Carin et Aristobule. M. Rivaz prétend, avec plus de fondement, qu'il n'y en eut que deux, et qu'après la mort de Carin, Dioclétien substitua son nom à celui de ce rival, et conserva celui d'Aristobule.

Ans de J. C.		Ans de Rome
292	Annibalianus,	1045
	Asclepiodotus.	
293	Diocletianus Aug. V,	1046
	Maximianus Herculeus Aug. IV.	
294	Fl. Valerius Constantius Cæsar,	1047
	C. Galerius Valerius Maximianus Cæsar.	
295	Tuscus,	1048
	Anullinus.	
296	Diocletianus Aug. VI,	1049
	Flavius Valer. Constantius Cæsar II.	
297	Maximianus Herculeus Aug. V,	1050
	Galerius Maximianus Cæsar II.	
298	Anicius Faustus,	1051
	Virius Gallus.	
299	Diocletianus Aug. VII,	1052
	Maximianus Herculeus Aug. VI.	
300	Constantius Cæsar III,	1053
	C. Galerius Maximianus Cæsar III.	
301	Titianus II,	1054
	Nepotianus.	
302	Constantius Cæsar IV,	1055
	C. Galerius Maximianus Cæsar IV.	
303	Diocletianus Aug. VIII,	1056
	Maximianus Herculeus Aug. VII.	
304	Diocletianus Aug. IX,	1057
	Maximianus Herculeus Aug. VIII.	
305	Constantius Cæsar V,	1058
	Galerius Maximianus Cæsar V.	
306	Constantius Aug. VI,	1059
	Galerius Maximianus Aug. VI.	
307	M. A. V. Maximianus (Herculeus) Aug. IX (1),	1060
	Flavius Valerius Constantinus Cæsar.	

---

(1) Le tyran Maxence, qui régnait alors en Italie, désignait cette année par *post sextum Consulatum*. Il entendait le consulat de l'année précédente. Il paraît, néanmoins, qu'on reconnaissait en Occident, ou du moins en Italie, même dès le commencement de 307, les deux consuls que nous avons marqués. En Orient, il y en eut deux autres qui furent nommés par Galère Maximien; savoir, Sévère Auguste et

Ans de J. C.		Ans de Rome.
308	M. A. Val. Maximianus (Herculeus) Aug. X, C. Galerius Maximianus Aug. VII (1).	1061
309	Maxentius Aug. II, M. Aurelius Romulus Cæsar, } à *Rome* (2). Post Consulatum Maximiani X, et Galerii VII, } *hors de Rome.*	1052
310	Maxentius Aug. III, Romulus Cæsar II, } à *Rome*. Anno II post Consulatum Maximiani (Herculei) X, } *hors de Rome*. et Galerii VII (3).	1063
311	Gal. Valer. Maximianus Aug. VIII, } *hors de* Maximinus Aug. } *Rome.* C. Ceionius Rufius Volusianus, } à *Rome.* Eusebius,	1064
312	Fl. Valer. Constantinus Aug. II, } *en Oc-* Publ. Valer. Licinianus Licinius Aug. II,} *cident.* Maxentius Aug. IV, *à Rome.* Maximinus Aug. II, } *en Orient, selon* Picentius, } *quelques-uns.*	1065
313	Flav. Valer. Constantinus Aug. III, Publ. Valer. Licinianus Licinius Aug. III.	1066
314	C. Ceionius Rufius Volusianus II, Annianus.	1067
315	Flav. Valer. Constantinus Aug. IV, Publ. Valer. Licinianus Licinius Aug. IV.	1068

Maximien César. Peut-être aussi Constantin fut-il substitué à Sévère après sa mort. En général, il est difficile de marquer au juste les consuls entre les années 306 et 313, parce que ce n'étaient point les mêmes partout, et qu'il y en avait en Italie qui n'étaient point reconnus dans le reste de l'empire.

(1) Ces deux consuls ne furent point reconnus à Rome pendant les trois premiers mois. A leur place, Maxence s'y fit déclarer consul avec son fils M. Aurélius Romulus.

(2) Ce sont les consuls qui furent reconnus à Rome. Mais on ne connaît point ceux qui furent élus dans les provinces, ni même s'il y en eût. L'usage le plus commun fut de dater cette année 309, *post Consulatum Maximiani X, et Galerii VII*, ou *post Consulatum X et VII*.

(3) Dans les Fastes de Théon, on voit consuls cette année Andronicus et Probus; peut-être furent-ils substitués à Maxence.

Ans de J. C.		Ans de Rome.
316	Sabinus, Rufinus.	1069
317	Ovinius Gallicanus, Bassus, } *leur consulat ne commença que le 17 février.*	1070
318	Licinius Aug. V, Flav. Julius Crispus Cæsar, *fils de Constantin.*	1071
319	Constantinus Aug. V, Valerius Licinianus Licinius Cæsar, *fils de l'empereur* Licinius.	1072
320	Constantinus Aug. VI, Fl. Valer. Constantinus Cæsar.	1073
321	Fl. Jul. Crispus Cæsar II, Fl. Val. Constantinus Cæsar II.	1074
322	Petronius Probianus, Anicius Julianus.	1075
323	Acilius Severus, Vettius Rufinus.	1076
324	Flav. Julius Crispus Cæsar III, Flav. Valerius Constantinus Cæsar III.	1077
325	Paulinus, Julianus.	1078
326	Constantinus Aug. VII, Flav. Jul. Constantius Cæsar.	1079
327	Flav. Valerius Constantinus, Maximus.	1080
328	Januarius, *ou* Januarinus, Justus.	1081
329	Constantinus Aug. VIII, Constantinus Cæsar IV.	1082
330	Gallicanus, Symmachus.	1083
331	Annius Bassus, Ablavius.	1084
332	Pacatianus, Hilarianus.	1085
333	Fl. Delmatius, Zenophilus.	1086
334	L. Ranius Acontius Optatus, Anicius Paulinius Junior.	1087

Ans de J. C. / Ans de Rome.

335 Julius Constantius (1), — 1088
Ceionius Rufius Albinus.

336 Flavius Popilius Nepotianus (2), — 1089
Facundus.

337 Felicianus, — 1090
Tib. Fabius Titianus.

338 Ursus, — 1091
Polemius.

339 Constantius Aug. II, — 1092
Flavius Jul. Constans Aug.

340 Acindynus, — 1093
L. Aradius Valerius Proculus, *ou* Proclus.

341 Anton. Marcellinus, — 1094
Petronius Probinus.

342 Constantius Aug. III, — 1095
Constans Aug. II.

343 M. Memmius Metius Furius Baburius Cæcilianus
  Proculus, — 1096
Romulus.

344 Leontius, — 1097
Salustius.

345 Amantius, — 1098
Albinus.

346 Constantius Aug. IV (3), — 1099
Constans Aug. III.

347 Rufinus, — 1100
Eusebius.

348 Fl. Philippus, — 1101
Fl. Salias, *ou* Salius.

349 Ulpius Limenius, — 1102
Aco Catullinus Philomatius, *ou* Philonianus.

---

(1) Julius Constantius fut père de Gallus et de Julien, qui fut depuis empereur. Il est le premier qui ait porté le titre de patrice avec L. Ran. Acont. Optatus.

(2) Ce Népotianus est le même qui usurpa l'empire en 350.

(3) Les empereurs ne s'étant point d'abord accordés sur les consuls de cette année, on en data les premiers mois, *post Consulatum Amantii et Albini*.

Ans de J. C.		Ans de Rome
350	Sergius, Nigrinianus.	1103
351	Post Consulatum Sergii et Nigriniani, *dans l'empire non soumis au tyran Magnence. Dans la partie qui lui était soumise, comme les Gaules, etc.* Magnentius, Gaiso.	1104
352	Constantius Aug. V, Flav. Constantius Gallus Cæsar. *Mais dans la partie soumise à Magnence,* Decentius, *son frère, et* Paullus.	1105
353	Constantius Aug. VI, Constantius Gallus Cæsar II.	1106
354	Constantius Aug. VII, Constantius Gallus Cæsar III.	1107
355	Flav. Arbetio. Q. Flav. Metius Egnatius Lollianus.	1108
356	Constantius Aug. VIII, Flav. Claud. Julianus Cæsar.	1109
357	Constantius Aug. IX, Julianus Cæsar II.	1110
358	Neratius Cerealis, Datianus.	1111
359	Flavius Eusebius, Flav. Hypatius, *son frère* (1).	1112
360	Constantius Aug. X, Julianus Cæsar III.	1113
361	Flav. Taurus, Flav. Florentius.	1114
362	Mamertinus, Nevitta.	1115
363	Julianus Aug. IV, Secundus Salustius.	1116
364	Jovianus Aug. Flav. Varronianus nobilissimus puer.	1117
365	Flav. Valentinianus Aug. Flav. Valens Aug.	1118

(1) Frères d'Eusébie, femme de l'empereur Constance.

Ans de J. C.		Ans de Rome
366	Gratianus nobilissimus puer, Dagalaïphus.	1119
367	Lupicinus, Jovinus.	1120
368	Valentinianus Aug. II, Valens Aug. II.	1121
369	Valentinianus nobilissimus puer (1), Victor.	1122
370	Valentinianus Aug. III, Valens Aug. III.	1123
371	Flav. Gratianus Aug. II, Sextus Anicius Petronius Probus.	1124
372	Domitius Modestus, Arintheus.	1125
373	Valentinianus Aug. IV, Valens Aug. IV.	1126
374	Gratianus Aug. III, Equitius.	1127
375	Post Consulatum Gratiani et Equitii (2).	1128
376	Valens Aug. V, Valentinianus Junior Aug.	1129
377	Gratianus Aug. IV, Flavius Merobaudes.	1130
378	Valens Aug. VI, (3) Valentinianus Junior Aug. II.	1131
379	Decimus Magnus Ausonius, Q. Clodius Hermogenianus Olybrius.	1132
380	Flav. Gratianus Aug. V, Flavius Theodosius Aug.	1133
381	Flavius Eucherius (4), Flavius Syagrius.	1134

---

(1) Ce jeune Valentinien, nommé aussi Galatès, était fils de l'empereur Valens, et n'avait alors que trois ans, étant né le 18 janvier 366. Il mourut dans l'enfance.

(2) Le tumulte de la guerre fit qu'il n'y eut point cette année de consuls.

(3) Saint Paulin, depuis évêque de Nole, fut substitué à Valens, mort pendant son consulat. (Voy. Murat., Dissert. IX, pag. 816.)

(4) Le prénom de Flavius, dit Muratori, qui commença depuis

Ans de J. C.		Ans de Rome.
382	Antonius, Afranius Syagrius.	1135
383	Fl. Merobaudes II, *en Occident.* Flav. Saturninus, *en Orient.*	1136
384	Clearchus, *en Orient.* Flav. Richomeres, *en Occident* (1).	1137
385	Flav. Arcadius Aug. Bauto.	1138
386	Flav. Honorius nobilissimus puer, Evodius.	1139
387	Valentinianus Aug. III, Eutropius.	1140
388	Theodosius Aug. II, Cynegius (2).	1141
389	Fl. Timasius, Fl. Promotus.	1142
390	Valentinianus Aug. IV. Neoterius.	1143
391	Tatianus, } *Tous deux en Occi-* Q. Aurel. Symmachus, } *dent.*	1144
392	Fl. Arcadius Aug. II, Rufinus.	1145
393	Theodosius Aug. III, Abundantius (3).	1146
394	Arcadius Aug. III, Honorius Aug. II.	1147
395	Anicius Hermogenianus Olybrius, Anicius Probinus. (*Tous les deux pour l'Occident,* *ils étaient frères.*)	1148

Constantin à devenir commun parmi les généraux, fut probablement un titre d'honneur qu'ils obtinrent des empereurs, qui se faisaient gloire eux-mêmes de le porter.

(1) Ou Ricimer, franc de nation. Il fut père de Théodemer, roi des Francs.

(2) On voit des inscriptions qui donnent pour consuls de cette année Magnus Maximus Aug. (C'est le tyran Maxime) et Fabius Titianus, le même qui fut préfet de Rome aussi cette année.

(3) Le tyran Eugène prit cette année le titre de consul en Occident.

Ans de J. C.		Ans de Rome.
396	Arcadius Aug. IV. Honorius Aug. III.	1149
397	Fl. Cæsarius, Nonius Atticus.	1150
398	Honorius Aug. IV, Fl. Euthychianus.	
399	Fl. Mallius Theodorus, Eutropius (1).	1152
400	Fl. Stilicho, Aurelianus.	1153
401	Vincentius, Fravita.	1154
402	Arcadius Aug. V, Honorius Aug. V.	1155
403	Theodosius Junior Aug. Fl. Rumoridus.	1156
404	Honorius Aug. VI, Aristænetus.	1157
405	Fl. Stilicho II, Anthemius.	1158
406	Arcadius Aug, VI, Anicius Probus.	1159
407	Honorius Aug. VII, Theodosius Junior Aug. II,	1160
408	Anicius Bassus, Fl. Philippus.	1161
409	Honorius Aug. VIII (2), Theodosius Junior Aug. III.	1162
410	Fl. Varanes, Tertullus, *pour Attale à Rome.*	1163

(1) On ne mit point Eutropius dans les actes publics d'Occident. C'est ce fameux eunuque qui, le 18 janvier de la même année, fut privé de tous ses honneurs, relégué en Chypre, et peu de tems après décapité.

(2) On conserve à Trèves, dans l'église de Saint-Paulin, une inscription où l'on voit Honorius et le tyran Constantin, consuls cette année. Constantin avait pris la pourpre à Arles, en 407, et le foible Honorius lui avait cédé l'Espagne avec une partie des Gaules.

Ans de J. C.		Ans de Rome.
411	Theodosius Aug. IV, *seul*.	1164
412	Honorius Aug. IX, Theodosius Aug. V.	1165
413	Lucius, *en Orient*. Heraclianus (1), *en Occident*.	1166
414	C. Fab. Constantius (2), *en Occident*. Fl. Constans, *en Orient*.	1167
415	Honorius Aug. X, Theodosius Aug. VI.	1168
416	Theodosius Aug. VII, Junius Quartus Palladius.	1169
417	Honorius Aug. XI, C. Fab. Constantius II.	1170
418	Honorius Aug. XII, Theodosius Aug. VIII.	1171
419	Monaxius. Plintha.	1172
420	Theodosius Aug. IX, Fl. Constantius III.	1173
421	Eustathius, Agricola.	1174
422	Honorius Aug. XIII. Theodosius Aug. X.	1175
423	Asclepiodotus, Fl. Avitus Marinianus.	1176
424	Castinus, Victor.	1177
425	Theodosius Aug. XI, Valentinianus Cæsar.	1178

---

(1) Il fut mis à mort pour crime de révolte cette année même, et l'on effaça son nom de tous les actes publics et particuliers. C'est pour cette raison que plusieurs Chroniques ne marquent pour consul de cette année que Lucius.

(2) Tels sont les prénom, nom et surnom de ce consul, qui fut père de l'empereur Valentinien III, et empereur lui-même. (Voy. le t. III, pag. 77, de la découverte de la maison de campagne d'Horace, par M. l'abbé de Capmartin.)

Ans de J. C.		Ans de Rome.
426	Theodosius Aug. XII, Valentinianus Aug. II.	1179
427	Hierus, *ou* Hierius, Ardaburius,	1180
428	Flavius Felix, Taurus.	1181
429	Florentius, Dynamius, *ou* Dionysius.	1182
430	Theodosius Aug. XIII, Valentinianus Aug. III.	1183
431	Bassus, Flavius Antiochus.	1184
432	Flavius Aëtius, Valerius.	1185
433	Théodosius Aug. XIV, Petronius Maximus.	1186
434	Areobindus, *ou* Aviovindus, Aspar.	1187
435	Théodosius Aug. XV, Valentinianus Aug. IV.	1188
436	Flavius Anthemius Isidorus, Flavius Senator. } *tous deux créés en Orient.*	1189
437	Aëtius II, Sigisvultus, *ou* Sigisboldus.	1190
438	Theodosius Aug. XVI, Anicius Acil. Glabrio Faustus.	1191
439	Theodosius Aug. XVII, Festus.	1192
440	Valentinianus Aug. V, Anatolius.	1193
441	Cyrus, *seul en Orient. Il n'y eut point cette année de consul en Occident.*	1194
442	Eudoxius, Dioscorus.	1195
443	Petronius Maximus II, Paterius, *ou* Paternus.	1196
444	Theodosius Aug. XVIII, Albinus.	1197

Ans de J. C.		Ans de Rome.
445	Valentinianus Aug. VI, Nomus, *ou* Nonius, *appellé aussi dans quelques inscriptions*, Albinius.	1198
446	Fl. Aëtius III, } *tous les deux en Oc-* Q. Aurelius Symmachus, } *cident.*	1199
447	Callipius, *ou* Alypius, *en Occident* (1). Ardaburius, *en Orient.*	1200
448	Fl. Zeno, Ruffius Prætextatus Postumianus.	1201
449	Fl. Asturius, Fl. Protogenes.	1202
450	Valentinianus Aug. VII, Gennadius Avienus.	1203
451	Fl. Marcianus Aug. Fl. Adelphius.	1204
452	Sporatius, Fl. Herculanus.	1205
453	Vincomalus, Opilio.	1206
454	Studius, Aëtius, *différent du célèbre Aëtius.*	1207
455	Valentinianus Aug. VIII, Anthemius.	1208
456	Varanes, } *en Orient.* Joannes, } Eparchius Avitus Aug., *en Occident.*	1209
457	Fl. Constantinus, Rufus.	1210
458	Fl. Leo Aug. Fl. Jul. Val. Majorianus Aug.	1211
459	Fl. Ricimer, Patricius.	1212
460	Magnus, Appollonius.	1213
461	Severinus, Dagalaïfus.	1214

---

(1) Ce fut sous ces deux consuls que les Novelles de Théodose furent publiées. Valentinien les confirma l'année suivante.

Ans de J. C.   Ans de Rome.

462 Leo Aug. II,   1215
    Libius Severus Aug. (1).
463 Fl. Cæcinna Basilius,   1216
    Vivianus.
464 Rusticius, *ou* Rusticus,   1217
    Fl. Anicius Olybrius.
465 Fl. Basiliscus,   1218
    Herminiricus, *ou* Armanaricus.
466 Leo Aug. III,   1219
    Tatianus.
467 Pusæus,   1220
    Johannes.
468 Anthemius Aug. II, *seul*.   1221
469 Marcianus,   1222
    Zeno Isauricus.
470 Jordanes,   1223
    Severus.
471 Leo Aug. IV,   1224
    Probianus.
472 Festus,   1225
    Marcianus.
473 Leo Aug. V, *seul*.   1226
474 Leo Junior Aug. *seul*.   1227
475 Zeno Aug. II, *seul*, *ou* post Cons. Leonis Jun.   1228
476 Basiliscus II,   1229
    Armatus (2).
477 Post Cons. Basilisci II, et Armati.   1230
478 Illus, *ou* Hellus, *seul*.   1231
479 Zeno Aug. III, *seul*.   1232
480 Basilius Junior U. C., *seul*, *ou* post Cons. Zeno-
    nis III.   1233
481 Placidus, *seul*.   1234

---

(1) Sévère ne fut reconnu, cette année, ni en qualité d'empereur, ni en qualité de consul, dans l'Orient. Les Fastes Siciliens et l'Anonyme de Scaliger lui donnent Serpentius pour collègue.

(2) Zenon le fit mourir la même année.

Ans de J. C.		Ans de Rome.
482	Trocondus, Severinus Junior.	1235
483	Faustus, *seul, ou* post Cons. Trocondi.	1236
484	Theodoricus, *roi des Goths.* Venantius.	1237
485	Q. Aurel. Memmius Symmachus Junior, *seul, ou* post Cons. Theodorici U. C.	1238
486	Decius, Longinus.	1239
487	Boëtius U. C., *seul.*	1240
488	Dynamius, Sifidius.	1241
489	Probinus, Eusebius.	1242
490	Fl. Faustus Junior, Fl. Longinus II.	1243
491	Fl. Olybrius Junior, *seul.*	1244
492	Fl. Anastasius Aug. Fl. Rufus, *ou* Rufinus.	1245
493	Eusebius II, Albinus.	1246
494	Turcius Rufius Apronianus Asterius, Fl. Præsidius.	1247
495	Fl. Viator U. C., *seul en Occident.*	1248
496	Paulus, *seul, ou* post Cons. Viatoris.	1249
497	Anastasius Aug. II, *seul, ou* post Cons. Viatoris II.	1250
498	Johannes Scytha, Paulinus.	1251
499	Johannes Gibbus, *seul* (1).	1252
500	Fl. Hypatius, Patricius	1253
501	Ruf. Mag. Faustus Avienus, Fl. Pompeius.	1254
502	Fl. Avienus Junior, Probus.	1255

---

(1) Quelques-uns y joignent Asclépion, fondés sur deux lois du code Justinien; mais ce code abonde en fausses dates.

Ans de J. C. — Ans de Rome.

503 Dexicrates, — 1256
Volusianus.

504 Cethegus, *seul*, *en Orient*. — 1257

505 Sabinianus, — 1258
Theodorus.

506 Areobindus, — 1259
Messala.

507 Anastasius Aug. III, — 1260
Venantius.

508 Celer, — 1261
Venantius Junior.

509 Importunus, *seul*, *appellé* Opportunus *mal par quelques-uns. Il fut consul en Occident.* — 1262

510 Anicius Manlius Severinus Boëtius U. C., *seul*. — 1263

511 Secundinus, — 1264
Felix.

512 Paulus, — 1265
Muschianus, *ou* Muscianus.

513 Probus, — 1266
Clementinus.

514 Senator U. C., (Magnus Aurel. Cassiodorus), *seul*, *en Occident*. — 1267

515 Anthemius, — 1268
Florentinus, *ou* Florentius.

516 Petrus U. C., *seul*, *en Occident*. — 1269

517 Anastasius, *différent de l'empereur* (1). — 1270
Agapitus.

518 Magnus U. C., *seul*, *en Orient*. — 1271

519 Justinus Aug., — 1272
Eutharicus.

520 Vitalianus, — 1273
Rusticus, *ou* Rusticius.

---

(1) On conserve à Liége des diptiques consulaires que ce consul avait envoyés à l'évêque de Tongres, et à la tête desquels il se donne, pour marque de sa haute noblesse, les noms et les titres suivants : *Flavius Anastasius Paulus Probus Sabinianus Pompeius, vir illustris, Comes Domesticorum Equitum, Consul ordinarius.* (Voyez la Dissert. du P. Vilthemius sur ces diptiques.)

521 Justinianus, Valerius,   1274
    Valerius.
522 Symmachus,   1275
    Boëtius.
523 Fl. Anicius Maximus, *seul, en Occident.*   1276
524 Justinus Aug. II,   1277
    Opilio.
525 Fl. Theodorus Philoxenus,   1278
    Anicius Probus Junior.
526 Olybrius, *seul, en Occident.*   1279
527 Vettius Agorius Basilius Mavortius, *seul, en Occi-*
    dent.   1280
528 Justinianus Aug. II, *seul.*   1281
529 Decius Junior U. C., *seul, en Occident.*   1282
530 Fl. Lampadius,   1283
    Orestes.
531 Post Consulatum Lampadii et Orestis.   1284
532 Post Consulatum Lampadii et Orestis II.   1285
533 Justinianus Aug. III, *seul.*   1286
534 Justinianus Aug. IV,   1287
    Fl. Theod. Paulinus Junior. *C'est le dernier consul*
    d'Occident.
535 Fl. Belisarius, *seul, en Orient.*   1288
    Post Cons. Paulini, *en Occident.*
536 Post Cons. Fl. Belisarii, *en Orient.*   1289
    Post Cons. Paulini II, *en Occident.*
537 Post Cons. Fl. Belisarii II, *en Orient.*   1290
    Post Cons. Paulini *anno III, en Occident.*
538 Fl. Joannes, *seul, en Orient.*   1291
539 Fl. Appio, *seul, en Orient.*   1292
    Post Consulatum Paulini V, *en Occident.*
540 Fl. Justinus Junior, *seul, en Occident. Les années*   1293
    qui suivirent le consulat de ce Justin, différent de
    l'empereur Justin le Jeune, furent quelquefois,
    mais rarement datées en Occident post Justinum,
    ou post Consulatum Justini : *témoin l'inscription*
    qu'on voit sur le tombeau de saint Aurélien, archê-
    vêque d'Arles, dans la chapelle de Saint-Nizier à
IV.

Lyon, *laquelle porte que ce saint mourut la onzième année après le consulat de Justin; témoin encore l'épitaphe de saint Nizier, évêque de Lyon, à la fin de laquelle on lit, suivant Sévert, dans sa Chronologie des archevêques de Lyon,* Obiit IV nonis (nonas) aprilis seu XXXIII, post Justinum et indictione sextâ; *ce qui revient au 2 avril* 573.

541 Fl. Basilius Junior, *en Orient. C'est le dernier particulier qui a été consul.*   1294

542 Post Consulatum Basilii U. C.   1295

543 Post Consulatum Basilii *anno* II.   1296

544 Post Consulatum Basilii *anno* III.   1297

545 Post Consulatum Basilii *anno* IV, *et ainsi des années suivantes, en ajoutant un à chaque année. Cette manière* de *compter les années* POST CONSULATUM BASILII ANNO PRIMO *en* 542, *est très-commune, et c'est celle de Justinien dans ses Novelles, et des papes dans leurs Lettres. Mais il y en a une autre plus aisée, qui est de Victor de Tunnone. Il marque l'an* 542, *par la seconde année d'après le consulat de Basile, au lieu de la marquer par la première; l'an* 543, *par la troisième année, au lieu de la seconde après le même consulat, et ainsi des autres, en comptant toujours une année plus que n'en comptent ceux qui marquent l'an* 542 *par la première année après le consulat de Basile. La manière de compter de Victor, quoique plus rare que l'autre, ne doit point être oubliée. Ceux qui la négligent, sont exposés à des anachronismes d'un an.*

Il n'y a plus de consul jusqu'à Justin-le-Jeune, qui en prit le titre le premier janvier de l'an 566, *et en transféra le nom et la dignité aux seuls empereurs. C'était la vingt-cinquième année après le consulat de Basile, selon la plus commune manière de compter, ou la vingt-sixième, selon la moins commune, que nous avons dit être de Victor de Tunnone. Depuis ce tems, les empereurs furent les seuls consuls, et chacun d'eux pour une fois seulement; de manière qu'après leur premier consulat, on comptait les années avec la formule* POST CONSULATUM, *jusqu'à ce qu'ils cessassent de régner; ce qui fut imité par les premiers empereurs français.* (Voyez Pagi, *Crit. ad an.* 567, *et* Muratori, *Annali d'Italia*, t. III, pp. 464, 468.)

CHRONOLOGIE HISTORIQUE

DES

EMPEREURS ROMAINS.

La bataille de Pharsale, gagnée, l'an 705 de Rome, par Jules-César sur Pompée, fut le tombeau de la liberté romaine. Le vainqueur, après cette journée, s'empara de l'autorité souveraine dans Rome, et n'y laissa subsister qu'un vain titre de république. C'est la raison pour laquelle il est regardé comme le fondateur de l'empire romain. Cependant il n'en avait qu'ébauché le plan; et cet empire ne prit une forme déterminée, une vraie consistance, et sa dénomination même, que sous Auguste, lorsqu'après avoir triomphé d'Antoine à la bataille d'Actium, il réunit, en sa personne, toute la puissance qui jusqu'alors était partagée entre les différents chefs de la république. Auguste est donc, à proprement parler, le premier empereur romain, comme Augustule est le dernier. Odoacre ayant détrôné celui-ci, l'an 476, l'empire fut éteint, la même année, dans l'Occident. Il subsista néanmoins parmi les Grecs en Orient, où il alla presque toujours en déclinant jusqu'à son entière destruction, arrivée, l'an 1453, à la prise de Constantinople par les Turcs.

AUGUSTE, PREMIER EMPEREUR ROMAIN.

Caius Julius Cæsar Octavianus, plus connu sous le nom d'Auguste, qu'il reçut du sénat le 17 janvier 727 de Rome, petit-neveu de Jules-César par son aïeule maternelle, et son fils

CHRONOLOGIE HISTORIQUE

adoptif (1), commença de régner souverainement sur les Romains après la bataille d'Actium, qu'il gagna sur Antoine, le 2

(1) GÉNÉALOGIE DES OCTAVI[ENS]

CN. OCTAV[IUS]

CN. OCTAVIUS,
édile l'an de Rome 543; préteur en 547; commanda en Sardaigne, et la flotte dans la deuxième guerre punique, sous P. Scipion l'Africain.

CN. OCTAVIUS,
préteur l'an de Rome 585; obtint un triomphe naval sur Persée, roi de Macédoine; consul avec T. Manlius Torquatus en 589; député du sénat en Syrie.

CN. OCTAVIUS,
consul avec T. Annius Luscus l'an de Rome 626. C'était un homme fort éloquent.

M. OCTAVIU[S]
chassé du tribuna[t] peuple par T. Gr[ac]chus, auquel il ét[ait] opposé, abrogea [la] loi Sempronia.

CN. OCTAVIUS,
consul avec Corn. Cinna l'an de Rome 667; tué par C. Marcius dans son consulat.

M. OCTAVIU[S]
dont l'histoire ne n[ous] apprend rien.

CN. OCTAVIUS,
consul avec C. Scribonius Curion l'an 677; fut ami de Cicéron.

L. OCTAVIUS,
consul avec M. Aurelius Cotta l'an 678; périt en Cilicie l'an 679.

M. OCTAVIU[S]
suivit, pendant [la] guerre civile, [le] parti de Pompée.

1°. **MARCELLUS,**
destiné par Auguste pour lui succéder; mort à l'âge de 24 ans; promis avec Julie, sa cousine, fille d'Auguste.

MARCELLIE,
ép., 1°. M. Vips. Agrippa, 2°. M. Jules Antoine.

2°. **ANTONIA**
ép. Domitius En[o]bardus, père [de] l'empereur Nér[on].

C. JULIUS CÉSAR,
mort l'an 4 de J. C. Ep. Levilla, sœur de Germanicus.

L. JULIUS CÉSAR,
mort l'an 3 de J. C.

JULIE, morte l'[an] 28 de J. C., é[p.] L. Paulus Emili[us]

ÉMILIA LEPID[A]
ép. 1°. l'empere[ur] Claude, 2°. A[ ] Junius Silanus.

septembre de l'an 723 de Rome, 31 ans avant l'ère vulgaire chrétienne. Mais la puissance souveraine ne lui fut déférée, par

T DE L'EMPEREUR AUGUSTE.

UFUS, natif de Vélitres.

C. OCTAVIUS, content du rang de chevalier romain, vécut sans ambition.

C. OCTAVIUS, tribun militaire en Sicile sous le général Emilius Pappus, l'an de Rome 527.

C. OCTAVIUS, content des dignités municipales, vécut jusqu'à une extrême vieillesse.

C. OCTAVIUS, sénateur, le premier de cette branche, et préteur; mort l'an 694; épousa, 1°. ANCHARIA, 2°. ATIA BALBA. fille de M. Attius Balbus, et de Julie, sœur du dictateur César.

1°. **OCTAVIE**, ép. 1°. C. Marcellus, 2°. M. Antoine, triumvir.

ANTONIA II, ép. Drusus Germanicus, père de l'empereur Claude.

AGRIPPINE, morte le 16 nov. de l'an 33 de J. C.; ép. Germanicus.

CAIUS CÉSAR CALIGULA.

2°. **C. OCTAVIUS**, dit CÉSAR AUGUSTE, né le 9 septembre 691, empereur l'an 709, mort le 19 août 767, âgé de 75 ans et 11 mois, rég. 58 ans depuis César, et 44 depuis la victoire d'Actium; épousa, 1°. Servilie, 2°. Clodia, 3°. Scribonia, 4°. Livie Drusille.

JULIE, épousa, 1°. Marcellus, 2°. Vipsanius Agrippa, 3°. Tibère, empereur. Elle mourut l'an 14 de l'ère chrétienne.

N. JULIUS AGRIPPA, né posthume; adopté par Auguste avec Tibère; meurt l'an 14 de J. C.

le sénat, que quatre ans après cet événement, savoir le 7 janvier de l'an de Rome 727 ; et il ne l'accepta d'abord que pour dix ans, dans la crainte d'effaroucher, par une souveraineté perpétuelle, un peuple accoutumé à la liberté. Ce terme expiré, l'an de Rome 736, Auguste reprit l'empire pour cinq ans, ensuite pour dix, de même pour dix autres à l'expiration de celui-ci, et ainsi de suite. (Sallengre, *Thesaur. Antiq.*, t. I*er*, p. 459.) Son règne fut de quarante-quatre ans moins treize jours, ce prince étant mort, à Nole, le 19 août de l'an 14 de J. C., 767 de Rome, à l'âge de soixante-seize ans. On a dit d'Auguste qu'il ne devait jamais naître, à cause des maux qu'il fit pour se rendre maître de la république : on a dit aussi qu'il ne devait jamais mourir, eu égard à la sagesse et à la modération avec laquelle il gouverna l'état, après être venu à bout de ses desseins. SERVILIA, CLODIA, SCRIBONIA et LIVIE furent ses quatre femmes. Il répudia les trois premières. La dernière, qu'il pria Tibère Néron, son mari, de lui céder, quoiqu'enceinte de six mois, sut captiver son esprit au point que ce maître du monde était regardé comme l'esclave de Livie. Elle finit, dit-on, par l'empoisonner. Auguste n'eut de ses quatre femmes qu'une fille, nommée Julie, qui naquit, non pas le même jour que Scribonia, sa mère, fut répudiée, comme l'avance un moderne, mais deux ans auparavant (l'an 713 de Rome, quarante-deux avant J. C.) Cette princesse, l'une des plus accomplies pour les grâces du corps et de l'esprit, mais de mœurs dépravées, après avoir épousé, l'an 727 de Rome, Marcellus, son cousin, mort à l'âge de vingt-quatre ans (730 de Rome), se remaria, dans l'année de son veuvage, à Vipsanius Agrippa, qu'elle perdit l'an de Rome 740, puis à Tibère, fils de Livie, et mérita, par ses débauches, l'an 752 de Rome, d'être reléguée dans l'île Pandataire, où Tibère la fit mourir de faim, l'an 14 de l'ère chrétienne, après avoir eu d'Agrippa, son second mari, trois fils et deux filles; savoir, C. César, mort, en Lycie, le 21 février de l'an 4 de J. C.; L. César, décédé à Marseille vers le 20 août de l'an 2 de la même ère; Jul. Agrippa, né posthume, prince féroce, exilé, par l'empereur Auguste, dans l'île Planasie; Julie, femme de Paul Emile, morte l'an 28 de J. C.; et Agrippine, mariée à l'illustre Germanicus, neveu de Tibère.

On compte quatre époques du commencement de l'empire d'Auguste. La première est de la 2e année de l'ère julienne, 709 de Rome, lorsqu'après la mort de Jules César, étant venu de Macédoine en Italie, il prit la qualité d'empereur sans avoir aucune charge de la république, et assembla, d'autorité privée, quelques soldats vétérans; la deuxième est de l'an 3 de la même ère julienne, 711 de Rome, lorsqu'après la mort des deux consuls Hirtius et Pansa, il entra dans le consulat vacant avec Q. Pedius le 22 septembre, ou, lorsque le 27 novembre suivant, il fut déclaré triumvir avec M. Antoine et Emil. Lepidus. La troisième est du 2 septembre 723 de Rome, 15 de l'ère julienne, c'est-à-dire du jour de la bataille d'Actium. La quatrième est de l'année suivante, lorsqu'après la mort d'Antoine et de Cléopâtre, Auguste entra victorieux dans Alexandrie le 29 août, premier jour de l'année égyptienne. Ainsi Auguste, suivant la première époque, régna cinquante-huit ans, cinq mois et quatre jours : c'est celle que paraît avoir suivie l'historien Josephe. Suivant la deuxième époque, Auguste a régné cinquante-cinq ans, dix mois et vingt-huit jours, à compter depuis son premier consulat, ou cinquante-cinq ans, huit mois et vingt-deux jours, à commencer de son triumvirat ; et c'est de l'un de ces deux termes que l'on doit prendre les cinquante-six ans de durée que Suétone, Eusèbe, saint Epiphane, et quelques autres, donnent à l'empire d'Auguste. Mais l'usage le plus ordinaire est de compter depuis la bataille d'Actium ; calcul dont le résultat est de quarante-quatre ans moins treize jours.

Ce fut Auguste qui divisa Rome en quatorze régions ou quartiers, sous l'intendance d'un pareil nombre de magistrats de l'année, ayant chacun l'inspection sur sa région. Dans le dernier cens, ou dénombrement qu'Auguste fit faire, le nombre des citoyens se trouva monter à quatre millions cent trente-sept mille.

TIBERE.

14. TIBÈRE, né le 16 novembre de l'an 712 de Rome, 42 ans avant J. C., était fils de Tibère Claude Néron et de Livie. Adopté, le 27 juin de l'an 4 de J. C., par Auguste, qui avait épousé sa mère, il devint, le 28 août de l'an 11, comme le collègue de ce prince, auquel il succéda le 19 août de l'an 14. C'est à cette dernière époque que l'on commence, le plus ordinairement, à compter les années de son règne. Quelques-uns néanmoins les comptent du tems où le sénat et le peuple, à la demande d'Auguste, lui acordèrent l'égalité de puissance dans le gouvernement des provinces et des armées, *ut œquum ei jus in omnibus provinciis excercitibusque esset*, dit Velleius Paterculus (L. II, c. 121.) c'est-à-dire du 28 août de l'an 11 de J. C. Avant que de rendre publique la mort d'Auguste, Tibère et Livie envoyèrent secrètement assassiner Agrippa, son petit-fils, dans le lieu de son exil, de peur qu'il ne prétendît à l'empire. Telles furent les prémices du règne de Tibère. La suite ne les démentit pas. Rien de plus imposant néanmoins que les dehors

sous lesquels il se montra d'abord sur le trône. Il rejeta tous les titres fastueux, et affecta en tout la modération d'un particulier. Mais la méchanceté de son caractère ne tarda pas à se développer. Il répandit la crainte et la défiance dans les familles, en favorisant les délations et punissant par l'exil, la proscription, la mort, ceux qui lui étaient déférés. L'an 17, il réduisit en province romaine la Cappadoce, après la mort du roi Antiochus, qu'il avait fait citer à Rome sur une fausse accusation. La même année, jaloux des victoires que Germanicus, son neveu, remportait sur Arminius, chef des Germains révoltés, il le fait passer en Orient, et nomme gouverneur de Syrie Calpurnius Pison, ennemi de ce prince, pour le contrecarrer. Pison seconda les vues de Tibère, et alla peut-être au-delà. L'an 19, Germanicus meurt à Antioche, empoisonné, suivant le bruit public, par Pison et Plancine, sa femme, à l'âge de 34 ans. Agrippine, sa veuve, se rend à Rome, avec ses six enfants et les cendres de son époux, pour demander justice de sa mort. Pison, qui l'avait suivie de près, entreprend de se défendre, mais se voyant détesté du peuple inconsolable de la perte de Germanicus, et abandonné de Tibère, il se donne la mort. Tibère, l'homme du monde le moins ouvert et le plus défiant, s'était épris du chevalier Séjan au point de le faire préfet des gardes prétoriennes, son ministre et le confident de ses secrets. Il eut lieu de s'en repentir. L'an 23 de J. C., Séjan, irrité d'un soufflet qu'il avait reçu de Drusus, fils de son maître, le fait empoisonner par les mains de Liville, sa propre femme, sœur de Germanicus. Tibère, tout soupçonneux qu'il est, ne se doute point d'où le coup est parti, tant il est aveuglé sur le compte de son ministre. L'insolence de Séjan augmente avec son crédit. Il noircit, dans l'esprit de son maître, tous ceux qui lui sont suspects, et vient à bout, par divers artifices, de les perdre. L'an 26, Tibère abandonne le séjour de Rome pour n'y plus revenir. Il passe en Campanie, et va fixer, l'année suivante, sa résidence en l'île de Caprée. On a bien disputé sur le motif de cette étonnante retraite. Ce qu'il y a de plus probable, c'est que, livré à la debauche, dont il portait des marques honteuses sur son visage couvert d'ulcères et d'emplâtres, il cherchait à dérober sa difformité au public, et voulait en même tems continuer avec plus de liberté ce genre de vie infâme. Son absence de Rome ne l'y rendit pas moins redoutable. Les discours qu'on y tenait sur son compte lui étaient rendus par ses espions, qui souvent les envenimaient; et ces indiscrétions avaient ordinairement les suites les plus funestes. La veuve de Germanicus était celle qui savait le moins se contenir. Elle déclamait hautement contre Tibère et son ministre. L'an 29,

Tibère la dénonce, par une lettre, au sénat, elle et Néron, son fils aîné. Le peuple, qui les idolâtrait, instruit du danger qu'ils courent, environne le lieu de l'assemblée où ils allaient être jugés, et oblige les sénateurs à suspendre leur jugement. L'empereur s'offense de ce retardement, et menace les juges. Agrippine est enfin reléguée dans l'île Pandataire, Néron dans l'île Pontia, et Drusus, son frère, enfermé dans un souterrain du palais. Séjan triomphe et aspire aux plus grands honneurs. Mais l'an 31, l'empereur, instruit d'une conspiration qu'il tramait contre lui, le dénonce au sénat, qui le condamne à mort le 18 octobre; jugement qui fut exécuté le même jour. Plusieurs de ses partisans sont enveloppés dans sa ruine. Macron lui succède dans la préfecture des gardes prétoriennes: génie également pervers, mais plus dangereux, parce qu'il était plus adroit. Les proscriptions et les meurtres continuent. L'an 33, Agrippine meurt le 16 novembre des traitements barbares que Tibère lui fait essuyer. Enfin ce tyran finit sa vie détestable à Misène, l'an 37, le 16 ou le 26 mars, dans la 78e année de son âge, après un règne de 22 ans, six mois et vingt-six jours, ou dix jours de plus, à compter de la mort d'Auguste, et de vingt-six ans, six mois et quinze jours à prendre de son association à la puissance d'Auguste. On prétend qu'il fut étouffé par Macron, dont on vient de parler. Entre les vices de Tibère on remarque l'ivrognerie, qui le faisait appeler par les rieurs *Biberius Caldius Mero*, au lieu de *Tiberius Claudius Nero*. Cependant il est qualifié *Princeps antiquæ parsimoniæ* par Tacite; et ce qui prouve qu'il était réellement économe, c'est que, sans avoir jamais foulé le peuple ni profité des confiscations, excepté dans les dernières années de sa vie, il laissa 2700 millions de sesterces, *vicies ac septies millies*, c'est-à-dire plus 550 millions de notre monnaie, que son successeur dissipa en moins d'un an. Il avait épousé VIPSANIA AGRIPPINA, fille du grand Agrippa, qu'Auguste lui fit quitter pour lui donner sa fille JULIE, Il eut de la première Drusus, empoisonné, comme on l'a dit, par Liville, sa femme,

CALIGULA.

37. CAIUS JULIUS CÆSAR GERMANICUS, dernier fils de Germanicus et d'Agrippine, petite-fille d'Auguste, surnommé CALIGULA, du nom d'une chaussure militaire qu'il portait, né le 30 août de l'an 12 de J. C., succéda, l'an 37, à Tibère qui l'avait adopté. Dans les premiers mois de son règne, il répondit aux espérances que les Romains avaient conçues du gouvernement d'un fils de Germanicus; mais il les démentit horriblement par la suite. Les débauches les plus outrées, les cruau-

tés les plus inouies, les folies les plus insignes lui devinrent familières, et formèrent, depuis qu'il eut levé le masque, comme le tissu de sa vie. Sa tyrannie fut singulière en un point qui le distingua de tous ses semblables. « C'était, dit » Montesquieu, un vrai sophiste en cruauté. Comme il descen- » cendait également d'Antoine et d'Auguste, il disait qu'il pu- » nirait les consuls s'ils célébraient le jour de réjouissance, établi » en mémoire de la victoire d'Actium, et qu'ils les punirait » s'ils ne la célébraient pas ; et Liville, à qui il accorda des » honneurs divins, étant morte, c'était un crime, selon lui, » de la pleurer, parce qu'elle était déesse; et de ne la pas pleurer, » parce qu'elle était sa sœur ». Une autre de ses méchancetés était de faire écrire ses édits en caractères très-fins, et de les faire afficher très-haut, afin que personne ne pût les lire ; et que l'ignorance, multipliant les contraventions, fournît matière aux supplices. La patience des Romains fut bientôt épuisée. L'an 41, ce despote extravagant et féroce fut assassiné, le 24 janvier, par Chéréas, capitaine de ses gardes, après un régne de trois ans, neuf mois et vingt-huit jours. Il eut cinq femme, CLAUDIA, ENNIA-NÆVIA, LIVIA-ORESTILLA, LOLLIA-PAULINA et CÆSONIA. Celle-ci fut tuée, peu de jours après son époux, d'un coup d'épée, et sa fille écrasée contre un mur. Pline, le naturaliste, dit, L. II, qu'il avait les paupières immobiles. C'est une singularité de plus dans ce monstre. Il fut le premier empereur romain qui prit le titre de *dominus*, qu'Auguste et Tibère avaient refusé comme trop fastueux, persuadés qu'il n'appartenait qu'à l'être suprême. Parmi les dépenses folles et ruineuses que fit Caligula, il y en eut quelques unes d'utiles, et de ce nombre fut l'entreprise qu'il fit de faire amener d'Egypte le grand obélisque, que l'on posa dans le cirque du Vatican. Le vaisseau, dans lequel il fut transporté, surpassait en beauté tous ceux qu'on avait vus jusqu'alors. Il fallait quatre hommes pour embrasser le pin qui lui servait de mât. (Tillemont.)

CLAUDE I.

41. TIBERIUS CLAUDIUS NERO DRUSUS, fils de Drusus et d'Antonia, né à Lyon le 1 août de l'an 744 (et non 742) de Rome, dix ans avant la naissance de J. C., le même jour que son père fit à Lyon la dédicace du temple d'Auguste et de Rome, parvint à l'empire le 25 janvier de l'an 41 de notre ère. Il ne s'était nullement attendu à une pareille fortune, et ne devait pas s'y attendre. Ce n'était qu'un homme ébauché, disait sa mère. Méprisé de Caligula, son neveu, dont sa stupidité l'avait rendu le jouet, il avait été se cacher, après l'assassinat de ce

prince, dans un coin du palais, de peur d'être enveloppé dans son malheur. Cependant le sénat s'était assemblé pour établir une nouvelle forme de gouvernement. Tandis qu'il délibère, quelques soldats entrent dans le palais pour le piller. Ils y trouvent Claude tremblant de frayeur, et le saluent empereur lorsqu'il leur demande la vie. L'ayant mis aussitôt dans une litière, ils le portent au camp des gardes prétoriennes, où il reçoit le serment des troupes. Le peuple approuva ce choix, et le sénat se vit réduit à céder à la force. Claude, reconnu de la sorte empereur, prit les noms de César et d'Auguste, quoiqu'il ne fût point de la maison de César et d'Auguste, ni par la naissance, ne leur étant parent que par les femmes, ni par adoption, comme ses prédécesseurs. Son exemple, en cela, fut suivi de ses successeurs, qui prirent tous ces mêmes noms. Celui de César devint le titre de l'héritier présomptif de l'empire, et celui d'Auguste la marque de la puissance suprême et absolue. Claude mourut de poison, ou plutôt d'un excès de champignons, le 13 octobre de l'an 54 de J. C., dans la 64e année de son âge, après avoir régné treize ans, huit mois et dix-huit jours. On rapporte qu'en mourant il disait ce vers : *Boleti lethi causa fuere mei*. Le règne de Claude fut celui de ses affranchis. Il en était moins le prince que le ministre. Les deux principaux furent Narcisse et Pallas. Ils changeaient souvent ce qu'il avait jugé ; ils mettaient tout à prix, et obtenaient de sa faiblesse les choses les plus absurdes ; car ils lui faisaient quelquefois de fausses peurs pour en tirer ce qu'ils voulaient. Ils s'étaient rendus par-là si redoutables, que beaucoup de personnes, priées à souper par Claude et par l'un de ces affranchis, laissaient là, sous quelque prétexte, l'empereur, et allaient chez l'affranchi. Ils pillaient le trésor impérial avec si peu de retenue, que l'empereur se plaignant lui-même de manquer d'argent, un plaisant lui dit qu'il en aurait en abondance, si Narcisse et Pallas voulaient le mettre de société avec eux. Les citoyens riches étaient sur-tout exposés à l'avidité de ces valets souverains. On compte trente-cinq sénateurs et plus de trois cents chevaliers qui furent les victimes de la stupide facilité de Claude. Ce prince ne manquait cependant pas de connaissances ; il savait l'histoire, et composait lui-même ses harangues ; mais du reste il était dépourvu de jugement au point de brouiller tout ce qu'on lui disait ; et s'il hasardait de parler d'après sa propre pensée, il lui échappait quelque ineptie. Il avait épousé cinq femmes, AEMILIA LEPIDA, URGUNALILLA, mère de Drusus et de Claudia, AELIA PETINA, mère d'Antonia, VALERIA MESSALINA, qui lui donna Britannicus et Octavia, et qu'il fit, ou plutôt que Narcisse, à son insu, fit mourir pour ses débauches outrées, l'an 48 ; et enfin AGRIPPINE qui joignit aux mœurs d'une prostituée la cruauté d'un tyran. Elle était fille de l'illustre Germanicus, frère de Claude ; et c'est le premier exemple à Rome d'une nièce qui épousa son oncle. Claude fit une loi pour autoriser ces sortes de mariages, mais elle ne prit point faveur ; et ce ne fut que par complaisance pour l'empereur qu'un chevalier romain, quelque tems après, s'y conforma. Lors même que l'usage permit à l'oncle d'épouser sa nièce, cela fut restreint à la fille du frère, et l'on exclut la fille de la sœur. *Nunc autem*, dit Ulpien, jurisconsulte du tems d'Alexandre Sévère, *ex tertio gradu licet uxorem habere, sed tantùm fratris filiam, non etiam sororis*,

« Claude acheva, dit le président de Montesquieu, de per-
» dre les anciens ordres, en donnant à ses officiers le droit de
» rendre la justice.... Auguste avait établi les procurateurs,
» mais ils n'avaient point de juridiction : et quand on ne leur
» obéissait pas, il fallait qu'ils recourussent à l'autorité du
» gouverneur de la province, ou du préteur. Mais, sous
» Claude, ils eurent la juridiction ordinaire, comme lieute-
» nants de la province. Ils jugèrent encore des affaires fiscales :
» ce qui mit la fortune de tout le monde entre leurs mains. »
(*Grand. et décad des Rom.*, p. 174.) Claude, élevé comme on l'a vu, par les soldats à l'empire, fut le premier qui leur fit des largesses. Il leur donna à chacun *quina dena* H. S. 2700 livres. (Suétone.)

Claude accorda, l'an 48 de Jésus-Christ aux plus anciens des nouveaux sénateurs et aux citoyens les plus illustres de Rome, la qualité de patriciens. La raison qu'en allègue Tacite, est la destruction de la plupart des maisons patriciennes, non seulement de celles qui avaient été élevées à ce rang par Romulus, par Tarquin l'Ancien et par la république, mais même de celles qu'avaient créées César et Auguste. (M. Perreciot.)

NÉRON.

54. NERO CLAUDIUS CÆSAR GERMANICUS, fils de Cn. Domitius Ænobardus et d'Agrippine, fille de Germanicus, né à Antium le 25 décembre de l'an 37 de Jésus-Christ, adopté par Claude, son beau-père, l'an 50, lui succéda le 13 octobre de l'an 54, au préjudice de Britannicus, à qui l'empire appartenait par le droit de sa naissance. Le nom de Néron rappelle à l'esprit l'idée d'un monstre pétri de tous les vices. C'était aussi ce qu'avait prédit son père, lorsqu'on vint lui faire compliment sur sa naissance. D'Agrippine et de moi, répondit-il, il ne peut rien naître que de détestable. Cependant il ne négligea rien pour faire bien élever ce fils. C'est tout dire

qu'il le mit entre les mains de Sénèque et de Burrhus : deux hommes les plus capables de le former aux lettres et à la vertu. Néron parut avoir profité de leurs leçons au commencement de son règne. Modeste, affable, humain, il rejetait les louanges, disant qu'il n'en voulait recevoir qu'après les avoir méritées; son cœur était si sensible à la pitié, qu'un jour, obligé de signer un arrêt de mort, rendu par le sénat, il dit : *Je voudrais ne pas savoir écrire.* Mais on vit bientôt ces belles qualités disparaître et faire place aux vices les plus affreux. Après avoir secoué le joug de ses instituteurs, il lâcha la bride à ses passions, et se jeta, à corps perdu, dans tous les excès où elles peuvent entraîner. Le premier trait de sa cruauté fut la mort de Britannicus, son frère, qu'il fit empoisonner l'an 55, et le vit, sans émotion, expirer dans un festin où ils étaient ensemble. Cet attentat le conduisit à un autre plus affreux. L'an 59, après avoir tenté, sans succès, différentes voies pour ôter la vie à sa mère, il réussit à la faire poignarder. L'empoisonnement de Domitia, sa tante, commis par ses ordres, suivit de près ce parricide. Afranius Burrhus, son gouverneur, dont les leçons et les exemples le faisaient rougir, reçut de lui, au rapport de Suétone et de Dion, le même traitement en 62. Ce fut aussi l'époque de la mort violente d'Octavia, fille de l'empereur Claude, qu'il avait épousée l'an 53 : princesse vertueuse dont il n'était pas digne, et qu'il contraignit, le 9 ou le 11 de juin, à s'ouvrir les veines. L'an 64, nouvelles atrocités. Le 19 juillet, il fait mettre le feu à la ville de Rome, et accuse les Chrétiens de cet incendie qui dura neuf jours, et consuma dix quartiers, pour avoir occasion de les persécuter. Il était réservé à sa méchanceté d'imaginer le supplice qu'il leur fit subir. Après les avoir enduits de cire et de résine, il les fit attacher à des pieux rangés en forme d'allées dans ses jardins; puis y ayant fait mettre le feu pendant la nuit, il se donna le barbare plaisir de promener son char à la lueur de ces flambeaux animés. Le dessein de Néron, en faisant brûler Rome, était de la rebâtir sur un plan plus régulier, d'en aligner et d'en élargir les rues. C'est ce qu'il exécuta, au moyen des impôts dont il accabla les provinces, des extorsions et des confiscations qu'il fit sur les particuliers. Ces voies odieuses lui servirent également pour la construction d'un palais, dont l'étendue valait une ville, et la magnificence surpassait tout ce qui avait existé jusqu'alors en ce genre. Chaque année de Néron était marquée par quelque trait de cruauté. L'an 65, ayant découvert, le 12 avril, une conjuration formée contre lui par Calp. Pison, fameux débauché, il en prit occasion de faire mourir un grand nombre de personnes distinguées, dont plusieurs n'avaient aucune part à ce crime. Entre les premiers on compte le célèbre Lucain, dont il était le rival en poésie. Parmi les derniers fut compris le philosophe Sénèque, son précepteur, qu'il récompensa des soins de son éducation en l'obligeant à se faire ouvrir les veines. POPPEIA, sa seconde femme, ou plutôt sa concubine, qu'il avait ôtée à son époux Othon, périt, peu de tems après, d'un coup de pied qu'elle reçut de lui étant enceinte. La mollesse de cette impératrice est mémorable. Cinq cents ânesses lui fournissaient chaque jour un bain de leur lait. L'an 66, la haine de la vertu porta Néron, sans autre motif, à faire mourir Pœtus Thrasea et Barea Soranus: deux hommes les plus estimables de leur tems. Corbulon, célèbre par ses victoires sur les Parthes, n'avait pareillement d'autre crime à ses yeux que son mérite. Apprenant, l'an 67, à Corinthe, l'ordre qu'il a donné de l'assassiner, il prévient le coup par une mort volontaire. Une infinité d'autres personnes furent les victimes de ses fureurs. Jamais bête féroce ne fut plus altérée de sang que cet abominable prince. La pudeur se refuse au récit de ses débauches qui outrageaient la nature en toutes manières. Ses folies et ses extravagances ne révoltaient pas moins la droite raison. On vit dans sa personne le chef de l'empire, le maître du monde, sur le théâtre, jouer avec les histrions, ou disputer le prix du chant aux musiciens, sans avoir ni le talent de la déclamation, ni les agréments de la voix. On le vit dans le cirque défier, avec aussi peu de succès, les cochers pour l'adresse à conduire un char. On le vit se lamenter publiquement à la mort de son singe, et faire une dépense énorme pour ses ridicules funérailles. La justice divine éclata enfin sur ce monstre, le plus affreux que l'enfer eût vomi. Déclaré, tout d'un coup, par le sénat, ennemi de la patrie, et dès ce moment abandonné de tout le monde, il se trouva réduit à se poignarder lui-même; ou, selon d'autres, à se faire égorger par son secrétaire, pour se dérober au supplice infâme qui lui était destiné. Nous exceptons cependant de la joie commune la populace, à qui il ne fallait, pour la contenter, que du pain et des jeux, *panem et circenses*, que Néron lui fournissait abondamment, et les gens perdus de dettes et de débauches, qui mettaient en lui toute leur ressource. Le 9 juin de l'an 68, fut le terme de sa funeste vie, après un règne de treize ans, sept mois et vingt-sept jours. Il était alors dans la trente et unième année de son âge.

Quoique Néron n'ait régné que quatorze ans, cependant on conserve deux de ses médailles frappées en Égypte, dont l'une porte l'an 18 et l'autre l'an 21. Cela s'explique, en disant que, dans les médailles qu'on frappait en Orient à l'honneur des empereurs, on marquait, non l'année de leur règne, mais celle du règne de leur famille, en partant de l'époque où l'empire y était entré. Ainsi l'empire étant passé dans la famille Claudia, l'an 41, dans la personne de Claude, la première des deux médailles dont il s'agit, se rapporte à la cinquième année du règne de Néron, et la seconde à la huitième.

C'est à la quatrième année du règne de Néron, cinquante-septième de Jésus-Christ, que la valeur du *denarius impérial* romain fut réduite, suivant les modernes, à la quatre-vingt-seizième partie de la livre romaine d'argent, ou à celle du soixante-cinquième de nos grains et cinq huitièmes ; ainsi le quart de ce *denarius impérial*, appelé *sestertius*, ne pesa plus que seize de nos grains et treize trente-deuxièmes. Plusieurs auteurs néanmoins font remonter cet affaiblissement à la deuxième année du triumvirat d'Octavien, d'Antoine et de Lepidus, 711 de Rome. Quoi qu'il en soit, ce *denarius impérial* resta sur le même pied jusqu'au règne de Septime Sévère, 193 de Jésus-Christ.

GALBA.

68. SERV. SULP. GALBA, né, près de Tarracine, le 24 décembre de l'an 749 de Rome, fut déclaré auguste, d'après la proclamation des prétoriens, par le sénat, le 9 juin de l'an 68, à l'âge de soixante-douze ans. Il était alors en Espagne, où il s'était déclaré contre Néron, qui avait donné ordre de le faire périr. Il arriva à Rome sept jours après avoir reçu la nouvelle de sa proclamation. Son entrée dans cette ville se fit sous de fâcheux hospices. Etant à Pontemolle, à une lieue de Rome, les troupes de la marine vinrent lui demander la confirmation du titre de légionnaires, que Néron leur avait accordé. Galba la refusa ; et sur les signes de mécontentement qu'elles donnèrent, il fit fondre sur elles ses cavaliers, qui en massacrèrent une grande partie. Arrivé dans le palais, à peine y a-t-il mis le pied qu'un grand tremblement de terre se fait sentir, accompagné d'un bruit extraordinaire et d'une espèce de mugissement. La superstition tira de-là un mauvais augure. Cependant il signala le commencement de son règne par le rappel de ceux que Néron avait exilés. Mais l'avarice ne lui permit pas de consommer son ouvrage par la restitution des biens dont on les avait dépouillés. Cette même passion lui fit refuser aux prétoriens les grandes sommes qu'il leur avait promises, lorsqu'il aspirait à l'empire ; sur la demande qu'ils lui en firent, il répondit fièrement « qu'un empereur doit choisir ses soldats, et non les » acheter. » En général, son gouvernement indisposa contre lui tous les ordres de l'état. Dominé tour-à-tour par trois

hommes obscurs, de caractères différents, mais également pervers, son indolence leur permit d'exercer sous son nom les plus criantes injustices. Les prétoriens n'oublièrent pas celle qu'il leur avait faite. Excités par Othon, ils l'assassinèrent le 16 janvier de l'an 69, avec L. Pison Frugi, qu'il avait fait césar cinq jours auparavant. Son règne fut de neuf mois et quatorze jours. Tacite dit de lui qu'il fut plus loin du vice que près de la vertu : *Magis extra vitia quàm cum virtutibus.* Il annonçait cependant quelque chose de plus avant que de parvenir à l'empire. Suétone rapporte un jugement, qu'il rendit en Espagne, qui marque un grand sens et qu'on pourrait comparer à celui de Salomon. Deux citoyens se disputaient devant lui la possession d'un cheval; et les témoins, produits de part et d'autre, ne s'accordaient pas. Galba ordonne que l'animal soit conduit à son abreuvoir ordinaire les yeux bandés ; qu'ensuite on lui ôte son bandeau, et qu'il appartiendra à celui des deux contendants chez qui il retournera de lui-même.

Quoique cet empereur ait régné moins d'un an, on voit cependant des médailles frappées la 2e année de son empire. Mais les antiquaires observent qu'elles l'ont toutes été en Orient, où la coutume était de compter les années des empereurs du premier jour de celle où ils avaient commencé à régner ; et comme l'année commençait vers l'automne en Orient, Galba, suivant cet usage, mourut effectivement la deuxième année de son empire.

OTHON.

69. M. Salvius Otho, fils de L. Salv. Otho, qui avait été consul sous Tibère, et d'Albia Terentia, né le 28 avril de l'an 32, fut proclamé empereur par les prétoriens dans la sédition où périt Galba, et reconnu par le sénat et le peuple le 16 janvier de l'an 69. Elevé à la cour de Néron qui l'avait fait l'agent de ses débauches secrètes, Othon passa sa jeunesse dans un luxe excessif et dans un rafinement de voluptés infâmes. L'an 58, Néron, voulant lui ravir Poppeia, sa femme, dont il était devenu amoureux, l'envoya gouverner la Lusitanie. La conduite qu'il tint dans ce poste, le fit, selon Tacite, estimer des grands et chérir des petits. Cependant il continua de vivre avec la même somptuosité. Galba, comme on l'a dit, commandait en Espagne, lorsqu'il fut élevé à l'empire. Othon l'accompagna dans son voyage à Rome, et se montra un de ses partisans les plus zélés. Mais la faveur du prince ne servit à Othon qu'à augmenter la somme de ses dettes, en irritant son goût pour la prodigalité. Entièrement ruiné, il ne vit

d'autre ressource pour lui que l'empire. L'an 69, oubliant ce qu'il doit à son bienfaiteur, il va se joindre à la faction soulevée contre Galba, qui, dès qu'elle le voit, le salue empereur. L'Orient s'unit à Rome pour le reconnaître. Mais la Germanie était déclarée pour Vitellius. Celui-ci fait avancer ses généraux Cecina et Valens pour combattre en Italie son rival. Othon vient à leur rencontre. Bataille de Bédriac, donnée le 14 avril, entre Vérone et Crémone, près de l'Oglio. Titien, frère d'Othon, qui était resté à Bersello, la perd avec la vie. Un soldat, qui vint le jour suivant lui annoncer cette nouvelle, se tua, dit-on, après son récit. Othon, malgré les grandes ressources que ses amis lui font entrevoir, ne peut survivre à son malheur. En vain ils l'exhortent à se réserver pour une meilleure fortune; en vain ses troupes lui témoignent le plus grand courage et le zèle le plus ardent pour son service. Ne pouvant se résoudre à les exposer pour lui à de nouveaux périls, il les remercie tendrement de l'affection où ils persistent à son égard, les congedie ensuite; et le lendemain, 15 avril, à la pointe du jour, il se perce le cœur, en disant : *Il vaut mieux qu'un périsse pour tous, que tous pour un.* Sa mort fait voir, dit M. de Condillac, qu'il aurait été capable de vertus dans un siècle où il y aurait eu des mœurs. Trois mois, ou 90 jours, formèrent toute la durée de son règne, et trente-sept ans celle de sa vie.

VITELLIUS.

69. AULUS VITTELLIUS, fils de L. Vitellius qui avait été trois fois consul, et de Sextillia, né le 24 septembre de l'an 15, fut proclamé empereur, le 2 janvier de l'an 69, à Cologne, par l'armée de la Basse-Germanie, dont Galba lui avait donné le gouvernement. Après la victoire de Bédriac, il arrive, le 25 mai, sur le champ de bataille couvert de cadavres dont la puanteur infectait l'air. Il s'arrête à les considérer, disant qu'un ennemi mort sent toujours bon. Les principaux de Rome et le peuple viennent au devant de lui, lorsqu'il en approche, et l'amènent, comme en triomphe, dans la ville. A peine fut-il assis sur le trône, qu'il donna libre carrière à sa cruauté. Une infinité de têtes précieuses, parmi lesquelles on compte sa mère, en furent les victimes. A ce vice il joignit, comme les bêtes féroces, une insatiable gourmandise. La dépense de sa table était énorme. Il donna des repas où l'on servit deux mille plats de poissons exquis et sept mille de volailles ou oiseaux rares. Il vivait dans la sécurité au milieu de l'opprobre et de la haine publique, tandis que l'Orient lui

donnait un concurrent dans la personne de Vespasien. Il ne se réveilla de son assoupissement que lorsqu'il vit arriver en Italie les légions envoyées pour le renverser du trône. Alors il arma pour sa défense ; mais il fut mal servi par ses Germains et par leurs généraux. Antonius Primus, général de Vespasien, après avoir parcouru l'Italie en conquérant, entre à Rome presque sans obstacle. Il se livre, au dedans et au dehors des murs, plusieurs combats dans lesquels périrent plus de cinquante mille hommes ; et ce qu'il y eut de plus étonnant, c'est que le peuple applaudissait, comme au cirque, aux combattants des deux partis. Vitellius, sur le point d'être forcé dans le palais, alla se cacher chez le portier dans la loge aux chiens. Il en fut tiré et exposé aux insultes du peuple qui le mit en pièces le 20 décembre de l'an 69, après qu'il eut régné un peu plus de huit mois depuis la mort d'Othon. Suétone et Dion Cassius, qui lui donnent un an moins dix jours de règne, en datent le commencement du jour où il fut proclamé par son armée. Il avait épousé PETRONIA, et ensuite GALERIA FUNDANA, femme de mérite et de vertu. Elle fit retirer le corps de son mari du Tibre où on l'avait jeté, pour lui donner la sépulture, et passa le reste de sa vie à le pleurer. Vitellius eut d'elle un fils, qui fut tué sous Vespasien, et une fille qui épousa Valerius Asiaticus, gouverneur de la Belgique. Le nom de césar ne se trouve point sur les médailles de Vitellius, parce qu'il avait refusé de le prendre, suivant Tacite. (*Hist.* L. I.)

VESPASIEN.

69. TITUS FLAVIUS VESPASIANUS, né le 17 novembre de l'an 9 de J. C. à Riéti, parvint à l'empire l'an 69. Proclamé d'abord à Alexandrie le premier juillet de cette année, et le 3 du même mois dans toute la Judée, où il faisait la guerre aux Juifs, il fut peu après reconnu dans tout l'Orient. Enfin, Vitellius étant mort, il le fut aussi à Rome, où il semble n'être arrivé que vers la fin de l'an 70. Vespasien mourut le 24 juin de l'an 79, âgé de soixante-neuf ans, sept mois et sept jours, après un règne de 10 ans moins 6 jours. On remarque, comme une chose rare, qu'il jouit d'une meilleure réputation étant prince qu'avant que de l'être. Il releva l'empire épuisé par les dépenses excessives de ses derniers prédécesseurs, et déshonoré par leurs vices. Pour rétablir les finances, il fallut qu'il usât d'une économie qui, dans des meilleurs tems, eut passé pour avarice. Qu'on dise, si l'on veut avec quelques anciens, que le penchant à l'épargne était naturel en lui. Il est certain qu'il ne l'écoutait ni à l'égard des artistes,

ni à l'égard des familles patriciennes dont il convenait de soutenir le luxe, ni à l'égard d'un grand nombre de villes qui furent renversées sous son règne par des tremblements de terre, et qu'il fit rebâtir à ses frais. S'il fut particulier sordide, il fut empereur généreux. L'ordre qu'il remit dans les finances, il le rétablit aussi dans l'administration de la justice, dans le militaire et dans les mœurs publiques. On ne peut néanmoins dissimuler un trait de cruauté qui fait une tache à sa mémoire. Julius Sabinus, qui se prétendait issu de Jules César, s'était mis à la tête des légions révoltées contre Vitellius. Battu sans ressource par les Sequanais et les Autunois, il congédie ses esclaves, met le feu à sa maison de campagne où il feint de se bruler, et va se cacher dans un souterrain, n'ayant pour confidents de son secret que deux affranchis qu'il avait gardés. Informé par eux qu'Eponine, sa femme, persuadée de sa mort, se livre au désespoir, il la fait venir auprès de lui; et, dans le cours des visites fréquentes qu'elle lui rendit pendant neuf ans, elle mit au monde deux jumeaux. A la fin le mystère fut dévoilé. Sabinus ayant été découvert, fut arrêté et amené, par ordre de l'empereur, chargé de chaînes, à Rome, avec sa femme et ses enfans. Eponine s'étant présentée à Vespasien avec ses deux fils: *j'ai nourri*, lui dit-elle, *ces deux enfants dans une caverne, comme une lionne ses petits, afin que nous fussions plusieurs pour vous demander grâce*. Ce spectacle attendrissant toucha l'empereur jusqu'aux larmes. Mais la politique l'emporta sur la bonté du cœur. Il condamna à mort le mari et la femme, et conserva les enfants. Plutarque attribue à cette condamnation barbare tous les malheurs qui arrivèrent depuis à Vespasien et à sa famille. Il avait épousé, vers l'an 40, FLAVIA DOMITILLA, dont il eut deux fils qui lui succédèrent, et une fille.

C'est du premier juillet de l'an 69 que Vespasien compte toujours les années de son empire, quoique Vitellius fut encore en vie alors. *Porro*, dit Onuphre, *à calendis julii hujus anni* (69) *imperii tempus et tribunitiæ potestatis numerandi ratio observata fuit.* (*Fast.*, l. II, v. c. 822, p. m. 206.) Vespasien et ses deux fils sont les seuls empereurs qui portent le titre de censeurs dans leurs médailles. (Le baron de la Bastie.)

TITE.

79. TITUS FLAV. SABINUS VESPASIANUS, fils de Vespasien, né le 30 décembre de l'an 40, élevé avec Britannicus, fils de Claude, fit paraître dès l'enfance d'excellentes qualités

de cœur et d'esprit. Dès la fin de l'an 69, il fut créé césar par le sénat, et devint proprement le collègue de son père, auquel il succéda le 24 juin de l'an 79. Tite avait été laissé en Judée par Vespasien en 69, pour continuer la guerre contre les Juifs. Il prêta sa main à Dieu, comme il le reconnaissait lui-même, pour punir les crimes de cette nation, en ruinant Jérusalem, qu'il prit le 8 septembre de l'an 70. Le 1 novembre de l'an 79 commença l'horrible éruption du Mont-Vésuve, qui engloutit Herculanum, Pompeia et d'autres villes, et où périt le célèbre naturaliste Pline le Vieux. Les cendres volèrent en Afrique, en Egypte et en Syrie ; le ciel en fut couvert à Rome, et le soleil obscurci pendant plusieurs jours. Tite se transporta, l'année suivante, en Campanie pour réparer les dommages que ce désastre y avait causés. Pendant son absence, un incendie, qui dura trois jours, consuma le Capitole, le Panthéon, la bibliothèque d'Auguste, le théâtre de Pompée et quantité d'autres édifices. Tite, à son retour, donna ses ordres pour tout rétablir à ses dépens, sans vouloir rien prendre des particuliers, ni même accepter les sommes que des rois offraient de lui prêter. Ce malheur fut suivi d'une peste si cruelle qu'on n'en avait jamais vu de semblable. C'est la même, suivant toute apparence, qui est rapportée dans Eusèbe, par une transposition de date, à l'an 77. Tite, dans ce nouveau désastre, se comporta comme un père tendre, donnant des secours aux uns, consolant les autres, veillant sur tous. La bienfaisance faisait le caractère de ce prince ; elle se montrait dans tous ses réglements, et l'empire attendait ses ordres comme des bienfaits. Personne n'ignore cette parole qu'il dit un jour qu'il n'avait rien donné ; *Mes amis, voilà un jour que j'ai perdu.* Mais ses libéralités étaient le fruit d'une sage économie, et non d'une prodigalité onéreuse à ses peuples. Loin d'augmenter les impôts ni même de les maintenir sur le pied où son père les avait établis, il les diminua considérablement, et refusa jusqu'aux présents que l'usage autorisait. La vie des citoyens lui était si chère, qu'il ne se souilla jamais de leur sang, quoiqu'il ne manquât point de justes sujets de vengeance. *J'aimerais mieux périr moi-même, que de causer la perte d'autrui.* C'est ce qu'il dit à l'occasion de deux sénateurs convaincus d'avoir conspiré contre lui. Non content de leur pardonner, il les admit à sa table le soir même de la découverte de leur abominable complot, après les avoir avertis de prendre des sentiments plus équitables pour lui. Tite acheva le fameux amphithéâtre, dont on voit encore aujourd'hui, dans Rome, les ruines superbes (c'était son père qui l'avait commencé); et à l'occasion de la dédicace qu'il en fit, il donna des spectacles magnifiques, entr'autres un combat naval dans l'ancienne Naumachie. On s'aperçut qu'à la fin de ces jeux il était triste et poussait des soupirs par un certain pressentiment de quelque malheur qui le menaçait. Pour dissiper la mélancolie où il était tombé, il voulut aller prendre l'air à Riéti dans la maison où son père était né. La fièvre le prit en chemin. Arrivé dans la maison paternelle, il y mourut, le 13 septembre de l'an 81, à l'âge de quarante et un ans, après un règne de deux ans, deux mois et vingt jours. On préjuge aisément les regrets qu'excita la perte d'un prince qui fut appellé de son vivant *les délices du genre humain*; titre qui n'a jamais été donné à aucun autre souverain. Il avait aimé, dit-on, avant la mort de son père, Bérénice, fille d'Agrippa, dernier roi des Juifs, et l'avait logée dans le palais, comptant en faire son épouse. Mais au commencement de son règne il la renvoya de peur de se rendre odieux aux Romains en épousant une étrangère. (Cette histoire néanmoins, comme on l'a déjà remarqué n'est guère probable.) Les deux romaines, qui furent successivement les femmes de Tite, sont ARRICIDIA TUTELLA et MARCIA FURNILLA. Il eut de celle-ci une fille nommée Julie, dont la conduite le déshonora. Tite avait une facilité merveilleuse pour faire des vers sur le champ. Il était ce que les Italiens nomment un *improvisatore*. Il avait aussi le talent de contrefaire toute sorte d'écriture, et il disait qu'il n'avait tenu qu'à lui d'être un insigne faussaire.

DOMITIEN.

81. TIT. FL. SABINUS DOMITIANUS, deuxième fils de Vespasien, né le 24 octobre de l'an 51, fut déclaré césar par les soldats, le 20 décembre 69, le jour même de la mort de Vitellius, et confirmé le lendemain dans cette dignité par le sénat. L'an 81, il succéda, le 13 septembre, à Tite, son frère, dont on l'accusa d'avoir avancé les jours par le poison. Sa conduite, sur le trône, prouva qu'il était capable d'un pareil forfait. On crut voir revivre en lui le cruel Néron. Il imita ce monstre dans la persécution qu'il commença, l'an 95, contre les Chrétiens. (Elle est comptée pour la seconde.) C'étaient les dernières victimes qu'il voulait immoler à sa cruauté. Il avait déjà versé le sang des plus opulents citoyens pour s'enrichir de leurs dépouilles, des personnages les plus respectés pour satisfaire sa jalousie, de ses proches même par une antipathie naturelle. Les savants eurent aussi part à ses mauvais traitements. Il en voulait sur-tout aux historiens, parce qu'ils sont les justes dispensateurs de la gloire auprès de la postérité. Ingrat envers

ceux qui lui avaient rendu les plus grands services, il reçut avec froideur, l'an 85, le célèbre Agricola, beau-père de l'historien Tacite, qui revenait victorieux de l'Angleterre et de l'Ecosse, qu'il avait soumises, pour la plus grande partie, à l'empire romain; et peut-être, sans la crainte d'une sédition, eut-il mis au nombre de ses victimes une tête si précieuse à l'état. Nous tirons le voile sur l'infamie de ses voluptés. Son orgueil égalait ou surpassait peut-être ses autres vices. Cette âme de boue, ce ver de terre, voulait et exigeait qu'on l'appelât *seigneur et divin* dans toutes les requêtes qu'on lui présentait. Cependant, tout corrompu qu'il était, il fit, au rapport d'Ammien Marcellin, une loi digne d'un grand prince, par laquelle il défendait, sous les plus grandes peines, de mutiler les enfants et de les faire eunuques. Universellement haï, et ne pouvant se le dissimuler, il prenait toutes les précautions imaginables pour se mettre à l'abri de la vengeance publique : mais il ne put l'éviter. L'an 96, il fut assassiné, le 18 septembre, par des conjurés, à la tête desquels était Etienne, son intendant. Domitien avait régné quinze ans et cinq jours, vécu quarante-quatre ans, dix mois et vingt-quatre jours. Domitia Longina, sa femme, fille du célèbre Domitius Corbulon, avait elle-même formé la conjuration où il périt.

NERVA.

96. Cocceius Nerva, né à Narni, dans l'Ombrie, le 17 mars de l'an 32 de J. C., et originaire de Crète, fut déclaré empereur le 18 septembre de l'an 96. Il ne régna que seize mois et neuf jours, étant mort le 27 janvier de l'an 98. Tous les historiens font l'éloge de la douceur de son caractère et de l'équité de son gouvernement. Ce prince aimait la décence des mœurs. Il cassa la loi du sénat qui autorisait, à la demande de l'empereur Claude, le mariage de l'oncle avec sa nièce. La seule vertu qui lui manqua, ce fut la fermeté. Il sentit lui-même sa faiblesse, et pour y suppléer, quelques tems avant sa mort, il se donna pour successeur Trajan, qui suit.

TRAJAN.

98. Ulpius Trajanus Crinitus, né le 18 septembre de l'an 52, à Italica, en Espagne, adopté et fait césar à Cologne vers le 28 octobre 97, par Nerva, lui succéda le 27 janvier de l'année suivante. Il était pour lors à Cologne, où il prit l'empire et le titre d'auguste dès qu'il apprit, par Adrien, la nouvelle de la mort de Nerva. (Tillemont.) En investissant le

préfet du prétoire par le glaive, qui était le symbole de sa puissance, il lui dit ces paroles remarquables : *Recevez ce glaive : si je gouverne bien, servez-vous-en pour ma défense : si je gouverne mal, servez-vous-en contre moi.* L'an 102, il porta la guerre en Dace, contre le roi Décébale, qui avait obligé Domitien à lui payer tribut, et le réduisit à venir lui demander la paix à genoux. Décébale, ayant manqué à ses engagements, s'attira de nouveau, l'an 105, les armes de Trajan. Cette deuxième guerre finit, l'an 107, par la mort de Décébale qui se tua de désespoir, voyant ses états conquis par les Romains. L'an 112, Trajan part de Rome, au mois d'octobre, pour aller faire la guerre aux Parthes. (*Voy.* Chosroès Ier, *roi des Parthes.*) Ceux qui mettent, en 107, une première expédition de ce prince en Orient, se trompent, au jugement de MM. de Longuerue et Muratori. (On objecterait en vain contre l'opinion de ces derniers les actes du martyre de saint Ignace, qui portent que Trajan, étant à Antioche, le fit conduire à Rome pour y être dévoré par les bêtes, et cela sous le consulat de Sura et de Sénécion, ce qui revient à l'an 107. Tous les savants, dit le P. Saccarelli, conviennent aujourd'hui que cette date est une addition faite à ces actes par un interpolateur.) En revenant à Rome, Trajan mourut à Sélinunte, en Cilicie, vers le 10 août de l'an 117, après avoir régné dix-neuf ans, six mois et quinze jours. Trajan possédait la plupart des vertus qui font l'excellent prince ; mais il y joignait de grands vices, tels que l'ivrognerie, et d'autres qu'il n'est pas même permis de nommer. Une autre tache à sa mémoire, est la persécution qu'il fit aux Chrétiens, non par aucun édit donné contre eux, mais en ordonnant ou permettant l'exécution des lois portées contre ceux qui introduisaient de nouvelles religions. On connaît la lettre que Pline le Jeune, étant proconsul de Bithynie, lui écrivit à leur sujet, et la réponse qu'il en reçut. Pline demandait ce qu'il devait faire de ceux qui lui étaient dénoncés comme chrétiens, s'il devait punir les accusés qui abjuraient le Christianisme après l'avoir professé, de même que ceux qui persistaient dans cette profession ; ce qui l'embarrassait d'autant plus qu'après d'exactes recherches il n'avait rien trouvé de répréhensible dans les mœurs et la conduite des Chrétiens. Cependant il ne laissait pas de condamner à mort ceux qui refusaient de sacrifier aux idoles. La réponse de Trajan fut qu'il fallait punir ceux qu'on accusait, s'ils s'avouaient chrétiens, et renvoyer comme innocents, ceux qui sacrifiaient aux Dieux, quelque suspects qu'ils fussent d'ailleurs. Il défendait en même tems de les rechercher et d'avoir aucun égard aux accusations, si c'étaient des libelles sans nom d'auteurs. Mais s'ils étaient coupables, dit-on, pourquoi ne les pas rechercher, et s'ils ne l'étaient pas, pourquoi les punir ? Du reste cet empereur traita ses peuples avec une extrême douceur. Ennemi des exactions outrées, il comparait le fisc impérial à la rate qui, à mesure qu'elle s'enfle, fait dessécher les autres membres du corps. Non moins ennemis des délations, il déclara infâmes ceux qui en faisaient métier. Une de ses maximes était qu'il *valait mieux laisser un criminel impuni, que condamner un innocent.* On ne peut dénombrer les ponts, les levées, les grands chemins qu'il fit construire pour arrêter les inondations et faciliter la communication des grandes villes entre elles. Il en embellit plusieurs, et Rome sur-tout, de superbes édifices publics. Il fit abattre dans cette capitale du monde, l'an 114, une montagne de cent quarante-quatre pieds de haut pour faire une place unie, au milieu de laquelle on éleva une colonne de même hauteur : c'est la fameuse colonne Trajane. Mais il se payait par ses mains, en quelque sorte, de ces louables entreprises, par le soin qu'il avait de faire mettre son nom sur tous ses ouvrages, jusque-là que sur le seul pont d'Alcantara, qui n'a que six arches, il se trouve répété en six inscriptions. C'est ce qui le fit appeler l'*herbe pariétaire.* Il avait aussi la vanité de vouloir passer pour éloquent; et comme il ne l'était pas, il faisait composer ses harangues par Licinius Sura. Ce prince avait épousé PLOTINE, morte l'an 129, sans enfants. (*Voy.* Chosroès, *roi des Parthes.*)

Suivant Pline le Jeune (L. X, *Ep.* 53, 54), on renouvelait tous les ans, au 27 janvier, par des réjouissances publiques, la mémoire du jour où Trajan prit l'empire et le titre d'auguste. C'est le jour auquel on voit que l'on commençait son règne.

ADRIEN.

117. P. ÆLIUS ADRIANUS, né à Rome le 24 janvier de l'an 76, adopté par Trajan, dont il était allié, dans les derniers jours de sa vie, prit le titre d'empereur à Antioche, le 11 d'août de l'an 117. Il se rendit, l'année suivante, à Rome, après avoir abandonné tout le pays conquis par Trajan sur les Perses. Une perte de sang, à laquelle ce prince était sujet, lui ayant causé une hydropisie, il en mourut à Bayes, le 10 juillet de l'an 138, âgé de soixante-deux ans, cinq mois et dix-sept jours, après avoir régné vingt ans et onze mois moins un jour. Ses cendres furent apportées à Rome dans une urne de porphyre, et placées dans un superbe et vaste mausolée de marbre de Paros, qu'il avait fait construire de son vivant; on l'appela *le Mole Adrien.* Dans le tems des incursions des barbares, ce monument fut converti en forteresse; c'est aujourd'hui le châ-

teau Saint-Ange. Le cours du règne de ce prince fut presqu'un voyage continuel. Il employa treize années à visiter les provinces, marchant, pour l'ordinaire, à pied, et la tête découverte. De retour à Rome, il se livra à tous les genres de littérature, d'arts et de sciences, conversant avec les savants et les artistes, exerçant leurs talents, mais, par une basse jalousie, ne souffrant pas qu'ils eussent raison contre lui. Il bannit l'architecte Apollodore, et quelque tems après, il le fit mourir sous un faux prétexte, pour avoir osé blâmer le dessin qu'il avait fait lui-même d'un temple, et sur lequel il lui avait demandé son avis. On juge bien qu'il eut peu de semblables contradicteurs. *Comment*, disait le philosophe Favorin, *résister à un homme qui a trente légions armées?* Adrien eut un autre défaut qui fut d'être défiant et ombrageux envers les grands. Mais il traita constamment le peuple avec la plus grande humanité. Toutes les villes qu'il parcourut dans ses voyages, se ressentirent de ses libéralités. Il fit rebâtir Jérusalem et lui donna le nom d'Ælia. Les Juifs, s'étant révoltés à cette occasion, l'an 134, sous les étendards d'un prétendu Messie, nommé Barchochebas, attirèrent de nouveau sur eux les armes romaines, qui, pendant une guerre de trois années, en massacrèrent cinq cent quatre-vingt mille; après quoi il leur fut défendu d'entrer dans cette ville, et même de la regarder de loin. On mit, pour leur ôter l'envie d'en approcher, un pourceau de marbre sur la porte qui regardait Bethléem. Adrien confondit, en cette occasion, la religion chrétienne avec la juive, en faisant dresser une idole de Jupiter à l'endroit de la résurrection de Jésus-Christ, et une de Vénus au Calvaire. Il n'en demeura pas là; il fit planter un bois à l'honneur d'Adonis à Bethléem, et lui consacra la caverne où le Sauveur était né. Ce prince s'abstint néanmoins de persécuter les Chrétiens. Eusèbe nous a conservé un rescrit célèbre d'Adrien, adressé, l'an 126, à Minutius Fundanus, proconsul d'Asie, et donné sur les sages remontrances de Serenius Granianus, prédécesseur de Minutius. Serenius avait représenté, dans une lettre à l'empereur, combien il y avait d'injustice à condamner les Chrétiens sur des délations et des accusations vagues, sans les avoir jugés dans les formes, ni convaincus d'aucun crime. Adrien, par son rescrit, défend de faire mourir personne qu'après une accusation et une conviction juridiques. Mais cela n'empêcha pas qu'il n'y eût des martyrs, même à Rome, sous ce règne, ainsi qu'on le voit par les Actes de sainte Symphorose; tant la haine qu'on portait aux Chrétiens prévalait sur les bonnes dispositions de l'empereur à leur égard. Si l'on en croit Lampride, ce prince avait même eu dessein d'établir publiquement le culte de Jésus-Christ. « C'était pour cela,

» dit-il, qu'il avait fait construire en divers lieux des temples,
» sans y placer aucune idole. » Mais, avec ce louable zèle, ses
mœurs n'en étaient pas moins corrompues. On connaît sa passion pour Antinoüs, attestée par les médailles, les statues, les
temples, les villes et la constellation, consacrés à ce favori,
qu'il ne rougit pas même de placer au rang des dieux. Adrien,
l'an 131, rendit un grand service à l'état, en publiant l'édit
perpétuel, dressé par Salvius Julianus, pour servir de règle
aux préteurs, et auquel il ne leur fut plus permis de rien
changer. Jusqu'alors chaque préteur, entrant en charge, faisait
connaître, par un édit, les formes et les principes qu'il suivrait dans l'administration de la justice. Ainsi la jurisprudence variait d'une année à l'autre, suivant les lumières et
l'équité des préteurs qui se succédaient. La dernière maladie
d'Adrien, qui fut longue et résista à tout l'art des médecins, le
rendit cruel par désespoir. Ne pouvant se donner la mort faute
d'instruments qu'on lui refusait, il ordonna celle de plusieurs
personnes distinguées, se plaignant d'être le maître de la
vie des autres, et de ne pouvoir disposer de la sienne. Du
nombre des victimes de son désespoir fut sa femme, JULIE
SABINE, petite-nièce de Trajan, qu'il avait épousée l'an 100,
et qu'il fit empoisonner peu de jours avant sa mort.

Quoique Adrien n'ait pas régné vingt et un ans pleins, cependant
on voit sa 22ᵉ année marquée sur quelques médailles égyptiennes.
C'est que les années des princes, comme on l'a dit ailleurs,
ne se comptaient pas en Égypte depuis le jour précis de leur
avènement au trône, mais depuis le mois thoth qui avait précédé ce même avènement. Ce fut Adrien qui introduisit l'usage
des rescrits, ou lettres du prince, par lesquelles il décidait l'affaire qu'il avait évoquée à lui, ou la faisait juger par d'autres.
Il fut le premier empereur qui prit des chevaliers pour secrétaires et pour intendants de sa maison, ses prédécesseurs ne s'étant servis que de leurs affranchis pour leur personne et leur
domestique. Il fut aussi le premier empereur qui laissa croître
sa barbe; en quoi il ne fut pas imité par ses successeurs. Sous ce
règne fleurirent l'historien Suétone, le philosophe Epictète,
et Plutarque qui fut l'un et l'autre.

ANTONIN.

138. TITUS ANTONINUS-PIUS, nommé d'abord *Titus Aurelius
Fulvus ou Fulvius*, originaire de Nismes, né à Lavinium le 19
septembre de l'an 86, fut adopté par Adrien le 25 février de l'an
138. Il eut dès-lors le titre de césar, et fut proclamé empereur le 10 juillet suivant. Ce prince descendait de Marc Antoine

par Antonia, sa bisaïeule, fille de Marc Antoine et d'Octavia, sœur d'Auguste. Antonin régna vingt-deux ans, sept mois et vingt-six jours, depuis la mort d'Adrien jusqu'à la sienne, arrivée le 7 mars 161. Ce prince a porté la vertu aussi loin que le permettait la philosophie stoïcienne, dont il faisait profession. Elle ne le rendit pas néanmoins plus équitable envers les Chrétiens. Avant de parvenir à l'empire, et n'étant encore que proconsul d'Asie, il en avait condamné plusieurs à mort. Placé sur le trône, il parut d'abord incliner vers la douceur à leur égard. On connaît cette fameuse lettre par laquelle il ordonnait de les absoudre lorsqu'ils seraient déférés, et même de punir leurs accusateurs. Mais ayant dans la suite changé de dispositions, il devint leur persécuteur, et en fit tourmenter plusieurs sur la fin de son règne, comme le P. Berti le prouve contre Dodwell. Tel fut l'effet de la superstition sur l'esprit de ce prince philosophe, d'ailleurs le plus humain des hommes, qui ne cessait de répéter cette maxime de Scipion, que *la conservation d'un citoyen est préférable à la destruction de mille ennemis*. Il aimait tellement son peuple, qu'il évita les guerres, et préféra le titre de pacifique à celui de conquérant. Il n'en fut pas moins respecté des nations barbares, dont aucune, sous son règne, n'osa toucher aux frontières de l'empire. Quelques-unes même voulurent avoir des souverains de sa main. Plusieurs le prirent pour arbitre des différents qu'elles avaient entre elles. Sa mort, occasionnée par une indigestion, causa un deuil universel. Il avait épousé FAUSTINE, d'une naissance illustre, mais d'une vie déréglée. Cette princesse mourut l'an 141, laissant de son mariage Galère Antonin, mort avant son père, et Faustine, mariée à Marc Aurèle. Antonin fit décerner à sa femme les honneurs divins, après sa mort, comme il les avait fait décerner à son prédécesseur. Qu'elle idée ce prince avait-il donc de la divinité, en l'attribuant à des personnages si pervers? L'empereur Julien, quoique son admirateur, n'a pu s'empêcher de le blâmer et de le tourner en ridicule sur ce point. Les historiens lui ont aussi reproché son asservissement ignominieux à des concubines qui disposaient à leur gré des honneurs et des charges de l'état en faveur des sujets, même les plus indignes. Ce fut sous son règne que commença de s'abolir, parmi les Romains, l'usage de brûler les corps morts, et que l'on revint à l'ancien usage de les enterrer, comme firent toujours les Juifs et les Chrétiens. Macrobe, qui florissait au commencement du cinquième siècle, assure (*Saturn.*, L. VII) que de son tems la crémation des cadavres était tombée en désuétude.

DEUX EMPEREURS POUR LA PREMIÈRE FOIS.

1.° MARC AURELE.

161. M. AURELIUS ANTONINUS de l'ancienne maison des Annius, né le 26 avril 121, élevé par le philosophe Diognète, fut adopté par Antonin le même jour qu'Antonin le fut par Adrien, déclaré césar l'année suivante, et proclamé empereur le 7 mars 161. Près de monter sur le trône, il montra de la tristesse. Sa mère lui en ayant demandé la raison, *vous ne voulez pas*, lui dit-il, *que je sois triste; je vais régner*. Ce prince fit la guerre, par ses généraux, contre les Parthes. Il la fit en personne contre les Suéves, les Quades et les Marcomans; peuples qui donnèrent beaucoup d'exercice à sa valeur. M. Aurèle mourut à Sirmich le 17 mars 180, âgé de 58 ans, dix mois et vingt-deux jours, après avoir régné 19 ans et dix jours depuis la mort d'Antonin. Ce prince commença, l'an 163, la quatrième persécution contre les Chrétiens. Elle fut longue et cruelle. L'apologie du Christianisme, que le philosophe Athénagore présenta, l'an 166, aux deux empereurs, ne la fit point cesser. Il y a bien d'autres taches dans la vie de M. Aurèle, dont la conduite fut souvent en contradiction avec les belles maximes de morale qu'il débite dans ses *Réflexions*. Négligent à punir les crimes, surtout dans les sénateurs, il en vint au point de s'imaginer qu'il ne devait pas même s'en informer. Tandis qu'il s'amusait à disputer sur des matières de philosophie, ou à disserter sur l'art de gouverner les hommes, il laissait les gouverneurs piller impunément les provinces, dans la crainte de passer pour sévère, s'il punissait leurs rapines. Il canonisa le crime en faisant mettre au rang des Dieux son infâme collègue, et sa propre femme qui ne vallait pas mieux. Il faut néanmoins avouer que ce prince eut de grandes qualités de cœur et d'esprit, et qu'à certains égards il fut vraiment digne d'admiration. Il ménageait tellement les peuples, que dans un besoin pressant, plutôt que de les charger de nouveaux impôts, il vendit les meubles du palais imperial. (*Aurel Victor.*) Il avait épousé, vers l'an 140, ANNIA FAUSTINA, fille d'Antonin, femme débauchée, qui mourut l'an 175, laissant de son mariage Commode, qui succéda à son père, et trois filles, Lucille, femme de l'empereur Lucius Verus, Fadille et Vibia Aurelia.

2°. LUCIUS VERUS.

161. LUCIUS CEIONIUS COMMODUS VERUS, né le 15 décembre 130, d'Ælius et de Domitia Lucilla, adopté par Antonin le 25

février 138, fut associé à l'empire et fait auguste, par son cousin M. Aurèle, en mars 161, sans avoir passé, suivant la coutume, par le dégré de césar. On est étonné que M. Aurèle se soit donné un tel collègue dont les mœurs contrastaient parfaitement avec les siennes. Pour le retirer de la mollesse où il vivait, ce prince l'envoya contre les Parthes; mais Verus laissa le soin de cette guerre à ses généraux, Avidius Cassius et Martius Verus, et passa en débauches, dans Antioche, le tems qu'ils employèrent à battre les ennemis. Il revint à Rome après cinq ans d'absence, ramenant son armée infectée de la peste qu'elle répandit sur son passage. Rome et l'Italie furent affligées de ce fléau pendant trois ans; ce qui n'empêcha pas Verus de continuer son même genre de vie. Il ne retint de l'autorité souveraine que ce qui lui en fallait pour satisfaire son penchant à la volupté. Il aimait néanmoins les lettres et avait toujours auprès de lui quelques savants. Mais il se laissait gouverner par ses affranchis, gens, pour la plupart, très-vicieux et uniquement appliqués à flatter les passions de leur maître. Une apoplexie termina ses jours sur la fin de 169, à Altino, dans la 39ᵉ année de son âge, et la 9ᵉ de son règne. Il avait épousé, vers l'an 163, Lucille, fille de M. Aurèle, que l'empereur Commode fit mourir vers l'an 183. Ce prince était blond; et, suivant Jules Capitolin, il était si curieux d'entretenir et de relever la couleur de ses cheveux, qu'il les poudrait avec de la poudre d'or.

COMMODE.

180. L. Ælius Aurel. Commodus, né, l'an 161, le 31 août, fait auguste, contre l'usage, par M. Aurèle, son père, le 27 novembre 177, lui succéda le 17 mars 180, et régna douze ans, neuf mois et quatorze jours. Ce prince, malgré le soin que son père avait pris de son éducation, porta sur le trône une grande aversion du travail et un penchant très-vif pour la volupté. Mais il paraissait d'ailleurs humain, et les trois premières années de son règne se passèrent sans que ses mains fussent teintes de sang. Un événement changea son caractère et le rendit cruel. L'an 183, comme il passait sous un portique obscur et étroit pour se rendre à l'amphithéâtre, un assassin fondit sur lui l'épée à la main en criant: *Voilà ce que le sénat t'envoie.* La menace fit manquer le coup. L'assassin fut pris, et nomma ses complices, à la tête desquels était Lucille, sœur de Commode, veuve de Lucius Verus, et remariée à Claudius Pompeianus, sénateur illustre, qui ne savait rien de son complot. Commode jura dès-lors une haine implacable au sénat, et chercha des crimes aux plus distingués de ses

membres pour les faire périr. Toute la suite de son gouvernement retraça les horreurs des règnes de Caligula, de Néron et de Domitien. Rome devint un théâtre de carnage et d'abomination. Commode, à la cruauté, joignit la folie. Il quitta son nom de famille pour prendre celui d'Hercule, et se disait, comme lui, fils de Jupiter. A son imitation, on le vit marcher vêtu d'une peau de lion, une massue à la main, dont il assommait les boîteux et les infirmes qui se rencontraient sur son passage. L'adresse, dont il se piquait dans le maniment des armes, le rendait passionné pour les jeux de l'amphithéâtre. Il ne rougissait point de descendre dans l'arène et d'y combattre nu avec les gladiateurs, ou contre des bêtes sauvages, qu'il faisait venir à grands frais, des pays éloignés. Les historiens comptent jusqu'à sept cent trente-cinq fois qu'il se donna en spectacle dans ces exercices non moins honteux que périlleux; mais il savait bien se mettre à l'abri du danger. Féroce jusque dans ses amours, il immolait à sa barbarie les objets même et les ministres de sa lubricité. Marcia, sa concubine, Lœtus, préfet du prétoire, et Electe, son chambellan, ayant découvert qu'il voulait les faire mourir, le prévinrent, et le firent étrangler par un gladiateur dans la nuit qui finissait l'année 192. Il était âgé de trente et un ans quatre mois. Commode avait épousé BRUTTIA CHRISPINA, nouvelle Messaline, qu'il fit mourir vers l'an 184.

On voit des médailles de Commode frappées en Egypte, qui portent les années 20, 30, 31, 32. Pour vérifier ces dates, il faut remonter à l'an 161, qui est l'époque où l'empire entra dans la famille Aurelia, et en même-tems celle de la naissance de Commode. On trouvera par-là que l'an 20 de la première médaille se rapporte à la première année du règne de Commode; l'an 30, à la dixième; et ainsi du reste. Peut-être serait-il aussi vraisemblable de dire que ces médailles expriment l'âge de Commode, parce qu'étant porphyrogénète (c'est-à-dire né depuis l'avénement de son père au trône, il était regardé comme empereur dès sa naissance.

PERTINAX.

193. P. HELVIUS PERTINAX, né d'un marchand de charbon, ou d'un charpentier, le 1er. août 126, au territoire d'Alba Pompeia, ville aujourd'hui du Montferrat, préteur, puis consul deux fois, ensuite préfet de Rome, proclamé empereur par les prétoriens la nuit même que Commode fut tué, reconnu, le 1er. janvier 193, par l'armée et le sénat, fut assassiné le 28 mars suivant, ayant régné seulement quatre-vingt-sept jours. C'était

un vieillard vénérable, qui s'était proposé pour modèles M. Aurèle et Antonin, qu'il eut peut-être surpassés s'il eut régné plus long-tems. Mais il fut la victime des efforts qu'il fit pour réformer les abus de tout genre qui s'étaient introduits sous le règne précédent. Les prétoriens, qui l'avaient élevé, levèrent l'étendard de la révolte; et un d'entre eux, né dans le pays de Tongres, lui portant le coup mortel avec sa lance, *voilà*, lui dit-il, *ce que mes camarades t'envoient.* Cependant les troupes l'estimaient, et elles le regrettèrent : *Admirantibus eam virtutem cui irascebantur.* (*Hist. Aug.*, p. 54.) Il laissa de FLAVIA TITIANA, sa femme, un fils, nommé comme lui, qui fut tué l'an 215. Pertinax transmit, par une sage économie, à ses successeurs, un trésor de *vicies septies millies* H. S. environ cinq cents millions. (Dion, L. 73.)

QUATRE CONTENDANTS POUR L'EMPIRE.

193. Après la mort de Pertinax, les prétoriens mirent l'empire à l'encan. Julien, et Sulpicien, beau-père de Pertinax, enchérirent plusieurs fois l'un sur l'autre. Enfin le premier étant monté tout d'un coup de cinq mille drachmes pour chaque soldat à six mille deux cent cinquante, l'emporta, fut reçu dans le camp et proclamé auguste. Mais dès que la nouvelle de la mort de Pertinax fut parvenue dans les provinces, les armées firent choix de trois autres empereurs qu'on nommera successivement.

1°. JULIEN.

193. M. DIDIUS SEVERUS JULIANUS, né à Milan, le 29 janvier 133, d'une famille très-noble, proclamé empereur, comme on l'a vu, par les prétoriens, le jour même de la mort de Pertinax, 28 mars 193, fut reconnu forcément par le sénat. Mais lorsqu'on eut appris à Rome l'élection de Sévère, ce même sénat fit trancher la tête à Julien le 2 juin de la même année. Il avait épousé MANLIA SCANTILLA, dont il eut une fille nommée Didia Clara. Aurélius Victor l'appelle *hominem omnium turpitudinum.*

Didius Julianus, suivant la remarque de M. de la Bastie, est le premier qui ait corrompu le titre des médailles d'argent. Il le fit, à ce qu'on prétend, pour remplir plus aisément ses coffres, épuisés par ses largesses en achetant l'empire des soldats prétoriens. Depuis lui, le titre alla toujours en baissant.

2°. NIGER.

193. C. PESCENNIUS NIGER JUSTUS, d'une naissance mé-

diocre, mais d'un mérite distingué, gouverneur de Syrie, fut proclamé empereur à Antioche vers la fin d'avril 193, sur la nouvelle de la mort de Pertinax. Au lieu de partir sans délai pour se rendre à Rome, où il était désiré, il consomma dans les plaisirs d'Antioche des moments précieux dont Sévère sut habilement profiter, et d'une manière décisive. Niger perdit ensuite trois batailles contre ce rival, et enfin l'empire avec la vie, après la dernière, dans les premiers mois de l'an 195. (Muratori, *Annali. d'It.*) Des cavaliers ennemis l'ayant atteint comme il fuyait vers l'Euphrate, lui coupèrent la tête et la portèrent à Sévère qui l'envoya d'abord au camp devant Bysance pour la faire voir aux assiégés, et ensuite à Rome où elle fut exposée publiquement. Bysance était du nombre des villes qui s'étaient déclarées pour Niger, et fut la seule qui lui demeura fidèle après sa mort. Ce ne fut qu'au commencement de l'an 196, qu'elle ouvrit ses portes à Sévère, après avoir soutenu un siège de trois ans. On la comptait alors pour une des plus grandes et des plus florissantes villes de l'Orient. Ses murs, dont les pierres étaient jointes ensemble par des crampons d'airain, et, si bien taillées, qu'elles semblaient n'en faire qu'une seule, étaient fortifiés par un grand nombre de tours dont les sept principales se renvoyaient les unes aux autres, d'une manière très-distincte, le bruit qu'on faisait dans la première. Sévère, pour se venger de sa longue résistance, la ruina presque entièrement, et fit passer au fil de l'épée la garnison et les magistrats. Mais il fit grâce à l'ingénieur Priscus qui l'avait si bien défendue. Niger avait épousé PESCENNIA PLAUTIANA, dont il eut plusieurs enfants.

3°. SÉVÈRE.

193. L. SEPTIMIUS SEVERUS, né, le 11 avril 145, à Lepte, en Afrique, de Septimius Géta, sénateur, fut proclamé empereur par l'armée qu'il commandait en Illyrie, non le 13 août comme le marque Spartien, mais en avril ou en mai, l'an 193. Le 2 juin suivant, après qu'on eut coupé la tête à Julien, il s'approche de Rome, casse les prétoriens qui étaient venus au-devant de lui sans armes, et fait son entrée dans cette ville, où il est reconnu solennellement par le sénat. Il fit ensuite l'apothéose de Pertinax, ordonna la recherche de ses meurtriers, et forma un nouveau corps de prétoriens. Vainqueur de Niger en 195, et d'Albin le 19 février 197, il régna seul depuis cette dernière époque. Sévère était le plus grand homme de guerre de son tems; mais il souilla la gloire de ses armes par d'excessives cruautés. Après la mort d'Albin, il fit jeter dans

le Rhône sa femme et ses enfants, et extermina sans pitié sa famille et ses amis. Il n'épargna pas même les principaux seigneurs des Gaules et de la Grande-Bretagne, pour avoir leurs biens ; ce qui le mit en état d'enrichir ses soldats et de se les attacher encore davantage. (*Voy.* à l'art. de Niger le traitement qu'il fit à Bysance.) Il méditait en même-tems la plus terrible vengeance contre Rome, où il savait qu'Albin avait eu un puissant parti. Etant revenu en cette ville, il invectiva dans le sénat, contre la mémoire d'Albin, condamna à mort plusieurs personnages illustres pour avoir leurs biens, et associa ses fils à l'empire. L'an 198, il marcha contre les Parthes. Après les avoir vaincus il retourna, l'an 203, à Rome ; et l'année suivante il y célébra les jeux séculaires. Ce prince ne souffrait pas qu'on le trompât impunément. L'an 204 ou 205, il fit exécuter à mort, le 22 janvier, Plautien, son ministre favori et son beau-frère, qui avait abusé de sa confiance, comme Séjan avait fait de celle de Tibère. L'âge et les infirmités n'affaiblissaient point dans Sévère la vigueur de l'esprit, ni l'ambition de se signaler par les armes. L'an 208, il porta la guerre, quoique gouteux, dans la Grande-Bretagne, et y fit construire, l'an 210, une grande muraille pour séparer ses conquêtes du reste de l'île. Quelques-uns prétendent néanmoins qu'il ne fit que réparer le rempart de terre qu'Adrien avait fait élever depuis Newcastle jusqu'à Carlisle : ce fut sa dernière expédition. L'an 211, il mourut, le 4 février, à Yorck, du chagrin que lui causa la méchanceté de son fils aîné, qui avait voulu attenter à sa vie dans une marche où il le suivait à la tête de l'armée. Sévère alors était âgé de soixante-cinq ans, neuf mois et vingt-cinq jours, et son règne avait été de dix-sept ans, huit mois et trois jours. Ses cendres furent rapportées à Rome dans une urne d'argent. (Spartien.) Il avait épousé, 1°. MARTIA, dont on ignore la naissance, 2°. JULIA DOMNA, fille de Julius Bassianus, prêtre du soleil à Emèse, en Phénicie, dont il eut les deux empereurs qui suivent après Albin. Julie, princesse également belle, spirituelle et voluptueuse, captiva son époux par ses charmes, le servit par ses conseils et le déshonora par ses débauches. S'étant retirée à Antioche, tandis que son fils aîné faisait la guerre en Orient, elle s'y laissa mourir de faim, l'an 217, après la mort de ce prince, sur l'ordre que l'empereur Macrin, qui craignait son esprit, lui avait donné d'en sortir. L'an 202 commença, par un édit de Sévère, la cinquième persécution contre les Chrétiens : elle dura le reste de son règne, et non pas deux ans seulement, comme le prétend Dodwell. On compte dix-neuf mille martyrs qu'elle fit dans la seule ville de Lyon. Sévère était un mélange de bonnes et de mauvaises qualités. Actif, vigilant, laborieux, faux, cruel, avare, sans probité, sans foi, il porta dans ses entreprises la hardiesse, la confiance, la promptitude; sacrifia tout à ses intérêts, et ne connut point de bornes dans ses haines et ses vengeances.

4°. ALBIN.

193. Dec. Claudius Septim. Albinus, natif d'Adrumet, en Afrique, d'une famille illustre, gouverneur de la Grande-Bretagne, fut reconnu césar par Sévère, tandis que celui-ci avait en tête Julien et Niger. Mais après la mort de ces deux rivaux, Sévère le déclara ennemi de la patrie. Albin prit alors le titre d'empereur, passa dans les Gaules, et livra une grande bataille à Sévère, dans les plaines de Trévoux, le 19 février 197. Vaincu, mis en fuite, et poursuivi jusqu'à Lyon, Albin s'y tua le même jour. (Muratori.) Sa tête fut apportée à Rome, au bout d'une pique.

1°. CARACALLA.

211. M. Aur. Sever. Anton. Caracalla, fils aîné de Sévère, né à Lyon le 4 avril 188, fait césar par son père en 196, et auguste vers le 2 juin 198, fut salué empereur avec Géta, son frère, par les soldats, le 4 février 211. Ces deux princes étaient de caractères trop opposés pour qu'ils pussent régner paisiblement ensemble. Géta, malgré les précautions qu'il prit pour se garantir des embûches que lui tendait Caracalla, devint bientôt la victime de son ambition et de sa barbarie. Après l'avoir mis à mort entre les bras de sa mère, qui fut teinte de son sang, Caracalla veut engager le célèbre jurisconsulte Papinien, que Sévère avait fait préfet du prétoire, à excuser ce forfait devant le sénat. *Sachez*, lui dit ce grand homme, *qu'il est plus aisé de commettre un parricide que de l'excuser. D'ailleurs, c'est se souiller d'un second meurtre que d'accuser un innocent après lui avoir ôté la vie.* L'empereur, irrité de cette réponse, le fit décapiter. Il conçut dès-lors une haine mortelle contre tous les gens de lettres, qu'il poursuivit jusques dans les provinces. Sa fureur s'étendit même sur leurs écrits, qu'il fit ramasser pour les jeter au feu. Au milieu des horreurs qui souillaient son règne, il fit une chose que saint Augustin a beaucoup estimée, en lui supposant un bon principe. L'an 212, ou environ, il donna un édit pour faire tous les sujets libres de l'empire citoyens romains, avec les priviléges attachés à cette qualité; ce qui a fait dire au poète Rutilius, dans son Itinéraire :

Fecisti patriam diversis gentibus unam;
Urbem fecisti quæ prius orbis erat.

Cette faveur extraordinaire ne prenait cependant pas sa source dans les sentiments d'une âme généreuse. Elle fut dictée par une avarice sordide, parce que les citoyens, dit Tillemont, payaient beaucoup de droits dont les autres étaient exempts, comme le vingtième et le dixième des successions. Caracalla, tout lâche qu'il était, avait la manie de vouloir être comparé aux plus grands capitaines, tels qu'Achille et Alexandre. Pour mériter ces beaux noms, qu'il n'hésitait pas à se donner, il passa, l'an 216, avec son armée en Orient, où ses généraux lui firent remporter quelques avantages sur les Parthes. Mais, dans ce voyage, il fit un acte de barbarie, qui confirma les qualifications odieuses que ses cruautés précédentes lui avaient acquises. Etant à Alexandrie, il fut témoin de quelques railleries que le peuple lâcha contre lui sur la mort de Géta. Transporté de colère, il ordonne aussitôt à ses soldats de faire main-basse sur cette multitude. Le carnage fut si grand, dit-on, que la pleine fut inondée de sang, et que le Nil, la mer et les rivages voisins en furent teints pendant plusieurs jours. Ce fut une de ses dernières atrocités. L'année suivante, 217, la terre se vit délivrée de ce monstre, le 8 avril, par la main de Martial, centenier des prétoriens, qui l'assassina entre Edesse et Carrhes, après un règne de six ans et deux mois depuis la mort de son père. Il avait épousé, l'an 203, JUSTA FULVIA PLAUTILLA, fille de Plautien, qu'il fit tuer, l'an 211, dans l'île de Lipari, où il l'avait reléguée en 204, après l'arrêt de mort prononcé, comme on l'a dit, contre son père. On pourrait appeler Caracalla, suivant la remarque de Montesquieu, non pas un tyran, mais le destructeur des hommes. Caligula, Néron, Domitien, ajoute-t-il, bornaient leurs cruautés dans Rome : celui-ci allait promener sa fureur dans tout l'univers. En effet, il s'abreuva de sang dans les Gaules, en Asie et en Egypte. Cependant il fut regretté des soldats, parce qu'il les comblait de ses libéralités.

2°. GÉTA.

211. P. SEPTIMIUS GÉTA, second fils de Sévère, né à Milan le 27 mai 189, fait césar vers la fin de 198, et auguste en 208 ou 209, fut reconnu empereur avec Caracalla, son frère, le 4 février 211. L'année suivante, vers le 17 février, Caracalla l'égorge, entre les bras de Julie, leur mère, à l'âge de vingt-deux ans et environ neuf mois. Son bourreau, pour diminuer l'atrocité de son crime, le fit mettre au rang des dieux, en disant : *Sit divus dum non sit vivus*, qu'il soit dieu, pourvu qu'il ne soit plus vivant. On dit qu'il fit mourir jusqu'à vingt mille soldats ou domestiques de ce prince.

MACRIN.

217. M. Opilius Macrinus, né, l'an 164, à Alger, dans une famille maure et abjecte, devenu, par son mérite, préfet du prétoire, succéda, le 11 avril 217, à Caracalla, trois jours après l'avoir fait assassiner. Ses premiers soins furent de punir les ministres des cruautés de son prédécesseur, et de remettre en liberté ceux qu'il avait fait arrêter pour crime de lèze-majesté. La guerre, qui subsistait entre les Romains et les Parthes, l'obligea de s'avancer contre Artaban, qui venait, à la tête d'une puissance armée, pour le combattre. Les deux armées se rencontrèrent près de Nisibe, où elles se livrèrent une bataille qui dura deux jours. Macrin, y ayant eu du désavantage, conclut une paix honteuse avec le roi des Parthes. Résolu de quitter ce pays, il accorda, peu de tems après, une trève au roi d'Arménie, qui était aussi en guerre avec l'empire. Mais, au lieu de se rendre à Rome, afin d'y affermir son autorité, il prit le parti de s'arrêter à Antioche, et d'y passer l'hiver. Ce fut une faute irréparable. Le zèle qu'il fit paraître, durant son séjour en cette ville, pour le rétablissement de la discipline militaire, ne servit qu'à irriter de plus en plus les troupes, qui déjà lui imputaient la mort de Caracalla, et rejetaient sur lui la honte de leur mauvais succès contre les Parthes. Celles qui étaient campées près d'Emèse, s'étant révoltées, proclamèrent l'empereur qui suit. Julien, préfet du prétoire, envoyé contre les rebelles, fut battu et mis à mort. Un soldat eut même la hardiesse de porter à Macrin la tête de ce général, enveloppée dans un paquet cacheté de son seau, disant que c'était la tête du nouvel empereur. Tandis qu'on examinait le paquet, il s'évada. Macrin se mit en marche pour aller attaquer son compétiteur. Mais il fut défait le 7 juin 218, et prit la fuite pour se retirer en Italie. On le poursuivit; et, ayant été atteint à Archelaïde, en Cappadoce, il eut la tête tranchée, à l'âge de cinquante-quatre ans, après un règne de quatorze mois moins trois jours. Ce prince avait eu de Nonia Celsa, sa femme, un fils, Diaduménien, qui fut tué presqu'en même tems que son père.

HÉLIOGABALE, ou ÉLAGABALE.

218. M. Aur. Anton. Bassianus Elagabalus, ou Heliogabalus, parce qu'il était prêtre du soleil, né à Rome, vers la fin de 204, de Marcellus et de Soémias, nièce de l'impératrice Julie, deuxième femme de Sévère, fut proclamé empereur le 16 mai 218, par les soldats, près d'Emèse. Macrin,

ayant marché contre lui, fut défait, comme on l'a dit, le 7 juin suivant. C'est de ce jour que commence proprement le règne d'Héliogabale, qui ne dura que trois ans neuf mois et quatre jours, ce prince ayant été tué par les soldats, le 11 mars 222, à l'âge de dix-huit ans, avec sa mère. Hérodien donne à son règne six ans (commencés), parce qu'il les compte de la mort de Caracalla, regardant Macrin comme un usurpateur. Héliogabale comptait de même, prétendant avoir hérité de l'empire dès l'an 217. C'est pour cette raison qu'il fit mettre son nom dans les fastes de l'an 218, à la place de celui de Macrin, qui avait été consul cette année. Héliogabale, corrompu par sa mère, fut le Sardanapale des Romains par sa mollesse; il fut aussi un second Néron par sa cruauté. Cependant, au milieu de ses déportements affreux, il ne laissa pas de faire des choses estimables. On peut mettre de ce nombre une galerie, soutenue de piliers de marbre, qu'il fit construire pour joindre le Mont-Palatin au Mont-Capitolin. Il avait eu cinq femmes, dont on ne connaît que trois, JULIA PAULA, JULIA AQUILA SEVERA et ANNIA FAUSTINA. Lampridius remarque comme une infamie dans ce prince d'avoir été le premier qui ait porté un habit tout de soie, *vestem holosericam.*

ALEXANDRE.

222. M. AUR. SEVERUS ALEXANDER, fils de Genesius Marcianus et de Julia Mammea, né, le 1er. octobre 208, à Arco, dans le temple d'Alexandre le Grand, le jour qu'on y célébrait sa mort (circonstance qui, selon Lampride, lui fit donner le nom d'Alexandre), adopté et fait césar, l'an 221, par Héliogabale, son cousin, lui succéda, le 11 mars 222, à l'âge de treize ans et demi. Ce fut dès-lors un prince accompli. Toutes les vertus humaines brillaient en lui, sans aucun mélange de vices. Il avait souvent dans la bouche, et il fit graver sur le frontispice de son palais, et sur d'autres édifices publics, cette maxime: *Ne faites point à autrui ce que vous ne voudriez pas qu'on vous fît.* Sa modestie lui fit refuser le titre de seigneur, *dominus*, que des adulateurs voulurent lui donner. Tel fut le fruit de la bonne éducation que lui procura sa mère, qu'on prétend, avec beaucoup de fondement, avoir été chrétienne. Lui-même, à ce qu'on croit, adorait en secret Jésus-Christ, mais en mêlant son culte avec celui des idoles. L'an 223, il y eut à Rome des ténèbres pendant trois jours avec un grand tremblement de terre, qui se fit sentir le 9 et le 17 septembre, selon les fastes de Sicile; ce qu'on ne manqua pas de regarder comme l'annonce de quelque malheur prochain, qui n'arriva cependant pas. Ce fut cette même

année qu'Alexandre forma son conseil des jurisconsultes Ulpien, Paul, Ælius Marcianus, Hermogènes, Callistrate, Modestin et Vénuleius : tous gens habiles dans leur profession, mais autant ennemis du Christianisme, qu'ils étaient attachés aux lois romaines. Delà, les persécutions qui s'élevèrent en différentes provinces sur les avis qu'ils donnèrent aux gouverneurs. Le premier de ces conseillers fut la victime de son zèle pour la réforme de l'état. Ulpien, fait préfet du prétoire, fut mis à mort, l'an 226, sous les yeux même de l'empereur, par ses soldats irrités des réglements sévères qu'il avait dressés pour les contenir. L'an 234, Alexandre, après une guerre de quatre années contre les Perses, revint avec peu de gloire, le 25 de septembre, à Rome, où il ne laissa pas de faire une espèce d'entrée triomphante. (*V.* Artaxercès, roi de Perse.) Ayant porté ensuite la guerre en Allemagne, il fut assassiné avec sa mère, dans une émeute des soldats, près de Mayence, le 19 mars 235, à l'âge de vingt-six ans, cinq mois et dix-neuf jours, après un règne de treize ans et neuf jours. Ce prince, par la bonté de son caractère, méritait un meilleur sort. Il avait épousé, suivant Lampride, MEMMIA, fille de Sulpice, qui avait été consul. Quelques-uns prétendent qu'elle ne fut que sa seconde femme; et lui donnent pour première SALLUSTIA BARBIA ORBIANA, qu'on voit en effet qualifiée auguste sur quelques médailles, dont le revers porte : CONCORDIA AUGUSTORUM. Mais ce revers, annonçant deux empereurs qui régnaient ensemble, prouve que la médaille ne convient pas au tems de l'empereur Alexandre. On admire encore aujourd'hui le mausolée de ce prince, à Rome, dans la cour d'une des galeries du *Campidoglio*.

MAXIMIN I.

235. C. JULIUS VERUS MAXIMINUS, né en Thrace l'an 173, auteur de l'assassinat d'Alexandre, fut proclamé empereur, après la mort de ce prince, au mois de mars 235. Il était goth, d'une basse naissance, d'une taille et d'une force extraordinaires, d'un courage qui répondait à sa force. Son premier état avait été celui de berger; et, l'an 205, s'étant présenté aux jeux militaires que l'empereur Sévère faisait célébrer en Thrace pour la naissance de son fils Géta, il avait terrassé, l'un après l'autre, seize valets des plus forts de l'armée, avec lesquels, sur sa demande, on l'avait mis aux prises. Cet exploit et d'autres semblables, dont l'empereur avait été témoin, lui ayant mérité d'être enrôlé parmi les soldats qui avaient dédaigné de se mesurer avec lui, il parvint, par sa valeur, aux premiers degrés de la milice. Mais, élevé à la puissance souveraine, il fut si cruel qu'on lui

donna les noms de Cyclope, de Phalaris, et autres semblables. Les Chrétiens, qu'il avait toujours haïs, furent les premières victimes de sa férocité. La persécution qu'il leur fit, est comptée pour la sixième. Son règne, ou plutôt sa tyrannie, ne dura que trois ans. Il fut massacré, sur la fin de mars 238, devant Aquilée, dont il faisait le siége, après avoir vu égorger à ses yeux Maximin, son fils, qu'il avait associé à l'empire. C'était parmi les fumées du vin qu'il lançait ordinairement ses plus terribles arrêts. Obligé plusieurs fois, son ivresse passée, d'en marquer son repentir et de les désavouer, il eut la sage précaution d'ordonner qu'on ne mettrait à exécution que le lendemain les ordres sanguinaires qu'il donnerait pendant le repas. Mais il en donna assez de sang froid pour rendre sa mémoire à jamais détestable. Pendant les trois années de son règne, il dédaigna de visiter Rome ou l'Italie. Des circonstances particulières l'avaient obligé de transporter son armée des rives du Rhin aux bords du Danube. PAULINE, sa femme, mourut avant lui.

LES DEUX GORDIENS.

237. L'Afrique s'étant révoltée contre Maximin, se fit un chef dans la personne de GORDIEN, proconsul, qui fut proclamé auguste à Thysdrum au mois d'avril 237, malgré sa résistance et sa vieillesse. (Il était âgé de quatre-vingts ans.) Son fils GORDIEN, âgé de quarante-six ans, lui fut associé, et le sénat confirma cette élection le 27 mai 237. Gordien, le fils, perdit la vie devant Carthage, dans le combat que lui livra Capellien, gouverneur de Mauritanie; et Gordien, le père, finit la sienne en s'étranglant. Tout cela, selon le sentiment le mieux appuyé, se passa, du vivant de Maximin, dans l'année 237, et dans l'espace de six semaines. Gordien, le père, avait épousé FABIA ORESTILLA, petite nièce d'Antonin. Son fils Gordien était un prince fort débauché. Il avait jusqu'à vingt-deux concubines, suivant Jules Capitolin. Le grand nombre des enfants qu'il en eut, dit cet historien, lui fit donner le surnom de Priam, que quelques-uns tournaient en celui de Priape, à cause de sa lubricité. *Il passait*, ajoute-t-il, *sa vie dans les délices, dans les jardins, dans les bains, dans les plus agréables bosquets. Ses parents conservent de lui des écrits en prose et en vers, qui ne sont ni sublimes, ni abjets, mais du genre médiocre, et qui décèlent un bel esprit voluptueux à qui la mollesse ne permettait pas le travail de la lime.*

1°. MAXIME ET BALBIN.

237. M. CLAUD. PUPPIENUS MAXIMUS, né, vers l'an 164,

d'un serrurier ou d'un charron, élevé aux premiers emplois par sa valeur et son habileté, et DECIM. CŒLIUS BALBINUS, homme consulaire, orateur distingué, poète célèbre, sage magistrat, furent élus empereurs, le 9 juillet 237, par le sénat, qui, le même jour, déclara césar le petit-fils de Gordien. Mais les prétoriens ne voyant qu'avec peine régner des empereurs choisis par le sénat, massacrèrent Maxime et Balbin, trois mois, ou cent jours, après la mort de Maximin, et un an après leur élection, c'est-à-dire vers la mi-juillet 238. La femme de Maxime se nommait QUINTIA CRISPILLA.

2°. GORDIEN *le Jeune.*

237. M. ANTONIUS GORDIANUS PIUS AFRICANUS, fils du consul Junius Balbus, et petit-fils, par Metia Faustina, sa mère, de Gordien le Vieux, né le 20 janvier 225, fut créé césar par le sénat, le 9 juillet 237, déclaré auguste par les prétoriens vers le 15 juillet 238, et confirmé par le sénat, le peuple et toutes les provinces, avec une joie extraordinaire. Ce prince n'était pas né pour le vice. Mais sa mère lui avait donné, pour tuteurs et pour ministres, des affranchis qui régnaient sous son nom. Frappé des plaintes qu'occasionnaient leurs injustices, il chercha un homme digne de sa confiance, et le trouva dans Misithée, célèbre par son savoir, son éloquence et sa vertu. Gordien le fit préfet du prétoire l'an 241, après avoir épousé FURIA SABINA TRANQUILLINA, sa fille. Ce fut par le conseil de cet homme sage qu'il réforma plusieurs abus, et entreprit plusieurs grands édifices, sur-tout au Champ-de-Mars. Ce prince avait de la valeur, et il en donna des preuves éclatantes. L'an 242, apprenant que Sapor, roi de Perse, dévaste les frontières de l'empire, il se met en marche pour le repousser. En passant par l'Illyrie, il fait la guerre avec succès aux Goths et aux Sarmates, qu'il rechasse au-delà du Danube. Arrivé en Syrie, il en vient à une bataille contre Sapor, qu'il met en déroute. Le fruit de cette victoire fut la reprise d'Antioche, de Carrhes et de Nisibe, dont les Perses s'étaient emparés. Gordien entre dans leur pays, et étend ses conquêtes jusqu'à Ctésiphon, capitale de la Perse. Mais ces heureux succès furent contrebalancés par la perte de Misithée, qui mourut de la dyssenterie, ou, plus vraisemblablement, du poison qu'un officier, nommé Philippe, lui fit donner l'an 243. La dignité de préfet du prétoire, que ce grand homme laissait vacante, fut donnée imprudemment à l'auteur de sa mort. Philippe s'en servit, comme d'un degré, pour parvenir à l'empire par un nouveau crime. Gordien, l'an 244, ayant une seconde fois battu Sapor près de Resaire, en Mésopo-

tamie, s'en revenait triomphant. Les vivres manquent tout-à-coup à son armée par les artifices de Philippe. Cette disette occasionna une sédition, au milieu de laquelle on exige que Philippe soit associé à l'empire. Gordien demande qu'on lui laisse le commandement entier, et il ne peut l'obtenir. Il harangue l'armée pour que la puissance soit égale entre eux, et il ne l'obtient pas non plus; il supplie qu'on lui laisse le titre de césar, et on le refuse; il demande d'être préfet du prétoire, et on rejette ses prières; enfin il parle pour sa vie, et on le massacre près du confluent de la petite rivière d'Aboras et de l'Euphrate, vers le mois de mars 244. Ce prince avait toutes les qualités pour se faire aimer et estimer : aussi fut-il extrêmement regretté.

PHILIPPE.

244. M. Julius Philippus, né d'un chef de voleurs, l'an 204, à Bostres, dans l'Arabie, préfet du prétoire, engagea les soldats, après avoir fait assassiner Gordien, à l'élire empereur le 10 mars 244. Philippe était chrétien, selon Eusèbe, suivi par saint Jérôme, saint Chrysostôme, Paul Orose, et d'autres. Cet écrivain rapporte qu'en passant à Antioche, après avoir fait la paix avec les Perses, pour se rendre à Rome, il voulut assister aux prières qui se faisaient dans l'église, la veille de Pâques; mais que l'évêque, saint Babylas, sachant qu'il était coupable de la mort de Gordien, l'arrêta et l'empêcha d'y entrer. Philippe, ajoute-t-il, se soumit humblement à la réprimande de l'évêque, fit la confession de ses crimes, et accepta la pénitence. Mais Eusèbe ne rapporte cette histoire que d'après un bruit qu'il ne garantit pas. *Fama est*, dit-il. D'ailleurs le même Eusèbe, Lactance, saint Ambroise, Paul Orose, Théodoret, Sulpice Sévère, et presque tous les anciens, attestent que Constantin fut le premier empereur chrétien. De plus, il y a preuve, ainsi que le fait voir le P. Saccarelli, que Philippe, pendant son règne, fit plusieurs actes d'idolâtrie. Ainsi rien de plus douteux que son prétendu Christianisme. Ce prince ayant envoyé Dèce pour châtier les auteurs d'une révolte dans la Mésie, les troupes du pays, pour éviter la punition qu'elles méritaient, proclamèrent Dèce empereur. Philippe, l'ayant appris, marcha contre Dèce, lui livra bataille près de Vérone, fut vaincu et tué vers la mi-octobre 249. Philippe, son fils et son collègue, qu'il avait eu de Marcia Octacilla, sa femme, fut mis à mort, peu du jours après, à Rome. Le P. Hardouin donne à Philippe une origine bien différente de celle que nous lui attribuons d'après les historiens qui approchent le plus de son tems. « Les médailles de l'empereur Philippe, dit-il, marquent

» qu'il descendait d'Antoine et d'Auguste, de Pompée qui des-
» cendait de Numa Pompilius, second roi des Romains et
» gendre de Romulus ; et enfin de Marcius Philippus, issu
» d'Ancus Martius, troisième roi des Romains. Les médailles,
» dit-il, démontrent tout cela visiblement. » Oui, les médailles
expliquées à la manière du P. Hardouin.

L'an 248, la millième année de la fondation de Rome fut célébrée par des jeux séculaires, qui furent peut-être les plus magnifiques qu'on eût vus jusqu'alors. On y vit, suivant Capitolin, combattre dans l'amphithéâtre trente-deux éléphants, dix ours, dix tigres, soixante lions apprivoisés, un cheval marin, un rhinocéros, dix lions blancs, dix ânes sauvages, quarante chevaux sauvages, dix caméléopards, et une infinité d'autres animaux de différentes espèces, sans parler de deux mille gladiateurs, entretenus par le fisc, qui se battirent dans le cirque, et des jeux de théâtre qui durèrent trois jours et trois nuits.

Jotapien, en Syrie ; Pacatien, vers le midi des Gaules : et Carville Marin, en Mésie, prirent la pourpre sur la fin du règne de Philippe, et en furent bientôt dépouillés, avec perte de la vie.

DECE.

249. CN. MESSIUS QUINTUS TRAJANUS DECIUS, né, l'an 201, d'une famille ancienne, suivant Zozime, à Bubalie, village près de Sirmich, succéda, l'an 249, au mois d'octobre, à Philippe. L'an 251, il marche en Mésie avec Hérennius Dèce, son fils aîné, contre les Goths, fait le ravage dans leur pays, et les réduit au point que, pour se délivrer, il ne leur reste plus d'espérance que dans une bataille. Elle s'engage ; le jeune Dèce, au premier choc, est tué d'un coup de flèche. Le père, sans paraître troublé, s'écrie que le salut de l'empire n'est pas attaché à la vie d'un seul homme. Il poursuit l'ennemi avec tant d'ardeur que, s'étant engagé dans un marais qu'il voulait traverser, il enfonce, sur son cheval, dans le limon sans pouvoir s'en tirer. Il y périt des traits dont les barbares le percèrent, sur la fin de novembre. Ce prince méritait un pareil sort pour la cruelle persécution qu'il fit aux Chrétiens. (Elle est comptée pour la septième.) On doit néanmoins dire à sa louange que, pendant son règne, il s'occupa sérieusement de la réforme des mœurs publiques, et que dans cette vue il rétablit la charge de censeur. Dèce avait épousé HERENNIA CUPIENNIA ETRUSCILLA, dont il laissa Hostilien, dont il sera parlé ci-après, et peut-être deux autres fils.

GALLUS et VOLUSIEN.

251. C. Vibius Trebonianus Gallus, après la mort de Dèce, à laquelle on croit qu'il eu part, fut proclamé empereur par les troupes de Mésie et de Thrace. Il donna les titres d'auguste et d'empereur à Hostilien, fils de Dèce, qui mourut peu de tems après. Il fit en même tems césar Volusien, son fils, et le déclara auguste avant la fin de juillet 252. Gallus et Volusien furent tués, vers la fin de mai 253, à Terni, par leurs soldats, lorsqu'ils marchaient contre Emilien, qui s'était révolté. Gallus, selon Dexippe, historien du tems, n'a régné que dix-huit mois. Son règne n'est presque connu que par la paix honteuse qu'il fit avec les Goths, par la persécution qu'il fit aux Chrétiens (c'est la huitième), et par la peste et les autres fléaux qui furent la punition de sa cruauté.

EMILIEN.

253. C. Julius Æmilianus, né l'an 207, s'étant fait proclamer empereur dans la Mésie, dont il était gouverneur, fut reconnu par le sénat après la mort de Gallus. Il n'a régné que trois ou quatre mois, ayant été tué par les soldats, près de Spolette, vers la fin d'août 253. Il existe encore des médailles où il est représenté avec le nom et les attributs d'Hercule le Victorieux et de Mars le Vengeur. (Banduri, *Numism.*, p. 94.)

VALERIEN.

253. P. Licinius Valerianus, d'une naissance illustre, et décoré de plusieurs titres, né l'an 190, fut proclamé empereur en Rhétie par les troupes qu'il menait à Gallus con-

---

Principaux tyrans qui s'élevèrent dans l'empire sous Valérien, Gallien, Claude et Aurélien.

253. Sulpitius Antoninus, proclamé empereur par les troupes de Syrie en 253, fut tué l'année suivante. On voit une médaille en grand bronze, frappée en son honneur l'an de l'ère d'Emèse 565, c'est-à-dire de J. C. 254.

260. D. Lælius Ingenuus, gouverneur de Pannonie et de Mésie, fut reconnu pour empereur dans ces provinces, lorsqu'on y apprit la captivité de Valérien. Gallien ne lui donna pas le tems de s'affermir. Il envoya contre lui les généraux Au-

tre Emilien, ensuite reconnu par Emilien lui-même au mois d'août 253. Le sénat proclama césar GALLIEN, son fils, et Valérien le déclara aussitôt auguste, en l'associant à l'empire, attaqué de tous côtés par les barbares. Valérien et Gallien régnèrent sept ans ensemble. Mais le premier, apprenant les progrès que Sapor, roi de Perse, faisait en Orient sur les terres des Romains, se mit en marche, l'an 259, pour le repousser. Sur la fin de l'an 260, après une défaite, se voyant serré par les Perses de manière à ne pouvoir s'échapper, il s'engagea dans une conférence avec Sapor, qui le retint prisonnier, et ne voulut jamais lui rendre la liberté. Ce perfide monarque, après l'avoir traité pendant neuf ans avec indignité, jusqu'à le faire servir de marche-pied lorsqu'il montait à cheval ou dans son char, le fit à la fin mourir en 269 (Pagi), et lui refusa même les honneurs de la sépulture; car Valérien, après sa mort, fut écorché par ordre de ce barbare, son corps salé, sa peau corroyée, teinte en rouge, et mise dans un temple pour servir de monument éternel de la honte des Romains. Tous les Chrétiens ont reconnu dans cette fin déplorable de Valérien le doigt de Dieu, qui vengeait le sang innocent qu'il avait répandu. La persécution qu'il commença l'an 257, est la neuvième, en distinguant celle de Gallus de celle de Dèce. Jus-

---

reolus et Céler Verianus, qui le défirent près de Murse. Ingenuus, après cet échec, se donna la mort pour ne pas tomber entre les mains du vainqueur.

261. Q. NON. REGILLIANUS, de la famille de Décébale, roi des Daces, vaincu par Trajan, prit la pourpre en Mésie, après la mort d'Ingenuus. Il était déjà célèbre par les victoires qu'il avait remportées sur les Sarmates. Il continua de faire la guerre avec succès à ces peuples jusqu'en 263, qu'il fut assassiné par ses soldats vers la fin d'août.

261. M. FULV. MACRIANUS, homme sans naissance, mais habile capitaine, proclamé empereur en Syrie au mois de mars 261, s'associa aussitôt ses deux fils, Q. FULV. MACRIANUS et CN. FULV. QUIETUS. Son empire s'étendit sur toute l'Asie et l'Egypte. L'an 262, il passe en Occident pour détrôner Gallien. Aureolus l'arrête en Illyrie, sur les confins de la Thrace. Attaqué le 8 mars de la même année par Domitien, lieutenant d'Aureolus, ou par Aureolus lui-même, il est massacré par ses propres soldats, avec son fils aîné. Quietus, second fils de Macrien, qu'il avait laissé en Syrie, fut trahi par son général Ba-

qu'alors il avait paru favoriser le Christianisme. Ce fut Macrien, préfet du prétoire, et l'un de ses généraux, qui le fit changer de disposition. C'était une suite de sa facilité à recevoir les mauvaises impressions que d'habiles courtisans voulaient lui donner. En général, durant son règne, il ne sut presque jamais discerner le vrai mérite et lui rendre justice. Confiant et méfiant hors de propos, faute de jugement, son imprudence fut la source de son malheur, et fit à la gloire des Romains une tache qu'ils n'ont jamais pu effacer. MARINIANA, sa seconde femme, lui donna P. Licinius Valerianus, qui fut tué avec Gallien. Elle mourut dans la même prison que son époux, qu'elle avait suivi en Perse.

GALLIEN.

260. P. LICIN. GALLIENUS, né l'an 233, fait césar vers le mois d'août 253, par le sénat, et aussitôt déclaré auguste par Valérien, son père, demeura seul empereur après la capti-

---

liste, qui le fit poignarder, avant le mois d'Aout 262, dans Emèse, et livra la place à Odenat. (Tillemont.)

261. CALPURN. PISO, personnage consulaire, également recommandable par sa naissance et son intégrité, ayant été envoyé par Macrien contre Valens, se fit proclamer empereur en Thessalie, pour imposer à son ennemi. Il ne jouit pas longtems de cet honneur. Valens, hors d'état de lui résister à force ouverte, le fit assassiner par des satellites sur la fin de mai de l'an 261. C'était, dit M. Gibbon, le seul noble parmi tous ces tyrans. « Le sang de Numa coulait depuis vingt-huit généra-
» tions successives dans les veines de Calpurnius Pison, qui,
» lié par les femmes aux plus illustres citoyens, avait le droit
» de décorer sa maison des images de Crassus et du grand
» Pompée... Les qualités personnelles de Pison ajoutaient
» un nouveau lustre à sa race... Le sénat, avec la généreuse
» permission de l'empereur, décerna les honneurs du triomphe
» à la mémoire de ce vertueux rebelle. »

261. VALER. VALENS, proconsul d'Achaïe, prit la pourpre pour se défendre contre Macrien, qu'il refusait de reconnaître. Cette sauve-garde ne le garantit pas de la fureur de ses soldats, qui le massacrèrent l'année même de son usurpation, peu de jours après qu'il eut fait lâchement égorger Calp. Pison.

261. M. CASSIANUS LATIENUS (ou LATINUS) POSTHUMUS,

vité de ce prince, dont il reçut la nouvelle avec un plaisir secret et une indifférence marquée. Jusqu'alors il avait donné les plus belles espérances. Né avec de grandes qualités, et élevé par le philosophe Plotin, il s'était adonné tour-à-tour à l'étude des belles-lettres et aux exercices militaires. Les poètes le regardaient comme leur émule, les gens de guerre comme un héros naissant : il avait commandé les armées et remporté une victoire sur les Sarmates. Son humanité, sa bienfaisance, sa générosité, lui avaient concilié tous les cœurs : les Chrétiens même se louaient de sa modération et de son équité. Mais il devint un autre homme lorsqu'il eut seul en main les rênes du gouvernement. La séduction des courtisans les plus corrompus, auxquels il se livra, le fit tomber dans l'indolence, la crapule et la cruauté. Il passait les jours à faire bonne chère et à s'enivrer, fréquentait de nuit les lieux infâmes, et laissait à ses affranchis le soin de l'état. Son luxe n'admettait point de bornes. Il ne se servait que de vases d'or enrichis de diamants. Ses habits étaient de la plus grande somptuosité; ses souliers même étaient couverts de pierres précieuses, et il ne se poudrait les cheveux

---

de basse naissance, mais distingué par ses grandes qualités, qui lui avaient mérité le consulat, fut proclamé empereur dans les Gaules au commencement de l'an 261. Il commandait en ce pays depuis l'an 257. Pour assurer son usurpation, il fit assassiner Salonin, fils de Gallien, avec Sylvain, son précepteur, tous deux renfermés dans Cologne. L'Angleterre et l'Espagne s'empressèrent de le reconnaître. L'empereur Gallien, étant venu l'assiéger dans Autun, échoua dans cette entreprise, et fut obligé d'y renoncer après avoir été blessé. Le règne de Posthume fut de sept ans, pendant lesquels il remporta plusieurs victoires sur les Barbares. L'an 267, au printems, après avoir vaincu le tyran Lélien près de Mayence, il fut massacré par ses soldats, pour n'avoir pas voulu livrer à leur avidité le pillage de cette ville. Quoique Posthume n'ai joui de la pourpre que pendant sept ans, toutefois les dernières médailles de ce prince marquent jusqu'à sa x^e puissance tribunitienne. Mais c'est qu'alors, dit M. Boze, il commença à les compter, non du jour qu'il avait été élu empereur, mais de celui où il avait eu le commandement des Gaules. Posthume avait un fils, *C. Jun. Cass. Posthumus*, qu'il s'associa, et qui périt avec lui.

262. SERV. ANICIUS BALISTA, général de Macrien et de son fils Quietus, se fit proclamer empereur en Syrie, quelque tems

qu'avec de la limaille d'or. Pour fournir à ses profusions, il attaqua, sous divers prétextes, les plus riches sénateurs, dont il se fit adjuger les biens par droit de confiscation, après les avoir fait proscrire ou exécuter à mort. Dans l'état déplorable où l'empire se trouva sous ce règne, les barbares qui l'environnaient ne manquèrent pas d'y pénétrer. Il s'éleva même dans son sein environ vingt (et non pas trente) tyrans, qui prirent tous le titre d'empereur à la tête des armées qu'ils commandaient. Nous les faisons connaître ci-dessous. Mais nous ne mettons point de ce nombre ODENAT, prince de Palmyre, que Gallien fit lui-même auguste et empereur d'Orient en 264. Nous n'y comprenons pas non plus CAIUS VALÉRIEN, frère de Gallien, qui le déclara pareillement auguste la même année, après l'avoir fait auparavant césar. Rien n'était plus nécessaire à l'état que le premier des deux collègues que ce prince se donna. Tandis que Gallien se livrait à la débauche, Odenat soutint l'empire sur le penchant de sa ruine. Il remporta plusieurs victoires sur les Perses, et leur préparait de nouveaux désastres lorsqu'il fut assassiné, l'an 267, avec Hérode, ou Hérodien, son fils aîné, à Héraclée, dans le Pont. Gallien subit le même sort avec

après la mort de ce dernier. C'était un homme de tête, qui savait la guerre et n'était pas moins versé dans la politique. Valérien l'avait fait préfet du prétoire et s'était servi utilement de ses avis. Après la captivité de ce prince, les soldats l'ayant mis à leur tête, il avait passé par mer en Cilicie et sauvé Pompeiopolis, près de tomber au pouvoir des Perses. De là s'étant avancé rapidement en Lycaonie, il avait taillé en pièces, dans une surprise, l'armée de Sapor, pillé ses trésors, enlevé ses femmes, après quoi il était retourné en Cilicie. On ignore ce qu'il fit étant empereur. Il régna deux ans, au bout desquels il fut mis à mort l'an 264 par ordre, à ce qu'on prétend, d'Odenat.

262. TIB. CEST. ALEX. ÆMILIANUS, gouverneur d'Egypte, fut contraint de prendre la pourpre l'an 262, pour appaiser une sédition. L'année suivante, Gallien envoya contre lui Théodore, qui le prit, comme il se disposait à porter ses armes dans les Indes, et l'envoya à Rome, où il fut étranglé.

263. SEMPRON. SATURNINUS fut, malgré lui, proclamé empereur sur les confins de la Scythie l'an 263. Loin de remercier son armée de l'honneur qu'elle lui faisait, il déplora publiquement sa funeste destinée, en lui disant : « Vous avez

sa famille le 20 mars de l'année suivante, huitième de son règne, devant Milan, tandis qu'il assiégeait le tyran Aureolus, renfermé dans cette place. Sa femme, nommée JULIA CORN. SALONINA, surnommée par quelques écrivains grecs CHRYSOGONA, lui donna deux fils, Salonin, prince de la Jeunesse, qui fut tué dans Cologne par ordre, à ce qu'on croit, de Posthume, à qui Gallien l'avait confié, et Jules Gallien, avec deux filles, Julia et Licinia Galiena, qui furent enveloppées dans le malheur de leur père. A ce mariage Gallien joignit, vers l'an 260, un concubinage avec Pipa, ou Pipara, fille d'un roi des Marcomans. (Tillemont.)

Ce fut Gallien qui établit la distinction entre l'épée et la magistrature. Jusqu'à son règne, on s'était fait un devoir de réunir le mérite militaire et l'habileté dans les affaires civiles. Mais ce prince voyant s'élever de toutes parts des usurpateurs du titre impérial, interdit la milice aux sénateurs, dans la crainte que ce rang, joint au commandement des armées, ne favorisât l'ambition dans ses entreprises.

CLAUDE II, DIT LE GOTHIQUE.

268. M. AUR. CLAUDIUS, né dans l'Illyrie, le 10 mai 214 ou 215, général de l'armée d'Illyrie, d'une famille obscure, fut

---

» perdu un commandant utile, et vous avez fait un bien malheureux empereur. » Ce qu'il prévoyait arriva. Il fut tué l'année suivante, ou l'an 267, si les médailles qui lui donnent 4 ans de règne, sont véritables.

264. C. ANN. TREBELLIANUS, fameux pirate, proclamé empereur en Isaurie, au commencement de l'an 264, fut tué, l'année suivante, dans une bataille contre Causisolée, frère de Théodote, vainqueur d'Emilien.

264. M. AUREL. PIAUVONIUS VICTORINUS, choisit pour collègue par Posthume en 264, lui succéda l'an 267. Le dérèglement de ses mœurs ternit ses qualités brillantes. Des maris jaloux, dont il avait séduit ou violé les femmes, vengèrent l'outrage fait à leur honneur en l'assassinant, dans les premiers mois de l'année suivante à Cologne. Avant d'expirer, il désigna pour son successeur, *C. Piauvonius Victorinus*, son fils, qui eut, peu de tems après, le même sort que lui. Une pierre, découverte près de Cologne, porte dans l'inscription : *hic siti sunt Victorini duo.* Après la mort du père, *Aurelia Victorina* (ou *Victoria*), mère de Victorin le Vieux, prit le titre d'auguste. Elle fut en Occident ce que Zénobie était en Orient.

proclamé empereur après la mort de Gallien, et reconnu avec joie par le sénat, le 24 mars 268. Il porta sur le trône le modèle de toutes les vertus, dont l'âme d'un païen est susceptible. Avant que d'y parvenir, il avait commandé les armées avec gloire. En continuant de marcher à leur tête, il triompha de quelques tyrans, et défit entièrement, l'an 269, près de Naïsse, les Goths, qui étaient venus, au nombre de trois cent vingt mille, piller la Thrace, l'Asie et la Grèce ; ce qui lui mérita le surnom de *Gothique*. Il mourut de la peste à Sirmich, vers le mois de mai 270, dans la troisième année de son règne. Les Romains, après sa mort, pour consacrer sa mémoire, lui érigèrent dans le Capitole une statue d'or (c'est-à-dire dorée), haute de dix pieds.

Depuis Claude jusqu'à Dioclétien, qui rétablit la monnaie d'argent pur, il n'y a plus d'argent du tout dans les médailles, ou s'il s'en trouve, elles sont si rares que l'exception confirme la

---

S'étant mise à la tête d'un certain nombre de légions, elle leur inspira tant de confiance, qu'elles l'appelaient la mère des armées. Elle les conduisait elle-même, avec cette fierté tranquille qui annonce autant de courage que d'intelligence. Son autorité n'expira qu'avec sa vie vers le milieu de l'an 268.

265. T. CORN. CELSUS, proclamé empereur à Carthage l'an 265, fut tué six jours après par ses troupes.

266. ULP. CORN. LÆLIANUS (ou L. ÆLIANUS) se fit proclamer empereur à Mayence vers la fin de 266. Il perdit la vie près de cette ville, au commencement de l'année suivante, dans une bataille contre Posthume. M. Muratori le confond avec Lollianus qui suit ; mais les médailles les distinguent.

267. SP. SERVIL. LOLLIANUS, reconnu empereur dans une partie des Gaules, après la mort de Posthume, contre lequel il avait soulevé l'armée, fut défait par les Victorins, et massacré, la même année, par les soldats.

267. SEPTIMIA ZÉNOBIA, femme d'Odenat, qu'elle accompagna toujours dans ses expéditions militaires, prit le titre de reine d'Orient après la mort de son époux, et donna la pourpre à ses trois fils, Hérennien, Timolaüs et Valbalathe. Cette princesse, issue des Ptolémées d'Egypte, réunissait en sa personne le savoir et l'héroïsme. Elle résista aux forces que Gallien et Claude, son successeur, envoyèrent contre elle, et étendit ses conquêtes en Egypte et jusque dans la Galatie. Mais elle trouva

règle. On a frappé pour lors sur le cuivre seul, mais après l'avoir couvert d'une feuille d'étain. C'est ce qui donne cet œil si blanc aux médailles que nous appelons *saucées*. Les espèces d'or ont toujours été néanmoins battues sur le fin, parce que les tributs ne se payaient qu'en or. (La Bastie.)

QUINTILLE.

270. M. Aur. Claud. Quintillus, prit, après la mort de Claude, son frère, le titre d'empereur, qui lui fut déféré par le sénat et les soldats en Italie. Mais en même tems Aurélien fut proclamé par l'armée qui se trouvait à Sirmich. Quintille, désespérant de pouvoir se soutenir en concurrence avec ce rival, se donna la mort, après dix-sept ou vingt jours de règne.

AURÉLIEN.

270. L. Valerius Domitius Aurelianus, né, à ce qu'on croit, dans la Dace, l'an 212, d'une famille abjecte, surnommé

---

un vainqueur dans la personne d'Aurélien. L'an 272, ce prince après deux batailles gagnées sur elle, l'une à Daphné, près d'Antioche, l'autre sous les murs d'Emèse, vint l'assiéger dans Palmyre. Elle s'y défendit en nouvelle Sémiramis. Mais après avoir épuisé toutes les ressources du génie et de la valeur, elle fut prise, l'année suivante, en se retirant vers l'Orient, et conduite à Rome, où elle servit avec Tetricus à orner le triomphe d'Aurélien. Zénobie passa le reste de ses jours à Tivoli. On ignore le sort de ses fils, à l'exception de Valbalathe, que l'empereur combla de faveurs. Les filles de Zénobie épousèrent d'illustres personnages.

267. Man. Acilius Aureolus, général de l'armée d'Illyrie, avec laquelle il avait défait, en 262, le tyran Macrien, ayant été envoyé, l'an 267, par Gallien à Milan pour défendre le passage des Alpes contre le tyran Posthume, prit la pourpre en cette ville, où Gallien vint, l'année suivante, l'assiéger. Ce prince ayant été tué durant cette expédition, Aureolus essaya de proposer à Claude, son successeur, un traité d'alliance et de partage, « Dites lui, répliqua l'intrépide empereur, que de » pareilles offres pouvaient être faites à Gallien; Gallien les » aurait peut-être écoutées patiemment, il aurait pu accepter » un collègue aussi méprisable que lui ». Ce dur refus ayant intimidé les assiégés, Aureolus tenta le sort d'une bataille, qui fut livrée dans le mois d'avril 268, près de l'Adda, entre Milan

l'épée a la main, *manu ad ferrum*, à cause de son inclination pour les armes et de sa valeur, général des armées d'Illyrie et de Thrace, fut proclamé empereur dans le mois de mai 270, à Sirmich, en même tems que Quintille le fut en Italie. Il régna cinq ans commencés, et fut assassiné en Thrace, entre Héraclée et Bysance, au mois de janvier 275, par la trahison de Mnesthée, son secrétaire, qui avait soulevé ses généraux contre lui sur un faux mémoire. Ce prince, le plus grand capitaine de son siècle, rétablit l'empire dans ses limites, et le rendit formidable à ses ennemis. Il rechassa les Goths, après plusieurs victoires remportées sur eux, au-delà du Danube. Il repoussa les Allemands qui, vainqueurs dans une première bataille donnée près de Plaisance, avaient pénétré jusqu'en Ombrie, et les obligea de retourner en Germanie. Mais ses plus brillants exploits furent contre Zénobie, veuve d'Odenat et reine de Palmyre, qui, après lui avoir donné beaucoup d'exercice, fut prise l'an 273, et emmenée captive à Rome. Le vainqueur fit mourir les partisans les plus distingués de cette princesse, et n'épargna pas même le philosophe Longin, son secrétaire, que son savoir et sa vertu firent extrêmement regretter. Son dessein était néanmoins de conserver Palmyre. Mais ayant appris, la même année en Thrace, qu'elle s'était révoltée, il y revint en diligence, passa tous les habitants au fil de l'épée, et détruisit de fond en comble cette superbe ville, dont il reste encore des monuments

et Bergame. Il la perdit avec la vie, suivant Trebellius Pollion. Zozime dit au contraire qu'il se rendit au vainqueur qui voulait lui épargner la vie ; mais que les soldats, s'en étant saisis, le mirent à mort. Quoiqu'il en soit, le lieu où se donna la bataille fut nommé *Pons Aureoli*, aujourd'hui Pontirole.

267. MEONIUS, cousin et meurtrier d'Odenat, se fit proclamer empereur, après la mort de ce prince en Syrie. Ses soldats, au bout de quelques jours, le mirent à mort.

268. M. AUREL. MARIUS, armurier, fut proclamé empereur dans une partie des Gaules, par les soins de Victorine. Mais sept jours après son élection, il fut assassiné, dans les premiers mois de l'an 268, par un soldat qui avait travaillé dans sa boutique et avec une épée faite par Marius même. Ce tyran s'était distingué par l'intrépidité de son courage, par une force de corps extraordinaire et par l'honnêteté de ses mœurs grossières.

268. P. PIVESUVIUS TETRICUS, sénateur et gouverneur d'Aquitaine, fut proclamé empereur dans la ville de Bordeaux, après

qui font l'admiration des connaisseurs. Aurélien était naturellement porté à la cruauté. Ce funeste penchant se manifestait jusques dans l'exactitude avec laquelle il faisait observer la discipline militaire ; ce qui lui attira, de la part des soldats, cette raillerie piquante : *Il a plus versé de sang que personne n'a bu de vin*. Sur la fin de sa vie, il persécuta les Chrétiens, qu'il avait jusqu'alors traités favorablement. Dodwell prétend qu'il se contenta de les menacer sans en venir aux effets ; mais Eusèbe (*Hist. Eccl.*, L. VII, c. 30) dit formellement le contraire, qui d'ailleurs est prouvé par les actes des martyrs qu'il fit. Il aimait la modestie dans les habits, et ne voulut point permettre à sa femme et à sa fille de porter des robes de soie, disant qu'une étoffe est trop chère lorsqu'elle se vend au poids de l'or : *Absit ut auro fila pensentur*. Cependant il est le premier empereur, suivant Jornandès, qui ceignit le diadème en public. (*Voyez* du Cange sur Joinville, dissert. XXIV, page 290.) Le nom

---

la mort de Marius, à la recommandation de Victorine, qui voulait l'associer à son fils Victorin. Ce tyran se maintint avec gloire l'espace de six ans commencés. Mais las des fréquentes mutineries de ses troupes, il se détermina, l'an 273, à se rendre à l'empereur Aurélien. La manière dont il s'y prit ne lui fait pas honneur. Aurélien l'ayant atteint dans les plaines de Châlons, les deux armées en vinrent aux mains. Tandis qu'elles se battent avec tout l'acharnement imaginable, Tetricus, avec son fils, passe du côté de l'ennemi, laissant ses troupes répandre en vain leur sang pour un chef qui les a lâchement abandonnées. Elles furent presque entièrement taillées en pièces. Aurélien donna à Tetricus un gouvernement en Italie où il mourut, entre septembre 275 et mars 276. Son fils, C. Pivesuvius, qu'il avait fait césar, fut, par Aurélien, après l'avoir gagné, comblé de biens et d'honneurs.

273. Marcus Firmius, natif de Séleucie, en Syrie, transporté dès sa jeunesse en Egypte, où le commerce le rendit fort opulent, osa s'y faire proclamer empereur, vers le milieu de l'an 273, après la chûte de Zénobie, dont il était ami. C'était un homme d'une taille de géant et d'une force surprenante ; on l'appelait le Cyclope. S'étant rendu maître d'Alexandrie et du reste de l'Egypte, il défendit de transporter à Rome le blé qu'on avait coutume d'y envoyer. Aurélien, dès qu'il eut appris sa révolte à Carrhes, en Mésopotamie, marcha contre lui, et l'ayant pris dans une bataille, il lui fit expier son crime la même année, dans des supplices affreux.

de sa femme était Ulpia Severina; celui de la fille qu'il eut d'elle est inconnu. Rome fut redevable à ce prince d'une nouvelle enceinte, beaucoup plus étendue que la première, et de nouvelles fortifications qui la mirent à l'abri des insultes des barbares. On évalua son circuit à quarante mille pas ou environ.

TACITE.

275. M. Claudius Tacitus, homme consulaire, et l'un des plus illustres sénateurs, fut élu empereur, par le sénat, le 25 septembre 275, après un interrègne de sept à huit mois, pendant lesquels cette compagnie et l'armée s'étaient renvoyé plusieurs fois réciproquement l'honneur de donner un chef à l'empire. Tacite fut tué par les soldats à Tyane, en Cappadoce, dans le mois d'avril 276, n'ayant régné que six mois. Il était âgé pour lors d'environ soixante-seize ans. Sa mort fut pleurée de tous les gens de bien. Pendant le court espace de son règne, il fit briller toutes les vertus qui avaient illustré ceux de Tite, de Trajan, d'Antonin et de Marc Aurèle. Renonçant à tout amusement, il se donna tout entier à l'administration de la justice, à la police et à la défense de l'état. Son désintéressement fut tel, qu'il distribua au peuple la plus grande partie de son patrimoine, qui montait à près de huit millions de revenu. Sa déférence pour le sénat fut si grande, qu'il ne réglait rien que sur ses conseils; sa manière de vivre si simple, qu'il ne fut jamais vêtu que comme un particulier, et qu'il ne permit à l'impératrice, sa femme, dont on ignore le nom, de porter ni or ni pierreries sur ses habits. Il avait cultivé soigneusement les lettres avant de monter sur le trône, et s'était nourri sur-tout l'esprit des grandes maximes de politique, que l'historien Tacite, dont il faisait gloire de descendre, a répandues dans ses écrits. Devenu empereur, il honora sa mémoire en faisant placer sa statue dans les bibliothèques publiques, et en ordonnant qu'on ferait tous les ans dix nouvelles copies de ses livres aux dépens du fisc, de peur qu'ils ne périssent par la négligence des lecteurs. Cette précaution n'a pu néanmoins en garantir une partie de l'injure du tems. Ce grand prince revenait de repousser les Scythes, qui avaient fait une irruption sur les terres de l'empire, lorsqu'il fut mis à mort.

FLORIEN.

276. M. Annius Florianus prit le titre d'empereur, en Cilicie, après la mort de Tacite, son frère utérin, sans attendre ni l'autorité du sénat, ni l'élection des soldats. L'armée d'Orient lui opposa Probus, qui, l'ayant battu deux fois, le rédui-

sit à s'ouvrir les veines de désespoir, vers la mi-juillet, trois mois après la mort de Tacite.

PROBUS.

276. M. Aur. Val. Probus, né, le 19 août 232, d'une famille obscure, à Sirmich, fut élevé, malgré lui, à l'empire, par les troupes de l'Orient, après la mort de Tacite, dès le mois d'avril 276. Cette élection fut confirmée, par le sénat, vers le 13 août suivant. Le cours du règne de Probus fut un enchaînement de victoires qu'il remporta sur les Lyges, les Francs, les Bourguignons et les Vandales en Occident; sur les Blemmyes, les Isaures et les Perses en Orient. Pour contenir les barbares du Nord, il fit construire en Germanie une haute muraille, fortifiée de tours à des distances convenables. Elle commençait dans le voisinage de Neudstadt et de Ratisbonne, s'étendait jusqu'à Wimpfin sur le Necker, et se terminait aux bords du Rhin, après un circuit d'environ deux cents milles. Mais ce mur fut renversé par les Allemands, quelques années après la mort de Probus, et ses ruines éparses excitent encore aujourd'hui l'admiration des paysans de Suabe. Ce n'est pas le seul travail public auquel Probus employa les troupes pendant la paix. Domitien avait défendu de planter de nouvelles vignes, et ordonné d'arracher la moitié des anciennes. Probus fit refleurir, par les mains de ses soldats, cette branche de l'agriculture, sur-tout dans la Pannonie et dans les Gaules. Mais une occupation qui ne plut pas également aux légions, ce fut le dessèchement qu'il

---

Tyrans qui s'élevèrent sous le règne de Probus.

1°. Jul. Saturninus, qu'Aurélien avait fait général des frontières de l'Orient. Etant venu, l'an 280, en Égypte, les Alexandrins le proclamèrent, malgré lui, empereur, et le revêtirent d'une robe de pourpre qu'on prit sur une statue de Vénus. L'empereur Probus, qui l'estimait, lui écrivit pour lui offrir sa grâce et lui proposer un parti avantageux. Mais les officiers de Saturnin, craignant pour eux la vengeance de Probus, empêchèrent leur chef d'accepter ces offres. Probus fit donc marcher contre lui des troupes qui l'assiégèrent dans Apamée, où il fut pris et mis à mort peu de mois après son usurpation.

2°. Tit. Æl. Proculus, natif d'Albenga, sur la côte de Gênes, officier distingué par ses services, mais non moins diffamé par ses débauches. Ce fut dans une partie de divertissement

leur fit faire d'un marais autour de Sirmich, sa patrie. S'étant mutinées à cette occasion, elles attaquèrent l'empereur dans une tour qu'il avait fait construire pour veiller sur les travaux ; et l'ayant forcé dans cet asile, elles le percèrent de mille traits vers le mois d'août 282. Le repentir suivit de près ce forfait. Les rebelles déplorèrent leur funeste précipitation, et dressèrent, à la mémoire de Probus, un monument glorieux avec cette inscription : *Probus et verè probus hic situs est : victor omnium gentium barbararum : victor etiam tyrannorum.* PROCLA, sa femme, lui donna des enfants dont les noms ne sont point connus. L'empereur Julien dit que, pendant son règne, il releva et rebâtit soixante-dix villes.

CARUS.

282. M. AUR. CARUS, né, vers l'an 230, à Narbonne, après avoir passé par tous les degrés des honneurs civils et militaires, fut élu par l'armée de Pannonie pour succéder à Probus, vraisemblablement au commencement d'août 282. L'année suivante, accompagné de son deuxième fils, il porta la guerre en Perse, où il remporta plusieurs victoires sur Vararane II, et poussa ses conquêtes jusqu'au Tigre. Mais il mourut la même année 283, vers le 20 décembre, n'ayant régné que seize ou dix sept mois. Le bruit courut qu'il avait été tué d'un coup de foudre, dans un orage qui s'éleva lors de sa mort. Mais il y a lieu de croire qu'il fut assassiné par Arrius Aper, préfet des gardes prétoriennes, dont la fille avait épousé son second fils.

---

qu'il fut proclamé par ses soldats, l'an 280 empereur à Cologne. Il voulut soutenir ce titre, et prit la pourpre à l'instigation de VITURGIE, sa femme. Poursuivi par Probus, il fut défait et pris la même année à Cologne, où il subit le dernier supplice.

3°. Q. BONOSIUS, général des troupes de Rhétie. Sa négligence fut la cause en quelque sorte de son usurpation. Ayant laissé brûler, par les Allemands, les vaisseaux qui gardaient le Rhin, il prit la pourpre, en 280, pour éviter le châtiment qu'il méritait. C'était un des plus grands buveurs de son tems. Il fit cause commune avec Proculus, et conserva la pourpre plus longtems que lui. Il soutint une guerre longue et difficile ; mais ayant été pris à la fin, il fut condamné au supplice de la corde. Probus, voyant son corps pendu au gibet, dit : *Ce n'est pas un homme, c'est une cruche de vin qui est pendue.* Ce prince fit grâce aux deux fils qu'il laissa, et traita honnêtement sa veuve HUNILA.

Les Romains, pour témoigner leur regret de sa perte, le mirent au rang des dieux. MAGNIA URBICA, sa femme, lui donna deux fils, Carin et Numérien, qui succédèrent à leur père.

CARIN.

284. M. AUR. CARINUS, fils aîné de Carus, né l'an 249, fait césar au mois d'août 282, succéda vers le commencement de l'an 284 à son père. La même année, après avoir accordé la paix aux Perses, il marcha contre le tyran Julien, qui périt dans une bataille qu'ils se livrèrent près de Vérone. L'année suivante (285) il perdit la vie à la suite d'une victoire qu'il avait rem-

---

Tyrans qui s'élevèrent dans l'empire, depuis l'an 284 jusqu'en 312.

284. M. AUR. JULIANUS prit la pourpre en Vénétie, après la mort de Numérien, et périt la même année dans une bataille contre Carin.

285. CN. SALV. AMANDUS et POMPONIUS ÆLIANUS, s'étant mis à la tête des paysans révoltés dans les Gaules, usurpèrent la pourpre en 285, et donnèrent à leur faction le nom de Bagaudes. Herculeus, après plusieurs combats livrés à ces rebelles, les força dans un château, près de Paris, et les dissipa. Les Bagaudes se rallièrent dans la suite, et ce parti subsista long tems dans les Gaules qu'il désola.

287. CARAUSIUS, né à Saint-David, en Angleterre, et prince du sang royal de Bretagne, suivant le docteur Stukeli (*Hist. Carausii*, p. 62.), mais plus vraisemblablement ménapien de la plus basse naissance, comme Eutrope, Aurel. Victor, et le rhéteur Eumènes, le font entendre ; de pilote devenu soldat, puis amiral d'une flotte établie au port de *Gessoriacum*, ou Boulogne, pour arrêter les courses des pirates francs sur les côtes de la Belgique, étant passé l'an 287, dans la Grande-Bretagne, s'y fit proclamer empereur par les troupes romaines qui gardaient cette île. Dioclétien et son collègue, après avoir fait d'inutiles efforts pour le réduire, prirent le parti de lui céder la souveraineté de cette île, et admirent, quoique avec répugnance, un sujet rebelle aux honneurs de la pourpre. Mais la paix qu'on lui accorda ne fut pas durable. Le césar Constance Chlore ayant entrepris, l'an 292, le siège de Boulogne, Carausius envoya au secours de la place ses vaisseaux, qui tombèrent, ainsi que Boulogne, au pouvoir des assiégeants. Constance, encouragé par ce succès, fit de grands préparatifs

portée sur Dioclétien, à Murges, sur le Danube, entre Viminiac et le Mont-d'Or, en Mésie, non loin des rives du Danube. Ce fut un tribun, dont il avait violé la femme, qui l'assassina. Avant que de monter sur le trône, il avait montré quelques bonnes qualités : elles s'éclipsèrent lorsqu'il s'y fut assis. Vain, débauché, fastueux, cruel, il joignit les folies d'Elagabale à la férocité de Domitien. Il eut jusqu'à neuf femmes, qu'il répudia successivement.

NUMÉRIEN.

284. M. Aur. Numerianus, second fils de Carus, déclaré césar au mois d'août 282, fut proclamé empereur avec Carin,

pour recouvrer la Grande-Bretagne. Mais avant qu'ils fussent achevés, Carausius fut tué, l'an 294, par Allectus, son ministre. Il reste de ce tyran un grand nombre de médailles qui exercent beaucoup la sagacité des antiquaires. On en conserve une de sa femme, nommée *Oriuna*.

292. L. Elpidius Achilleus prit la pourpre en Egypte, où il régna cinq ans. Dioclétien, étant venu l'assiéger dans Alexandrie en 296, se rendit maître de la ville, l'année suivante, après huit mois de siége, la livra au pillage et condamna le tyran à être dévoré par les lions. L'Egypte presque entière fut abandonnée aux proscriptions et aux meurtres.

294. Allectus prit la pourpre, et se fit reconnaître empereur en Angleterre, après avoir assassiné Carausius. Constance et son lieutenant Asclépiodore ayant fait en même-tems, par deux endroits différents, une double descente en Angleterre, Allectus marcha contre le second, et périt, l'an 297, dans une bataille qu'il lui livra.

306. M. Aur. Maxentius, fils de l'empereur Herculeus, se fit reconnaître empereur à Rome le 28 octobre 306. Herculeus à cette nouvelle vient le joindre, et reprend la pourpre. Il se brouille ensuite avec son fils, et se retire auprès de Constantin dans les Gaules. Maxence déclare la guerre à ce dernier, qui le défait en trois batailles. Il en livre une quatrième, près du pont Milvius, à la suite de laquelle il se noie dans le Tibre en fuyant, le 28 octobre 312. Il avait eu de la fille de Galère Maximin, son épouse, un fils, Romulus, qui mourut en 309.

308. Alexandre prit la pourpre, l'an 308, en Afrique, dont il était gouverneur. L'an 311, il fut tué par les généraux de Maxence

son frère, vers les premiers jours de l'an 284, après la mort de leur père. La même année, avant le 17 septembre, il fut tué dans sa litière, comme il s'en revenait de Perse, par la perfidie d'Arrius Aper, son beau-père, n'ayant régné qu'environ huit ou neuf mois. Numérien fut le contraste de son frère par ses grandes qualités de cœur et d'esprit. Sa femme, à ce qu'on croit, se nommait ALVIA.

L'EMPIRE PARTAGÉ POUR LA PREMIÈRE FOIS ENTRE QUATRE EMPEREURS, DEUX AUGUSTES ET DEUX CÉSARS.

DIOCLÉTIEN.

284. C. VAL. AURELIUS DIOCLETIANUS, né d'une famille obscure, à Dioclée, en Dalmatie, vers l'an 233, fut élu empereur, près de Calcédoine, après la mort de Numérien, par l'armée qui revenait de Perse, et dans laquelle il servait, le 17 septembre 284. Aussitôt après sa proclamation, étant monté sur un tribunal de gazon pour haranguer ses soldats, il jura, l'épée nue à la main, qu'il n'avait aucune part au meurtre de Numérien, chargea de ce crime le seul Aper qui était présent, et dans le même moment l'étendit mort à ses pieds. Le grand nombre d'ennemis qu'il avait à combattre à-la-fois en Orient et en Occident, fut le motif qui l'engagea, l'an 286, d'associer à l'empire Maximien Herculeus, qui avait été son compagnon d'armes. Trouvant encore le poids du gouvernement trop lourd, il fit césars, l'an 292, avec la puissance tribunitienne, Constance Chlore et Galère Maximien. L'empire fut alors partagé, ce qui n'était point encore arrivé ; car, quoiqu'il y eût eu déjà quelquefois deux empereurs, ils avaient toujours possédé chacun l'empire entier sans partage. Dioclétien retint pour lui tout ce qui est au-delà de la mer Égée, et donna la Thrace et l'Illyrie à Galère ; l'Italie et l'Afrique, avec les îles qui sont entre deux, à Herculeus ; les Gaules, l'Espagne, l'Angleterre, etc., à Constance : « tétrarchie orageuse, dit M. de Sigrais, qui exi-
» geait, pour ne pas se détruire elle-même, l'union la plus
» parfaite, une concorde plus que fraternelle entre quatre
» princes nés dans quatre contrées diverses, et dont l'âge, la
» naissance, les mœurs, le caractère, différaient encore beau-
» coup. Le prodige, qu'on ne pouvait guère espérer, arriva
» cependant, dura, par la supériorité du génie conciliateur de
» Dioclétien, près de douze ans ; et d'un système très-vicieux
» de sa nature, résultèrent deux grands biens pour l'empire :
» l'un que la milice commença à respecter davantage la vie de
» ses empereurs ainsi multipliés ; l'autre, que les provinces de
» chaque partage, surchargées, à la vérité, du poids d'une cour

» dispendieuse, mais veillées de plus près, secourues plus
» promptement, furent défendues avec plus d'intérêt et de vi-
» gueur par des souverains, qu'elles ne l'avaient été auparavant
» par des généraux indifférents à la gloire de leur prince, et sou-
» vent rebelles. » L'an 296, Dioclétien passe en Egypte pour
faire la guerre au tyran Achillée, assiége Alexandrie dont il se
rend maître au bout de huit mois, fait Achillée prisonnier, et
dompte les Thébains, qui avaient eu le plus de part à sa révolte.
Pour les contenir dans la soumission, il leur enlève toute leur
jeunesse, dont il forme trois légions, qui furent nommées,
I^a Jovia felix Thebæorum, *II^a Maximiana Thebæorum*, et
III^a Diocletiana Thebæorum. (Rivaz.) L'an 303, Dioclétien,
à la sollicitation de Galère, commence à Nicomedie, par un édit
publié le 23 février, la neuvième ou dixième persécution contre
les Chrétiens, qu'il avait favorisés jusqu'alors et préférés à tous
autres pour les emplois de confiance. Elle fit tant de martyrs,
que les ennemis du Christianisme se vantaient de lui avoir porté
le coup mortel. On voit encore une médaille de Dioclétien avec
cette inscription : NOMINE CHRISTIANORUM DELETO. Depuis
son élévation, ce prince n'avait pas encore vu Rome. Il s'y rendit avec Herculeus, la même année 303, vers la fin de l'automne, pour y célébrer, le 17 novembre, un triomphe qui est
le dernier que jamais ait vu Rome. L'Afrique et la Bretagne, le
Rhin et le Danube fournissaient de superbes trophées pour cette
fête. On portait devant le char impérial les représentations des
rivières, des montagnes et des provinces. Les images des femmes,
des sœurs et des enfants du *grand Roi*, qui avaient été pris et rendus ensuite à la paix, formaient un spectacle nouveau, et flat-
taient la vanité du peuple. (*Voy.* Narsès, roi de Perse.) Dioclétien, piqué des railleries des Romains, les quitte le 19 ou le
20 du mois suivant, et s'achemine vers Ravenne malgré la rigueur de la saison. Il contracta, sur la route, une maladie lente
qui ne le quitta point; et depuis ce tems, on vit son esprit s'af-
faiblir avec son corps; ce qui fut regardé comme une punition
des cruautés qu'il exerçait, ou qui s'exerçaient en son nom contre les Chrétiens. (Tillemont.) Pressé par Galère, qui l'était
venu trouver à Nicomédie, l'an 305, il abdiqua l'empire le
1er. mai, et se retira à Salone, où il vécut encore huit ans,
occupé à cultiver ses jardins, et disant à ses amis qu'il n'avait
commencé à vivre que du jour de sa renonciation. Mais avant
que de terminer sa carrière, il eut la douleur de voir Constantin embrasser cette religion qu'il s'était flatté d'avoir détruite.
D'autres chagrins vinrent encore l'assiéger dans sa retraite. Va-
lérie, sa fille, veuve de Galère Maximin, avait passé dans les
terres de Maximin Daïa, croyant qu'elle y serait plus en sûreté.

Celui-ci n'ayant pu l'engager à l'épouser, l'envoya en exil avec sa mère, et demeura sourd aux instances que lui fit Dioclétien pour ravoir sa femme et sa fille. Enfin, Dioclétien ayant appris que Constantin avait abattu ses images avec celles d'Herculeus, parce qu'il avait paru favorable au parti de Maxence, cette nouvelle le plongea dans un tel accablement qu'il ne put y survivre. Pleurant sans cesse, s'agitant en toutes manières, et se refusant la nourriture, il mourut d'épuisement, d'affliction et de désespoir au mois de mai 313 (et non le 3 décembre précédent, comme le marque M. Fleuri), à l'âge de soixante-huit ans. PRISCA, sa femme, à qui Licinius fit trancher la tête en 315, lui donna Galeria Valeria, dont on vient de parler. La mère et la fille étaient chrétiennes, mais elles n'eurent pas la force de soutenir leur foi, lorsque Dioclétien leur commanda de sacrifier aux idoles. La fille, dans la suite, eut le même sort que sa mère, et périt avec elle, après avoir erré long-tems l'une et l'autre, en diverses contrées. Dioclétien, dont quelques modernes se plaisent à exalter la sagesse, donna dans un faste qui n'avait d'exemple que dans les mauvais princes qui l'avaient précédé. Il portait des robes tissues d'or et de soie, et jusqu'à des souliers couverts de pierreries. Ce misérable mortel voulut qu'on le traitât d'éternel et qu'on se prosternât devant ses statues comme devant celles des dieux. Du reste, on ne peut nier qu'il ne fût un grand capitaine et un habile politique. On vante, avec raison, l'équité de la plupart des lois qu'il publia. Il embellit de superbes édifices plusieurs villes, surtout Rome, Milan, Carthage et Nicomédie.

HERCULEUS.

286. M. AUR. VALER. MAXIMIANUS HERCULEUS, né près de Sirmich, d'une famille obscure, le 21 juillet de l'an 250, créé césar le 20 novembre 285, fut associé à l'empire par Dioclétien, le 1er avril 286, suivant Idace, dont le sentiment est le mieux appuyé. Ce choix ne fit pas honneur au discernement de Dioclétien. A des manières rustiques, qu'il tenait de sa naissance et dont il ne se dépouilla jamais, Herculeus joignait un caractère féroce, un naturel sanguinaire et un penchant invincible pour les plus énormes déréglements. N'ayant d'ailleurs aucune étude, il n'était recommandable que par sa valeur. Peu de tems après son association à l'empire, il fut envoyé par Dioclétien dans les Gaules pour réduire les Bagaudes, faction de paysans que les injustices et les vexations des officiers préposés aux impôts avaient soulevés. Après les avoir forcés dans le principal de leurs postes, situé dans le lieu dit aujourd'hui Saint-Maur, près de Paris, et qui s'appelait autrefois le château des

Bagaudes, il vint à bout, comme on l'a déjà dit ailleurs, de les dissiper, sans pouvoir néanmoins les détruire. Il fit la guerre ensuite avec le même succès à diverses nations barbares qui s'étaient jetées dans les Gaules, Hérules, Bourguignons, Allemands et Caïbons, peuples de Germanie. Ce fut dans le cours de ces expéditions, l'an 286 ou 287, qu'ayant reçu de Dioclétien, au pied des Alpes pennines, l'une des trois légions thébéennes, commandées par saint Maurice, il la fit massacrer toute entière par son armée le 22 septembre, après l'avoir décimée plusieurs fois, sur le refus qu'elle fit de sacrifier aux idoles. (*Voy.* la savante Dissertation de M. Rivaz sur cet événement.) Herculeus passa, l'an 297, en Afrique, où il ramena sous le joug de l'obéissance cinq villes de Lybie qui s'étaient révoltées. Mais l'an 305, il quitta la pourpre, malgré lui, à Milan le 1er mai, le même jour que Dioclétien la quittait à Nicomédie. Il la reprit l'année suivante à Rome, où son fils Maxence s'était fait reconnaître auguste. Il la quitta une deuxième fois en 308, pour mieux tromper son gendre Constantin, et la reprit aussitôt à Arles; Mais Constantin s'étant saisi de lui dans Marseille, l'en dépouilla, et lui fit grâce de la vie. Convaincu ensuite d'avoir attenté à celle de Constantin, on ne lui laissa que le choix du genre de mort. Il choisit la corde, et s'étrangla lui-même à Marseille, dans le mois d'avril au plus tard de l'an 310. il avait eu de GALERIA EUTROPIA, sa femme, outre Maxence, une fille nommée Fausta, mariée à Constantin.

CONSTANCE CHLORE.

292. FLAVIUS VALERIUS CONSTANTIUS, surnommé CHLORUS dans les bas tems, à cause de la pâleur de son visage, fils d'Eutrope et de Claudia, nièce, par Crispe, son père, de l'empereur Claude II, né le 31 mars 250, à Sirmich, fait césar le 1er mars 292, succéda, le 1er mai 305, avec Galère, à Dioclétien et à Herculeus, qui leur cédèrent l'empire ce jour-là. Constance mourut à Yorck le 25 juillet 306, n'ayant pas régné quinze mois depuis qu'il fut fait auguste. « La modération, la dou-
» ceur et la tempérance, caractérisaient principalement cet ai-
» mable souverain, et ses heureux sujets avaient souvent occa-
» sion d'opposer les vertus de leur maître aux passions violentes
» de Maximien, et même à la conduite artificieuse de Dioclétien.
» Au lieu d'imiter le faste et la magnificence asiatique, Cons-
» tance conserva la modestie d'un prince romain. Il disait avec
» sincérité que son plus grand trésor était dans le cœur de ses
» peuples, et qu'il pouvait compter sur leur libéralité et leur
» reconnaissance toutes les fois que la dignité du trône et que le

» danger de l'état exigeaient quelque secours extraordinaire. »
(Gibbon.) Tandis que ses collègues persécutaient avec fureur
les Chrétiens, Constance les favorisa, les employa à son service, et chassa de sa cour ceux qui avaient sacrifié aux idoles
pour conserver leurs emplois. Eusèbe assure même (*de Vitâ
Constantini*, c. 27), qu'il n'adorait qu'un seul Dieu. HELÈNE,
sa première femme, d'une condition basse (*ex obscuriori loco*,
dit Zozime), lui donna Constantin. L'an 292, il fut obligé de
la répudier pour épouser THEODORA, fille d'Eutropia, femme
d'Herculeus, dont il eut Dalmatius, père de Dalmatius césar et
du jeune Hannibalien, Jules Constance, père de Gallus César
et de Julien, empereur, et de Constantin Hannibalien, avec
trois fille, Constantia, femme de Licinius, Anastasie, mariée
à Bassien César, et Eutropie, mère du tyran Népotien. Quelques anciens ont avancé qu'Hélène n'avait été que la concubine de Constance. Mais le plus grand nombre assure qu'elle
était véritablement sa femme, et la répudiation d'Hélène atteste
la vérite de leur assertion. Le désintéressement de Constance
Chlore lui mérita aussi le surnom de *Pauvre* : titre honorable
pour un empereur ; et il avait en effet si peu d'argenterie et de
meubles précieux, que, lorsqu'il donnait quelque fête, il était
obligé d'en emprunter.

GALERE.

292. C. GALERIUS VALER. MAXIMINUS ou MAXIMIANUS, fils
d'un paysan du voisinage de Sardique, surnommé le Pâtre, ARMENTARIUS, de son premier état, et parvenu par degrés aux premières charges de la milice, fut créé césar le 1er mai 292, par
Dioclétien. Féroce par éducation, il engagea cet empereur
à persécuter les Chrétiens l'an 303, le força d'abdiquer le
1er mai 305, fut déclaré auguste le même jour, et fit nommer
césars en même tems Sévère et Maximin Daia ou Daza, fils de
sa sœur, à l'exclusion de Maxence, fils de Herculeus, et de
Constantin, fils de Chlore, qui furent inutilement proposés par
Dioclétien. En 310, la vengeance divine se fit sentir à Galère :
il fut frappé d'une plaie incurable et d'une affreuse maladie,
qui, après lui avoir fait souffrir pendant plus d'un an les plus
vives douleurs, l'emporta vers le 1er mai de l'an 311, au
bout d'un règne de dix-neuf ans, à compter du tems
qu'il fut fait césar. Galère avait été contraint, comme Antiochus, de reconnaître la main de Dieu qui le frappait, et avait
donné un édit le 1er mars 311, pour faire cesser la persécution. Il avait épousé, l'an 292, VALERIA, fille de Dioclétien,
dont il ne laissa point d'enfants. Mais il eut un fils naturel

nommé Candidien, qui lui survécut, et à qui Licinius fit trancher la tête l'an 313 dans Antioche; traitement qu'il fit subir aussi deux ans après, comme on l'a dit ci-dessus, à la belle-mère et à la femme de Galère.

SEVERE II.

305. FL. VALERIUS SEVERUS, fut déclaré césar à Milan, le 1er mai, par Herculeus, qui lui remit, en soupirant, les ornements de sa dignité, avec la possession de l'Italie et de l'Afrique; et l'année suivante, il reçut le titre d'auguste, mais avec subordination à Galère, qui disposa toujours de la ville de Rome et des autres pays de la juridiction de Sévère. (Tillemont.) L'an 307, au mois de février, étant venu, par ordre de Galère, attaquer Maxence, il se vit obligé, par la désertion de ses troupes, d'aller se renfermer dans Ravenne. Herculeus, qui avait repris la pourpre, l'y suivit bientôt, et l'assiégea. Sévère prit le parti, au mois d'avril, de se rendre à ce prince, qui l'emmena, comme captif, à Rome, d'où il fut envoyé au lieu dit les Trois-Tavernes. Là, selon les uns, il fut étranglé; et, selon les autres, il lui fut permis, par grâce, de se faire ouvrir les veines. Ce prince laissa un fils, nommé Sévérien, que Licinius fit mettre à mort six mois après lui. Sévère était capable d'affaires; mais le vin et les femmes étouffèrent ses talents, et le plongèrent dans l'oisiveté.

MAXIMIN.

305. C. VAL. MAXIMINUS, nommé auparavant Daza, ou Daia, neveu de Galère Maximin par sa mère, créé césar par Dioclétien, le 1er mai 305, se fit lui-même proclamer auguste en Illyrie, par son armée, vers le commencement de 308; ce qui engagea Galère à déclarer augustes et empereurs, les quatre princes; savoir, lui Galère, Licinius, Maximin et Constantin. Maximin persécuta les Chrétiens avec une fureur inouie; il fit même la guerre aux peuples de la grande Arménie, parce qu'ils étaient Chrétiens; ce qui doit être remarqué comme le premier exemple d'une guerre pour la religion. L'an 313, Maximin fut battu, le 30 avril, par Licinius. Poursuivi par le vainqueur, il essaya inutilement de s'ôter la vie par le poison; et, tout à coup, il se sentit frappé d'une plaie mortelle, qui le jeta dans une espèce de rage. Au lieu d'une nourriture propre à le soutenir, il prenait la terre à pleines mains et la dévorait. Son corps n'était qu'un squelette; les yeux lui sortaient de la tête, soit à force de la frapper dans son désespoir contre la muraille, soit

par la violence des douleurs. On l'entendait crier et répondre comme un criminel que le juge interrogeait : il se confessait coupable, priait Jésus-Christ, en pleurant, de lui faire miséricorde. Telle fut, à Tarse, la déplorable fin du plus cruel persécuteur de l'église. Il faut qu'il soit mort dans le mois d'août 313. Son fils, âgé de huit ans, et sa fille, furent massacrés peu de tems après sa mort, par ordre de Licinius; et sa femme, dont on ignore le nom, jetée toute vivante dans l'Oronte, où elle avait fait noyer un grand nombre de femmes chrétiennes.

CONSTANTIN.

306. C. FLAVIUS VALER. AUR. CLAUDIUS CONSTANTINUS, fils de Constance Chlore et d'Hélène, né à Naïsse, en Dardanie, le 27 février 274, fut proclamé auguste à Yorck, par l'armée, le 25 juillet 306, aussitôt après la mort de son père et sur sa désignation. Mais Galère, qui avait tenté de le faire périr en Orient, avant qu'il eût rejoint Constance, ne consentit à lui accorder que le titre de césar. « Constantin, dit Gibbon, avait » la taille grande et l'air majestueux; adroit pour tous les » exercices du corps, intrépide dans la guerre, affable dans la » paix, il s'accoutuma de bonne heure à déguiser ses passions. » La prudence tempérait le feu de sa jeunesse; et dans le tems » que l'ambition agissait le plus fortement sur son âme, il se » montrait froid et insensible à l'attrait du plaisir. » Le premier usage que Constantin fit de son autorité, fut, selon Lactance, de tirer le Christianisme de l'oppression. L'an 307, le 1ᵉʳ mars, Herculeus, qui avait repris la pourpre, la donne à Constantin, avec FAUSTA, sa fille, en mariage. L'heureux moment approchait où la vraie religion allait s'asseoir sur le trône des Césars. L'an 311, ou 312, Constantin, étant dans les Gaules, et marchant à la tête de son armée, un peu après midi, aperçoit au-dessous du soleil une croix lumineuse, avec cette inscription : SOYEZ VAINQUEUR PAR CE SIGNE. La nuit suivante, Jésus-Christ lui apparut en songe avec le même signe, et lui ordonna d'en faire un semblable pour combattre ses ennemis. Le prince obéit, fit graver la croix qu'il avait vue, et la plaça sur un étendard qui fut appellé le *Labarum* : mot barbare, à ce qu'il paraît, dont il est difficile de déterminer l'origine. « C'était » comme le bois d'une longue pique, couvert d'or, orné et » traversé en haut par un autre bois qui formait une croix, des » bras de laquelle pendait un voile tissu d'or et orné de pier- » reries. Au haut de la croix brillait une riche couronne d'or » et de pierres précieuses, au milieu de laquelle étaient les » deux premières lettres grecques du nom de Christ, entre-

» lacées l'une dans l'autre. Au-dessus du voile étaient les images
» de l'empereur et des princes, ses enfants. Cinquante de ses
» gardes, des plus braves et des plus pieux, furent choisis
» pour porter cet étendard. » (Dinouard.) Par-tout où il
parut, les troupes furent victorieuses; jamais celui qui le portait ne fut ni tué ni blesé. Telle était la vertu de ce signe.
Après cela, Constantin, résolu de n'adorer qu'un seul Dieu,
se fait instruire de la religion chrétienne et l'embrasse. Les
succès, promis à ses armes, se vérifient. L'an 312, ayant passé
les Alpes, il force la ville de Suze, défait les troupes de
Maxence à Turin, à Bresse, à Vérone, et s'approche de Rome,
d'où Maxence étant sorti le 28 octobre, pour le repousser,
engage une bataille qu'il perd, et se noie dans le Tibre en
s'enfuyant : prince abominable, dont Julien, dans son Banquet
des Césars, ne parle qu'avec horreur et mépris, et que Zozime
accuse de toutes sortes de cruautés et de débauches. Le lendemain, Constantin fait son entrée triomphante dans Rome,
où il est reçu comme un libérateur. Le sénat, qu'il rétablit dans
ses anciennes prérogatives, lui témoigne sa reconnaissance, en
faisant élever, en son honneur, un arc de triomphe, qui subsiste encore aujourd'hui. Lui-même, pour témoigner sa reconnaissance envers l'auteur de sa victoire, fit ériger, au milieu
de la ville, une croix, formée de deux piques, qui fut mise
entre les mains de sa statue, avec une inscription latine, portant que *c'était par ce signe salutaire qu'il avait délivré Rome du
joug de la tyrannie, rendu la liberté au sénat et au peuple romain,
et rétabli la ville dans son ancienne splendeur.* (*Euseb. Vit. Constant.*) Les prétoriens furent presque les seuls qui n'eurent pas
lieu de participer à la joie publique. Ce corps, jusque là, si
formidable, qui s'était arrogé le droit de conférer l'empire et
de l'ôter, se vit tout-à-coup anéanti par un ordre du prince
qui le cassa. Mais, nous ne le dissimulerons pas, la conduite de
Constantin, à cet égard, n'a pas encore réuni tous les suffrages.
Toujours embrasé de zèle pour la vraie religion, la même année,
étant à Milan, il rend, de concert avec Licinius. devenu nouvellement son beau-frère, un édit en faveur des Chrétiens. L'an
313, par une autre ordonnance, il accorde des priviléges et des
immunités aux églises et aux clercs. L'an 314, la guerre s'allume entre Constantin et Licinius. Bataille de Cibales, en Pannonie, où Licinius est défait le 8 octobre. Constantin lui
accorde la paix, sur la fin de la même année, après la bataille
de Mardie, en Thrace, qui fut neutre. La guerre recommence,
entre ces deux princes, l'an 323. Licinius battu, le 3 juillet, à
Andrinople, et le 18 septembre, près de Calcédoine, obtient

sa grâce du vainquer en abdiquant. Constantin devient par-là seul maître de tout l'empire, sur la fin de septembre de la même année. L'an 325, pour étouffer dans sa naissance l'hérésie d'Arius, il assemble à ses frais, au mois de juin, dans son palais de Nicée, en Bithynie, le premier concile œcuménique, auquel il assista et prit séance, quoique simple catéchumène, et dont *il reçut les décisions,* dit Bossuet, *comme un oracle du ciel.* Avant l'ouverture des séances, plusieurs évêques lui présentèrent des requêtes les uns contre les autres. L'empereur fit de tous ces libelles un rouleau, qu'il brûla, quelques jours après, en présence des parties, assurant qu'il n'en avait lu aucun. *Il faut,* disait-il, *se donner de garde de révéler les fautes des ministres du Seigneur, de peur de scandaliser le peuple, et de lui prêter de quoi autoriser ses désordres.* (Voy. les *Conc.*) L'an 326, le césar Crispe, fils aîné de Constantin, accusé par Fausta, sa marâtre, d'avoir attenté à son honneur et formé le projet d'une révolte, est puni de mort, par ordre de ce prince, à Pole, en Istrie, dans le mois de juillet. L'infortuné père, ayant depuis reconnu son innocence, le pleura amèrement, et ne trouva de consolation qu'en lui faisant ériger à Pole une statue d'argent avec une tête d'or, sur le front de laquelle étaient gravés ces mots : *fils injustement condamné.* Peu de princes ont fait plus de changements dans l'empire que Constantin. Mais voici le plus hardi, le plus étonnant, et celui qui eut les plus grandes suites. L'an 329, par un motif qui n'est pas bien connu, il transfère le siége de l'empire à Bysance, ville ruinée de Thrace, située à l'extrémité de l'Europe, sur le terrain de laquelle, et dans une enceinte beaucoup plus étendue (celle de Bysance ne renferme aujourd'hui que le sérail du grand-seigneur), il élève une autre ville, qu'il nomma de son nom Constantinople. La construction de cette nouvelle Rome (c'est encore le nom qu'on lui donna) fut conduite avec tant de célérité, que les fondements en ayant été posés le 26 novembre de cette année, la dédicace s'en fit le 11 mai suivant. Constantin n'épargna rien pour la rendre semblable à l'ancienne Rome. Des bâtiments superbes, entre lesquels il faut compter plusieurs églises, des places publiques, des fontaines, un cirque, deux palais, un capitole, le tout enrichi des plus belles statues, tirées des autres villes, furent les principaux ornements dont il la décora. Il y créa un sénat ; mais il en restreignit l'autorité aux fonctions de la judicature, sans lui accorder aucune influence dans les affaires de l'état. On voit, dit M. Le Beau, par les anciennes médailles de Bysance, que le croissant fut toujours un symbole attaché à cette ville. Il faut l'avouer ; Constantin, en fondant

sa nouvelle capitale, consulta moins l'intérêt de l'empire, que sa propre vanité. « Lorsque le siège de l'empire, dit Montes-
» quieu, fut établi en Orient, Rome, presqu'entière, y
» passa; les grands y menèrent leurs esclaves, c'est-à-dire
» presque tout le peuple, et l'Italie fut privée de ses habitants.»
Cette dépopulation d'un pays qui était auparavant le centre des forces de l'empire, facilita les irruptions des Barbares, et prépara la ruine totale de l'empire d'Occident. L'an 337, Constantin, toujours occupé de l'embellissement de son ouvrage, meurt, à Achyron, près de Nicomédie, le 22 mai, dans de grands sentiments de religion, après avoir reçu le baptême des mains du fameux Eusèbe, évêque de cette ville. Il fut enterré à Constantinople dans la magnifique église qu'il avait fait bâtir à ce dessein, disant, au rapport d'Eusèbe de Césarée dans sa Vie, qu'il espérait avoir part, même après sa mort, aux prières que les fidèles viendraient faire en ce lieu. Constantin avait vécu soixante-trois ans, deux mois et vingt-cinq jours, et avait régné trente ans, neuf mois et vingt-sept jours. Eutrope a dit de lui que les premières années de son règne furent les plus belles, et que les dernières n'y répondirent pas : *Vir primo imperii tempore optimis principibus, ultimo mediis comparandus.* Ce jugement est plus modéré que celui d'Aurelius Victor, auteur païen, comme Eutrope, suivant lequel Constantin fut un héros dans les dix premières années, un ravisseur dans les douze suivantes, et un dissipateur dans les dix dernières. Il est aisé de s'apercevoir que de ces deux reproches, l'un porte sur les richesses qu'enleva Constantin à l'idolâtrie, et l'autre sur celles dont il combla l'église. M. l'abbé de Mabli fait de Constantin un portrait plus ressemblant, dont nous ne pouvons copier que les principaux traits. « Brave, dit-il, à la
» tête de ses armées, faible dans sa cour, savant capitaine,
» empereur médiocre, habile à prévoir et à prévenir les des-
» seins de ses ennemis, crédule au milieu de ses ministres dont
» il était le jouet, il rendit l'empire heureux au dehors et
» malheureux au dedans..... Attentif aux affaires de l'empire
» et toujours occupé de grands projets, son génie allait s'at-
» tiédir dans les plus petits détails. Généreux, libéral et po-
» pulaire par principe de religion, il fut dur, avare et altier
» quand il était livré à son tempérament..... Constantin fit
» disparaître les faibles restes de l'ancien génie romain, en
» retirant ses légions des frontières pour les mettre en garnison
» dans les villes et dans le cœur des provinces. Le soldat y fut
» mauvais citoyen; et quand on voulait le faire repasser sur
» les frontières, il était efféminé. » Ce prince avait épousé,

1° MINERVINE, qui le fit père de Crispe, dont on a parlé ci-dessus, créé césar le 1ᵉʳ mars 317, et trois fois consul ; 2°, l'an 307, FAUSTA, fille d'Herculeus, dont il eut Constantin, Constance et Constant, ses successeurs, avec deux filles, Constantine, femme d'Hannibalien, roi de Pont, puis de Constantius Gallus ; et Hélène, femme de Julien. Fausta fut étouffée dans un bain, l'an 326, par ordre de Constantin, pour venger la mort de Crispe, qu'elle avait, comme on l'a dit, occasionnée par ses calomnies.

Constantin fit un grand nombres de constitutions que l'on fait monter jusqu'à deux cents, et dont plusieurs sont en faveur de la religion chrétienne. Parmi celles qui concernent le civil, on doit distinguer son édit, du 13 mai 315, donné à Naïsse, par lequel il ordonnait de prendre sur le trésor public, où sur son domaine, de quoi nourrir les enfants dont les pères ne seraient pas en état de les entretenir. De son tems il parut aussi deux corps de lois, appelés des noms de leurs rédacteurs, l'un *Code Grégorien*, l'autre *Code Hermogénien*.

Entre les réformes que ce prince fit dans l'état politique de l'empire, l'une des plus remarquables est celle de la charge de préfet du prétoire. Cet officier, de simple capitaine de la garde du prince, tel qu'il avait été institué par Auguste, était parvenu à un pouvoir absolu sur les troupes et avait acquis une égale juridiction dans le gouvernement civil. Les édits du préfet avaient force de loi dans tout l'empire. Tous les tribunaux ressortissaient à lui ; et il recevait les appellations qu'on interjetait de leurs jugements. Après l'abdication de Doclétien, les deux augustes et les deux césars qui lui succédèrent, eurent, chacun dans leur portion de l'empire, un préfet du prétoire. Il n'y en avait plus que deux lorsque Constantin réunit l'empire entier dans sa main. Mais l'autorité dont ils jouissaient faisant ombrage à la sienne, il les abolit, et en créa quatre autres sur un nouveau plan. Il désarma ceux-ci, auxquels il substitua deux maîtres de la milice pour les troupes, et en fit des officiers purement civils, de finance et de judicature. La division de leurs départements fut à peu près celle qu'avaient faite entr'eux les quatre successeurs immédiats de Dioclétiens. Il y eut par conséquent un préfet pour l'Orient, un autre pour l'Illyrie, un 3ᵉ pour l'Italie, un 4ᵉ pour les Gaules. Chaque préfecture se divisait en diocèses qui avaient chacun à leur tête un vicaire du préfet ; et les diocèses se subdivisaient en provinces dont les plus considérables étaient gouvernées par un consulaire, celles du 2ᵉ rang par un correcteur, et celles du 3ᵉ rang par un président. De plus, chaque province avait une principale ville qu'on nommait métropole, à laquelle ressortissaient les autres villes. La préfecture d'Orient comprenait cinq diocèses, l'Orient propre, l'Egypte, l'Asie, le Pont et la Thrace. Celle d'Illyrie n'en renfermait que deux, la Macédoine, sous le nom de laquelle la Grèce était comprise, et la Dace. Ces deux préfectures formaient l'empire d'Orient. Celui d'Occident était composé des deux autres. Dans la préfecture d'Italie étaient contenus trois diocèses, l'Italie propre l'Illyrie occidentale, et l'Afrique. Les Gaules en avaient le même nombre, savoir la Gaule proprement dite, la Bretagne et l'Espagne, à laquelle était jointe la Mauritanie tingitane. En abolissant la charge de préfet du prétoire sur le pied qu'elle avait été instituée au commencement de l'empire, Constantin cassa, comme on l'a dit, les cohortes prétoriennes, et y substitua, pour la garde de la personne du prince, un nouveau corps de milice, dont les soldats qu'on y enrôlait étaient appellés *milites præsentes*, *milites in præsenti*, *milites præsentanei*, *milites præsentiales*. Cette milice, qui avait son chef particulier, s'accrut sous les règnes suivants, et devint semblable à peu près, pour le nombre et la destination, à celles des janissaires dans l'empire Turc. On sait que celle-ci, originairement établie pour garder la personne du sultan, s'est tellement multipliée, qu'il n'y en a plus qu'une partie (c'est la moindre), dont la fonction soit de rester toujours auprès du grand seigneur, et que l'autre, partagée en différentes troupes, est distribuée sur les frontières de l'empire ottoman.

Jusqu'à Constantin les dignités avaient toujours été des charges; « et cela était raisonnable, dit M. de Condillac, parce que » les honneurs devraient toujours être joints aux services. » Mais ce prince donna le premier des titres sans fonctions. Tels furent les patrices, qu'il faut bien distinguer des patriciens, et auxquels, en les créant, il assigna le rang au-dessus des préfets, sans leur accorder aucun pouvoir sur eux, ni sur tout autre officier. Cette dignité oisive était ordinairement à vie. Il faut néanmoins dire à la décharge de Constantin, qu'elle fut sous lui, et devait toujours être dans son intention, la récompense des services importants rendus à l'état. Il y avait avant lui des comtes, *comites*, ainsi nommés parce qu'ils formaient le conseil du prince, et l'accompagnaient dans ses voyages. Ils étaient de deux sortes; les comtes des largesses impériales, *comites sacrarum largitionum*, et les comtes des affaires privées, *comites privatarum (rerum.)* Mais Constantin en créa une 3e espèce qui n'avait que le titre, à peu près comme ceux que la plupart des souverains de l'Europe font de nos jours.

Le titre de *nobilissime*, également vain, est encore de l'invention de Constantin. Il en décora ses frères pour les consoler de l'inutilité et de l'espèce d'exil où il les retenait.

On regarde, avec raison, comme une fable ce que racontent quelques légendaires de la lépre de Constantin qui, par le conseil, disent-ils, des magiciens, s'était déterminé à faire égorger un certain nombre d'enfants, pour se faire un bain de leur sang, comme un remède infaillible contre ce mal ; résolution, ajoutent-ils, que Dieu l'empêcha d'exécuter, en l'avertissant dans un songe qu'il guérirait en recevant le baptême. Mais nous avertissons que ce conte est plus ancien que ne pensent nos critiques, puisqu'il se rencontre dans l'Histoire des Arméniens de Moyse de Chorène, écrivain du cinquième siècle (p. 209).

LICINIUS.

307. C. Flav. Valerianus Licinius ou Licinianus, né l'an 263, d'une famille obscure, en Dace, fut fait auguste, à Carnunte, par Galère et Dioclétien (sans passer par le rang intermédiaire de césar), le 11 novembre 307. Après la mort de Galère, il s'empara de la partie de ses états située en Europe, tandis que Maximin se mettait en possession de celle qu'il avait en Asie. La même année, pour s'assurer la jouissance paisible de ses domaines, il fait alliance avec Constantin, dont il épousa la sœur en 313, à Milan. Mais s'étant brouillés ensuite, ils en vinrent à une guerre ouverte. Licinius, battu par Constantin, le 8 octobre 314, près de Cibales, en Pannonie, lui demanda la paix ; et, pour l'obtenir, il lui céda l'Illyrie et la Grèce. Le cœur, d'un côté ni de l'autre, n'eut guère de part à cette réconciliation : et il resta toujours, entre ces deux collègues, un levain de jalousie, qui les disposait à une nouvelle rupture. Ce fut de la part de Licinius qu'elle éclata. Ce prince, l'an 318, commence à persécuter les Chrétiens en haine de Constantin, leur protecteur. (Assem.) Cette conduite équivalant une déclaration de guerre, les deux princes reprirent les armes ; Licinius, ayant perdu plusieurs batailles en 323, remit la pourpre à Constantin, qui le relégua à Thessalonique. Mais accusé, sans preuve légale, de cabaler pour remonter sur le trône, il fut étranglé dans cette ville l'an 324, avant le 16 mai. Licinius était aussi ignorant que cruel. Il ne savait ni lire ni écrire. Ennemi déclaré des gens de lettres, il en fit mettre à mort plusieurs sous divers prétextes. Il avait épousé, en mars 313, Constantia, sœur de Constantin, morte, vers 330, dans l'Arianisme. Cette princesse lui donna un fils, nommé comme lui, qu'il fit césar en 317, et que Constantin fit mourir en 326.

CONSTANTIN II, dit le Jeune, CONSTANCE et CONSTANT.

Deux ans avant sa mort, l'an 335, Constantin le Grand avait partagé l'empire entre ses trois fils: disposition qu'il confirma par son testament. Constantin le jeune eut les Gaules, l'Espagne et l'Angleterre; Constance, l'Asie, la Syrie et l'Egypte; Constant, l'Illyrie, l'Italie et l'Afrique. Les neveux de Constantin, Delmace, créé césar en septembre 335 et Hannibalien, son frère, mari de Constantine, étaient aussi compris dans le partage qu'il avait fait, et devaient régner sur des provinces qu'il avait distraites des lots de ses enfants; mais les armées les rejetèrent, et ne voulurent point d'autres maîtres que les enfants de ce prince. En conséquence les trois frères furent proclamés seuls empereurs et augustes par le sénat. Ils ne prirent néanmoins ces titres que plus de trois mois après, savoir le 9 septembre 337. Les soldats, pour écarter tout ce qui pourrait faire ombrage à ces princes, firent main-basse, par l'ordre, dit-on, de Constance, sur presque toute la famille impériale: Jules Constance, oncle paternel des trois empereurs, un autre frère du grand Constantin, cinq neveux du même empereur, furent massacrés, avec Delmace et Hannibalien, l'an 337, ou 338. Gallus et Julien n'échappèrent qu'avec peine à ce massacre; le premier, parce qu'il était dangereusement malade, et qu'on ne croyait pas qu'il en dût revenir; le second, parce qu'il était enfant, et qu'on eut pitié de son âge.

Tyrans qui s'élevèrent sous l'empire de Constance et de Constant.

350. MAGNENCE, né au-delà du Rhin, transporté dans les Gaules après avoir été fait captif, devenu, avec beaucoup de vices et point de vertus, le favori de Constantin le Grand, créé capitaine des gardes de l'empereur Constant, fut proclamé auguste, le 18 janvier 350, à Autun. Il envoie aussitôt un officier, nommé Gaïson, pour assassiner Constant. Ce prince s'échappe et se sauve à Elne, dans les Pyrennées; il y est atteint et mis à mort. Magnence nomme césars ses deux frères, Decentius et Desiderius. Constance marche contre le tyran, et le défait près de Murse, sur la Drave, le 28 septembre 351, non par lui-même, mais par ses généraux; car dans le feu de l'action il s'était retiré dans une église. Battu une seconde fois près du mont Séleuque, en Dauphiné, Magnence se réfugie à Lyon, où, voyant ses affaires désespérées, il se donna la mort, le 10 où le 11 août 353

CONSTANTIN II.

337. Fl. Claudius Constantinus, né à Arles, l'an 316, le 7 août, selon les meilleurs chronologistes, proclamé auguste et empereur, l'an 337, après la mort du grand Constantin, jouit à peine trois ans de cette dignité. Mécontent de son frère Constant, à cause du nouveau partage de l'empire d'Occident, qu'ils avaient fait depuis le massacre de Delmace et d'Hannibalien, il fit une irruption sur les terres de ce prince. Cette entreprise lui coûta la vie. Il périt, l'an 340, avant le 9 avril, dans une embuscade que lui dressèrent les généraux de Constant, près d'Aquilée. Son corps fut jeté dans la rivière d'Alsa, aujourd'hui Ansa, d'où il fut retiré pour être porté à Constantinople. Constantin avait signalé sa valeur contre les Sarmates, les Goths et les Francs. Il gouverna ses sujets avec douceur, et fut zélé pour la vraie religion. Mais son ambition, sa mauvaise foi, son imprudence, ont terni la gloire que ses hauts faits et ses belles qualités lui avaient acquise.

CONSTANCE II.

337. Fl. Julius Valer. Constantius, le second et le plus célèbre des enfants de Constantin, né à Sirmich, le 7 ou le 13 août 317, fait césar le 8 novembre 323, prit, le 9 septembre 337, le titre d'auguste et d'empereur. Plusieurs écrivains le font auteur du massacre des princes, ses oncles et ses cousins. S. Athanase le lui reproche ouvertement. L'an 353, Constance devint maître de tout l'empire par la défaite et la mort de Magnence. Vers la fin de l'année suivante, il fit trancher la tête au césar Gallus, à Flanone, en Istrie, pour les forfaits qu'il avait commis dans son gouvernement de Syrie. (Gallus, créé césar le 15 mars 351, avait épousé Cons-

---

La courte durée de son régne dévoila son avarice et sa cruauté. Decentius, ayant appris la fin tragique de son frère, s'étrangla dans la ville de Sens le 18 du même mois. Desiderius demanda grâce à Constance, et l'obtint. Justine, femme de Magnence, se remaria depuis à Valentinien qui fut dans la suite empereur.

350. Vetranion, né dans les pays incultes de la haute Mésie, devenu par sa valeur général d'infanterie, fut proclamé empereur le 1 mars 350 à Sirmich, et s'empara de toutes les dépendances de l'Illyrie, savoir la Pannonie, la Mésie, la Grèce et la Macédoine. Philostorge (l. 3, ch. 22), dit que ce ne fut pas de son propre mouvement qu'il prit la pourpre; mais qu'il

tantine, veuve d'Hannibalien, morte quelques mois avant lui.) Constance eut avec les Perses de fréquentes guerres, où il éprouva les vicissitudes de la fortune. L'an 360, le 15 février, il fait dédier l'église de Sainte-Sophie, qu'il avait fait bâtir ou plutôt achever à Constantinople. Ce prince, à la veille d'être détrôné par le césar Julien, qui, s'étant fait proclamer empereur dans les Gaules, venait à lui à grandes journées, mourut à Mopsucrène, au pied du Mont-Taurus, le 3 novembre 361, dan la quarante-cinquième année de son âge, la trente-huitième de son règne depuis qu'il eût été fait césar ; la vingt-cinquième depuis qu'il avait pris le titre d'auguste, et la neuvième depuis qu'il était maître de tout l'empire. FLAVIA AURELIA EUSEBIA, sa seconde femme (on ne connaît pas la première), qu'il épousa l'an 352 au plutôt, suivant Tillemont, mourut l'an 359, sans lui avoir donné d'enfants. Il donna sa main ensuite à FAUSTINE, dont il eut *Flavia Maxima Constantia*, mariée à l'empereur Gratien. Constance, par la faiblesse qu'il eut de donner aveuglément sa confiance à des ministres infidèles et à des prélats hypocrites, bouleversa l'église et l'état. On sait les persécutions qu'il fit essuyer aux défenseurs du concile de Nicée. Fondés sur cette conduite, les modernes n'hésitent pas à le donner pour un arien déterminé. Cependant Théodoret n'en pensait pas de même. « Quoique Constance, » dit-il, n'ait pas voulu admettre le terme de *Consubstantiel*, » néanmoins il en confessa toujours sincèrement le sens. » (*Hist. Eccles.*, lib. 3, c. 3.) Il dit même que vers la fin de ses jours il demanda pardon à Dieu, avec larmes, des fausses démarches que les Ariens lui avaient fait faire. (*Ibid*, c. 1.) Saint Grégoire de Nanzianze était dans la même opinion, puisqu'il rapporte comme probable le bruit qui courut après la mort de Constance, qu'au passage de son cadavre par les gorges du Mont-Taurus, pour être porté à Constantinople, on en-

---

y fut déterminé par Constantine, veuve d'Hannibalien et sœur de Constance, et que Constance lui-même approuva sa conduite et lui envoya le diadême pour l'opposer à Magnence, et empêcher celui-ci de s'emparer de l'Illyrie. La même chose est attestée par l'empereur Julien (*Orat. I*), par Théophane et par Zonare. Ce qui est certain c'est que Magnence lui ayant envoyé des députés pour lui proposer une alliance, il la refusa, et préféra celle de Constance. Toutefois il ne persévéra point dans cette disposition, et fit la paix avec Magnence. Instruit de ce changement, Constance vient surprendre, avec son armée, Vétranion à Sardique. Mais comme celui-ci était supérieur

tendit les anges chanter. (*Orat.* 2, *in Jul.*, tom. Ier., p. 156.)
Et qu'on n'objecte pas qu'il reçut en mourant le baptême des
mains d'Euzoïus, évêque arien. Peut-être le connaissait-il
encore moins que Constantin, son père, ne connut Eusèbe, qui
lui administra, en de pareilles circonstances, le même sacrement.
C'était d'ailleurs un prince sans génie, faible, inconstant,
soupçonneux, cruel, moins par caractère que par crédulité ;
flottant toujours au milieu de la foule de ses courtisans qui, le
pressant sans cesse, le poussaient en sens contraire ; avide de
louanges sans penser à les mériter ; mettant la vanité à la place
de la grandeur, et jugeant de la splendeur de sa cour par le
nombre des officiers, sans s'occuper du choix. On en comptait
jusqu'à mille dans sa cuisine, autant de barbiers, beaucoup
plus d'échansons, et les eunuques ne se dénombraient pas,
tant ils étaient multipliés. Les gages de tous ces domestiques
allaient à des sommes immenses ; ce qui a fait dire, et l'on n'a
pas exagéré, qu'il en coûtait plus pour l'entretien du palais que
pour la subsistance des armées.

CONSTANT.

337. FL. JULIUS CONSTANS, troisième fils du grand Constantin, né l'an 320, déclaré césar le 25 décembre 333, prit
le titre d'auguste le 9 septembre 337. L'an 340, il réunit à sa
part de l'empire la portion de son frère Constantin aussitôt
après sa mort, et devint ainsi maître unique de l'Occident.
L'année suivante, il marcha contre les Francs, qui avaient passé

en forces, il l'amuse par l'offre de le reconnaître pour son collègue, et cependant il réussit à lui débaucher les principaux officiers de son armée. Vétranion se soumet alors à Constance et
dépose la pourpre à ses pieds, le 25 décembre de la même année
350, à Naïsse. Ayant obtenu grâce de l'empereur, il se retire
à Pruse, en Bithynie, où il vécut encore six ans dans les exercices de la piété.

350. POPILIUS NÉPOTIANUS, petit-fils de Constance Chlore,
par Eutropia, sa mère, se revêtit de la pourpre près de Rome,
le 3 juin 350. Anicet, préfet du prétoire de Magnence, vint à
sa rencontre. Népotien le battit et fit son entrée dans Rome,
qu'il livra au pillage. Il prit alors le nom de Constantin ; mais
il fut défait à son tour par Marcelin, grand maître du palais
de Magnence, et périt dans le combat, après un règne de vingt-huit jours. Rome, après cette bataille, essuya un nouveau pillage, et la mère de Népotien fut une des victimes de la fureur
des soldats.

le Rhin pour entrer dans les Gaules, et s'en fit des alliés par le succès de ses armes. Appelé ensuite dans la Grande-Bretagne par les troubles qui s'y étaient élevés, il y rétablit la paix, et en assura la durée par de sages réglements. L'an 342, il obtint de Constance, par ses menaces, le rappel de saint Athanase et des autres évêques orthodoxes, que les intrigues des Ariens avaient fait exiler. Ce prince avait pour la chasse une passion qui lui fit négliger les affaires de l'état. La sécurité où elle le jeta lui devint funeste. Magnence en profita, l'an 350, pour prendre la pourpre. Constant, obligé de fuir en tirant vers l'Espagne, fut atteint dans Elne, au pied des Pyrénées par un officier franc nommé Gaïson, qui le mit à mort le 27 février de la même année, dans la trentième de son âge, la douzième de son règne, depuis qu'il avait pris le titre d'auguste, ou la treizième en comptant par les consulats et la dix-septième depuis qu'il fut créé césar. OLYMPIADE, fille du préfet Ablave, qui lui avait été fiancée, se maria, suivant Ammien Marcellin, avec Arsace, roi d'Arménie. Tout jeune qu'était Constant, il était fort tourmenté de la goutte aux pieds et aux mains; ce qui fut cause en partie de la négligence qu'on lui reproche.

Au cabinet du roi, l'on voit une médaille en or de Constant, avec des captifs à ses pieds, et cette légende, dictée par la flatterie, au revers : VICTOR OMNIUM GENTIUM.

JULIEN L'APOSTAT.

361. FL. JULIUS CLAUD. JULIANUS, fils de Jules Constance, frère du grand Constantin, et de Basiline, sa seconde femme, fille du préfet Julien, né à Constantinople, le 6 novembre 331, n'avait reçu de la nature aucun avantage du côté du corps; mais il en avait beaucoup du côté de l'esprit, si la passion de régner, jointe à une curiosité sacrilège, ne les eût pas corrompus : *Cujus egregiam indolem decepit, amore dominandi, sacrilega et detestanda curiositas*, dit saint Augustin. Il fut élevé avec un soin particulier dans la religion chrétienne, dont il fit profession pendant vingt ans; il eut même le degré de lecteur. En 354, l'impératrice Eusébie lui sauva la vie après la mort de Gallus, son frère. Etant allé, l'année suivante, perfectionner ses études à Athènes, il y connut saint Basile et saint Grégoire de Nazianze. Ce dernier, malgré les déguisements de Julien, reconnut en lui tout ce que l'expérience ne justifia que trop dans la suite. *Quel monstre nourrit ici l'empire!* dit ce saint, en voyant sa tête branlante, ses épaules qu'il levait et remuait sans cesse, ses regards effarés, sa démarche incertaine et chancelante. La même année, Julien fut déclaré césar, le 6 novembre, à Milan,

et envoyé dans les Gaules pour repousser les Francs, les Allemands et les Saxons qui, après avoir ruiné quarante-cinq villes sur le Rhin, s'étaient rendus maîtres d'une grande étendue de pays. Des victoires que le césar remporta sur les barbares, et la sagesse de son gouvernement rétablirent la sûreté dans le département qui lui était confié. Mais loin d'inspirer à l'empereur des sentiments de reconnaissance, ces succès ne servirent qu'à exciter sa jalousie. Les préparatifs qu'il faisait contre les Perses furent un prétexte qu'il saisit pour enlever à Julien l'élite des troupes. L'armée, instruite de l'ordre donné pour l'exécution de ce dessein, se révolta, et proclama Julien auguste, à Paris, où il avait fait bâtir un palais dont on voit encore les restes. Cet événement est du mois de mars ou d'avril 360. En vain Constance fit sommer Julien de quitter le titre qui venait de lui être déféré; en vain il engagea les Allemands à s'emparer des gorges des Alpes pour lui en fermer le passage. Le nouvel auguste, s'étant mis en marche l'année suivante, franchit les obstacles qu'on lui opposa, traversa l'Italie, l'Illyrie, la Macédoine et la Grèce au milieu des acclamations des peuples; et ayant appris sur sa route la mort de Constance, il fit, le 11 décembre 361, son entrée dans Constantinople, où il fut reconnu solennellement empereur par le sénat. Revêtu de l'autorité souveraine, il l'employa aussitôt à corriger les abus de toute espèce qui s'étaient glissés dans le gouvernement. Pour donner l'exemple, il commença par sa cour, en réformant cette multitude prodigieuse de valets, non moins inutile au maître qu'onéreuse à l'état. Mais en même-tems il se déclara hautement pour le Paganisme, et n'oublia rien pour le relever du discrédit et de l'opprobe où le Christianisme l'avait fait tomber. Il rétablit les sacrifices, institua des pontifes et des prêtres auxquels il assigna des appointements, fit revivre toutes les pratiques de l'Idolâtrie les plus superstitieuses, jusqu'à la magie, qu'il exerça lui-même; écivit contre la religion chrétienne, favorisa les sectes qui l'altéraient en la professant, et persécuta, sous divers prétextes, plusieurs personnages distingués entre les Catholiques. Ses efforts ne se terminèrent point là : il entreprit de donner le démenti aux divines Ecritures. Dans cette vue, l'an 363, il fit venir de tous côtés les Juifs pour rebâtir le temple de Jérusalem, ruiné, depuis près de 300 ans, par Tite. Pleins d'ardeur pour cette œuvre, les Juifs commencèrent par arracher les anciens fondements pour en creuser de nouveaux. Mais quand ils eurent ôté jusqu'à la dernière pierre, et par-là vérifié pleinement la prophétie de Jésus-Christ, il sortit du même endroit d'effroyables tourbillons de flammes, dont les élancements consumèrent les ouvriers. Ce prodige se répéta toutes les fois qu'on voulut reprendre l'ouvrage, et força enfin de l'abandonner. Ce ne sont pas seulement les auteurs chrétiens qui rapportent cet événement; c'est Ammien Marcellin, écrivain attaché au Paganisme et contemporain, qui l'atteste, sans autre vue que de raconter un phénomène extraordinaire. La même année, Julien, faisant la guerre aux Perses, reçut, en les poursuivant, un coup de dard qui lui perça le côté jusqu'au foie ; il mourut de cette blessure, un peu avant le milieu de la nuit du 26 au 27 juin de l'an 363, dans la trente-deuxième année de son âge, après avoir régné sept ans et demi depuis qu'il avait été fait césar, environ trois ans depuis qu'il avait pris le titre d'auguste, et seulement 20 mois, non achevés, depuis la mort de Constance. JULIA HELENA, fille de Contantin et de Fausta, qu'il avait épousée en 355, mourut, l'an 360, sans enfants. En lui finit la maison de Constance Chlore, si florissante sous Constantin. Si l'on en croit un moderne, ce prince ne fit jamais mourir aucun chrétien. « Il ne les persécutait pas, dit-il; il » les laissait jouir de leurs biens comme empereur juste, et il » écrivait contre eux comme philosophe. » Cependant Eutrope avoue (liv. X), que Julien persécuta trop vivement la religion chrétienne. Ammien Marcellin blâme de même (liv. XXV), l'injustice de ses lois contre les Chrétiens, et ses artifices pour fomenter la division entre eux. Le témoignage de ces deux païens est au-dessus de tout soupçon. Les actes publics de son tems nous font d'ailleurs connaître un grand nombre de martyrs, que les gouverneurs de différentes provinces firent de son aveu ou par ses ordres. A cela près, Julien fut un grand prince, et peut-être ne le céda-t-il à aucun de ceux qui avaient occupé le trône des Césars avant lui. C'est le témoignage que le poëte Prudence lui rend par ces vers, qui expriment assez bien son caractère :

Ductor fortissimus armis,
Consultor patriæ, sed non consultor habendæ
Religionis, amans tercentum millia Divûm,
Perfidus ille Deo, sed non et perfidus orbi.

JOVIEN.

363. FLAV. CLAUD. JOVIANUS, né l'an 331, primicier des gardes du corps à pied, *primicerius domesticorum*, dit Cassiodore, fut élu empereur, après la mort de Julien, le 27 juin 363, par l'armée qui était en Perse. Il n'accepta l'empire qu'à condition que tous les soldats embrasseraient la religion chrétienne ; ce qui lui a fait donner le titre de Confesseur par Ru-

fin : titre qu'il avait déjà mérité, par d'autres actions, sous Julien. Après avoir fait avec les Perses une paix de trente ans, telle que l'extrême nécessité où il se trouva l'obligeait de la faire, il revint avec les débris de l'armée, travailla à réparer les maux de l'état, rendit la paix à l'église, et rappela saint Athanase avec les autres évêques exilés. La durée de ce règne heureux fut courte. Dieu se contenta de montrer ce prince aux hommes comme un éclair, pour leur faire voir quel bien il pouvait leur donner, mais en même tems qu'ils en étaient indignes. On trouva Jovien mort dans son lit la nuit du 16 au 17 février 364, après un règne de sept mois et vingt jours. CARITO, sa femme, fille du général Lucillien, mourut en venant au-devant de lui. Il en eut un fils, nommé Varronien, à qui l'on fit crever un œil pour l'exclure du trône impérial, parce qu'un borgne ne pouvait pas être empereur. On ignore ce qu'il devint dans la suite.

CHRONOLOGIE HISTORIQUE

DES

EMPEREURS D'OCCIDENT.

VALENTINIEN I.

364. Valentinien I, fils de Gratien, comte d'Afrique, né à Cibales, en Pannonie l'an 321, capitaine des gardes de Jovien, fut élu empereur à Nicée, le 25 février 364, par l'armée romaine. Il était pour lors à Ancyre; et comme ce jour-là commençait le bissexte, jour que les romains jugeaient être malheureux à leur république, il se tint couché jusqu'au lendemain, ou même, selon quelques-uns, jusqu'au sur-lendemain. Valentinien était zélé pour la religion catholique, et l'avait confessée généreusement sous Julien, au péril de sa fortune et de sa vie. Parvenu au trône, l'amour fraternel lui fait prendre un parti, dont la saine raison et l'amour du bien public aurait dû le détourner. Le 28 mars suivant, étant à Constantinople, il se donne pour collègue Valens, son frère; et, au mois de juillet, s'étant rendu à Naïsse, il partage l'empire avec lui, gardant l'Occident pour sa part, et laissant à Valens l'Orient. Valentinien fit d'excellentes lois, et fut sévère jusquà l'excès à les faire observer. Sa grande maxime, qu'il avait sans cesse à la bouche, était que *la sévérité est l'âme de la justice, et que la justice doit être l'âme de la puissance souveraine.* Il ne choisissait pas, de dessein prémédité, des hommes inhumains pour gouverner les provinces; mais lorsqu'il avait mis en place des hommes de ce caractère, loin de les contenir, il les animait par des louanges, il les encourageait par ses lettres

à punir rigoureusement les moindres fautes. Pour mettre le peuple à l'abri des vexations, il institua, l'an 365, de concert avec son collègue, dans chaque ville, des défenseurs tirés de l'ordre des bourgeois notables. Ce n'était pas une magistrature, mais une fonction autorisée, telle, à peu près, qu'avait été, pour la ville de Rome, celle des tribuns dans leur première institution. (Le Beau.) Valentinien, après avoir pacifié l'Afrique révoltée, porta la guerre, l'an 368, chez les Allemands et leurs voisins, ravagea les terres des Quades, et les obligea de lui envoyer des députés pour lui demander la paix. Mais le choix, qu'ils firent pour cette fonction, ne fut pas heureux. A la vue de ces députés, gens grossiers et mal vêtus, l'empereur, croyant qu'ils venaient l'insulter, entra dans une telle colère, qu'il se rompit une veine, et en mourut, le jour même, 17 novembre 375, à Brégétio, dans la Pannonie. Il était dans la 55ᵉ année de son âge, et la 12ᵉ de son règne. Il avait épousé, 1° VALERIA SEVERA, qu'il répudia, l'an 367, pour son avarice, ou plutôt par fantaisie, après en avoir eu Gratien qui suit ; 2°, l'an 368, JUSTINE, veuve du tyran Magnence, fameuse arienne, morte en 388, dont il laissa Valentinien II et trois filles, Justa, Galla, femme du grand Théodose, et Grata. Valentinien eût été un prince accompli, s'il ne se fût pas laissé dominer par la colère, et tromper par ses ministres et ses généraux. Mais il se fit un point d'honneur de dissimuler les concussions des uns et les trahisons des autres, pour ne point paraître avoir fait de mauvais choix. Il fit plus : il punit cruellement leurs dénonciateurs. Il peignait, dit-on, avec grâce, et fut l'inventeur de nouvelles machines de guerre. Socrate lui attribue une loi qui permettait aux habitants de l'empire romain d'avoir deux femmes légitimes en même tems. Mais c'est une fausseté réfutée par M. Bonamy. (*Mém. de l'Académie des B. L.*, t. XXX, pp. 394-398.) L'usage des selles à chevaux ne paraît pas remonter au delà du règne de ce prince. Auparavant on se contentait de couvrir d'une housse carrée le dos du cheval, comme on le voit dans la statue équestre d'Antonin, qui est encore aujourd'hui au Capitole, et souvent même on le montait à cru.

GRATIEN.

375. GRATIEN, fils de Valentinien et de Severa, né à Sirmich le 18 avril, ou le 23 mai 359, élevé par le célèbre Ausone, fait auguste, par son père, le 24 août 367, sans avoir passé par la dignité de césar, lui succéda, à l'âge de seize ans et demi, le 17 novembre 375. La première chose, qu'il fit sur

le trône, fut de rappeler sa mère Severa de l'exil où son époux l'avait condamnée. Il la rétablit dans les honneurs de son rang; et, comme elle avait beaucoup d'esprit et de jugement, il se faisait un devoir de la consulter et de prendre ses avis. Mais il ne fut pas toujours fidèle à cette loi. Ce fut sans doute à l'insu de cette princesse que le général Théodose, l'honneur et le soutien de l'état, fut exécuté à mort, l'an 376, par un ordre surpris à la religion de Gratien, dans la capitale de l'Afrique qu'il venait de conserver à l'empire. L'an 378, Gratien signala sa valeur contre les Allemands, nommés Lentiens, dont le pays s'étendait vers la Rhétie. La bataille, qu'il gagna sur eux, se donna dans la plaine d'Argentaria, aujourd'hui le village de Harbourg, vis-à-vis de Colmar. Devenu maître de l'Orient, la même année par la mort de Valens, il donne une loi pour faire cesser la persécution des Ariens, fait venir d'Espagne Théodose le fils, qui s'y était retiré après la mort de son père, et l'associe à l'empire, le 19 janvier 379, en lui donnant l'Orient avec une partie de l'Illyrie. Gratien aimait sincèrement la religion. L'an 382, il fit éclater son zèle contre le Paganisme, en faisant abattre l'autel de la Victoire placée dans la salle du sénat; monument auquel la superstition avait attaché le sort de l'empire. (Constance l'avait déjà détruit en 357, mais Julien l'avait rétabli.) Gratien fit plus; il supprima les revenus et les priviléges des prêtres idolâtres et des vestales, et attribua les fonds dont ils jouissaient à l'épargne. Une grande famine, dont Rome fut affligée l'année suivante, ne manqua pas d'être regardée, par les Païens, comme l'effet de la colère des dieux que l'empereur méprisait. Les Chrétiens se distinguèrent, dans cette malheureuse conjoncture, par la charité qu'ils exercèrent envers les étrangers, qu'on avait d'abord chassés de la ville, et qui furent ensuite rappelés sur les remontrances du préfet de Rome. La grande facilité de Gratien lui avait fait accorder, à quantité de particuliers, des priviléges et des exemptions, dont étaient écrasés ceux qui demeuraient assujettis aux charges publiques. S'étant depuis aperçu de l'abus des grâces, il les révoqua; et, pour donner l'exemple, il se réduisit lui-même au droit commun; et voulut que sa maison partageât le fardeau des contributions. Dans la crainte d'être surpris, il défendit de faire exécuter aucun ordre du prince qui ne serait pas justifié par des lettres-patentes. Mais un point sur lequel il ne se corrigea pas, ce furent les faveurs qu'il prodiguait à des barbares, et sur-tout à des alains, qu'il avait attirés à son service. Il leur donnait des emplois distingués dans ses armées, et les approchait de sa personne. Cette conduite aliéna de lui ses sujets, et excita de grands murmures dans l'empire. Maxime, qui commandait dans la Grande-Bretagne, profitant de ces dispositions, se fit proclamer empereur par l'armée qui était à ses ordres, et passa aussitôt dans les Gaules. Gratien marcha contre lui, et le joignit près de Paris. Mais, abandonné par ses troupes au moment de livrer bataille, il s'enfuit à Lyon, où il fut pris et mis à mort, par un traître, au sortir d'un festin où il l'avait invité, le 25 août 383, à l'âge de vingt-quatre ans accomplis. Il avait régné seize ans depuis qu'il eut été fait auguste, et sept ans, neuf mois depuis la mort de son père. Saint Ambroise, qu'il nomma plusieurs fois pendant qu'il recevait les coups mortels, versa des larmes sur son tombeau, qu'il regardait comme celui d'un martyr. Le saint prélat fait, en toute occasion, l'éloge de sa piété et de ses autres vertus, plus digne de foi, sans contredit, que Philostorge, arien fanatique, qui ose démentir l'histoire et noircir la mémoire de ce bon prince jusqu'à le comparer à Néron. Gratien avait épousé, 1°, l'an 374, JULIA CONSTANTIA, fille de l'empereur Constance, morte six mois avant son époux;

Tyrans qui s'élevèrent dans l'empire, depuis l'année 383 jusqu'en 394.

383. MAGNUS MAXIMUS, espagnol, général de troupes romaines en Angleterre, s'étant fait proclamer auguste en 383, passa aussitôt dans les Gaules, où il vint à bout de débaucher les troupes de Gratien. Ce prince abandonné s'enfuit à Lyon. Maxime, l'ayant fait suivre, le fit assassiner dans cette ville le 25 août 383. Resté maître des Gaules, de l'Espagne et de l'Angleterre, il oblige Théodose à le reconnaître pour empereur. L'an 387, il entre en Italie, et enlève cette portion de l'empire à Valentinien le jeune, qu'il contraint de se retirer auprès de Théodose avec sa mère. L'an 388, Théodose, après avoir remporté deux victoires sur Maxime, le prend dans Aquilée, où il s'était réfugié. Maxime est mis à mort, à trois milles de cette ville, par les soldats, le 27 août 388. Victor, son fils, qu'il avait fait auguste, fut pris dans les Gaules, au mois de septembre suivant, par Arbogaste, et décapité comme son père.

392. EUGÈNE, maître du palais de Valentinien II, fut reconnu empereur à Vienne vers la fin de mai 392, par les soins d'Arbogaste, meurtrier de ce prince ; il le fut aussi dans l'Italie. L'an 394, Théodose, l'ayant battu au pied des Alpes juliennes, le prit et lui fit trancher la tête, le 6 septembre, sur le champ de bataille. Arbogaste, s'étant échappé, se tua lui-même deux jours après.

2°. Læta, dont la famille est inconnue. Vegèce (l. 1, c. 20.) dit que, sous Gratien, les soldats, trouvant leurs armes trop pesantes, obtinrent de quitter leur cuirasse, et ensuite leur casque ; de façon qu'exposés aux coups sans défense, ils ne songèrent plus qu'à fuir.

Jusqu'à Gratien exclusivement, les empereurs ont reçu la robe pontificale, comme le prouve le baron de la Bastie. (*Mém. de l'Ac. des B. L.*, t. XV, p. 40.) Ce prince la refusa lorsqu'elle lui fut offerte, et depuis il n'en est plus fait mention.

VALENTINIEN II.

383. VALENTINIEN II, fils de Valentinien I et de Justine, né sur la fin de 371, proclamé empereur à Acinque, en Pannonie, le 22 novembre 375, succéda, l'an 383, à Gratien, son frère. Dépouillé de ses états par le tyran Maxime, il se réfugia dans ceux de Théodose, qui vint en Occident, défit Maxime, à qui il fit couper la tête, le 27 août 388, rétablit Valentinien, et entra triomphant à Rome avec lui. Depuis ce tems, saint Ambroise devint le père spirituel de ce jeune prince et son plus fidèle conseil. La paix qu'il fit régner dans ses états, et la modération avec laquelle il traita ses peuples, furent principalement dues aux sages leçons de ce prélat. Mais il avait à la tête de la milice un général qui tirait avantage de son habileté, de ses services et de la confiance des troupes pour le maîtriser. C'était Arbogaste, franc d'origine. Las de vivre sous sa dépendance, Valentinien prit le parti de lui retirer le commandement de l'armée. Arbogaste, furieux de cet affront, conçut le dessein de s'en venger, et l'exécuta par la plus noire trahison, en faisant étrangler son maître à Vienne, dans les Gaules, un samedi 15 mai de l'an 392. Valentinien, alors âgé de vingt ans et quelques mois, avait porté seize ans et près de six mois le titre d'auguste, quoiqu'il n'ait régné que huit ans et près de huit mois depuis la mort de Gratien. Il n'était encore que catéchumène, et attendait saint Ambroise qu'il avait mandé pour lui administrer le baptême. La date de sa sépulture est ainsi marquée dans saint Épiphane (*Lib. de Ponder. et mens.*) *Ea verò dies erat juxta Ægyptios mensis pachon* 21, *juxta Græcos verò* (*Macedonum mensibus utentes*) *Artemisii* 23, *juxta Romanos* 17 *calend. junias.* Arbogaste lui substitua le tyran Eugène, qui fut défait par Théodose et mis à mort par son ordre, le 6 septembre 394.

HONORIUS.

395. HONORIUS, second fils de Théodose, né le 9 septembre

384, fait auguste le 10 janvier, ou le 20 novembre 393, fut déclaré empereur d'Occident par son père, le 17 du mois de janvier. 395. Honorius fut zélé pour la foi; mais du reste, il n'eut rien des grandes qualités de Théodose, non plus que son frère Arcade. Ces deux princes, dit Muratori, étaient plutôt faits pour être gouvernés que pour gouverner. Honorius mourut d'hydropisie à Ravenne, le 15 août 423, âgé de trente-neuf ans, après avoir régné vingt-huit ans et environ sept mois. Il ne laissa point d'enfants de ses deux femmes. MARIE et THERMANTIE; elles étaient toutes deux filles de Stilicon, vandale de naissance, ce ministre fameux à qui Honorius fit trancher la tête à Ravenne pour ses perfidies réelles ou supposées par ses ennemis, le 23 août 408, et dont le fils Eucher et la femme Hérène, nièce du grand Théodose, subirent, peu de tems après, le même supplice. Honorius avait épousé, l'an 398, la première, décédée en 404. Il donna sa main, l'an 408, à la seconde, morte en 415. L'empire d'Occident, sous Honorius, tomba dans l'opprobre et la misère. Alaric, roi des Goths, chassé d'Italie par Stilicon, après la célèbre bataille de Pollentia, donnée le 29 mars 403, y rentra lorsqu'il eut appris la mort de ce général avec lequel il était d'intelligence, dit-on, pour mettre Eucher, son fils, sur le trône impérial. Alors il marcha droit à Rome, dont il fit le siége sur la fin de l'an 408. Bientôt réduit à l'extrémité faute de vivres, le peuple romain lui fait une députation pour demander la paix à des conditions raisonnables, menaçant de sortir de ses murs en cas de refus, et de lui livrer bataille. Le barbare, instruit de l'état des assiégés et de leurs dispositions, rit de la menace. *A la bonne heure*, dit-il, *jamais un pré n'est plus aisé à faucher que quand l'herbe est drue*. On lui demande ce qu'on peut donc espérer de lui; *la vie*, répond-il. Il se radoucit néanmoins, et accepte l'offre qu'on lui fait de cinq mille livres d'or, trente mille d'argent, quatre mille robes de soie et trois mille pièces teintes en écarlate. Rome, cette fois, se garantit par-là du pillage. Pour accorder la paix et faire même alliance avec l'empire, Alaric ne demande, en se retirant, que la charge de maître de la milice romaine; et Honorius, tout incapable qu'il est de lui résister, est assez mal avisé pour la refuser. Piqué de cet affront, Alaric revient quelque tems après devant Rome, et en forme de nouveau le siége. La famine y devint si affreuse, que le peuple, assemblé dans le cirque, s'écria, transporté de fureur: *Qu'on mette en vente la chair humaine, et qu'on en taxe le prix*. Honorius se détermine enfin à traiter avec Alaric, malgré le serment qu'il avait fait, par une impression étrangère, de n'en jamais rien faire. Les deux princes s'abouchent à trois lieues de Ravenne. Mais tandis qu'on négocie, Sarus, capitaine goth, qui avait quitté Alaric pour s'attacher aux Romains, sort inopinément de Ravenne avec sa troupe, vient fondre sur un quartier du camp d'Alaric, et taille en pièces un grand nombre de ses gens. Cette perfidie rompit les conférences. Alaric, furieux, reprend la route de Rome qu'il assiége pour la troisième fois, et dont il se rend maître le 24 août. Le feu, l'épée, les chaînes, partagèrent le sort de cette superbe maîtresse du monde, qui avait résisté à tant d'ennemis depuis onze cent soixante-deux ans qu'elle subsistait. Dieu fit voir néanmoins en cette occasion combien il est le maître des volontés des hommes, même les plus féroces. Alaric, prince arien, en permettant le pillage aux soldats, avait défendu de toucher aux églises ; et si quelques-unes furent la proie des flammes, ce fut par la communication de celles qui consumaient les maisons voisines. Un grand nombre de ceux qui s'étaient réfugiés dans ces asiles mirent par-là en sûreté leur vie. Le respect d'Alaric pour la religion s'étendit même aux effets mobiliers qui lui étaient consacrés. Un officier goth étant entré chez une diaconesse qui avait en dépôt ceux de l'église de Saint-Pierre, lui demande si elle a de l'or et de l'argent. *J'en ai beaucoup*, répondit-elle, *et je vais les exposer à vos yeux*. En même-tems elle

---

Tyrans qui s'élevèrent dans l'empire, sous le règne d'Honorius.

407. CL. CONSTANTINUS, simple soldat, proclamé empereur l'an 407, par l'armée de la Grande Bretagne, puis reconnu dans les Gaules, d'où il passa ensuite en Espagne, et enfin, l'an 409, par Honorius lui-même, fut pris, l'an 411, dans Arles avec Julien, son fils, par le général Constance, qui les envoya à Honorius, après les avoir tirés d'une église, où Constantin s'était fait ordonner prêtre. Ce prince les fit décapiter au mois de septembre de la même année, à douze lieues de Ravenne, contre la promesse que Constance leur avait faite de la vie sauve lorsqu'ils se rendirent à lui. Honorius se crut moins obligé à tenir l'engagement de son général, qu'à venger ses cousins Didyme et Vérinien, que ces deux tyrans avaient fait mourir. Constantin avait un autre fils, nommé Constant, qu'il avait fait césar, de moine qu'il était auparavant, et que Géronce, son général, qui l'avait abandonné dès l'an 409, fit assassiner à Vienne, au commencement de l'an 411, mais Géronce, battu peu de tems après devant Arles, dont il faisait le siége ; par Constance, général d'Honorius, fut réduit à se sauver en Espagne, où ses propre soldats le tuèrent l'an 411, suivant

étala un grand nombre de vases précieux. *Ce que vous voyez*, dit-elle, *appartient à l'apôtre saint Pierre ; prenez-le , si vous l'osez ; mais pensez au compte que vous en rendrez à Dieu. Pour moi j'en serai déchargée, n'étant pas en état de vous résister.* Le barbare n'osant toucher à ce dépôt, envoie demander au roi ses ordres. Alaric ordonne que ces vases soient reportés à la basilique de Saint-Pierre, et qu'on y conduise, sous une sauve-garde, cette vierge si généreuse, avec tous ceux qui pourraient se joindre à elle. (Orose.) M. de Tillemont place la prise de Rome en 410. Mais Pagi emploie divers arguments pour montrer que cet événement est de 409. Il y a des autorités pour et contre. Si d'un côté saint Isidore rapporte le sac de Rome, par Alaric, à l'ère d'Espagne 447, qui répond à l'an 409 de Jésus-Christ, de l'autre, Prospère Tiro et Cassiodore le mettent sous le consulat de Tertulle et de Varane, qui appartient à l'année suivante.

Orose. Olympiodore et Sozomène disent qu'il se tua lui-même après avoir égorgé sa femme Nonniquie, comme elle l'en avait prié.

409. MAXIME, homme de basse naissance, officier dans les troupes de la maison impériale, prit la pourpre en Espagne, l'an 409, à la sollicitation de Géronce, après que celui-ci eut abandonné le parti de Constant, fils de Constantin. Ayant été chassé de ce pays, il y rentra l'an 419, et s'y maintint l'espace d'environ trois ans, après quoi il fut pris et amené à Ravenne, où il fut mis à mort en 422 (Tillemont.) M. Hardion se trompe en disant qu'on le laissa vivre par pitié.

409, ou 410. PRISCUS ATTALUS, préfet de Rome, fut un fantôme d'empereur, qu'Alaric, assiégeant Rome pour la deuxième fois, fit couronner par les Romains. Après avoir été pendant quelques mois le jouet de ce roi barbare, Attalus, suivit la cour d'Ataulphe, qui tantôt l'appuya, tantôt l'abandonna. Enfin, l'an 416, ayant été livré à Honorius, il marcha devant le char de ce prince à l'entrée solennelle qu'il fit à Rome, après quoi il eut la main coupée, et fut exilé dans l'île de Lipari.

411. JOVIN, l'un des principaux seigneurs d'Auvergne, s'étant fait proclamer empereur à Mayence, vers le mois d'août 411, fit alliance avec Ataulphe, beau-frère d'Alaric, qu'il invita à passer dans les Gaules, où il fonda le royaume des Visigoths. Mais ayant associé depuis Sébastien, son frère, à l'empire, il se brouilla, à cette occasion, avec Ataulphe, lequel ayant surpris Sébastien dans Narbonne, lui fit trancher la tête. Ataulphe poursuivit ensuite Jovin, le força dans la ville de Valence,

« C'est une chose étrange, dit Muratori, que le tems précis
» d'une si horrible tragédie demeure encore incertain. » Alaric
survécut très-peu de tems à cette expédition. Une apoplexie
l'emporta tandis qu'il faisait le siége de Reggio, en Calabre. Les
Goths l'enterrèrent au milieu d'une rivière, près de Cosence,
en Calabre. Constance, général d'Honorius, empêcha la ruine
totale de l'empire d'Occident, et le délivra de plusieurs tyrans
qui avaient pris le titre d'empereur. Pour récompense de ses
services, Honorius, qui l'avait déjà fait son beau-frère, l'éleva,
le 8 février 421, à la dignité d'auguste et d'empereur; mais il
n'en jouit que jusqu'au 2 de septembre suivant, époque de sa
mort, selon Muratori. On montre son tombeau, ainsi que ceux
de plusieurs princes et princesses de sa famille, dans une vieille
chapelle de l'abbaye de Saint-Vital à Ravenne. Il avait épousé,

l'envoya à Dardanus, préfet des Gaules, qui le décapita de sa
propre main, à Narbonne, l'an 413.

413. Le comte HÉRACLIEN, après avoir courageusement défendu l'Afrique contre les entreprises d'Attalus, forma le dessein d'en usurper la souveraineté. Ayant été nommé consul en 413, il fit éclater ses vues ambitieuses, et déclara hautement sa révolte, en retenant les convois de blé destinés pour Rome. Dans le même tems, il faisait équiper en diligence une flotte considérable avec laquelle il se mit en mer pour aller attaquer cette ville qu'il avait affamée d'avance. Mais le comte Marin étant venu à sa rencontre, il y eut une grande bataille près d'Otricoli, dans laquelle Héraclien fut entièrement défait. De toute sa flotte, il n'en revint à Carthage que le seul vaisseau qui le ramenait vaincu et couvert de honte. Ce rebelle y eut presqu'aussitôt la tête tranchée dans le temple de la déesse Mémoire, où il fut découvert par des soldats que l'empereur avait envoyés avec ordre de lui ôter la vie. Tout cela est de la même année 413. Saint Jérôme fait une terrible peinture des mœurs d'Héraclien.

423. JEAN, secrétaire d'Honorius, appuyé de Castin, général de la milice, et d'Aëtius, se fit reconnaître empereur à Rome, après la mort de son maître. Théodose envoie contre lui Ardabure avec Aspar, son fils. Ardabure est pris sur mer et conduit à Ravenne, où Jean s'était retiré. Il gagne les officiers du tyran, qui l'avait reçu avec bonté, et dont il avait feint, suivant Olympiodore, d'embrasser le parti, appelle son fils Aspar, qu'il introduit dans Ravenne, se saisit de Jean, et l'envoye à l'impératrice Placidie, qui lui fit trancher la tête à Aquilée, vers la mi-juillet 425.

malgré elle, le 1er. janvier 417, GALLA PLACIDIA, sœur d'Honorius et veuve d'Ataulphe, dont il eut Valentinien qui suit et Justa Grata Honoria, qui fit venir les Huns en Occident. Honorius fit, avec succès, un coup d'autorité que Constantin et Théodose le Grand avaient tenté sans pouvoir y réussir; il abolit les combats des gladiateurs par un édit de l'an 403, ou de l'an 404, qui était une année séculaire de Rome.

VALENTINIEN III.

424. VALENTINIEN III, fils du général Constance et de Placidia, fille du grand Théodose, né le 3 juillet 419, déclaré césar l'an 424, à Thessalonique, reçut les ornements impériaux à Ravenne le 23 octobre 425, après la défaite et la mort du secrétaire Jean, qui avait usurpé la pourpre. L'an 429, il perdit l'Afrique par la révolte du comte Boniface, qui livra cette partie de l'empire aux Vandales. Ce fut la jalousie du général Aëtius qui causa la trahison de Boniface, contre lequel il ne cessait d'aigrir l'esprit de Placidia et celui de son fils. La princesse reconnut son erreur et Boniface son crime, lorsqu'il n'était plus tems de les réparer. Aëtius devint alors ce qu'il voulait être, un homme nécessaire à l'état. On le connut mieux lorsqu'on voulut essayer de s'en passer. Valentinien en effet, pressé par sa mère, l'ayant dépouillé, l'an 432, de ses dignités, sentit bientôt le besoin qu'il avait de lui pour arrêter les progrès des barbares dans l'empire. Aëtius, rétabli la même année, continua de justifier, par de nouveaux exploits, la haute idée qu'on avait de son habileté. L'un des derniers traits de sa valeur fut le plus brillant : il réussit, l'an 451, à chasser Attila des Gaules. Placidia, mère de Valentinien, n'était plus alors. Elle avait terminé ses jours le 27 novembre 450. Quoiqu'elle eût toujours élevé son fils dans la mollesse, elle sut toutefois modérer l'impétuosité de ses passions. Après sa mort, il s'y livra sans retenue. On vit dès lors l'empire se précipiter vers sa ruine, sur-tout depuis la mort d'Aëtius, que Valentinien, à qui l'eunuque Héraclius l'avait rendu suspect, poignarda de sa propre main, l'an 454. Il succomba lui-même sous le fer de deux assassins, le 16 mars 455, dans la trente-sixième année de son âge, après un règne de vingt-neuf ans et près de cinq mois, à compter du 23 octobre 425. Ce prince avait épousé, le 29 octobre 437, LICINIA EUDOXIA, fille de Théodose II, et pour parvenir à ce mariage il avait cédé à Théodose, suivant Cassiodore, cette partie de l'Illyrie qui appartenait à l'empire d'Occident, c'est-à-dire les deux Pannonies. Son épouse lui donna deux filles, Eudoxie et Placidie, qui furent emmenées captives, avec leur mère, en Afrique, par Genséric.

Eudoxie épousa Huneric, et Placidie, renvoyée avec sa mère à Constantinople l'an 462, fut mariée à Olybrius, depuis empereur d'Occident. Le tombeau de Valentinien III est avec ceux d'Honorius, de Constance et de sa femme, dans l'église de Saint-Vital de Ravenne.

MAXIME.

455. PETRONIUS MAXIMUS, né dans les Gaules l'an 395, auteur de la mort de Valentinien III, prit la pourpre, et fut déclaré auguste à Rome, le 27 mars 455. Il était illustre par la noblesse et les dignités de ses ancêtres, avait lui-même passé par tous les honneurs et possédait de grandes richesses. Il épousa l'impératrice Eudoxie, et eut l'imprudence de lui avouer ensuite la part qu'il avait eue à la catastrophe qui l'avait rendue veuve. La princesse, irritée de se voir entre les bras du meurtrier de son premier époux, fait venir d'Afrique Genséric pour venger la mort de Valentinien. Au bruit de l'arrivée du roi des Vandales tout prend la fuite, et Maxime lui-même. Alors le peuple et les soldats s'étant soulevés, Maxime est arrêté et mis en pièces, le 12 juin 455, trois mois moins cinq jours après s'être emparé de l'empire. On croit que son fils Palladius, qu'il avait fait césar et marié avec Eudoxie, fille de Valentinien, périt avec lui.

AVITE.

455. FLAV. CŒCILIUS (ou MOECILIUS) AVITUS, auvergnat, de race sénatoriale, général des armées romaines, proclamé empereur par les Visigoths, le 10 juillet 455, à Toulouse, où il était pour traiter de la paix avec leur roi Théodoric, fut de nouveau proclamé, au mois d'août suivant, dans la ville d'Arles, par l'armée romaine et les principaux seigneurs gaulois. S'étant rendu ensuite à Rome avec Sidoine Apollinaire, son gendre, il y fut reçu avec acclamation, et unanimement reconnu par tous les ordres. Avant que de quitter cette ville pour retourner dans les Gaules, il créa général de ses armées Ricimer ou Rechimer, issu de la race royale des Suèves, et petit-fils, par sa mère, de Vallia, roi des Visigoths, le plus grand capitaine qu'il y eut alors, mais l'homme en même tems le plus ambitieux, le plus fourbe et le plus rusé. Ricimer soutint, par quelques avantages qu'il remporta sur les flottes des Vandales, la réputation de valeur qu'il s'était acquise. Il fit également connaître la méchanceté de son caractère en cabalant contre Avite, avec lequel il s'était brouillé. Ce prince étant revenu en Italie, fut arrêté à Plaisance par Ricimer, et dépouillé des marques de la dignité

impériale le 6 ou le 16 octobre de l'an 456, après avoir tenu l'empire environ quatorze mois. Pour ôter à son ennemi tout ombrage, il se fit ordonner évêque de Plaisance. Mais apprenant que le sénat, dont il s'était fait haïr (on ne sait pourquoi), demandait sa mort, il s'enfuit en Auvergne, et mourut sur la route. Son corps fut inhumé dans l'église de Saint-Julien de Brioude, où l'on voit encore une grande urne de marbre, dans laquelle on prétend que ses cendres sont enfermées. (Tillemont.) Depuis sa déposition, l'empereur Marcien, et Léon après lui, eurent le titre de souverains en Occident. (Le Beau.) Hugues de Fleuri nous apprend qu'Avite laissa un fils, nommé Ecdicius, que l'empereur Anthème éleva aux grades de comte et de maître de la milice dans les Gaules, et que Julius Népos décora du titre de patrice. Il dominait souverainement en Aquitaine, dont il est qualifié roi très-chrétien, *rex christianissimus*, dans l'ancienne Vie de saint Sardot, évêque de Limoges (Bouquet, tom. III pag. 382. n.) Sidoine Apollinaire, qui, avant son épiscopat, avait épousé sa sœur Papianilla, fait un grand éloge de ses vertus guerrières, politiques et chrétiennes (liv. III, ép. 3.)

MAJORIEN.

457. JULIUS VALERIUS MAJORIANUS, fait général le 28 février 457, passa de ce titre à celui d'empereur d'Occident, qui lui fut donné, d'un consentement universel, à Ravenne, le 1er. août de cette année; ce qui fut confirmé par l'empereur Léon. (Beauvais.) « Il semblait, dit M. le Beau, que la providence » l'eût réservé pour relever l'empire, penchant vers sa ruine : » elle avait réuni dans sa personne les vertus de ses prédéces- » seurs, sans mélange d'aucun de leurs vices ». Il débuta sur le trône par des lois très-sages, pour réformer divers abus. Il rétablit Ricimer, avec lequel il était lié d'amitié, dans la charge de général, dont celui-ci ne tarda pas à faire usage contre les ennemis de l'empire. L'an 458, une flotte, chargée de vandales et de maures, vint attaquer les côtes de Campanie. Ces troupes, ayant débarqué entre le Liris et le Vulturne, furent battues par les Romains dans le territoire de Sinuesse, qu'elles commençaient à ravager. Sersaon, leur général, beau-frère de Genséric, périt dans la mêlée avec un grand nombre des siens; ce qui obligea le reste à regagner promptement la mer. Lyon, soulevé par Théoric II, roi des Visigoths, refusait de reconnaître le nouvel empereur. Egidius, qui commandait pour les Romains dans les Gaules, ayant reçu de Majorien un secours considérable, vient assiéger cette ville qu'il force à lui ouvrir ses portes. Pour la punir de sa révolte, il la prive de ses privi-

liéges, et y établit une garnison qui mit le comble aux maux qu'elle avait soufferts pendant le siége. Majorien était toujours à Ravenne. Il en part au mois de novembre, franchit les Alpes malgré les glaces et les neiges qui les couvraient, et arrive dans les Gaules où sa présence était nécessaire pour contenir les barbares. Sidoine Apollinaire, gendre d'Avitus, et par cette raison ennemi jusqu'alors de Majorien, vient le trouver, fait sa paix et celle des Lyonnais avec lui, et peu après lui donne un gage éclatant de son retour, en prononçant son panégyrique en vers que nous avons encore. Majorien cependant méditait une descente en Afrique, et dans cette vue rassemblait de tous les ports le plus de vaisseaux qu'il était possible. Procope (*de bello Vandal.*, liv. 1, chap. 7), raconte que, pour mieux connaître les forces de ses ennemis, il se rendit sur les lieux après s'être déguisé, et alla trouver Genséric, en qualité d'ambassadeur, sous prétexte de lui proposer un traité de paix. Le barbare, ajoute-t-il, le reçut favorablement, lui montra son palais, son arsenal, et fit passer en revue devant lui son armée. Mais cette anecdote, dont nul autre écrivain ancien ne fait mention, paraît fort suspecte. Quoiqu'il en soit, l'an 460, Majorien, ayant réuni sa flotte au port de Carthagène, se mit en route au mois de mai pour aller en prendre le commandement et la conduire en Afrique. Mais les Vandales, avertis par des traitres, suivant Idace et Marius d'Avenches, vinrent fondre inopinément sur elle, prirent le plus grand nombre de ses bâtiments qu'ils emmenèrent en Afrique, et dissipèrent le reste. Ce revers fit manquer l'expédition de Majorien, et n'empêcha pas néanmoins Genséric de lui envoyer des ambassadeurs pour traiter de la paix; ce qui prouve la peur que l'armement de Majorien lui avait causée. Le traité conclu, Majorien quitta l'Espagne, et revint en Italie par les Gaules. L'application qu'il continua de donner aux affaires de l'état, l'habileté avec laquelle il les maniait, et les lois sages qu'il publia pour la réformation des abus, le faisaient regarder comme le restaurateur de l'empire, et donnaient lieu d'espérer qu'il le rétablirait dans son ancienne splendeur. Mais l'éclat de la réputation qu'il s'acquérait, blessa les yeux jaloux de Ricimer. Ce perfide ayant conjuré sa perte, le surprit par ses fourberies, le déposa de l'empire à Tortone, le 2 août 461, et le fit tuer à Voghera cinq jours après. Majorien n'avait régné que quatre ans et un jour.

SÉVÈRE III.

461. LIBIUS SEVERUS, surnommé SERPENTINUS, lucanien, homme sans réputation comme sans mérite, fut élevé à l'empire par Ricimer après la mort de Majorien, et proclamé

empereur à Ravenne, le 19 novembre de l'an 461. Il en porta le titre environ quatre ans, jusqu'en 465, qu'il mourut à Rome dans son palais, le 15 août, empoisonné, à ce qu'on prétend, par Ricimer. L'Occident fut sans empereur jusqu'au mois d'avril 467.

ANTHEME.

467. PROCOPIUS ANTHEMIUS, fils du patrice Procope, gendre de Marcien, était général d'armée dans l'empire d'Orient, lorsqu'il fut choisi par le sénat, l'armée et le peuple romain pour empereur d'Occident. On fit une députation à Léon, successeur de Marcien, qui agréa ce choix. Anthème partit de Constantinople après avoir été déclaré césar par Léon, vint en Italie avec une grande armée, et fut proclamé auguste auprès de Rome, le 12 avril 467. Pour s'attacher Ricimer, qui se faisait un jeu de donner des maîtres à l'empire et de les faire périr, il lui donna sa fille en mariage. Mais cette alliance ne produisit pas l'effet qu'il en espérait. Ricimer s'étant retiré de la cour, après s'être brouillé avec son beau-père, assembla une armée à Milan pour lui faire la guerre. Anthème, de son côté, leva des troupes pour aller à sa rencontre. Saint Epiphane, évêque de Pavie, s'étant rendu médiateur, réussit à leur faire conclure la paix avant qu'ils en vinssent aux mains. Mais cette réconciliation fut de courte durée. L'année suivante, Ricimer s'étant révolté de nouveau, vint assiéger Rome; et l'ayant forcée, par la misère où il la réduisit, de lui ouvrir ses portes, il fit assassiner Anthème; après quoi il livra la ville au pillage et à la fureur de ses soldats. Ainsi périt Anthème par la cruauté de son gendre qui ne lui survécut que trois mois, le 11 juillet 472, après un règne d'environ cinq ans. De FLAVIA EUPHEMIA, sa femme, fille de l'empereur Marcien, il eut quatre enfants, Marcien, qui épousa Léontia, fille de l'empereur Léon; Romulus, Procope, et la femme de Ricimer.

OLYBRIUS.

472. ANICIUS OLYBRIUS, retiré à Constantinople depuis la prise de Rome par Genséric, et envoyé de là par l'empereur Léon pour secourir Anthème contre Ricimer, fut proclamé lui-même empereur en Italie par ce traître, avec lequel il était d'intelligence, sur la fin de mars 472. Il mourut le 23 octobre suivant, trois mois et quelques jours après celui qu'il avait supp anté. Olybrius avait épousé, l'an 455, PLACIDIE, fille de Valentinien III, dont il eut une fille nommée Julienne, qui épousa le patrice Aréobinde : celui-ci refusa l'empire

d'Orient que le peuple de Constantinople, soulevé contre l'empereur Anastase, voulait lui déférer.

GLYCÈRE.

473. FLAVIUS GLYCERIUS prit de lui-même le titre d'empereur à Ravenne le 5 mars 473, et ne le porta qu'un an et un peu plus. L'empereur Léon, mécontent de ce qu'il avait pris la pourpre sans sa participation, reconnut empereur d'Occident Népos, parent de sa femme Vérine. Népos, arrivé en Italie, surprit Glycère dans le port de Rome, le 24 juin 474, l'obligea, avant que d'en sortir, de renoncer à l'empire, lui fit couper les cheveux, et le fit ordonner évêque de Salone, en Dalmatie. Sidoine Apollinaire fait un grand éloge de Glycère dans une lettre écrite à Castalius Innocentius Audax, que ce prince avait fait préfet de Rome.

JULIUS NÉPOS.

474. JULIUS NÉPOS fut déclaré césar dans le mois de février au plus tard, à Ravenne, par Domitien, officier de l'empereur Léon, et proclamé empereur, dans Rome, le 24 juin 474. L'année suivante, le patrice Oreste, qu'il avait envoyé avec une armée dans les Gaules pour l'y faire reconnaître, se révolte. A cette nouvelle, Népos va se renfermer dans Ravenne. Oreste vient aussitôt l'y assiéger. La place étant sur le point d'être forcée, Népos s'enfuit, le 28 août, en Dalmatie, son pays natal. Il fut tué, le 9 mai 480, dans une terre qu'il avait près de Salone, par Viator et Ovide, qui étaient auprès de lui en qualité de comtes. Quelques-uns ont attribué cet assassinat aux sollicitations de Glycère qui ne pouvait, dit-on, lui pardonner sa déposition. Sidoine Apollinaire fait un grand éloge des talents militaires et des mœurs de Népos. Il avait épousé une nièce de Vérine, femme de l'empereur Léon : et ce fut cette alliance, jointe à son mérite, qui détermina Léon à lui conférer l'empire d'Occident dont il se croyait en droit de disposer.

AUGUSTULE, DERNIER EMPEREUR D'OCCIDENT.

475. ROMULUS, ou MOMYLUS AUGUSTUS, appellé plus communément AUGUSTULE, ou parce qu'il était fort jeune ou par dérision, fut reconnu solennellement empereur à Ravenne, le 25 ou le 31 octobre 475, par le crédit d'Oreste, son père, qui pouvait tout dans l'empire après l'expulsion de Népos. Son règne fut de peu de durée. L'an 476, Odoacre, roi des Hérules, l'ayant pris dans Rome vers le mois de septembre, l'obligea de ren-

voyer les ornements impériaux à l'empereur Zénon, disant qu'un seul chef suffisait à l'empire romain ; puis il le relégua au château de Lucullane, en Campanie, où il passa le reste de ses jours dans l'état de particulier, avec une pension de 6000 livres d'or. Ainsi fut éteint en Occident l'empire romain, après avoir duré cinq cent six ans moins quelques jours, depuis la bataille d'Actium, et douze cent vingt-neuf commencés depuis la fondation de Rome. Sa chûte, dit M. d'Anville, ne fit aucun bruit : elle ne pouvait causer de surprise. Ce fut le dernier soupir d'un corps qu'une longue maladie avait privé de tous ses ressorts. (*Voyez* Odoacre.)

CHRONOLOGIE HISTORIQUE

DES

EMPEREURS D'ORIENT.

VALENS.

364. Valens, né vers l'an 328, fait auguste par Valentinien, son frère, le 28 mars 364 (1), eut, au mois de juillet suivant, l'Orient en partage. C'était un homme peu instruit, sans expérience dans la guerre, et un protecteur déclaré des Ariens. Dès la seconde année de son règne, il devint si odieux qu'on le comparait à Tibère. Procope, parent de Julien, profitant de cette disposition des esprits, se fit reconnaître auguste à Constantinople, le 28 septembre 365, pendant que Valens était en Cappadoce. Mais peu digne de commander, il fut trahi par ses généraux dans une bataille que Valens lui donna, le 27 mai 366, près de Nacolie, en Phrygie, pris et livré à ce prince qui, le lendemain, lui fit trancher la tête. Au printems de l'année suivante, Valens, pour se préparer à la guerre contre les Goths, reçoit le baptême de la main d'Eudoxe, chef des Ariens. L'an 370, au mois de janvier, après avoir accordé la paix aux Goths, sur lesquels il avait remporté divers avantages, il marche en Orient contre les Perses. Les Catholiques de Constantinople lui députèrent quatre-vingts ecclésiastiques, pour redemander Evagre, leur évêque, qu'il avait exilé. Valens, pour réponse, fait noyer ces députés. En passant à Césarée, il veut obliger saint Basile de communiquer avec les Ariens. Le saint résiste,

---

(1) Voyez page 247.

et laisse l'empereur dans l'admiration de sa fermeté. L'an 376, Valens permet aux Goths, chassés de leur pays par les Huns, d'habiter la Thrace. Ulphilas, leur évêque, en avait fait la demande; et, pour l'obtenir, il avait embrassé l'Arianisme. Dieu, par un juste jugement, se servit de ces mêmes barbares pour punir l'impiété et les cruautés de Valens. Bientôt ils ravagèrent le pays qu'on leur avait donné pour retraite. Une famine, qui désola cette contrée, jointe aux rapines des commandants impériaux, Maxime et Lupicin, les y contraignit. Les Alains et les Huns, qu'ils appelèrent à leur secours, mirent le comble à la désolation. Valens, qui était pour lors à Antioche, se hâta de faire la paix avec la Perse pour venir les réprimer. Il perd contre eux, le 9 août 378, la fameuse bataille d'Andrinople, où les deux tiers de son armée restèrent sur la place. Blessé lui-même et porté dans une cabane, il y fut brûlé vif, sans être connu, par les vainqueurs, le même jour, à l'âge de cinquante ans, après avoir régné quinze ans, quatre mois et quelques jours. ALBIA DOMINICA, qu'il avait épousée avant d'être empereur, fut celle qui le pervertit et l'engagea dans l'erreur, après s'être montrée zélée catholique. Il laissa d'elle deux filles, Carausie et Anastasie.

THEODOSE LE GRAND.

379. THÉODOSE, à qui ses grands exploits, et encore plus sa haute piété, son zèle pour la foi, son amour pour l'église, ont mérité le surnom de GRAND, était fils du comte Théodose, le plus habile général de son tems, qui, succombant à l'envie des courtisans, fut exécuté à Carthage l'an 376. Théodose, son fils, naquit en Espagne vers l'an 346, et y fut élevé. Il suivit son père à la guerre; et lorsqu'il l'eut perdu, il retourna dans sa patrie. Après la mort de Valens, Gratien, convaincu de l'injustice que lui-même avait faite au père et du mérite du fils, rappela celui-ci d'Espagne, le choisit pour son collègue, le 19 janvier 379, et lui donna l'Orient en partage. Théodose avait un grand zèle pour la religion catholique. Il en fit preuve, l'an 384, par un rescrit qu'il adressa, le 21 janvier, à Cynège, préfet du prétoire, pour chasser les Hérétiques de Constantinople. Plus ennemi encore du Paganisme, il chargea le même préfet d'aller en Egypte et en Syrie fermer les temples des idoles, et d'en adjuger les revenus aux églises catholiques. Quelque désir qu'eut Théodose de venger la mort de Gratien, les conjonctures l'obligèrent à faire la paix, en 384, avec le tyran Maxime. Il la fit sincèrement, quoiqu'en dise Zozime, qui lui reproche, comme une lâcheté, de l'avoir faite, et l'ac-

euse, en même tems, d'avoir eu le dessein de la rompre à la première occasion. Maxime, à la vérité, lui en donna sujet par ses nouvelles entreprises contre le jeune Valentinien. Théodose en profita pour déclarer la guerre au tyran ; qui fut pris, après plusieurs défaites, dans Aquilée, et amené, à trois milles de là, au vainqueur, dont les soldats lui tranchèrent la tête le 27 août 388. L'année 390 est fameuse par le cruel châtiment que Théodose, à la sollicitation de ses ministres, exerça sur la ville de Thessalonique, pour une sédition qui s'y était élevée : châtiment dont les exécuteurs outrepassèrent ses ordres ; elle l'est encore plus par la manière édifiante dont il expia son crime, et par la conduite sage et prudente de saint Ambroise, qui le sépara de la communion des fidèles, et l'y rétablit solennellement, le jour de Noël, après huit mois de pénitence. Théodose était alors à Milan. Il revit Thessalonique l'année suivante, en traversant la Macédoine, vers la fin de juillet, et y donna de nouvelles marques de son repentir. La ville de Constantinople, où il rentra, le 10 novembre de la même année, après avoir défait les barbares, s'aperçut que ses dispositions étaient meilleures qu'auparavant. L'an 394, il remporta, le 6 de septembre, sur le tyran Eugène, une victoire qui fut jugée miraculeuse, et qui le rendit maître de l'Occident. Ce prince, couvert de gloire et plein de bonnes œuvres, mourut saintement à Milan, le 17 janvier de l'an 395, à l'âge de cinquante ans, après seize ans moins deux jours de règne. Il est le dernier empereur qui ait possédé l'empire romain en entier. En mourant, il le partagea entre ses deux fils. Théodose publia des lois très-sévères contre les Idolâtres et les Hérétiques ; mais il eut la prudence de ne point en presser l'exécution. Elles servaient pour retenir les uns et les autres dans la crainte, et l'église quelquefois les employait effectivement pour arrêter leur ardeur. La mort de Théodose le Grand peut être regardée comme l'époque fatale de la décadence des deux empires d'Orient et d'Occident. Ce prince avait épousé, 1°. AELIA FLACCILLA, fille, à ce qu'on croit, d'Antoine, préfet des Gaules, morte, en odeur de sainteté, le 14 septembre 385, après lui avoir donné Pulchérie, décédée peu de tems avant sa mère, et deux fils, Arcade et Honorius ; 2°. l'an 386, GALLA, fille de Valentinien Ier., morte en couches, l'an 394, dont il eut Placidie, femme d'Ataulphe, roi des Visigoths, puis de Constance III, collègue d'Honorius.

ARCADE.

395. ARCADE, né en Espagne, vers l'an 377, de Théodose et de Flaccilla, fait auguste le 16 ou le 19 janvier 383, suc-

céda, le 17 janvier 395, à son père, et eut l'Orient en partage. Il mourut, le premier mai 408, âgé de trente et un ans, après avoir régné douze ans avec son père, et treize ans, trois mois, quatorze jours depuis la mort de Théodose. Ce prince était mal fait, d'une figure désagréable et d'une foible complexion. « Une » humeur douce, tranquille et pacifique, était en lui l'effet » d'une stupidité naturelle qu'annonçaient un parler lent, » des yeux morts et languissants; et les soins que Théodose » avait pris de son éducation, en le confiant aux maîtres les » plus capables de le former, n'avaient pu lui procurer ce que » la nature lui avait absolument refusé. » (Hardion.) Deux hommes, également méchants, s'emparèrent successivement des affaires au commencement de son règne, Rufin et l'eunuque Eutrope. Le premier, gaulois de naissance, originaire d'Eause, s'étant élevé, sous Théodose, par un mélange de services importants et de fourberies adroites, en 386, à la préfecture d'Orient, en 390, à la charge de grand-maître des officiers; et, en 392, au consulat, crut, après la mort de ce prince, pouvoir aspirer à l'empire; et, dans cette vue, il introduisit les Huns en Asie, et les Goths en Thrace : trahison que les soldats, excités par Stilicon, lui firent expier en le massacrant, le 27 novembre 395, à la vue de l'empereur. Le second, non moins insolent ni moins ambitieux que Rufin, après avoir été fait patrice en 398, désigné consul pour l'an 399, fut dépouillé de tous ses emplois cette dernière année, à la sollicitation du général Gainas, et à la demande de l'impératrice, qu'il avait osé menacer de la faire chasser du palais, banni en Chypre et décapité à Calcédoine. Gainas, qui avait également contribué à la perte de Rufin, voulut ensuite remplacer ceux qu'il avait détruits. Sa conduite les fit regretter. Il débuta par exiger qu'on lui livrât trois des principaux ministres de l'empereur, qui se livrèrent d'eux-mêmes et furent exilés en Epire. Voulant ensuite se rendre maître de Constantinople, il y fit entrer secrètement un grand nombre de Goths, ses compatriotes. Mais, voyant que le peuple se tenait sur ses gardes, il sortit de cette ville sous prétexte d'aller rétablir sa santé à la campagne. Pendant son absence, le peuple s'étant ému, fit main-basse sur les Goths qu'il avait laissés dans la ville, et en massacra un grand nombre. Gainas fit de vains efforts pour y rentrer. Après avoir ravagé tout le pays, il passa dans la Chersonèse pour aller en Asie. Mais Fravita, goth comme lui, général de la flotte impériale, l'ayant attaqué dans le trajet, fit périr, dans la mer, une grande partie de ses troupes. Gainas, étant retourné dans la Thrace, passa le Danube, et se retira chez Uldin, chef des Huns. Mais ce prince, redoutant un hôte si dangereux, lui fit couper la tête, qu'il envoya aussitôt à Constantinople, l'an 400 ou 401. L'impératrice ÆLIA EUDOXIA, fille de Bauton, seigneur franc, et femme d'Arcade, qui lui avait donné sa main le 27 avril 395, gouvernait alors à son tour l'esprit de son foible époux. Mais, toute impérieuse qu'elle était, elle se laissait elle-même gouverner par une foule de femmes et d'eunuques qui ne travaillaient qu'à s'enrichir aux dépens du peuple. Elle ne leur cédait point en avarice, et partageait, avec les officiers préposés au recouvrement des deniers publics, le produit de leurs extorsions. Egalement vindicative, elle ne pardonna point à saint Jean Chrisostôme les invectives qu'il faisait en chaire contre le luxe et l'avidité des femmes, s'imaginant qu'elle y était notée. Ce fut la première cause de la violente persécution qu'elle lui suscita, et dont elle ne vit pas la fin, étant morte le 6 octobre 404. Elle laissa un fils qui suit, et quatre filles, Faccille, Pulcherie, Arcadie et Marine.

THÉODOSE LE JEUNE.

408. THÉODOSE II, fils d'Arcade et d'Eudoxie, né au mois de janvier ou d'avril 401, déclaré auguste dès le 11 janvier 402, succéda, le premier mai 408, à son père, et mourut à Constantinople, d'une chûte de cheval, le 28 juillet 450, dans la cinquantième année de son âge, après avoir régné quarante-deux ans et près de trois mois depuis la mort de son père, et un peu plus de quarante-huit ans depuis qu'il eut reçu le titre d'auguste. Théodose avait tout ce qu'il faut pour devenir saint dans une vie privée ; mais il manquait de plusieurs qualités essentielles pour le gouvernement. Pulcherie, sa sœur, quoique âgée seulement de deux ans plus que lui, fut d'un grand secours à ce prince, lui servit comme de tutrice, et le corrigea de plusieurs défauts. L'an 421, il fit preuve de son zèle pour la religion en ouvrant un asile dans l'empire à des chrétiens de Perse, qui fuyaient la persécution. Le roi Vararane les ayant redemandés, Théodose lui répondit que, *pour traîner en Perse ceux dont il voulait verser le sang, il faudrait qu'il vînt les arracher d'entre ses bras.* Sur cette réponse généreuse, la guerre fut déclarée entre l'empire et la Perse. Les généraux de Théodose la soutinrent avec gloire ; et, par les avantages qu'ils remportèrent sur les Perses, ils obligèrent Vararane, l'an 422, à faire cesser la persécution par un traité de paix. L'an 438, Théodose publia, par une loi du 15 janvier, son Code, qui est un recueil de toutes les constitutions que les empereurs légitimes avaient faites. C'est, à proprement parler, le premier corps de lois qu'ait eu l'empire romain. On avait, à la vérité, déjà le Code

Hermogénien et le Code Grégorien. Mais ils n'étaient munis ni l'un ni l'autre du sceau de l'autorité souveraine, et manquaient par conséquent d'authenticité. Cet ouvrage, dans toutes les éditions, est daté du quinzième consulat de Théodose, qui se rapporte à l'an 435 de Jésus-Christ. Mais on y rencontre des lois qui n'ont été données que l'année suivante ; ce qui prouve qu'au lieu du quinzième consulat, il faut lire le seizième, qui appartient à l'an 438 de l'ère chrétienne. Les premières années du règne de Théodose avaient été fort tranquilles : mais les dernières furent troublées par les inondations des barbares. Attila, roi des Huns, après l'avoir convaincu d'avoir voulu le faire assassiner, le contraignit, en 449, de faire une paix honteuse avec lui. L'aveugle confiance qu'il eut en ses eunuques, le rendit successivement le protecteur des hérésiarques Nestorius et Eutychès, sans adopter leurs erreurs. Le brigandage d'Éphèse, dont les suites furent si déplorables, fut l'effet de l'illusion que lui avait faite, à l'aide de ses ministres, l'hypocrisie du second. Les écrivains grecs, qui ne reconnaissent d'autre talent remarquable en lui que celui de bien écrire, c'est-à-dire, de bien tracer les caractères, l'ont surnommé *Calligraphe* : titre plus convenable à un maître d'école qu'à un chef de l'empire. Il cultiva cependant les lettres ; et il n'y eut presque point de science dont il n'eût pris quelque teinture, mais si légère, qu'il ne pouvait raisonner sur aucune avec justesse. Ce qu'il savait de la théologie, qu'il avait étudiée avec le plus de soin, fait voir combien ses lumières étaient bornées en tout genre, et son jugement peu solide. Voici un exemple de sa capacité dans les matières de religion. Un moine, ne pouvant obtenir une grâce qu'il lui demandait, eut l'insolence de lui dire qu'il se séparait de sa communion. Ce fut un coup de foudre pour le prince. Un évêque, qui avait sa confiance, eut beau lui représenter que tout homme n'avait pas le droit d'excommunier ; il ne fut rassuré que lorsque le moine lui eût donné l'absolution. Les affaires du gouvernement étaient ce qui l'occupait le moins. Il laissait faire ses ministres ; il approuvait sans examiner ; il signait sans lire. Pulchérie lui fit sentir un jour le danger de cette inapplication, en lui faisant signer un acte, par lequel il abandonnait sa femme pour être esclave. La ville de Constantinople lui dut néanmoins de la reconnaissance, à cause des murailles dont il l'environna, et de plusieurs édifices dont il l'embellit. Mais s'il orna la capitale de l'empire, dit M. le Beau, il avilit l'empire tout entier par son incapacité. La majesté romaine, flétrie par Attila, perdit, sous son règne, cet éclat qui l'avait jusqu'alors rendue respectable aux barbares. Théodose avait épousé, le 7 juin 421,

ÆLIA EUDOXIA, nommée d'abord Athénaïs, fille du sophiste Léonce, princesse, belle et savante, qui, se voyant dégradée, sur des soupçons, par son époux, se retira, l'an 444, à Jérusalem, où, revenue des erreurs d'Eutychès, qu'elle avait embrassées, elle consacra, à l'étude et aux bonnes œuvres, le reste de ses jours, qu'elle termina le 20 octobre 460, laissant de son mariage une fille, Licina Eudoxia, alliée à l'empereur Valentinien III.

MARCIEN.

450. MARCIEN, né d'une famille médiocre en Thrace l'an 391, homme de guerre attaché au général Aspar, parvint à l'empire par son mariage avec PULCHERIE, que son sexe en excluait, ou du moins ne lui permettait pas de posséder en chef, quoique déclarée auguste dès le 4 juillet 414. Cette princesse, en lui donnant sa main, exigea qu'il respecterait sa virginité : elle avait alors cinquante-deux ans et Marcien cinquante-huit. Ce fut le 24 ou le 25 août qu'il fut proclamé empereur. Ce prince, par sa vertu et son application au travail, se rendit, avec des talents médiocres, également utile à la religion et à l'état. Il sauva l'empire de sa ruine, et rendit la paix à l'église. Attila lui ayant demandé le tribut que Théodose II lui payait : *Je n'ai de l'or*, répondit-il, *que pour mes amis ; je garde le fer pour mes ennemis.* Cette réponse imposa au barbare, qui d'ailleurs connaissait la valeur de Marcien et l'habileté de ses généraux. En montant sur le trône, ce prince trouva l'église d'Orient réduite à l'état le plus déplorable par le brigandage d'Ephèse, où l'hérésie d'Eutychès avait triomphé. Marcien fit triompher à son tour la foi catholique, en assemblant le concile de Calcédoine, qu'il honora de sa présence, et dont il munit les décrets du sceau de son autorité. Il se préparait à porter la guerre en Afrique, pour recouvrer cette partie de l'empire romain sur les Vandales, lorsqu'une maladie arrêta ses desseins et le conduisit au tombeau. Le règne de Marcien ne fut que de six ans, cinq mois et quelques jours, ce prince étant mort dans les derniers jours de janvier de l'an 457, âgé de soixante-six ans. Pulcherie avait fini ses jours quatre ans avant lui, suivant le cardinal Noris, qui place la mort de cette princesse au 18 février 453. Marcien avait perdu, avant de l'épouser, une première femme dont il eut une fille, Euphémie, mariée avec Anthémius, depuis empereur d'Occident.

LÉON Ier.

457. LÉON Ier, thrace de naissance, fut élevé à l'empire,

après la mort de Marcien, par le crédit du patrice Aspar et d'Ardabure, son fils, proclamé empereur par l'armée, le 7 février 457, et couronné par le patriarche Anatole. C'est le premier souverain qui se trouve dans l'histoire avoir reçu la couronne des mains d'un évêque. Léon fut zélé pour la foi catholique, et la maintint contre les Eutychiens. Il consacra les prémices de son autorité par une ordonnance qu'il publia pour confirmer le concile de Calcédoine. L'empire était toujours en état de guerre avec les Goths. L'an 461, Léon fit la paix avec Wélamir, leur général, qui envoya en ôtage à Constantinople le jeune Théodoric, son neveu. (C'est celui qui, dans la suite, devint roi d'Italie.) Les évêques excitaient toujours le zèle de Léon contre les Hérétiques. L'an 468, par une loi du 31 juillet, il exclut des charges quiconque n'aura pas embrassé la religion catholique. La même année, une flotte, qu'il avait envoyée contre les Vandales d'Afrique, est prise en partie, ou brûlée, par la trahison de Basilisque, son beau-frère, qui la commandait. Léon punit le traître par l'exil. Aspar était un autre ennemi domestique qu'il s'était fait, en refusant de créer césar Ardabure, son fils, comme il l'avait promis en recevant l'empire. Pour prévenir les effets de son ressentiment, que sa hauteur et ses menaces annonçaient, il lui opposa Zénon, l'un des chefs des Isauriens, nation accoutumée au pillage, auquel il donna une de ses filles en mariage, et qu'il éleva ensuite au consulat. La partie n'était pas égale entre ces deux rivaux. Aspar s'était acquis une grande estime par les services importants qu'il avait rendus à l'état. Zénon n'avait pour lui que la faveur, sans vertus et sans talents. Léon, voyant le premier sur le point d'éclater, feint de se réconcilier avec lui, et tient enfin la parole qu'il lui avait donnée. Mais, peu de tems après (l'an 471), il fait massacrer le père et le fils à ses yeux, sur la découverte ou le soupçon d'une conspiration qu'ils tramaient contre lui. Ils étaient ariens l'un et l'autre. Les Goths, leurs compatriotes, pour venger la mort de ces deux hommes qui faisaient leur principal appui, ravagèrent, pendant près de deux ans, les environs de Constantinople, et firent ensuite la paix à des conditions avantageuses. L'an 474, Léon meurt à Constantinople d'une dyssenterie, au mois de janvier, après un règne d'environ dix-sept ans. Cette maladie, qui fut longue, l'avait atténué au point que, quand on mettait du feu devant ou derrière lui, on voyait au travers de son corps. (Cédrénus.) Le zèle de Léon pour la foi et la régularité de ses mœurs lui méritèrent des éloges; mais l'avarice obscurcit ces vertus. Il accabla d'impôts les provinces, et prêta l'oreille aux délateurs, qui souvent l'engagèrent à punir des innocents. Il avait épousé

Ælia Verina, dont il laissa deux filles, Ariadne, mariée à Zénon; et Leontia, femme de Marcien, fils de l'empereur Anthemius.

LÉON II, dit le Jeune, ZÉNON et BASILISQUE, Empereurs d'Orient.

474. Léon II, dit le Jeune, fils de Zénon et d'Ariadne, fille de Léon Ier., né vers l'an 469 (et non pas 459, comme le fait entendre la Chronique d'Alexandrie, fut déclaré césar, et peut-être même auguste, par son aïeul, sur la fin de 473. Mais, à raison de son bas-âge, Zénon, son père, fut établi, après la mort de Léon Ier., pour gouverner en son nom. Zénon ne se contenta pas du titre de régent; il prit la pourpre avec le consentement du sénat, et se fit déclarer empereur au mois de février 474. Le jeune Léon étant mort au mois de novembre suivant, après un règne de dix mois, Zénon demeura seul maître de l'empire. Sa vie déréglée le rendit si odieux, que Vérine, sa belle-mère, et Basilisque, frère de Vérine, travaillèrent à le détrôner. Zénon, suivant Pagi, fut chassé, au mois de janvier 476, par Basilisque qui, s'étant emparé du trône, en fut renversé lui-même, au mois d'août 477, par celui qu'il avait supplanté. Mais ces dates sont fort suspectes à Muratori, qui leur oppose trois lois publiées par Zénon, l'an 476; la première, le 1er janvier; la seconde, le 20 février; la troisième, le 15 décembre; ce qui lui donne lieu de croire que la chûte et le rétablissement de Zénon appartiennent, l'une et l'autre, à l'an 475. Quoiqu'il en soit, Zénon, ayant fait arrêter Basilisque, qui s'était réfugié dans une église, l'envoya prisonnier, avec sa femme et ses enfants, dans une tour, où ils moururent de faim. Pendant son règne momentané, Basilisque avait tâché d'abolir le concile de Calcédoine, par une lettre circulaire à laquelle souscrivirent plus de cinq cents évêques schismatiques, Thimothée Elure et Pierre le Foulon à leur tête. Mais l'opposition du clergé de Constantinople et le soulèvement du peuple avaient ensuite obligé ce tyran à se rétracter. L'an 479, nouvelle conjuration, formée par Marcien, petit-fils de l'empereur de ce nom et beau-frère de Zénon, pour le dépouiller de l'empire. Marcien assiège l'empereur dans le palais; mais, abandonné presque aussitôt de ses soldats, par les insinuations du patrice Illus, il est pris et relégué au château de Papyre, où la crainte l'obligea de se faire prêtre. Zénon, tout incapable qu'il était de gouverner l'état, se croyait fait pour gouverner l'église. En conséquence, l'an 482, il publie son *Hénotique*, ou édit d'union, pour réunir les Catholiques et les Euty-

chiens : loi qui augmenta les troubles, loin de les appaiser. Tous les évêques de l'empire y souscrivirent, à l'exception d'un petit nombre qui abandonnèrent volontairement leurs siéges, ou qui en furent chassés. Cependant les papes, quoique bien éloignés d'approuver l'*Hénotique*, ne l'ont point condamné formellement, et n'ont point fait un crime aux Grecs de l'avoir signé. Dans la crainte d'irriter l'empereur et de le porter à de nouveaux excès, ils ont cru devoir épargner tout ce qui portait son nom. « Mais cette condescendance, bien que prudente, dit » un judicieux moderne, autorisait les entreprises des empe- » reurs sur le sacerdoce ; et, entretenant la confusion des idées, » faisait que la plupart des Chrétiens ne savaient plus qui était » juge en matière de foi. » L'an 484, Vérine, que Zénon avait exilée, fait proclamer empereur le patrice Léonce, à Tarse, en Cilicie, et meurt la même année. Le patrice Illus, dont Zénon, pour récompense de ses services, méditait la perte, était entré dans cette conspiration. L'an 488, Léonce et Illus, bloqués depuis trois ans dans le château de Papyre par le général Jean le Scythe, sont forcés de se rendre. Ils payent leur révolte de leurs têtes, qui sont envoyées à Constantinople. Zénon croyait aux astrologues et aux devins. Les ayant consultés, l'an 490, touchant son successeur, il fait mourir plusieurs personnes sur les indices que ces imposteurs lui avaient donnés. Enfin il meurt lui-même d'épilepsie, le 9 avril de l'an 491, âgé de soixante-cinq ans, après un règne de dix-sept ans et environ trois mois, à compter du mois de février 474. Zonare assure qu'ARIADNE, sa femme, qui voulait faire régner Anastase, son amant, le fit enfermer dans un sépulcre, où il expira en appelant à son secours et en dévorant ses bras. Il avait eu pour première femme ARCADIE, qui lui donna un fils, que ses débauches enlevèrent à la fleur de son âge. Zénon était un monstre par la figure et le caractère ; il était contrefait, couvert de poils depuis la tête jusqu'aux pieds ; ce qui le rendait semblable à un satyre dont il avait la lubricité. Pour subvenir aux dépenses excessives où le jeta sa vie dissolue, il fit d'aussi grandes levées d'argent que s'il eût eu à soutenir la guerre contre toutes les puissances de l'Asie et de l'Europe. Non moins cruel que voluptueux, il compta pour rien la vie des citoyens, dès qu'ils lui devinrent suspects ou qu'il crut en être offensé. D'ailleurs, lâche et timide, il ne se montra jamais à la tête de ses armées ; il avilit la majesté de l'empire en demandant humblement la paix aux barbares.

ANASTASE Ier.

491. ANASTASE DICORE, natif d'Epidamne ou Duras, en

Illyrie, proclamé empereur, après la mort de Zénon, par le sénat et l'armée, fut couronné, le 11 avril 491, à l'âge de soixante ans. Cette cérémonie souffrit d'abord de la difficulté. Comme il était plus que suspect d'hérésie, le patriarche Euphémius, pour lui imposer le diadême, l'obligea de signer une profession de foi orthodoxe, et d'y joindre une promesse de soutenir les décrets du concile de Calcédoine. On fut assez surpris de son élévation à l'empire. Ce fut l'ouvrage d'ARIADNE, veuve de Zénon, qu'il épousa. Avant que de parvenir à cette dignité suprême, il avait été engagé dans le clergé de Constantinople, et avait été même élu, mais non sacré, patriarche d'Antioche. Il avait embrassé dès-lors les erreurs d'Eutychès et du Manichéisme; ce qui porta le patriarche Euphémius, dans la suite, à faire abattre à Constantinople la chaire où il avait enseigné. (Villoison, *Anecd. Græca*, t. II, p. 30.) Anastase, placé sur le trône impérial, devint l'instrument de la justice divine, et employa tout son pouvoir à protéger les Hérétiques qui l'avaient séduit. Fourbe, cruel et lâche, il dupa le peuple par son hypocrisie, persécuta les bons évêques par fanatisme, fomenta les séditions par politique, et ne vint à bout de ses ennemis que par des bassesses, ou par l'habileté de ses généraux. Le plus dangereux de ses ennemis fut Vitalien, maître de la milice et petit-fils du célèbre général Aspar. L'intérêt de la religion servit de prétexte à sa révolte. Ce fut alors qu'on vit pour la première fois l'orthodoxie armée pour sa défense. Jusqu'alors les fidèles n'avaient opposé aux tyrans que la patience et la fermeté immobile de leur foi dans les tourments. Anastase envoie Hypace, son neveu, contre le rébelle qui approchait de Constantinople avec une armée formidable : Hypace, ayant été pris dans un combat, fut enfermé dans une cage de fer, qu'on traînait sur un charriot à la suite du vainqueur. Enfin, après avoir ravagé la Scythie, la Mésie et la Thrace, Vitalien obligea l'empereur d'entrer en négociation avec lui. Anastase promit de rappeler les évêques exilés, et de ne plus inquiéter les Catholiques. Ce fut à ces conditions que Vitalien congédia son armée. Vitalien vécut tranquille à la cour avec le titre de général de la Thrace qu'il avait dévastée. Telle était la faiblesse d'Anastase : ce prince avait néanmoins quelques bonnes qualités naturelles ; et il fit des actions qui lui attirèrent de grandes louanges, comme la suppression des spectacles, où des hommes combattaient contre des bêtes; de la vénalité des charges, de l'impôt honteux, nommé chrysargyre, qui subsistait depuis Vespasien. Pour défendre Constantinople contre les incursions des barbares, il fit élever un mur d'environ dix-huit lieues, fortifié de tours d'espace en espace, et qui allait du Septentrion au Midi, depuis l'une des deux mers qui baignent cette ville jusqu'à l'autre. Cet ouvrage, loué à cause de son utilité, dit M. de Condillac, n'était dans le fond qu'un monument de la faiblesse de l'empire. Anastase fit de plus construire des aqueducs dans la ville d'Hiérapolis, bâtit un port à Césarée, et rétablit le phare d'Alexandrie; trois faits qu'on ne connaît que par l'orateur Procope. Ce prince mourut la nuit du 8 au 9 juillet 518, âgé de quatre-vingt-huit ans, après un règne de vingt-sept ans, trois mois moins quelques jours. Sa mort rendit la paix à l'église. ARIADNE, sa femme, l'avait précédé de trois ans au tombeau.

JUSTIN I, DIT LE VIEUX.

518. JUSTIN, né l'an 450 à Bédériane, en Thrace, fut reconnu empereur le 9 juillet 518. (566 de l'ère d'Antioche, suivant Evagre.) Ce n'était pas lui qui devait être le successeur d'Anastase dans les vues du grand chambellan, l'eunuque Amantius. Ce ministre, fort accrédité dans l'empire, lui avait donné de grosses sommes, afin qu'il fît des partisans à Théocrite. Justin travailla pour lui-même, et obtint la préférence sur celui qu'il était chargé de recommander. Fils d'un pauvre laboureur, et élevé suivant sa condition, il était parvenu, par sa valeur, de simple soldat à la charge de capitaine des gardes du palais, dont il était revêtu depuis plusieurs années, lorsqu'il monta sur le trône. L'ignorance de Justin, quoique membre du sénat, allait au point qu'il ne savait ni lire, ni écrire; pour lui faire signer les actes, on avait imaginé une tablette de bois, au travers de laquelle étaient percées à jour les quatre premières lettres de son nom. (On en dit autant du grand Théodoric, roi des Ostrogoths, son contemporain.) Mais il était doué d'un bon sens exquis; et à l'aide des jurisconsultes et des sages politiques qu'il employa, il fit une bonne réforme dans les lois, supprima beaucoup d'impôts, et accorda au peuple plusieurs immunités. Bon catholique d'ailleurs, dès qu'il fut sur le trône impérial, il travailla à faire cesser le schisme. Ayant obtenu pour cet effet, du pape Hormisdas, un formulaire, il le fit adopter dans un concile tenu, l'an 519, à Constantinople, et rétablit ainsi l'union entre cette église et celle de Rome. Mais le zèle avec lequel il poursuivit les Ariens, irrita contre lui Théodoric, roi des Ostrogoths, qui s'en vengea sur les catholiques de ses états. Cavadès, roi des Perses, ayant rompu, l'an 526, la paix qui subsistait entre les deux empires, Justin envoya contre lui le célèbre Bélisaire, qui pénétra dans le cœur de la Perse. Justin ne vit pas la fin de cette guerre : il mourut, le 1er. août 527, âgé de soixante-dix-sept ans, après un règne de neuf ans et vingt et un jours, sans laisser

d'enfants de sa femme morte avant lui. Née dans l'esclavage parmi les barbares, elle se nommait Lupicine; nom qu'il avait changé en celui d'ÆLIA EUPHEMIA, pour déguiser la bassesse de son origine.

JUSTINIEN I.

527. JUSTINIEN, neveu de Justin, par sa mère, né le 11 mai 483, à Taurésium, élevé par Théophile, qui en fit un homme savant, fut déclaré auguste par son oncle, et couronné avec THÉODORA, sa femme, le 1er. avril 527. Il succéda, le 1er. août suivant, à Justin. Dans les commencements de son règne, Justinien signala son zèle pour la foi par des lois très-sévères contre les Hérétiques. Il continua la guerre contre les Perses, sur lesquels Bélisaire, son général, remporta trois victoires célèbres dans les années 528, 542 et 543. (*Voyez* Chosroès.) Le même général détruisit, l'an 534, le royaume des Vandales, en Afrique, et emmena leur dernier roi Gélimer à Constantinople, pour déposer les ornements royaux aux pieds de Justinien. L'an 553, Narsès, autre général de Justinien, acheva d'éteindre la domination des Goths en Italie. Ces conquêtes rendirent à l'empire romain une grande partie de sa première étendue. Justinien a rendu un service essentiel à la jurisprudence par le Code qui porte son nom, publié d'abord en 529, ensuite en 533 et en 534. Cette dernière édition est celle que nous avons aujourd'hui. Le Code fut suivi du Digeste, publié le 30 décembre 533, et des Institutes. Vinrent plusieurs années après les Novelles; recueil composé de cent soixante-trois constitutions et de treize édits de Justinien. Tout cela, quoique défectueux à quelques égards, a mérité justement à ce prince le titre de restaurateur de la jurisprudence. Il a peut-être également droit à celui de restaurateur de l'empire, par les soins qu'il se donna pour lui redonner une nouvelle face. Plusieurs villes seraient demeurées ensevelies sous leurs ruines, sans les travaux qu'il entreprit pour les relever. Il en décora d'autres de superbes édifices. Constantinople fut le principal objet de son attention. Entre les monuments de sa magnificence qu'il y éleva, le plus mémorable, qui subsiste encore de nos jours, est l'église de Sainte-Sophie, dont il fit la dédicace le 27 décembre 537, et que le Mahométisme a convertie en mosquée. Pour fermer aux barbares l'entrée de l'empire, il en hérissa les frontières de bonnes citadelles; ensorte que, semblable à une ville bien fortifiée, son enceinte présentait de toutes parts des ouvrages propres à le mettre à l'abri de toute surprise, et à résister aux attaques de ses ennemis. Un prince, occupé de tant de soins divers, ne devait guère trouver de tems pour le repos et le plaisir. Aussi Justinien ne connut-il ni l'un,

ni l'autre. Il travaillait sans relâche, ne dormait presque point, mangeait très-peu, et ne prenait même de la nourriture en Carême que de deux jours l'un, encore n'était-ce que des herbes sauvages qu'il mangeait sans pain. Jusqu'ici, nous avons montré Justinien par le côté brillant. Voici le revers. Peu scrupuleux sur les lois de la bienséance, il avait tiré du théâtre Théodora pour en faire sa femme. Non moins artificieuse que belle et spirituelle, elle acquit sur l'esprit de ce prince un ascendant qui lui fit commettre beaucoup d'injustices. Le zèle, qu'il témoigna pour faire revivre et faciliter l'étude des lois, ne le rendit pas plus attentif à les faire observer. Ses officiers les violaient impunément au gré de leur avarice; et Trébonien, le chef des dix jurisconsultes qu'il employa pour la rédaction de son code, et d'autres compilations de lois, se permettait les gains les plus illicites et les plus sordides. On regarde avec raison comme une faiblesse dans Justinien, la passion qu'il marqua pour les spectacles, et l'intérêt qu'il prit dans les querelles qu'ils occasionnaient. De tems immémorial régnaient dans le cirque deux factions, nommées les Bleus et les Verts, à raison des couleurs que prenaient les cochers qui se disputaient le prix. Le peuple se passionnait entre les uns et les autres, souvent jusqu'à la fureur. Justinien eut l'imprudence de se déclarer pour les Bleus, et causa par-là une sédition qui coûta la vie à plus de trente mille hommes. Ce désastre arriva l'an 532. (Le Beau.) La fausse économie de Justinien rendit inutiles les précautions qu'il avait prises, pour mettre en sûreté les frontières de l'empire contre les invasions des étrangers. S'imaginant que, garnies de bonnes forteresses, elles n'exigeaient que peu de bras pour les défendre, il supprima les troupes destinées à les garder. Le retranchement des gratifications, qu'il faisait tous les cinq ans à chaque soldat, fut une autre plaie qu'il fit à la bonté du service. Les vétérans se retirèrent, et ne furent point remplacés. Justinien, dans les beaux tems de son règne, avait six cent quarante mille hommes armés; et, dans ses dernières années, on n'en comptait que cent cinquante mille. On reproche encore à ce prince d'être entré trop avant dans les querelles de religion. Sa curiosité et la démangeaison qu'il avait de dogmatiser, le jetèrent à la fin dans l'erreur des Incorruptibles, qu'il voulut faire passer en dogme par voie d'autorité. Il mourut, sans l'avoir rétractée et sans laisser d'enfants, le 14 novembre 565, à l'âge de quatre-vingt-quatre ans, après un règne de trente-huit ans, sept mois et treize jours. Théodora, sa femme, l'avait précédé au tombeau dans le mois de juin 548. Bélisaire, son général, finit ses jours environ huit mois avant lui. Depuis cinq ans, ce grand homme était dans la disgrâce, privé de ses dignités, sur l'accusation d'être entré dans une conspiration où l'un de ses domestiques se trouvait impliqué; mais il n'est pas vrai, comme l'avance un écrivain du onzième siècle, que Justinien lui avait fait crever les yeux, et l'avait réduit jusqu'à demander l'aumône.

Justinien est le premier empereur qui se soit attribué le droit de confirmer l'élection des papes. Il commença par celle de Pélage I, à l'imitation des rois Goths qui en avaient usé de la sorte, tandis qu'ils dominaient à Rome. Il est aussi le premier empereur qui ait porté une couronne fermée.

JUSTIN II, DIT LE JEUNE.

565. JUSTIN, le Jeune, curopalate, ou grand-maître du palais, fils de Dulcissime et de Vigilantia, sœur de Justinien, fut couronné empereur, par le patriarche Jean, le 14 novembre 565. Au commencement de son règne, il donna des marques éclatantes d'équité, de modération et de générosité; mais la suite fit voir que ces vertus n'étaient point dans son caractère. Las de se contraindre, il ne tarda pas à se montrer tel qu'il était. On ne vit dès-lors en lui qu'un prince faible, indolent, voluptueux, et moins porté à la douceur qu'à la cruauté. Vers l'an 566, il fit assassiner, par jalousie, Justin, son cousin, qui avait rendu de grands services à l'état. S'étant fait ensuite apporter sa tête, il eut la cruelle lâcheté de la fouler aux pieds. Les mauvais succès de ses généraux contre les Perses, qui, après s'être rendus maîtres de Dara, ravagèrent impunément la Syrie, lui causèrent un chagrin, dont son indolence ne paraissait point susceptible. Son cerveau même en fut affecté; et, l'an 574, étant tombé en frénésie, il créa césar, au mois de décembre, Tibère, son gendre, sur lequel il se déchargea ensuite d'une partie du gouvernement. Cette association fut salutaire à l'empire. Le général Justinien, que Tibère envoya contre les Perses, effaça, par une victoire signalée, la honte des échecs qu'ils avaient fait essuyer aux Romains. L'an 578, Justin mourut, le 5 octobre, après un règne de douze ans, dix mois et vingt-deux jours. Il avait épousé en secondes noces SOPHIE, nièce de l'impératrice Théodora, dont il laissa une fille, nommée Arabie, qui épousa le curopalate Badicaire. Sophie eut le même caractère que sa tante, et prit sur l'esprit de son époux le même ascendant qu'avait acquis Théodora sur celui de Justinien. L'une et l'autre, par-là, causèrent de grands maux à l'état. Justin avait eu d'un premier mariage Anastasie, femme de Tibère. M. le comte du Buat met la mort de Justin en 577.

TIBÈRE II, SURNOMMÉ CONSTANTIN.

578. TIBÈRE II, né en Thrace, d'une famille ignorée, maître

d'écriture dans sa jeunesse, soldat ensuite et promu par degrés aux premiers honneurs de la milice, fait césar, au mois de décembre 574, à la sollicitation de l'impératrice Sophie, fut couronné empereur, le 26 septembre 578, par ordre de Justin, dix jours avant qu'il mourut. Tibère prit alors le surnom de CONSTANTIN. Le règne de ce prince fut glorieux par les victoires qu'il remporta sur les Perses. Il l'eût été davantage, si ce prince eût secouru l'Italie contre les Lombards, et profité de l'espèce d'anarchie où ils se trouvaient, pour rendre ce beau pays à l'empire. Tibère mourut le 14 août 582, d'une maladie de langueur, ayant régné quatre ans moins deux mois depuis la mort de Justin. D'ANASTASIE, son épouse, fille de Justin, il laissa Constantine, mariée à son successeur, et Carito, femme d'un seigneur, nommé Germain. Paul, diacre, donne jusqu'à sept années de règne à Tibère, parce qu'il avait été fait césar trois ans avant la mort du Justin.

MAURICE.

582. MAURICE, né l'an 539, à Arabisse, en Cappadoce, fut déclaré césar, le 5 août 582, par Tibère qui le fit couronner empereur le 13 du même mois. Son élévation fut le prix des services qu'il avait rendus à l'empire, surtout dans la guerre contre les Perses. Parmi de grandes vertus, Maurice eut un grand défaut; ce fut une fausse économie qui approchait de l'avarice. Nous ne dirons pas cependant, avec quelques modernes, qu'elle fut cause de la perte de douze mille hommes prisonniers romains, que le khan des Abares fit égorger, l'an 600, sur le refus qu'avait fait Maurice de payer une modique somme qu'il exigeait pour leur rançon. C'étaient des soldats mutins qui avaient irrité l'empereur par des séditions, et qu'il crut par ressentiment devoir abandonner à l'ennemi, n'imaginant pas, à ce qu'on présume, qu'il se porterait à une si cruelle exécution. Ce qui est certain, c'est que Maurice, l'ayant apprise, en fut inconsolable; et que, se l'imputant à soi-même, il pria Dieu de le punir plutôt en cette vie qu'en l'autre. Il fut exaucé. Ce prince, l'an 602, s'étant obstiné à vouloir que ses troupes hivernassent au-delà du Danube, pour les faire vivre aux dépens de l'ennemi, elles se mutinèrent, et Phocas, exarque des centurions, s'étant mis à leur tête, les amena, dans le mois de novembre, à Constantinople. Maurice fut arrêté, avec sa femme et ses enfants, par ce chef des rebelles qui l'avaient décoré du titre d'empereur. Après avoir vu le massacre de cinq de ses fils, pendant lequel il répétait souvent ces paroles de David: *Vous êtes juste, Seigneur, et votre juge-*

ment est équitable; il fut égorgé lui-même le 27 novembre 602. « Ainsi périt ce prince, à l'âge de soixante-trois ans, grand » capitaine avant de régner, monarque médiocre, héros à la » mort ». (Le Beau.) CONSTANTINE, sa femme, fille de Tibère, fut assassinée, l'an 605, avec ses trois filles, par ordre de Phocas.

On conserve dans les cabinets des curieux quelques médailles d'or frappées à Vienne, à Arles et à Marseille, au coin de l'empereur Maurice. Ces villes néanmoins ne relevaient en aucune manière de l'empire; et d'ailleurs il est certain que les rois des français, à qui elles appartenaient, avaient le privilége de faire frapper à leur coin des espèces d'or qui avaient cours dans l'empire, ainsi que dans leurs états; privilége dont ne jouissaient ni les rois de Perse ni les autres rois barbares, comme l'atteste Procope (*de bello Goth.*, l. 3). Que signifient donc les pièces de monnaie dont nous venons de parler? C'est surquoi l'on a proposé diverses conjectures dont aucune ne nous a paru satisfaisante. Ne serait-il pas plus naturel de dire que la monnaie de l'empire ayant cours en France comme celle de France dans l'empire, on frappait indifféremment à l'un et à l'autre coins des espèces à Vienne, à Arles et à Marseille? surtout depuis que Justinien avait confirmé la cession faite vers 536 de la Provence aux Français par les Ostrogoths.

Avant le règne de Maurice on ne trouve aucune trace d'étriers pour monter à cheval, ni dans les auteurs, ni dans les monuments. Il en est expressément parlé dans un Traité de Tactique fait de son tems, où il est dit : Κρή... ἔχειν εἰς τὰς σέλλας σκαλὰς σιδηρᾶς δύο. On voit à la vérité des étriers sur deux médailles, l'une d'Alexandre le Grand, l'autre de Constantin : mais elles sont rejetées comme fausses par les plus habiles antiquaires. (Le Beau.)

PHOCAS.

602. PHOCAS, né à Calcédoine, couronné empereur, par le patriarche Cyriaque, le 23 novembre 602, perdit l'empire et la vie, le 5 octobre 610, après huit ans moins un mois et quelques jours de règne. Attaqué au-dehors par les Perses qui ravageaient l'Orient, et au-dedans par les conjurations qui se formaient contre lui, il fut accablé par celle d'Héraclius, gouverneur d'Afrique. Celui-ci, pressé par le sénat irrité des cruautés et des débauches de Phocas, envoya son fils Héraclius à Constantinople avec une flotte, et y arriva lui même le 4 octobre 610. Le lendemain, Phocas fut tiré de l'église où il s'était réfugié, et amené à Héraclius le fils, qui lui fit couper la main

droite, puis la tête; son corps fut ensuite traîné par les rues et brûlé dans le marché aux bœufs. La figure de ce tyran répondait à ses mœurs, et tout en lui était horrible. De LÉONTIA, son épouse, il laissa une fille, nommé Domnentia, mariée au patrice Crispus.

Phocas est le premier empereur qui arbora la croix pour sceptre. Depuis Justinien jusqu'à Phocas la justice se rendait en langue latine à Constantinople, parce que le droit de Justinien y était en vigueur. Mais depuis Phocas elle se rendit en Grec, sans qu'on cessât de suivre les lois de Justinien, dont il y avait depuis long-tems une version en cette langue. (le Beau.)

HERACLIUS.

610. HÉRACLIUS, fils d'Héraclius, gouverneur d'Afrique, né vers l'an 575, fut couronné empereur, par le patriarche Sergius, le 7 octobre 610. Sous son règne, les Perses firent de grands ravages dans l'empire. L'an 622, après avoir inutilement demandé la paix à Chosroès, Héraclius marcha contre lui, et le défit en Arménie. Il continua ses progrès dans les cinq campagnes suivantes, et couronna la dernière, vers la fin de 627, par le gain d'une grande bataille, qui dura onze heures. Dans cette action où les Perses furent taillés en pièces, les Romains ne perdirent que soixante hommes. Héraclius triomphant conclut, l'année suivante, une paix glorieuse avec Siroès, fils et successeur de Chosroès, qui rendit tous les Chrétiens captifs, avec le bois de la vraie croix, que son père avait enlevé de Jérusalem l'an 614. (*Voy.* Chosroès II et Siroès.) Héraclius, après de si beaux exploits, tomba dans une fausse sécurité, qui lui persuada qu'il n'avait plus d'ennemis à redouter. Mais les Musulmans ne tardèrent pas à le détromper. Malgré les efforts qu'il fit pour leur résister, il ne put les empêcher de se rendre maîtres de la Syrie, de la Palestine et de l'Égypte. (Voy. *les califes* Aboubecr et Omar.) Héraclius ne survécut pas long-tems à ces pertes. Il mourut d'hydropisie le 11 février 641, après un règne de trente ans, quatre mois et six jours. Il avait eu le malheur, dès l'an 629, de se laisser séduire par Athanase, patriarche jacobite de Syrie, qui l'engagea dans l'erreur des Monothélites: erreur qu'il appuya, l'an 639, du fameux édit nommé *Ecthèse*, ou exposition, qui causa tant de troubles dans les églises de l'Orient. A la vérité, il se rétracta lorsqu'il vit cette erreur condamnée par les papes; mais les patriarches de Constantinople ayant continué de la soutenir, il ne fut plus au pouvoir de l'empereur d'en arrêter le progrès. Ce prince, dans ses dernières années, parut avoir perdu cette sagesse, cette activité, cette valeur qu'il

avait fait admirer dans ses guerres contre les ennemis de l'empire, et surtout contre les Perses. On ne vit plus dans le vainqueur de Chosroès, surtout depuis qu'il se fut mêlé dans les querelles de religion, qu'un empereur timide, négligent, irrésolu, qui préférait aux soins qu'il devait à l'état, les occupations d'un évêque et d'un controversiste, qui lui étaient étrangères. De Flavia Eudoxia, sa première femme, décédée le 14 août 612, il eut Héraclius Constantin, son successeur, et Epiphanie, mariée au patrice Nicétas. Martine, sa seconde femme et sa nièce, lui donna dix enfants, dont les principaux sont Héracléonas et Tibère.

HÉRACLIUS CONSTANTIN.

641. Héraclius Constantin, né, le 3 mai 612, d'Héraclius et d'Eudoxie, associé à l'empire le 22 janvier 613, fut couronné seul empereur après la mort de son père, quoique le testament de ce prince, dicté par Martine, lui eût associé son frère Héracléonas. Il n'occupa le trône que cent-trois jours, étant mort le 25 mai 641. Ses manières affables et son caractère bienfaisant le firent extrêmement regretter. Le premier usage néanmoins qu'il fit de l'autorité souveraine, ne fit pas honneur au commencement de son règne. Ce fut de faire retirer du tombeau de son père une couronne d'or, avec laquelle on l'avait enseveli. Il fit un autre enlèvement non moins odieux, en contraignant le patriarche Pyrrhus à lui remettre un trésor qu'Héraclius avait déposé entre ses mains pour le donner à l'impératrice Martine, au cas que Constantin la chassât du palais. On prétend que cette princesse, pour se venger, de concert avec Pyrrhus, accéléra la mort de Constantin par le poison. Mais il est certain qu'il porta sur le trône une santé fort chancelante. De Grégoria, sa femme, il laissa Constant, depuis empereur, et Théodose.

HÉRACLÉONAS.

641. Héracléonas, fils d'Héraclius et de Martine, né l'an 626, succéda, le 25 mai 641, à son frère aîné, sous la conduite de sa mère. Au mois de septembre suivant, on les contraignit d'associer à l'empire Tibère, fils d'Héraclius, qui l'avait fait césar en 640, et Constant, fils d'Héraclius Constantin. Mais peu de tems après le sénat, mécontent de Martine et d'Héracléonas, fit couper la langue à la mère et le nez au fils ; puis les envoya en exil, où ils moururent.

CONSTANT II.

641. CONSTANT II, fils d'Héraclius Constantin et de Grégoria, né le 7 novembre 630, reconnu empereur avant l'exil d'Héracléonas, lui succéda au mois d'octobre 641. Les Monothélites l'ayant séduit, Paul, patriarche de Constantinople, l'engagea, l'an 648, à publier l'édit, nommé *Type*, ou formulaire, pour imposer silence aux deux partis. Cette loi produisit de grands maux dans l'église. Constant, s'étant rendu odieux à Constantinople par la persécution qu'il fit aux Catholiques, par la lubricité de ses mœurs et par la férocité de son caractère, quitte cette ville en 661, y laissant sa femme avec ses trois fils, Constantin, Tibère et Héraclius, arrive, le 5 juillet 663, à Rome, en sort, le 17 du même mois, après en avoir enlevé ce qu'il y avait de plus précieux, et se retire à Syracuse, où il fut tué dans le bain par André, fils du patrice Troïle, sur la fin de septembre 668, dans la vingt-septième année de son règne et la trente-huitième de son âge. (Pagi, Muratori.) Les historiens ne lui donnent aucune vertu, et lui attribuent presque tous les vices de Néron. Il se laissa enlever, par les Musulmans, sans oser se mettre à la tête de ses armées, les îles de Chypre et de Rhodes, avec la plus grande partie de l'Afrique. (*Voyez* le calife Othman.) Il relégua le pape saint Martin dans la Chersonèse, après l'avoir accablé d'outrages à Constantinople ; il fit assassiner par jalousie, l'an 659, Théodose, son frère, après l'avoir obligé de se faire diacre ; il envahit les biens des plus riches citoyens, dépouilla les villes et les églises, et fit mourir ses principaux officiers dans les tourments.

CONSTANTIN III, DIT POGONAT.

668. CONSTANTIN, surnommé POGONAT, ou le Barbu, fils de Constant, avait été fait auguste au mois d'avril 654. Ayant appris à Constantinople la mort de son père, il passa en Sicile avec une flotte, prit Mizizi, qu'on avait revêtu de la pourpre malgré lui, et retourna à Constantinople, où il fut reconnu empereur avec ses deux frères Tibère et Héraclius. L'an 672, les Musulmans vinrent assiéger par mer Constantinople, qu'ils tinrent bloquée l'espace de cinq mois. Obligés de se retirer, ils revinrent sept ans de suite devant cette ville. Ce fut durant ces guerres que Callinique, syrien de naissance, inventa le feu grégeois, avec lequel il brûlait les vaisseaux des infidèles (Voyez-en *la Description* dans *l'Hist. du Bas Empire*, l. 61.) Ce secret perdu a été retrouvé de nos jours, et replongé

aussitôt dans l'oubli par la sagesse d'un monarque ami de l'humanité. Constantin servit utilement la religion. Ayant fait, en 678, une paix de trente ans avec le calife Moavie, il travailla à rétablir celle de l'église divisée depuis le règne d'Héraclius. Ce fut par ses soins que se tint, en 680, le 6e concile général, auquel il assista. Ce prince dégénéra sur la fin de son règne. Devenu soupçonneux et cruel, il fit couper le nez à ses frères, et les fit ensuite mourir secrètement, dans la crainte d'en être supplanté. Constantin mourut au mois de septembre 685, après avoir régné dix-sept ans et environ deux mois. Il laissa d'Anastasie, sa femme, Justinien qui suit.

Jusqu'à Constantin Pogonat, les empereurs, depuis Justinien I, prenaient le consulat avec l'empire; mais au mois de janvier suivant ils commençaient un nouveau consulat avec les solennités accoutumées; et c'est depuis ce dernier consulat qu'il faut compter les années de leur post-consulat. Pogonat négligea le premier de se faire proclamer consul aux calendes de janvier qui suivirent son inauguration impériale: en quoi ses successeurs l'imitèrent. (Mansi *in Pagium.*)

JUSTINIEN II, dit Rhinotmète.

685. Justinien II, fils de Constantin Pogonat et d'Anastasie, né l'an 670, fait auguste en 681, succéda, l'an 685, à son père. L'année suivante, il conclut une paix désavantageuse avec le calife Abdolmalek, par l'engagement qu'il prit de s'opposer aux Mardaïtes, ou Maronites, qui servaient de barrière à l'empire. L'an 688, il fit une guerre heureuse contre les Esclavons, et les obligea de lui fournir trente mille hommes, qu'il incorpora dans ses troupes. L'an 695, se voyant détesté pour ses débauches et ses exactions, il ordonne au gouverneur de Constantinople de faire de nuit un massacre général du peuple, en commençant par le patriarche; mais cette même nuit il fut détrôné par le patrice Léonce. Le peuple voulait qu'on lui ôtât la vie; mais Léonce se contenta de lui faire couper le nez et les oreilles, après quoi il l'envoya en exil dans la Chersonèse. S'étant sauvé de-là, Justinien alla se jeter entre les bras du cagan, ou chef des Turcs appelés Chazars, qui lui donna Théodora, sa fille, en mariage. Mais ne s'y trouvant pas en sûreté malgré cette alliance, il alla demander une retraite à Terbellis, roi des Bulgares, qui le reçut honorablement, et lui promit de le rétablir.

LÉONCE.

695. Léonce fut déclaré empereur aussitôt qu'il eut dépouillé

Justinien. Il avait fait la guerre en Orient avec beaucoup de succès, et venait d'être fait gouverneur de la Grèce, avec ordre de partir le même jour. Léonce envoya en Afrique le patrice Jean, grand capitaine, qui reprit Carthage sur les Musulmans l'an 697; mais ceux-ci, l'année suivante, y rentrèrent. Ainsi fut éteinte la domination des Romains en Afrique, dont ils avaient été maîtres depuis l'an 608 de Rome : époque de la prise de Carthage par Scipion. L'armée romaine, après cette perte, n'osant revenir vers Léonce, proclama empereur Absimare, qu'on surnomma Tibère. Il vint à Constantinople, prit Léonce, lui fit couper le nez, et le relégua dans le monastère de Saint-Dalmace, après trois ans de règne.

ABSIMARE TIBERE.

698. ABSIMARE, fait empereur, l'an 698, par la flotte qui revenait d'Afrique, après la funeste expédition contre les Musulmans, régna sept ans, jusqu'à la fin de 705, qu'il fut obligé de prendre la fuite au retour de Justinien II. Pendant son règne, le général Héraclius, son frère, remporta de grands avantages sur les Sarrasins, en Cappadoce et en Syrie.

JUSTINIEN II, *rétabli.*

705. JUSTINIEN II remonta sur le trône, par le secours de Terbellis, roi des Bulgares, vers la fin de 705. S'étant fait amener dans le cirque au milieu du peuple, Léonce, qu'on avait tiré de son monastère, et Absimare, qui avait été arrêté dans sa fuite, il les foula aux pieds, et leur fit ensuite trancher la tête. Le général Héraclius et les principaux officiers de son armée furent pendus, et le patriarche Callinicus eut les yeux crevés. Ces premiers actes de vengeance furent suivis du massacre d'une infinité de soldats et d'habitants. Non moins ingrat envers ses bienfaiteurs que cruel envers ses ennemis, Justinien fit la guerre, en 708, aux Bulgares qui l'avaient rétabli; mais il ne remporta que de la honte de cette expédition. L'année suivante, il donna ordre au patrice Théodore, qui commandait l'armée impériale en Sicile, de faire voile vers la ville de Ravenne, pour la punir de la joie qu'elle avait témoignée de sa déposition. Ayant ouvert ses portes sans résistance, elle fut saccagée et livrée aux flammes, après qu'on eut enlevé les principaux de ses habitants pour les transporter à Constantinople, où ils finirent leurs jours par divers supplices. La ville de Chersone, dans la Crimée, était encore plus coupable aux yeux de Justinien, pour avoir formé le complot de l'assassiner

ou de le livrer à Tibère. Résolu d'exterminer toute la Crimée, il y envoya une grande flotte, commandée par le patrice Étienne, qui fit main-basse sur tout ce qui se rencontra dans la ville et la province. On ne réserva qu'un petit nombre des habitants les plus distingués, qui furent embarqués pour Constantinople. Justinien en fit un exemple affreux, en faisant brûler vifs les uns, et noyer les autres dans la mer. Etienne avait épargné les enfants de la Crimée. Le barbare empereur y envoie une nouvelle flotte pour continuer le massacre. Ceux des habitants qui s'étaient sauvés par la fuite, ayant appris cette résolution, s'enferment dans les places pour s'y défendre. Filépique, officier romain, relégué dans ce pays, se mit à leur tête; et, ayant débauché l'armée impériale, il la ramena à Constantinople. Justinien, qui ne s'attendait pas à cette révolution, lui ayant été livré sur-le-champ, eut la tête tranchée, par ses ordres, le 11 décembre 711; et, peu de jours après, Tibère, son fils, qu'il avait eu de Théodora, subit le même sort. En lui finit la famille d'Héraclius, qui avait occupé le trône pendant la durée précise d'un siècle dans les personnes de six empereurs. Justinien II, faisant un mélange monstrueux de barbarie et de dévotion, fut le premier empereur qui fit graver l'image de Jésus-Christ sur ses monnaies. Ce prince, pour cacher, autant qu'il était possible, sa difformité, s'était fait faire un nez et des oreilles d'or.

FILÉPIQUE, *dit communément* PHILIPPIQUE.

711. FILÉPIQUE, nommé, par les modernes, PHILIPPIQUE, et surnommé BARDANE, arménien, d'une naissance illustre, fut proclamé empereur, vers la mi-décembre 711, par les troupes que Justinien avait envoyées pour faire main-basse sur tous les habitants de la Chersonèse, où Filépique était, comme on l'a dit, en exil. Ce prince était attaché au Monothélisme; ce qui fut cause que les Romains ne voulurent point le reconnaître, ni recevoir la monnaie frappée à son coin. D'ailleurs plein de valeur et d'activité, avant qu'il montât sur le trône, il tomba, dès qu'il y fut assis, dans un état d'indolence, qui enhardit les Bulgares et les Sarrasins à faire des courses fréquentes et funestes sur les terres de l'empire, dont ils envahirent plusieurs places en Pisidie. Il dormait après un repas somptueux, qu'il avait donné pour la fête de l'établissement de l'empire à Constantinople, lorsqu'un officier, nommé Rufus, vint le saisir et le traîna dans l'Hippodrome, où il eut les yeux crevés le 3 juin de l'an 713. Après ce châtiment,

il fut conduit dans un lieu d'exil, où il mourut de misère au bout de quelques jours.

ANASTASE II, ou ARTEMIUS.

713. ANASTASE II, nommé auparavant ARTÉMIUS, fut proclamé empereur à Constantinople le 4 juin 713, le lendemain de la déposition de Filépique, dont il était secrétaire. Son premier soin fut de rétablir la paix dans l'église. L'an 715, ayant appris que le calife Soliman se préparait à l'attaquer, il arma une flotte pour le prévenir. Mais les troupes, s'étant mutinées à Rhodes, tuèrent le diacre Jean, leur chef, forcèrent Théodose, receveur des impôts à Adramite, en Natolie, de se mettre à leur tête, et le proclamèrent empereur. Anastase, au premier bruit de cette révolte, sortit de Constantinople, après y avoir laissé une forte garnison, et se rendit à Nicée, où il se mit en état de faire une longue défense. Les rebelles, après six mois de siége, s'étant rendus maîtres de la ville impériale, en firent conduire les principaux citoyens à Nicée. Anastase, jugeant alors qu'il ferait de vains efforts pour se maintenir sur le trône, fit son accord avec Théodose, à condition d'avoir la vie sauve. Il prit le parti du cloître, et fut relégué à Thessalonique après deux ans, sept mois et douze jours de règne. Cet état n'était pas fait pour lui. L'an 719, ce prince, las de la sollitude, implora le secours des Bulgares pour remonter sur le trône. Ils l'amenèrent jusqu'au portes de Constantinople; mais apprenant qu'il n'était pas agréable aux Grecs, ils le livrèrent à Léon l'Isaurien, pour lors empereur, qui lui fit trancher la tête la même année.

THEODOSE III.

716. THÉODOSE III fut proclamé empereur au mois de janvier, ou de février 716. Léon, général des troupes orientales, refusa de le reconnaître. Théodose, se sentant trop faible contre ce rival, lui céda l'empire, vers le mois de mai 717, après un règne d'environ quatorze mois. Il fut ordonné clerc avec son fils, et passa le reste de ses jours en paix dans un monastère d'Éphèse.

LÉON III, DIT L'ISAURIEN.

717. LÉON III, fils d'un cordonnier de Séleucie, en Isaurie, et petit mercier dans sa jeunesse, puis soldat, et ensuite général des armées d'Orient, fut reconnu empereur le 25 mars

717. Durant les neuf premières années de son règne, Léon se fit estimer par son courage, par son habileté dans l'art de la guerre, et par sa capacité pour le gouvernement. Mais toutes ces qualités commencèrent à disparaître lorsqu'il se fut déclaré contre les saintes Images, et eut enfanté l'hérésie des Iconoclastes. « On avait vu sur le trône, dit M. le Beau, plu- » sieurs princes hérétiques; Léon fut le premier empereur hé- » résiarque. » Entêté de son erreur et déterminé à la faire prévaloir, le fanatisme le rendit imprudent, fourbe et cruel. L'an 726, avant le mois de septembre, il donna un édit pour supprimer le culte des saintes Images et les détruire. Par ce nom d'Images, il entendait des peintures et des figures plates; car l'église grecque n'honora jamais et n'honore point encore aujourd'hui de statues ni de figures en bosse. Le scandale qu'excita dans tout l'empire cette ordonnance fut extrême, et fit regarder Léon comme un impie qui ne méritait pas de régner. Les peuples des Cyclades et de la Grèce en prirent occasion de se révolter; et, ayant élu pour empereur un nommé Cosme, ils vinrent se présenter, le 18 octobre, devant Constantinople avec une puissante flotte. Mais elle fut défaite et consumée par les flammes au moyen du feu grégeois. Cosme, ayant été pris, fut amené à l'empereur qui lui fit trancher la tête. (*Theophan. Chronogr.*) Léon, après ce succès, croyant pouvoir tout oser, envoie des officiers pour abattre les Images dans les places publiques. Mais ils sont mis en pièces par le peuple, et Léon tire de cette sédition une vengeance affreuse. Pour donner plus de relief à son parti, ce prince voulut y entraîner les gens de lettres préposés à la bibliothèque publique. Ne pouvant y réussir, il les fait enfermer dans ce bâtiment auquel il fait mettre ensuite le feu. Ils périrent dans cet incendie avec trente mille volumes, et un nombre très considérable de tableaux et de médailles qui furent réduits en cendres. L'édit de Léon ne fut pas mieux accueilli à Rome qu'à Constantinople. Le pape Grégoire II lui écrivit, pour le faire revenir de son erreur, deux lettres très-pressantes, que Pagi rapporte à l'an 730, et Muratori, avec plus de vraisemblance, à l'an 729. Mais elles ne servirent qu'à l'irriter davantage. Depuis ce tems, il ne cessa de tendre des embuches à ce pontife, et de chercher l'occasion d'attenter à sa vie. Les Romains, instruits de son dessein, veillèrent sur les jours de leur pasteur, et mirent en défaut les émissaires envoyés pour le mettre à mort. Le patriarche Germain ne s'opposa pas avec moins de fermeté que Grégoire à l'impiété de l'empereur. La déposition et l'exil furent le prix de sa généreuse résistance. L'an 732, Léon apprenant que Grégoire III, successeur de Grégoire II,

a tenu un concile à Rome, où l'on a prononcé anathème contre tous ceux qui s'opposeront à la vénération des Images, fait équiper une flotte pour passer en Italie et se venger des Romains. Mais une tempête dissipe et submerge ses vaisseaux, et fait manquer l'expédition. Autre malheur bien plus terrible. L'an 740 (et non pas 742, comme le marque un moderne), le 26 octobre, un grand tremblement de terre renverse les murs de Constantinople avec quantité d'édifices de cette ville, couvre de ruines la Thrace, et culbute les villes de Nicée, de Prenète et de Nicomédie. Ce fléau se fit sentir à diverses reprises pendant le cours d'une année, et s'étendit dans l'Egypte et tout l'Orient, où plusieurs villes furent abîmées avec leurs habitants. (*Nicéph. Brev.*, p. 38, *Cedren.*, p. 457.) L'empereur augmenta d'un douzième la capitation du peuple de Constantinople pour la réparation des murailles, et l'impôt subsista toujours, lors même qu'elles furent réparées. Léon mourut le 18 juin 741, après avoir régné vingt-quatre ans, deux mois et vingt-cinq jours. Il eut de MARIE, sa femme, Constantin qui suit, et Anne, épouse d'Artabasde ou Artavasde, ou même Artabase, gouverneur d'Arménie.

CONSTANTIN IV, DIT COPRONYME.

741. CONSTANTIN IV, fils de Léon et de Marie, né en 719, surnommé COPRONYME, parce qu'il avait souillé les fonts sacrés à son baptême, qu'il reçut le 25 octobre de la même année, fait auguste le 31 mars 720, succéda, le 18 juin 741, à son père. Il marche presqu'aussitôt contre les Musulmans qui faisaient des courses en Asie. Pendant son absence, Artabasde, son beau-frère, se fait proclamer empereur à Constantinople, où l'on fit accroire au peuple que Constantin était mort en Phrygie. Constantin, étant rentré à Constantinople le 2 novembre 743, se saisit d'Artabasde et de ses deux fils, Nicéphore et Nicétas, leur fit crever les yeux, et les envoya en exil. L'an 752, il commença une nouvelle persécution contre les défenseurs des saintes Images, surtout contre les Moines, qu'il détestait à cause de leur zèle pour la vérité. Il leur fit souffrir divers tourments; et lorsqu'il fit mettre l'abbé saint Etienne en prison, ce saint homme y trouva trois cent quarante-deux moines de divers pays, dont les uns avaient les mains coupées, d'autres le nez mutilé, d'autres les yeux crevés, pour avoir refusé de souscrire aux édits contre les saintes Images. Cette prison devint un monastère, où l'office se faisait régulièrement. Constantin eut avec les Bulgares de fréquentes guerres, dont les succès furent variés. Dans la dernière expédition qu'il entreprit contre eux, se voyant attaqué d'un charbon pestilentiel, il s'embarqua pour revenir à Cons-

tantinople ; mais dans la route il expira au pied du château de Strongyle, le 14 septembre de l'an 775, après avoir régné trente-quatre ans deux mois et vingt-huit jours depuis la mort de son père. « Les écrivains contemporains, dit M. le Beau,
» dépeignent Constantin Copronyme comme un prince livré
» aux plus sales voluptés, puni de ses débauches même pendant
» sa vie par des infirmités honteuses, par des ulcères qui lui
» firent perdre plusieurs de ses membres ; troublé sans cesse de
» terreurs qui lui ôtaient le sommeil ; brutal à l'égard de ses
» domestiques, qu'il faisait déchirer à coup de fouet, dégra-
» dant la majesté impériale jusqu'à les frapper lui-même, in-
» humain autant qu'injuste, se faisant apporter les membres
» sanglants des martyrs et se repaissant de leurs supplices ;
» cruel persécuteur, ennemi de Dieu et des hommes, digne
» d'être loué par ceux qui lui ressemblent. » Il avait épousé,
1°., l'an 732, IRÈNE, qui lui donna Léon, son successeur ;
2°. MARIE, dont on ne sait que le nom ; 3°. EUDOXIE, dont il eut quatre fils, Nicéphore, Christophe, Nicétas et Eudoxe, avec une fille nommée Anthuse, que ses vertus éminentes, surtout sa grande charité envers les pauvres, a fait mettre au rang des saints.

LÉON IV, SURNOMMÉ CHAZARE.

775. LÉON IV, fils de Constantin et d'Irène, né le 25 janvier 750, associé à l'empire le 6 janvier 751, succéda, le 14 septembre 775, à son père. Il fut surnommé CHAZARE parce qu'Irène, sa mère, était fille d'un prince des Chazares ou Chazars, peuple qui s'étendait depuis les Palus Méotides (aujourd'hui la Crimée) jusqu'à la mer Caspienne. Léon régna cinq ans seul, et mourut le 8 septembre 780. D'abord et assez long-tems il dissimula son aversion pour les Images ; mais il la fit éclater la dernière année de son règne, et persécuta les Catholiques, à l'exemple de son père et de son aïeul. Sa mort fut regardée comme une punition divine. Une couronne, que l'empereur Maurice avait suspendue sur l'autel de Sainte-Sophie, l'éblouit par l'éclat des pierreries dont elle était ornée. Il la fit enlever et la mit sur sa tête. Il sortit aussitôt de son front des charbons pestilentiels, qui lui causèrent une fièvre ardente dont il mourut le même jour. (Le Beau.) Il avait épousé la fameuse IRÈNE, dont il eut Constantin qui suit.

CONSTANTIN V, ET IRÈNE, SA MÈRE.

780. CONSTANTIN V, fils de Léon et d'Irène, né le 14 janvier 771, associé à l'empire le 14 avril 776, succéda, le 8 sep-

tembre 780, à son père. Sa mère, à raison de son bas-âge, prit le gouvernement de l'empire; et pour se l'assurer contre ses quatre beaux-frères, fils de Copronyme, elle commença par les faire ordonner prêtres. Cette précaution ne lui paraissant pas encore suffisante, elle fit crever les yeux à l'aîné, et couper la langue aux trois autres; puis les envoya en exil à Athènes, où dans la suite ils furent égorgés par ses ordres. Irène ne traita pas l'empereur, son fils, avec moins de cruauté. Ce prince, lorsqu'il se vit majeur, ayant voulut reprendre de ses mains l'autorité dont elle n'était que dépositaire, elle traita de conjuration cette entreprise, et le fit enfermer dans le palais après l'avoir fait fouetter. Délivré de cette prison l'an 790, Constantin la relégua elle-même dans un château; mais deux ans après, séduit par ses caresses, il la rappelle. Cette mère, vindicative et dénaturée, cherche à perdre son fils. Dans ce dessein barbare, elle lui conseilla, l'an 795, de répudier MARIE, sa femme, pour épouser THÉODOTE, l'une des suivantes de la jeune impératrice. Ce mariage souleva, comme Irène, l'avait prévu, tout le clergé contre lui. Irène se range du côté des mécontents, gagne les principaux officiers, et fait mettre son fils dans une prison, où, par ses ordre, on lui creva les yeux avec tant de violence, qu'il en mourut le 19 août 797, dans la dix septième année de son règne. Il laissa de Marie une fille, nommée Euphrosyne, qui épousa Michel le Bègue. Irène régna seule environ cinq ans, jusqu'au trente-un octobre 802, qu'elle fut déposée par un soulèvement général. (C'est la première femme qui s'assit en son nom sur le trône des Césars.) Elle mourut, le 9 août 803, dans l'île de Lesbos, où l'empereur Nicéphore l'avait exilée. Le plus grand mérite de cette princesse, est d'avoir été zélée pour la religion catholique. Ce fut elle qui procura la tenue du septième concile général. Mais ce service, rendu à la religion, n'effacera jamais, aux yeux de la postérité, les forfaits de cette femme abominable, qui, pour satisfaire son ambition, fit périr ses beaux-frères et son fils.

NICÉPHORE.

802. NICÉPHORE, patrice et grand-trésorier, fut proclamé tumultuairement empereur, le 31 octobre 802, et couronné le lendemain. Il était manichéen et iconoclaste. Ses mœurs, aussi corrompues que sa doctrine, le firent bientôt détester de ses sujets. L'an 803, le patrice Bardane, surnommé le Turc, général de l'armée d'Asie, se vit contraint par ses troupes d'accepter l'empire. Mais ayant horreur de faire verser le sang des Chrétiens pour sa cause, il abdiqua presque aussitôt de lui-

même, et prit l'habit monastique. Cette sauve-garde ne le garantit pas du ressentiment de Nicéphore qui lui fit crever les yeux, contre le serment qu'il lui avait fait. Pour fixer les limites de l'empire grec du côté de l'Occident, Nicéphore fit cette même année 803, par ses ambassadeurs, un traité avec Charlemagne qui le laissa jouir de la partie orientale de ce qu'on nomme aujourd'hui le royaume de Naples et de Sicile. Il assura par ce traité la tranquillité de l'empire grec sur une de ses frontières. Mais il avait pour voisin à l'Orient un autre Charlemagne dans la personne du calife Haroun Raschild, qu'il était également de son intérêt de ménager. Au lieu de prendre ce parti, Nicéphore ose le braver en lui redemandant, dans une lettre pleine de hauteur et de menaces, l'argent qu'il s'était fait donner par l'impératrice Irène pour lui accorder la paix. Haroun lui renvoie sa lettre avec cette apostille : *Je vais moi-même vous porter ma réponse.* Il part en même tems, passe comme un éclair au travers de l'Asie, et s'avance jusqu'à Héraclée, en Bithynie, mettant tout à feu et à sang. Nicéphore, aussi prompt à prendre l'épouvante qu'Haroun à la donner, et plus faible qu'Irène, se soumet, pour obtenir la paix, à payer un tribut annuel. Mais ne pouvant se résoudre à tenir cet engagement, il obligea par ses infidélités le calife à revenir sur les terres de l'empire dans les trois années consécutives. Enfin poussé à bout, l'an 806, il fait avec Haroun un traité par lequel il s'assujettit à un tribu de trente-trois mille pièces d'or, et s'engage de plus à ne point rétablir les forteresses qu'Haroun avait détruites. Délivré du fléau de la guerre, Nicéphore désola ses peuples par ses vexations pendant la paix. Il établit des impôts sur toutes les denrées, sur tous les chefs de famille, et taxa jusqu'au feu. L'argenterie des églises, les biens des hôpitaux, l'argent des négociants furent la proie de son avarice. Toutes ces voleries occasionnèrent des révoltes qu'il punit par des exécutions qui firent déserter la plupart des villes. L'an 811, il marche contre les Bulgares, qui, depuis quatre ans, ravageaient la Thrace. Crumne, leur roi, demande la paix. N'ayant pu l'obtenir, il vient à bout d'enfermer l'armée des Grecs le 25 juillet, fond sur elle et la taille en pièces. Nicéphore fut du nombre des morts, après un règne de huit ans et neuf mois. Ce prince laissa un fils qui lui succéda, et une fille, Procopia, femme de Michel Curopalate.

C'est sous ce règne, dit M. de Beauvais, que les médailles grecques, qui ont cessé depuis Galère Maximien, se retrouvent jusqu'à la fin de l'empire.

STAURACE.

811. STAURACE, fils de Nicéphore, fut du petit nombre de

ceux qui s'échappèrent du combat où périt son père; mais il en remporta une blessure mortelle qui ne lui ôta pas néanmoins la passion de régner. S'étant transporté à Andrinople, où les débris de l'armée s'étaient rassemblés, il harangua les soldats, et porta l'indécence dans son discours jusqu'à invectiver contre la conduite de son père. Ce trait d'un mauvais naturel fut couvert par la haine qu'on portait à Nicéphore. On espéra qu'un fils, qui osait le condamner publiquement, prendrait une route opposée à celle qu'il avait suivie; et, le 25 juillet 811, il fut proclamé empereur. Mais sa blessure s'aigrissant de jour en jour, il fut contraint d'abdiquer le premier octobre suivant. S'étant retiré ensuite avec THÉOPHANON, sa femme, nièce de l'impératrice Irène, dans le monastère de Baucense, il y mourut le 5 ou le 6 janvier de l'an 812. Staurace avait une figure hideuse avec tous les vices de son père.

MICHEL CUROPALATE, SURNOMMÉ RHANGABE.

811. MICHEL CUROPALATE, beau-frère de Staurace, fut couronné empereur, le 2 octobre 811, après avoir évité les embûches que l'impératrice Théophanon lui avait dressées pour le perdre. Equitable, généreux, libéral, bon catholique, et zélé pour la religion, il réunissait dans sa personne toutes les qualités qui font l'excellent particulier; mais il manquait des talents nécessaires pour le gouvernement. Son règne ne fut que de vingt et un mois, pendant lesquels il eut presque toujours les armes à la main contre les Bulgares, et toujours avec désavantage. (*Voyez* Crumne, *roi des Bulgares.*) Léon, gouverneur de Natolie, ayant été proclamé empereur le 10 juillet 813, Michel se refugia dans une église avec PROCOPIA, sa femme, ses trois fils, Théophilacte, Staurace et Nicétas, (celui-ci prit ensuite le nom d'Ignace, et devint patriarche de Constantinople), et ses deux filles, Gorgon et Théophanon. Là, ils se coupèrent chacun les cheveux, et prirent tous l'habit monastique. Léon épargna la vie à Michel, et lui assura une pension modique qui fut assez mal payée, pour subsister dans un monastère d'une île de la Propontide, où il se retira, et où il vécut encore trente-deux ans, sous le nom d'Athanase.

LEON V, DIT L'ARMÉNIEN.

813. LÉON V, fils de Bardas, originaire d'Arménie, ayant été proclamé empereur par les soldats, fut couronné, le 11 juillet 813, par le patriarche Nicéphore. Ce prélat, en lui mettant la couronne sur la tête, crut avoir touché des épines,

tant son poil était rude. Crumne, roi des Bulgares, remporta sur lui de grands avantages, et fit des conquêtes rapides dans la Thrace. La mort en délivra Léon, comme il se préparait à faire le siége de Constantinople. Ce prince fut plus heureux contre Doucom, successeur de Crumne. (*Voyez* les Bulgares.) Léon fut appellé *Caméléon*, à cause de ses mœurs changeantes et de son hypocrisie. Il parut d'abord catholique; mais la seconde année de son règne, il se déclara contre les saintes Images, chassa le patriarche Nicéphore, persécuta les Catholiques, et sur-tout les Moines, à l'imitation de Copronyme. L'an 820, le 24 décembre, comme il assistait à matines, plusieurs conjurés l'attaquent; Léon se sauve dans le sanctuaire, prend une croix pour parer les coups; mais un des conjurés lui décharge un si grand coup de cimeterre, qu'il lui abat le bras avec l'épaule, et un autre lui coupe la tête. Telle fut la fin de Léon, après sept ans et demi de règne : prince mémorable et digne de régner plus longtems, s'il n'eût été persécuteur et cruel, lorsqu'il ne devait être que sévère. Ce fut le jugement que porta le patriarche Nicéphore, apprenant dans son exil la mort de Léon : *La religion est délivrée d'un grand ennemi*, dit-il en soupirant, *mais l'état perd un prince utile*. (Le Beau.) De Théodosia, son épouse, ce prince laissa quatre fils, que Michel, son successeur, fit eunuques, après les avoir fait transporter, avec le cadavre coupé de leur père, dans l'île de Proté.

MICHEL LE BEGUE.

820. MICHEL, successeur de Léon qui l'avait tiré de la plus basse condition, était en prison et condamné à être brûlé vif, pour avoir conjuré contre ce prince, lorsque Léon fut assassiné. A la nouvelle de cet événement, Michel sortit de prison; et ayant encore les fers aux pieds, il s'assit sur le trône, et fut salué empereur : il se rendit ensuite, vers le midi, dans la grande église, où il fut couronné par le patriarche. Michel rappela les exilés, quoiqu'il n'honorât pas les Images: mais bientôt après, il persécuta les Catholiques, et surtout les Moines. L'an 821, Thomas, soldat de fortune, qui, par degrés, était parvenu au commandement de l'armée d'Orient, s'élève contre Michel, sous prétexte de venger la mort de Léon, son bienfaiteur; et après s'être fait couronner empereur dans Antioche, il amène, l'an 822, son armée devant Constantinople, dont il entreprend le siége. Il échoua dans un violent assaut, qu'il livra par terre et par mer; ce qui lui fit prendre le parti de se retirer. L'année suivante au printems, étant venu assiéger de nouveau la ville impériale, il est battu d'abord par les Bul-

gares, que l'espoir du butin avait attirés au secours de Michel ; ensuite, après leur retraite, par Michel lui-même : double échec qui, l'ayant déconcerté, le réduisit à s'aller renfermer dans Andrinople. Il s'y défendit pendant cinq mois, au bout desquels les habitants, épuisés par la famine, le livrèrent à l'empereur qui, lui ayant fait couper les pieds et les mains, le fit promener en cet état monté sur un âne, après quoi il le laissa mourir, sans aucun soulagement, vers la mi-octobre 823. Le calme qui suivit fut très-court. L'an 824, les Sarrasins d'Espagne enlevèrent aux Grecs l'île de Crète. Michel fit de grands, mais vains efforts pour les en chasser. Ils s'y fortifièrent, et bâtirent, dans un lieu nommé Candax, la ville de Candie, dont toute l'île a pris le nom. Ceux d'Afrique, de leur côté, se rendirent maîtres, l'an 827, de la Sicile par la trahison du patrice Euphémius, qui, s'étant fait proclamer empereur, fut tué, la même année, devant Syracuse, qu'il assiégeait. Michel mourut d'une colique néphrétique le premier octobre 829, après un règne de huit ans et environ neuf mois. Ce prince, dit un moderne, eut tous les vices et commit tous les crimes. Son ignorance d'ailleurs était si grande, qu'il ne savait ni lire ni écrire. De THECLE, sa première femme, il eut Théophile, qui suit, et Hélène, mariée au patrice Théophobe, issu du sang royal de Perse. EUPHROSYNE, sa seconde femme, ne lui donna point d'enfants.

THÉOPHILE.

829. THÉOPHILE, fils de Michel le Bègue, né, comme son père, dans la ville d'Amorium, en Phrygie, lui succéda le 1er. octobre. Il avait eu pour précepteur Jean Lécanomante, (et non pas Léconomante, comme nous l'avons marqué ci-dessus aux patriarches de Constantinople, n°. LVIII, d'après M. Fleuri), ainsi surnommé, parce qu'adonné à la plus noire magie, il se piquait de deviner en se servant d'un bassin rempli d'eau. Ce méchant homme, qu'il plaça dans la suite sur le siége de Constantinople, avait gâté l'esprit de son élève par son fanatisme hérétique, et continua de le tenir enchaîné par ses impostures. Théophile montra cependant, au commencement de son règne, assez de zèle pour la justice et d'amour pour ses peuples. Il fit fleurir le commerce, favorisa les sciences, embellit sa capitale de nouveaux édifices. Mais excité par Lécanomante, il se déclara tout-à-coup contre les saintes Images, persécuta les Catholiques, et fit plusieurs martyrs. Son extravagance en ce point alla même si loin, qu'en 832, il chassa tous les peintres de ses états. Théophile mourut le 20 janvier 842, après un règne de douze ans, trois mois et dix-huit jours. Il avait entrepris jusqu'à dix-

huit expéditions militaires, dont aucune ne lui procura des lauriers dignes de la majesté de l'empire. La perte de la ville d'Amorium, sa patrie, conquise et détruite par les Sarrasins en 841, mit le comble à ses chagrins. Résolu de ne point survivre à ce malheur, il s'abstint de toute nourriture, et ne consentit à boire que de l'eau de neige. Cette boisson lui causa une dyssenterie qui l'emporta. Étant à l'extrémité, il fit mettre à mort Théophobe, son beau-frère, qui lui avait rendu de grands services, se fit apporter sa tête; et la prenant par les cheveux, il dit : *Je ne serai plus Théophile; mais tu n'es plus Théophobe.* Ce qui le porta à cette barbarie, c'est qu'on avait accusé Théophobe d'attendre sa mort pour lui succéder. De Théodora, qu'il avait épousée l'an 830, il eut Michel, qui suit, Constantin, mort avant son père, et quatre filles. Ce prince est le premier empereur qu'on sache, sur le rapport de Cédrénus, avoir bullé ou scellé en or.

MICHEL III, dit l'Ivrogne.

842. Michel, fils de Théophile, né l'an 836, lui succéda le 20 janvier 842, sous la régence de Théodora, sa mère, et d'un conseil que Théophile lui avait laissé. Théodora consacra les prémices de son gouvernement par le rétablissement des saintes Images. Elle s'y prit de manière que l'hérésie des Iconoclastes fut entièrement éteinte en 842, après avoir troublé les églises d'Orient et causé des maux infinis dans l'empire, pendant plus de cent vingt ans. Théodora sut également se faire respecter au-dehors et au-dedans. Bogoris, roi des Bulgares, étonné de la fermeté qu'elle opposait à ses menaces, fit, en 844, un traité de paix avec l'empire. Ce traité, par occasion, procura la conversion des Bulgares. (*Voyez* Bogoris, *roi des Bulgares.*) Théodora, l'année suivante, entreprit celle des Pauliciens, espèce de Manichéens cantonnés dans l'Arménie. N'ayant pu y réussir par la voie de la persuasion, elle employa la contrainte, et fit mourir plus de cent mille de ces hérétiques dans les supplices. Les autres se réfugièrent sur les terres des Musulmans, d'où ils firent des courses sur celles de l'empire, pour se venger des cruautés qu'on avait exercées contre leur secte. L'an 857, l'empereur Michel, par le conseil du césar Bardas, son oncle, fait renfermer sa mère dans un couvent avec ses filles. Alors il laisse le soin du gouvernement à Bardas, pour se livrer entièrement à ses passions. A la débauche, ce prince mêlait l'impiété, en contrefaisant, avec les jeunes gens de sa cour, les cérémonies les plus augustes de la religion. Bardas, irrité contre le patriarche Ignace qui lui avait refusé la communion pour cause d'inceste,

commence l'exercice de son ministère par le chasser de son siège, et mettre Photius à sa place. (*Voy.* les Patriarches de Constantinople.) L'an 866, sur l'accusation secrète de Symbace, gendre de Bardas et intendant des postes, homme violent et ambitieux, Michel persuadé que son oncle cherche à s'emparer du trône, le fait assassiner, le 21 avril, par les mains de Basile le Macédonien, qui l'avait porté à cette violence, et qu'il associa, le 26 mai suivant, à l'empire. L'an 867, Basile, averti que Michel veut attenter à sa vie, le prévient, et le fait poignarder le 24 septembre, comme il était plongé dans l'ivresse. Michel avait régné vingt-cinq ans, huit mois et quelques jours. Il n'eut point d'enfants de sa femme Eudocia. L'impératrice Théodora, sa mère, était morte peu de jours avant lui. Au milieu de ses débauches et de ses divertissements sacriléges, Michel fit construire quelques églises, et enrichit de nouveaux ornements celle de Sainte-Sophie. Il crut faire preuve de sa haine contre l'hérésie des Iconoclastes, par une action barbare, dont le récit fait horreur. L'an 865, ayant fait tirer de leurs tombeaux les cadavres de Constantin Copronyme et du patriarche Jean Lécanomante, il les fit apporter dans le cirque. Là, exposés aux yeux du peuple assemblé pour les jeux, ils furent battus de verges, et ensuite jetés au feu. Après cet affreux spectacle, on scia le tombeau de Constantin, qui était du plus beau marbre verd, et l'on en forma le balustre d'une église que l'empereur faisait bâtir. (Le Beau.)

BASILE LE MACEDONIEN.

867. Basile, né de parents très-pauvres dans un village de Macédoine, mais originaire d'Arménie, succéda, le 24 septembre 867, à Michel. Il avait d'abord été soldat; et s'étant introduit à la cour de l'empereur Michel, il était parvenu par degrés à l'honneur suprême d'être associé au trône par ce prince. Ce n'était point, comme le prétendent les écrivains du tems, à une conduite irréprochable, à une probité soutenue, à une piété exemplaire qu'il était redevable de son élévation. Les faits avoués, par ces mêmes écrivains, prouvent au contraire qu'il n'épargna ni les bassesses, ni les parjures, ni les meurtres, ni d'autres forfaits pour son avancement. Donnons quelques exemples de sa prétendue probité. Nous avons dit qu'il avait été l'instigateur et l'exécuteur de l'assassinat de Bardas. Ajoutons que c'était lui qui avait porté Symbace, gendre de ce prince, à le déférer à l'empereur comme ayant de mauvais desseins contre sa personne; que pour calmer les craintes du césar, qui commençait à se défier de lui, il avait juré avec l'empereur dans un écrit dressé par

Photius et signé avec une plume trempée dans le sang de J. C., qu'on n'avait aucune intention de lui nuire, et cela peu de jours avant que de le mettre à mort. Michel, s'ennuyant du commerce qu'il entretenait depuis long-tems avec Eudocie Ingérine, avait proposé, l'année précédente, à Basile de la prendre pour épouse. Celui-ci, peu délicat sur le point d'honneur, y consentit, répudia en conséquence Marie, sa femme, dont il avait un fils, nommé Constantin, et livra en échange Thècle, sa sœur, aussi ambitieuse et plus dissolue que son frère. Basile, devenu seul possesseur du trône par la mort de Michel, se montra digne de le remplir. Dès qu'il ne lui en coûta plus rien pour être vertueux, il ne conserva que ses bonnes qualités. Peu de jours après son couronnement, il chassa Photius de son siége, et rappela saint Ignace. Tout occupé du bien de l'empire, il réforma les abus qui s'étaient introduits dans la judicature et les finances sous le règne précédent, soulagea les peuples opprimés, et rétablit la discipline dans les armées. Mais le patriarche Ignace étant mort l'an 877, Photius, dont la retraite n'avait pas amorti l'ambition, se donna des mouvements pour remonter sur le siége dont on l'avait fait descendre; et il ne travailla pas en vain. L'empereur, flatté d'une généalogie que cet imposteur avait fabriquée pour le faire descendre des Arsacides, lui donna un asile dans le palais de Magnaure, l'admit dans ses conseils, lui confia l'éducation de ses fils, et lui laissa reprendre les fonctions épiscopales. L'an 880, Basile, après avoir vaincu les Sarrasins en Orient et en Italie, ne peut les empêcher de dévaster le Péloponèse, et d'achever la conquête de la Sicile par la prise de Syracuse qui fut défendue par les habitants au milieu de toutes les horreurs qu'une ville assiégée peut éprouver. Un accident, arrivé à ce prince à la chasse et qu'on raconte diversement, lui causa une fièvre qui l'emporta le 1 mars 886, à la fin d'un règne de dix-huit ans, cinq mois et six jours depuis la mort de Michel III. De sa seconde femme il laissa trois fils, Léon et Alexandre, ses successeurs, et Etienne qui fut patriarche de Constantinople. A l'exemple de Justinien, Basile avait fait, l'an 877, une compilation des lois en quarante livres. Son successeur y en ajouta vingt autres. Ces soixante livres, connus sous le nom de Basilisques, ont servi de règle à la jurisprudence de l'empire grec jusqu'à sa destruction. On a de plus de ce prince un petit ouvrage qui subsiste encore, sous le titre d'*Avis au prince Léon*.

LÉON VI, DIT LE PHILOSOPHE.

886. LÉON VI, fils de Basile et d'Ingérine, né le premier

septembre 866 (le Beau), fait auguste l'an 870, succéda, le premier mars 886, à son père. Dès la première année de son règne, il chassa Photius du siége de Constantinople, et y plaça Étienne, son frère. Léon, assez habile en politique, fut très-malheureux à la guerre. Les Musulmans, après avoir battu ses troupes, lui enlevèrent l'île de Samos. Les ducs lombards s'emparèrent de presque tout ce qui restait aux Grecs en Italie. Les Bulgares remportèrent sur Léon d'autres avantages. Pour leur résister, il appela les Turcs qui défendirent avec succès l'empire, dont ils devaient être un jour les destructeurs. La crainte lui fit admettre d'autres barbares dans l'empire. Deux nomades de scythes, les Serviens et les Croates, étant venus lui demander des terres, obtinrent de lui celles qui portent aujourd'hui leurs noms. Léon eut les surnoms de Philosophe et de Sage, non à cause de ses mœurs qui étaient corrompues, mais par rapport à son amour pour les lettres. Il se mêlait de composer des sermons, au lieu de s'occuper de la défense de l'empire. Le tems nous a conservé trente-cinq de ces pièces qui sentent plus le déclamateur que l'orateur chrétien. Son Traité de la Tactique sert à faire connaître l'ordre des batailles de son tems, et la manière de combattre non seulement des Grecs, mais des barbares auxquels ils avaient affaire. Ce prince mourut à quarante-cinq ans le 11 mai 911, après vingt-cinq ans, deux mois et dix jours de règne. Il eut successivement quatre femmes, THÉOPHANON, ZOÉ, EUDOCIE et ZOÉ-CARBONOPSINE, mère de Constantin, dit Porphyrogénète, non parce qu'il était né sous la pourpre, mais parce qu'il était né dans le palais de Porphyre, où, dans la suite, les impératrices firent ordinairement leurs couches. Ce dernier mariage, contraire aux lois civiles et canoniques des Grecs, qu'il avait lui-même confirmées, occasionna de grands troubles dans l'église et dans l'état.

ALEXANDRE, CONSTANTIN VI, DIT PORPHYROGÉNÈTE, ROMAIN LECAPÈNE, CHRISTOPHE, ÉTIENNE ET CONSTANTIN VII, DIT PORPHYGÉNÈTE, *empereurs.*

911. ALEXANDRE, né vers l'an 870, succéda, le 11 mai 911, à Léon son frère, avec CONSTANTIN PORPHYROGÉNÈTE, son neveu. Mais le 6 juin de l'année suivante, les débauches, auxquelles il était livré, le conduisirent au tombeau. Le jeune Constantin, né au mois de septembre 905, commença de ce jour à régner seul. Zoé, sa mère, était revenue de l'exil, où Alexandre l'avait envoyée, se mit à la tête des affaires. Elle soutint pendant sept ans, par la valeur du général Léon Phocas,

la guerre contre Siméon, roi des Bulgares. L'an 919, Romain Lecapène, arménien de naissance et drungaire, ou grand amiral de l'empire, s'étant emparé de l'esprit de Constantin, l'engage à épouser, le 15 avril, HÉLÈNE, sa fille. Bientôt après, il persuade à ce prince de reléguer sa mère dans un couvent, et enfin il vient à bout de se faire déclarer par lui-même son collègue. ROMAIN reçut la couronne impériale le 17 ou le 24 décembre de la même année 919. Depuis ce tems, il fut chargé du gouvernement, pendant que Constantin s'appliquait à l'étude. L'an 920, le 20 mai, Romain associe à l'empire son fils aîné CHRISTOPHE ; et, l'an 928, ses deux autres fils, ÉTIENNE et CONTANTIN ; de cette sorte, il y eut alors cinq empereurs à la fois. Christophe mourut au mois d'août 931. L'an 944, Romain fut enlevé du palais, le 20 décembre, par ordre d'Etienne, son fils, et conduit dans l'île de Proté : il y mourut dans l'état monastique le 15 juillet 948. Ce prince avait de la valeur et de la piété. L'an 927, il avait obligé les Bulgares à lui demander la paix ; et pour la cimenter, il avait donné en mariage sa petite-fille à Pierre, leur roi. L'an 941, il avait gagné contre les Russes, par ses généraux, une grande bataille navale sur le Pont-Euxin. Il avait remporté de semblables avantages sur les Turcs qui étaient venus l'attaquer à deux reprises, et les avait forcés à laisser l'empire en repos. Il avait enrichi les temples d'ornements, et avait fait beaucoup de bien aux ecclésiastiques pour lesquels il avait un grand respect. De THÉODORA, son épouse, décédée le 20 février 922, il eut, outre les enfants qu'on vient de nommer, Théophylacte, patriarche de Constantinople. L'an 945, les deux empereurs, fils de Romain, convaincus d'avoir conspiré contre Porphyrogénète, sont arrêtés le 27 janvier, et envoyés en exil. L'impératrice Hélène, de l'aveu de son époux, prit alors en main les rênes de l'état. Cette princesse avare mit tout à prix d'argent, le sacré comme le profane, et accabla les peuples d'impôts. L'an 959, Constantin Porphyrogénète mourut à l'âge de cinquante-quatre ans, le 9 ou le 15 novembre, du poison que Romain, son fils, à l'instigation de Théophanon, sa femme, lui avait donné plusieurs mois auparavant. Il emporta dans le tombeau la réputation d'un prince au-dessous du médiocre, et d'un savant du premier ordre. On a de lui une Histoire de Basile le Macédonien, son aïeul, un Traité de l'Art de gouverner, adressé à Romain, son fils, et quelques autres ouvrages. Avec son successeur, il laissa quatre filles, dont l'aînée, Théodora, fut mariée à l'empereur Jean Zimiscès.

Le père Pagi se trompe lorsqu'il dit que les années de Constantin Porphyrogénète se prennent de l'an 912. Elles commen-

cent en 911 à la mort de son père, comme le prouve Muratori.
(*Annal. d'Ital.*, t. V. p. 274.)

ROMAIN II, DIT LE JEUNE.

959. ROMAIN II, fils de Constantin Porphyrogénète et d'Hélène, né l'an 939, associé au trône, par son père, dès l'an 948, lui succéda le 9 ou le 15 novembre 959. Son règne fut tel qu'on devait l'attendre d'un parricide. Romain vécut dans la débauche et l'oisiveté. Cependant il eut le bonheur d'avoir deux habiles généraux, Nicéphore Phocas et Léon Phocas, qui firent de grandes conquêtes sur les Sarrasins et sur les Russes. Ce prince mourut d'épuisement, causé par ses débauches, le 15 mars 963, n'ayant régné que trois ans et quatre mois. Il avait épousé, 1°, l'an 943, BERTHE, fille naturelle de Hugues, roi d'Italie, morte sans enfants; 2° THÉOPHANON, fille d'un cabaretier, dont il laissa deux fils en bas âge, Basile et Constantin, depuis empereurs; avec deux filles, Théophanie, femme d'Otton II, empereur d'Allemagne, et Anne, mariée à Vladimir, duc de Russie. Après la mort de Romain, Théophanon, sa veuve, fut déclarée, en mars 963, régente de l'empire et tutrice de ses deux deux fils.

NICEPHORE PHOCAS.

963. NICÉPHORA PHOCAS, grand capitaine, célèbre par plusieurs victoires qu'il avait remportées sur les Musulmans et sur les Russes, fut élevé à l'empire, par l'armée qu'il commandait, le 2 juillet 963, à l'âge de cinquante et un ans; et le 16 août suivant, il fut couronné, par le patriarche Polyeucte, à Constantinople. L'impératrice Théophanon, loin de s'opposer à son élévation, la favorisa secrètement; et quelques jours après son couronnement, elle lui donna sa main. Nicéphore était fils du patrice Bardas, qu'il déclara césar en montant sur le trône. Voulant signaler le commencement de son règne par quelque expédition militaire, il envoya une armée en Sicile pour en chasser les Musulmans. Mais elle y périt toute entière par la témérité de Manuel, son général, fils naturel de Léon, oncle de Nicéphore, jeune homme sans expérience et sans capacité. Jean Zimisquès, autre général de Nicéphore, soutenait cependant en Cilicie la gloire des armes romaines contre ces mêmes infidèles, dont il fit dans une bataille un si grand carnage, que le lieu où elle se donna fut appelé *la Colline de sang*. Nicéphore vint en personne les attaquer en 966; et après les avoir chassés de la Cilicie, il reconquit sur eux l'île de

Chypre. Etant passé de là en Syrie, toutes les places de cette province lui ouvrirent leurs portes, à l'exception d'Antioche, dont les pluies l'empêchèrent de se rendre maître. Après son départ, le patrice Burzès, malgré l'ordre qu'il lui avait donné de rester sur la défensive, entreprit la conquête de cette place, et y réussit sans avoir perdu un seul des siens. Ce succès excita la jalousie de Nicéphore, et occasionna la disgrâce du général qui fut révoqué. Celle de Zimisquès suivit de près. L'an 968, Nicéphore, résolu de rendre à l'empire tout ce que les Musulmans lui avaient enlevé en deçà du Tigre, se remet en marche le 22 juillet. Il pénétra jusqu'à Nisibe, qu'il attaqua sans succès, ravagea la Mésopotamie, et repassa l'Euphrate, après avoir fait trembler le calife dans Bagdad. Ce prince n'avait de passion que pour la guerre, sans aucun talent pour gouverner les hommes. Il accabla d'impositions ses peuples pour enrichir ses soldats, altéra les monnaies, dépouilla les églises, et exerça un monopole affreux sur les blés dans un tems de disette. D'ailleurs, insociable par caractère et d'une figure presque hideuse, il s'attirait la haine de tous ceux qui l'environnaient. L'impératrice, sa femme, à laquelle il était devenu insupportable, s'étant concertée avec Zimisquès, le fit assassiner par une troupe de conjurés, à la tête desquels était ce général, la nuit du 10 au 11 décembre 969. Le règne de Nicéphore fut de six ans, trois mois et vingt-six jours ; il mourut âgé de cinquante-sept ans.

JEAN ZIMISQUES, BASILE II
et CONSTANTIN VIII.

969. JEAN ZIMISQUES, ainsi nommé de la petitesse de sa taille, mais d'une valeur éprouvée dans plusieurs batailles contre les Sarrasins, fut proclamé empereur le jour même qu'il assassina Nicéphore Phocas, et couronné le jour de Noël suivant. Dans le même tems, il déclara qu'il associait à l'empire BASILE et CONSTANTIN, fils de Romain II. Zimisquès eut continuellement les armes à la main contre les ennemis de l'empire, les Russes, les Bulgares et les Sarrasins. L'an 976, comme il se préparait à faire le siége de Damas, il mourut, le 10 janvier, du poison, à ce qu'on prétend, que l'eunuque Basile, son grand-chambellan, lui avait fait donner, dans la crainte d'être dépouillé des grands biens qu'il avait amassés. Ce prince avait épousé, 1º MARIE, sœur du général Bardas Sclérus ; 2º THÉODORA, fille de Constantin VII.

BASILE II, CONSTANTIN VIII, FRÈRES.

976. BASILE II et CONSTANTIN VIII, nommé quelquefois PORPHYROGÉNÈTE, fils de Romain II, ou le Jeune, succédèrent à Zimisquès le 10 janvier 976. Ces deux frères ont régné environ cinquante ans ensemble; mais Constantin abandonna le soin du gouvernement à Basile pour se livrer entièrement à ses plaisirs. Basile, pendant les onze premières années de son règne, eut les armes à la main contre Bardas Sclerus et Bardas Phocas, qui voulaient lui enlever l'empire et le partager entre eux. Vainqueur de ces deux rebelles, après onze années de combats, il attaqua les Sarrasins, fit des conquêtes sur eux, et les força à demander la paix. Il se tourna ensuite contre les Bulgares, et remporta sur eux de grandes victoires, qui lui méritèrent le surnom de Bulgaroctone. Mais, l'an 1014, les ayant défaits entièrement, le 29 juillet, il ternit la gloire de cette journée par la plus insigne barbarie. Sur cent des prisonniers qu'il avait faits, au nombre de quinze mille, il fit crever les deux yeux à quatre-vingt-dix-neuf, et un seulement au centième, puis les renvoya ainsi, chaque centaine étant conduite par un borgne à leur roi Samuel. Il continua la guerre contre ces peuples, et réussit enfin, l'an 1019, à soumettre la Bulgarie à l'empire. Ce prince mourut dans la soixante-dixième année de son âge, au commencement de décembre 1025, peu regretté de ses peuples, dont il avait sacrifié le repos à sa passion pour la guerre. On ignore s'il avait été marié. Constantin, son frère, mourut au même âge le 12 novembre 1028, laissant d'HÉLÈNE, sa femme, trois filles, Eudocie, qui se fit religieuse, Zoé et Théodora. Trois jours avant sa mort, il contraignit Romain Argire de répudier sa femme pour épouser Zoé, qui lui apporta l'empire pour sa dot.

ROMAIN III, DIT ARGYRE.

1028. ROMAIN ARGYRE, d'une famille ancienne et illustre, succéda, le 12 novembre 1028, à Constantin. Il était âgé pour lors de cinquante-cinq ans. Ayant porté la guerre contre les Sarrasins, il fut défait le 13 avril 1030; ce qui lui causa une mélancolie dont ses peuples ressentirent les tristes effets. Mais, dans la suite, il répara cet échec par plusieurs victoires qu'il remporta sur les infidèles, et par la conquête de plusieurs villes qu'il leur enleva. Romain fit beaucoup de bien pendant son règne qui ne fut que de cinq ans et environ six mois. ZOÉ, sa femme, en abrégea la durée, pour élever sur le trône un changeur et faux-monnoyeur, nommé Michel, à qui elle s'était abandonnée. Cette princesse débauchée fit étouffer son époux dans le bain le 11 avril 1034, après lui avoir fait donner un poison trop lent au gré de ses désirs.

MICHEL IV, DIT PAPHLAGONIEN.

1034. MICHEL PAPHLAGONIEN, ce vil changeur, adultère de Zoé, fut marié avec elle, reconnu empereur, et couronné le 11 avril 1034, le jour même de la mort de Romain. Peu propre au gouvernement, il en abandonna le soin à l'eunuque Jean, son frère, qui ne daigna point le partager avec Zoé. Cette princesse, trompée dans ses espérances, voulut se venger, et n'y réussit pas alors. Michel ne manquait pas de valeur. Il en donna des preuves, l'an 1041, dans une expédition qu'il fit avec succès en Bulgarie, quoique attaqué d'une hydropisie déjà formée, pour réprimer une révolte qui s'y était élevée. Tous les soirs, il se couchait en si mauvais état, qu'on pensait qu'il ne relèverait pas de son lit ; et le lendemain, on le voyait au point du jour à la tête de son armée. Cependant Michel était agité par des remords qui, joints à ses infirmités, le firent tomber en démence. Il eut néanmoins de bons intervalles, dans lesquels il fit plusieurs choses édifiantes et utiles. A la fin, il prit le parti d'abdiquer, et se retira dans le monastère des Anargyres, où il mourut dans l'état de moine, le 10 décembre 1041.

MICHEL V, DIT CALAFATE.

1041. MICHEL, fils d'Etienne, calfateur de vaisseaux, et de Marie, sœur de Michel Paphlagonien, surnommé CALAFATE, du métier de son père, succéda, par la faveur de Zoé, qui l'avait adopté pour son fils, à Michel Paphlagonien, son oncle, et fut couronné le 14 décembre 1041. Il avait promis à sa bienfaitrice de la reconnaître toujours pour sa maîtresse et sa mère. Mais ayant donné sa confiance à Constantin, son oncle, il relégua Zoé dans l'île du Prince. Le peuple, irrité de cette ingratitude, proclama impératrice Théodora, n'ayant point Zoé en son pouvoir. Michel, hors d'état de se soutenir, fut contraint de se retirer dans le monastère de Stude avec son oncle. Le peuple les en tira de force le 21 avril 1042, et leur fit crever les yeux. Constantin souffrit ce supplice avec une fermeté digne d'une meilleure cause. Michel, au contraire, montra sa lâcheté et sa faiblesse par des lamentations, des pleurs et des cris affreux. (Le Beau.) L'oncle et le neveu furent ensuite relégués en deux monastères différents, où ils achevèrent leur destinée. Michel avait régné cinq mois et cinq jours. (Pagi.)

ZOÉ ET THÉODORA.

1042. Zoé, de retour à Constantinople, fut reconnue pour souveraine avec Théodora, sa sœur, après l'expulsion de Michel Calafate. Elles régnèrent moins de deux mois ensemble, quoique les historiens grecs en comptent trois, parce que leur règne commença dans le mois d'avril et finit dans le mois de juin. Ce fut pour la première fois qu'on vit l'empire soumis à deux femmes. On leur obéit d'abord avec joie, par respect pour le sang de Basile. Mais bientôt le peuple, se dégoûtant du gouvernement des deux sœurs, tout occupées d'amusemens frivoles, pressa Zoé de se remarier ; ce qu'elle fit, quoiqu'âgée de soixante-trois ans.

CONSTANTIN IX, dit MONOMAQUE.

1042. Constantin Monomaque, du rang des nobilissimes, exilé par Michel Paphlagonien, et rappelé après la mort de ce prince, épousa, le 11 juin 1042, l'impératrice Zoé, dont il avait été l'amant, et le lendemain, il reçut la couronne impériale. Ce fut un prince voluptueux et indolent, qui se laissa gouverner par Sclérène, sa maîtresse. Cette femme, à l'instigation de Romain Sclérus, son frère, engagea l'empereur à destituer le général Maniacès, distingué par plusieurs victoires sur les Sarrasins. Maniacès, outré de cet affront, se révolta, prit la pourpre, battit deux fois les troupes qu'on avait envoyées contre lui, et périt, sur la fin de 1042, dans la seconde bataille, entre les bras de la victoire. L'an 1044, nouvelle révolte. Léon Tornicius, parent de Monomaque, se fait proclamer empereur à sa place. Il assiége Constantinople, et manque l'occasion d'y entrer. Ses troupes l'abandonnent ; il est pris et à les yeux crevés. L'an 1050, selon Banduri, 1054, selon Pagi et M le Beau, Zoé meurt âgée de soixante-douze ou soixante-seize ans. L'an 1054, Monomaque, étant tombé malade, pense à se donner un successeur. Il jette les yeux sur Nicéphore Bryenne. Théodora, sa belle-sœur, en étant instruite, se fait reconnaître impératrice. Cette nouvelle accable Monomaque, et avance le moment de sa mort, que MM. Fleuri et Le Beau placent au 30 novembre 1054, en lui donnant douze ans et près de six mois de règne. La négligence de ce prince, tourmenté de la goutte depuis qu'il était sur le trône, donna lieu aux Turcs de faire de grands progrès en Syrie et en Asie, sous la conduite de Togrul-Beg, nommé par les Grecs Tragolipix. Ce fut sous le règne de Monomaque que se consomma le schisme des Grecs.

THÉODORA, IMPÉRATRICE.

1054. THÉODORA, sœur de Zoé, fut reconnue seule impératrice après la mort de Constantin Monomaque. Cette princesse, par le choix qu'elle sut faire de bons ministres et de bons généraux, rendit son gouvernement aimable au-dedans, et redoutable au-dehors. Elle mourut à l'âge de soixante-seize ans, le 22 août 1056, après dix-neuf mois de règne.

MICHEL VI, DIT STRATIOTIQUE.

1056. MICHEL, surnommé STRATIOTIQUE, succéda, le 22 août 1056, à Théodora, par le choix de cette impératrice. Il était vieux, ne savait que la guerre, et n'entendait nullement les affaires du gouvernement. Aussi s'éleva-t-il bientôt des révoltes contre lui. Isaac Comnène, s'étant mis à la tête de la dernière, l'obligea de lui céder la dignité impériale le 31 août 1057.

ISAAC COMNÈNE.

1057. ISAAC COMNÈNE, d'une famille illustre, qu'on croit originaire de Rome, fut proclamé auguste, par les troupes qu'il commandait en Asie, le 8 juin 1057, reconnu, le 31 août, à Constantinople, par Michel qui lui remit l'empire, et couronné le 1er. septembre de la même année. Il ne conserva cette dignité, selon Zonaras, que deux ans et trois mois, pendant lesquels il enchanta ses peuples par la sagesse de son gouvernement. Dégouté des grandeurs humaines, à l'occasion d'une maladie qu'il eut, il abdiqua l'empire, en 1059, en faveur de Constantin Ducas, au refus de Jean, son propre frère. Isaac se rendit ensuite au monastère de Stude, où il vécut encore un an dans l'état religieux. Après sa mort, son cadavre se fondit en peu de jours, ensorte que son cercueil se trouva rempli d'eau. L'impératrice CATHERINE, sa femme, fille de Samuel, roi des Bulgares, s'était d'abord opposée à sa retraite; mais ensuite elle prit le même parti avec Marie, sa fille.

CONSTANTIN X, DUCAS.

1059. CONSTANTIN X, DUCAS, né, l'an 1007, de l'illustre famille des Ducas, au moins par les femmes, couronné empereur le 25 décembre 1059, ne justifia pas le choix qu'Isaac Comnène avait fait de lui pour le remplacer. Il avait, à la vérité, du goût pour les lettres; mais il manquait des qualités essentielles pour le gouvernement. La réforme qu'il fit dans ses troupes, par esprit de lésine, enhardit les Turcs à faire des incursions sur les terres de l'empire. Sans la peste et les Bulgares qui les exterminèrent, ils eussent envahi l'Asie et la Thrace. Constantinople, pendant son règne, fut agitée violemment par des tremblements de terre, qui en renversèrent les plus beaux édifices. Ce prince mourut âgé de soixante ans, au mois de mai 1067, après sept ans cinq mois de règne. De l'impératrice EUDOCIE, son épouse, fille de Constantin Dalassène, princesse célèbre par ses talents, ses vertus et ses ouvrages, il laissa trois fils, Michel, Andronic et Constantin, avec trois filles, Anne, Théodora et Zoé, dont la deuxième épousa Dominique Silvio, qui fut doge de Venise.

Constantin étant au lit de la mort, fit promettre, par écrit, aux sénateurs, de ne point reconnaître après lui d'autres souverains que ses fils, et à sa femme de ne point se remarier.

EUDOCIE AVEC MICHEL VII, DIT PARAPINACE, ANDRONIC Ier. ET CONSTANTIN XI, SES FILS, ET ROMAIN IV, SURNOMMÉ DIOGÈNE.

1067. EUDOCIE, après la mort de l'empereur Ducas, son époux, prit en main les rênes de l'empire avec ses trois fils, MICHEL, ANDRONIC et CONSTANTIN. Romain Diogène, dont le père avait fini ses jours dans l'exil pour avoir usurpé la pourpre sous Romain Argyre, veut imiter son ambition, sans craindre le châtiment qu'elle lui avait attiré. Instruite de son dessein, Eudocie s'assure de sa personne, et le condamne à mort. Mais avant l'exécution, elle est curieuse de le voir. La bonne mine du coupable, et les grandes qualités qu'elle aperçoit en lui, charment l'impératrice, au point que, non contente de lui accorder sa grâce, elle pense à l'épouser. Un seul obstacle l'arrêtait ; c'était la promesse que Constantin Ducas en mourant l'avait obligée de signer. Pour la retirer des mains du patriarche, et l'engager à la déclarer nulle, elle lui fait espérer qu'elle choisira Bardas, son frère, ou son neveu, pour époux. Le prélat, séduit par cet appât, donne dans le piège. L'écrit rendu et annulé du consentement des sénateurs qu'il avait gagnés, l'impératrice fait aussitôt venir au palais ROMAIN DIOGÈNE, lui donne sa main et l'associe au trône. Ceci est du 1er. janvier 1068. Mais Eudocie ne fit une dupe que pour faire un ingrat. Diogène n'eut pas plutôt l'autorité souveraine en main, qu'il commença par exclure de l'administration des affaires l'impératrice et ses enfants. Eudocie profita du repos auquel son époux l'avait condamnée, pour mettre la dernière main à une espèce de dictionnaire qu'elle intitula : *Ionia*, *Violarium* ; ouvrage grammatical, mythologique et historique, qu'elle eut la générosité de dédier à Romain Diogène lui-même, et que M. d'Ansse de Villoison a donné au public, avec des dissertations et des notes qui en lèvent toutes les difficultés et en font sentir tout le mérite. Romain Diogène fit contre les Turcs trois campagnes, dont les deux premières furent heureuses. La dernière l'eût également été, si, content d'avoir chassé les Turcs hors des limites de l'empire, il ne les eût point poursuivis jusqu'en Perse, et ne leur eût livré bataille contre l'avis de ses généraux. Il fut pris au mois d'août 1071, et conduit au sultan Asan, qui lui rendit, peu de tems après, sa liberté. Mais au moment qu'on eut appris à Constantinople sa captivité, le césar Jean Ducas, oncle des jeunes princes, fit reléguer Eudocie dans un couvent, et déclarer seul empereur Michel, fils aîné de cette princesse. Diogène, revenant à Constantinople, fut arrêté sur la route par le gouverneur d'Arménie, qui lui fit crever les yeux avec tant de violence, qu'il en mourut au mois d'octobre de la même année 1071, dans l'île du Prince, où on l'avait confiné. Il laissa d'Eudocie, Constantin, qui épousa Théodora Comnène, Nicéphore, qui fut privé de la vue sous Alexis Comnène pour cause de révolte ; privation malgré laquelle il devint un célèbre mathématicien ; et Léon, qui périt dans un combat contre les Scythes. Romain avait eu d'une première femme un fils, qui passa au service des Turcs, et fut tué en combattant sous leurs drapeaux. A l'égard de l'impératrice Eudocie, elle vécut au-delà de l'an 1096.

MICHEL VII, fils de Constantin Ducas et d'Eudocie, surnommé PARAPINACE, parce qu'il usait de fourberie pour gagner sur le blé, fut un prince lâche et sans génie, dont l'innaplication et l'incapacité furent très-funestes à l'empire. Les Turcs seldgioucides d'un côté, les Sclaves et les Scytes de l'autre, firent de grands progrès en Asie et en Thrace sous son règne. L'an 1078, le peuple de Constantinople, partagé entre deux concurrents qui s'étaient élevés contre lui, l'obligea de descendre du trône le 31 mars. Il se retira au monastère de Stude, d'où il fut tiré dans la suite pour être fait archevêque d'Ephèse. Mais il n'alla qu'une seule fois dans son église, d'où, étant revenu aussitôt, il acheva sa vie dans son monastère, travaillant de ses propres mains. Michel avait régné six ans et environ six mois. Il eut de MARIE, son épouse, un fils, nommé Constantin, qui mourut, sous le règne d'Alexis Comnène, avec le titre d'auguste.

Michel, au commencement de son règne, avait envoyé deux

moines à Rome avec des lettres, où il témoignait son respect pour le pape, et son attachement à l'église romaine. Grégoire VII profita de cette ouverture pour travailler à la réunion des deux églises. Il chargea, l'an 1073, Dominique, patriarche de Venise, d'aller négocier cette importante affaire à Constantinople; et l'année suivante il adressa à tous les fidèles, une lettre datée du 1er. mars, pour les engager à réunir leurs forces contre les Turcs en faveur des Grecs. On peut regarder cette lettre, dit M. le Beau, comme le premier son de trompette qui réveilla l'Occident, et commença d'allumer dans les cœurs le feu des croisades.

NICÉPHORE BOTONIATE ET NICÉPHORE BRYENNE.

1078. NICÉPHORE BOTONIATE et NICÉPHORE BRYENNE furent déclarés tous deux empereurs l'an 1077; le premier en Orient, le 10 octobre, par l'armée qu'il commandait; le second en Occident, aussi par ses troupes, le 3 du même mois. Botoniate, appuyé des Turcs, marche à Constantinople, où il fit son entrée le 25 mars 1078. Il y fut couronné, le 3 avril suivant, par le patriarche Cosme, et non par Emilien, patriarche d'Antioche, comme le prétendent des modernes. Maître de la capitale, il fit la guerre à Bryenne qui, ayant été fait prisonnier par Alexis Comnène, fut amené à Constantinople, et eut les yeux crevés. Alexis délivra ensuite Botoniate d'un autre rival, nommé Basilace, qui avait pris la pourpre à Thessalonique. Mais s'étant depuis brouillé avec Botoniate, il se révolta lui-même, et se fit proclamer empereur dans la Thrace au mois de mars 1081. Il s'achemine aussitôt vers Constantinople qu'il prend le 1er. avril suivant. Le faible Botoniate, se voyant abandonné, s'enfuit dans un monastère, où il mourut peu de tems après. Il avait épousé, 1°. VERDINE; 2°. MARIE, femme de Parapinace, du vivant de ce prince. Il paraît qu'il ne laissa point d'enfants. A l'égard de Nicéphore Bryenne, il eut un fils, nommé comme lui, qui devint l'époux d'Anne, fille d'Alexis Comnène, et composa l'histoire grecque de son tems.

ALEXIS Ier., COMNENE.

1081. ALEXIS Ier., COMNÈNE, fils de Jean Comnène, né l'an 1048, proclamé empereur au mois de mars 1081, fut couronné le 1er. avril suivant. Le 18 octobre de la même année, il fut battu, près de Duras, en Dalmatie, avec une armée de cent soixante-dix mille hommes, par Robert Guiscard, duc de Calabre, qui n'en avait que quinze mille. Il le fut encore deux fois, l'an 1083, par Boémond, fils de Guiscard, qui mit ensuite le siége devant Larisse, en Thessalie. Mais Alexis, avec le secours des Turcs, l'obligea de se retirer avec perte. L'an 1084, les Vénitiens, s'étant alliés avec Alexis, remportèrent deux victoires sur Guiscard, qui eut sa revanche dans un troisième combat. Les Turcs cependant poussaient leurs conquêtes en Asie. L'an 1092, Alexis, pressé de toutes parts, envoya demander du secours en Occident. Le pape Urbain II lui promit trois cent mille hommes. La croisade, publiée en 1095, tripla ce nombre et au-delà. L'an 1096, Alexis vit arriver une partie de la première division des croisés, conduite par Gautier, dit *Sans-Avoir*, lieutenant de l'ermite Pierre, auteur de la croisade, qui le suivait de près avec l'autre. Le tout n'était qu'un ramas de brigands. Les désordres qu'ils commirent sur les terres de l'empire, et sur-tout aux environs de Constantinople, firent regarder à l'empereur cette milice comme des ennemis non moins dangereux que les Turcs. Pour s'en délivrer, il se hâta de leur faire passer le Bosphore. La deuxième division, qui parut ensuite, ne lui inspira pas plus de confiance. Elle était, à la vérité, mieux disciplinée; mais il y voyait, entre les chefs, Boémond, son ennemi capital. Alexis fit néanmoins un traité avec eux; après quoi ils passèrent en Asie, et commencèrent leurs conquêtes par la prise de Nicée. Depuis ce tems, si l'on en croit les historiens latins, Alexis n'oublia rien pour faire périr les croisés en Asie. On cite même une lettre des chefs de la croisade au pape Urbain, où ils disent que l'empereur grec leur fit tout le mal qui fut en son pouvoir. Ce qui est certain, c'est que, de part et d'autre, on se manqua de parole. Alexis avait promis un corps de troupes aux croisés, et ne le fournit pas. Les croisés, par représailles, manquèrent à la promesse qu'ils lui avaient faite de restituer à l'empire les conquêtes qu'ils feraient sur les Turcs. Delà vint la mésintelligence qui régna perpétuellement entre les croisés et les Grecs. Alexis mourut le 15 août 1118, âgé d'environ soixante-dix ans, après un règne de trente-sept ans, quatre mois et demi. On ne peut refuser à ce prince de la valeur, de l'équité envers ses sujets, du savoir et du zèle pour la conversion des Hérétiques. Il paraît qu'il fut toujours en communion avec l'église romaine, Il laissa d'IRÈNE DUCAS, son épouse, qui lui survécut et finit ses jours dans un monastère, Jean, son successeur; Isaac Comnène, tige des empereurs de Trébisonde; Anne, mariée à Nicéphore Bryenne, le fils, et auteur d'une vie de son père en quinze livres; Théodora, femme de Constantin l'Ange, souche des l'Ange, qui parvinrent à l'empire, etc. L'empereur Alexis Comnène fut surnommé *Bambacorax*, parce qu'il était bègue et qu'il avait la voix rauque : défaut dont Anne, sa fille, convient. (Liv. I, p. 19.)

JEAN COMNÈNE.

1118. JEAN COMNÈNE, né l'an 1088, déclaré auguste par l'empereur Alexis, son père, à l'âge de quatre ans, lui succéda le 15 août 1118. On a donné à ce prince deux surnoms qui semse contredire. Les uns l'ont surnommé le MAURE, à cause de la couleur de ses cheveux et de sa peau : *carne et capillo niger*, dit Guillaume de Tyr ; les autres l'ont appellé CALOJEAN, ou le BEAUJEAN, à cause de ses talents et de ses vertus ; et c'est la dénomination sous laquelle il est le plus connu. Irène, sa mère, et Anne, sa sœur, après la mort d'Alexis, firent leurs efforts pour faire tomber l'empire à Nicéphore Bryenne, époux de la dernière, et mirent un grand nombre d'officiers du palais dans leur parti ; mais la prudence de Jean dissipa cette conjuration. Anne, dans l'impuissance de sa fureur, se plaignit de n'être pas homme pour avoir la force de tuer son frère. Les Turcs seldgioucides ayant rompu la paix qu'ils avaient faite avec Alexis, Jean marcha contre eux l'an 1120, et reprit plusieurs places qu'ils avaient enlevées à l'empire. Ses armes ne furent pas moins heureuses en Thrace contre les Turcs patzinaces, qui avaient passé le Danube. Il vainquit aussi les Triballes, appellés dès-lors Serviens. L'an 1143, s'étant fait une blessure à la chasse avec une flèche empoisonnée, il en meurt, en Cilicie, le 8 avril, à l'âge de cinquante-cinq ans, après un règne de vingt-quatre ans, sept mois et vingt-quatre jours. (*V.* Raimond, prince d'Antioche.) De PYRISCA, dite IRÈNE, son épouse, fille de Geisa I, roi de Hongrie, qu'il avait épousée avant l'an 1105, morte en 1124, il laissa Isaac et Manuel, son successeur, avec trois filles. « Ce » prince, héritier, dit M. le Beau, du courage, de la prudence » et des autres grandes qualités de son père, le surpassa encore » par une vertu sans mélange d'aucun vice. Il eût été digne de » naître dans les beaux jours de l'empire Romain ; c'est le Marc-» Aurèle de Constantinople ». Son corps fut rapporté dans cette ville et inhumé dans la grande église.

MANUEL COMNÈNE.

1143. MANUEL COMNÈNE, né l'an 1120, désigné empereur, au préjudice d'Isaac, son aîné, par Jean Comnène, son père, au lit de la mort, fut reconnu, par tous les ordres de la ville impériale, le même jour qu'on y apprit la mort de son père. Ce fut à la diligence et à la dextérité du grand domestique Axuch, qui était parti de Cilicie au moment que l'empereur Jean expirait, qu'il fut redevable de la réunion des suffrages en sa faveur. Manuel ne tarda pas à le suivre, et fut couronné par le nouveau patriarche Michel Curcuas. Le premier usage, qu'il fit de son autorité, fut de remettre en liberté les deux Isaac, son oncle et son frère aîné, qu'Axuch avait fait enfermer pour prévenir une sédition. Manuel, dans la même année, marcha contre Masoud, sultan d'Iconium, qu'il réduisit, après plusieurs victoires remportées sur lui, à demander la paix. L'année suivante, il fit la guerre avec le même succès, par ses généraux, à Raimond, prince d'Antioche. (*V.* l'art. de ce dernier.) L'an 1147, l'arrivée d'une nouvelle armée de croisés, marchant en deux divisions sous les ordres, l'une de l'empereur Conrad, l'autre du roi Louis le Jeune, donna l'alarme à Manuel et aux Grecs. Manuel ne consulta que ses craintes et ses défiances dans le traitement qu'il leur fit. *Il n'y avait malice*, dit Nicétas, historien grec, *que ce prince ne fit aux croisés, et n'ordonnât de leur faire, pour servir d'exemple à leurs descendants, et les détourner de venir sur les terres de l'empire grec.* Il faut cependant avouer, avec Odon de Deuil, que la conduite brutale des Allemands, sur la route, avait donné lieu à de grandes plaintes. On prétend que Manuel s'entendit avec le sultan Masoud pour les faire périr. Du moins est-il certain que la perfidie des guides, qu'il leur donna pour traverser l'Asie, fut cause de leur perte. Égarés par ces traîtres dans des lieux impraticables, il n'en échappa pas la dixième partie à la misère et au fer des ennemis. Louis le Jeune, dont les troupes se comportèrent avec plus de modération, fut reçu avec de grands honneurs à Constantinople. Roger II, roi de Sicile, avait fait, l'an 1146, une descente dans la Grèce, d'où il avait emporté un immense butin. Manuel, par représailles, lui enlève, l'an 1149, après de longs et pénibles efforts, l'île de Corfou. La guerre continue entre ces deux puissances durant cinq ans. (*Voy.* les rois de Sicile; *voy. aussi* Kilidge Arslan II, *sultan d'Iconium, pour les guerres qu'il eut avec Manuel.*) L'an 1180, Manuel finit ses jours le 24 septembre, âgé de soixante ans, après avoir régné trente-sept ans, cinq mois et seize jours. En mourant, il demanda pardon d'avoir ajouté foi aux astrologues qui lui avaient promis encore quatorze ans de règne. Ce prince, de même que son père et son aïeul, se montra bien intentionné pour la réunion des deux églises. Mais il prétendait, à l'exemple de la plupart de ses prédécesseurs : être l'arbitre né des controverses théologiques, même des plus frivoles; et malheur à quiconque ne se rendait pas à son sentiment, la déposition ou l'exil était la peine de son opposition. Les Grecs et les Latins se sont accordés à décrier l'empereur Manuel;

ceux-là, parce qu'il les avait accablés d'impôts; ceux-ci, parce qu'il en avait mal usé envers les croisés. Mais les besoins de l'état justifiaient ses exactions, et la conduite des croisés à son égard semblait l'autoriser à les traiter en ennemis. Une faute, plus réelle et plus grave en politique, qu'on lui reproche, c'est d'avoir aboli la marine, parce qu'elle coûtait trop à entretenir. Il avait épousé, 1°., l'an 1144, BERTHE, dite IRÈNE par les Grecs, sœur de Gertrude, femme de l'empereur Conrad, dont il laissa Marie Comnène, femme de Rainier, marquis de Montferrat; 2°., l'an 1161, MARIE, fille de Raimond, prince d'Antioche, dont il eut Alexis, qui suit. Manuel eut encore d'un commerce scandaleux avec Théodora, sa nièce, femme hautaine et arrogante, un fils, nommé aussi Alexis, à qui Andronic fit crever les yeux en 1185, et qu'on ne doit pas confondre avec Alexis, neveu de ce même empereur. (*V.* les rois de Hongrie, Geisa II et Etienne II, pour les guerres que Manuel eut avec eux.)

ALEXIS II, COMNENE.

1180. ALEXIS II, COMNÈNE, fils de Manuel et de Marie, né le 10 septembre 1167, parvint à l'empire le 24 septembre 1180, sous la tutèle de sa mère. Cette princesse fit part de la régence au sébastocrator Alexis, neveu de Manuel. Ce choix ne fut pas heureux. L'abus que le sébastocrator fit de son autorité, souleva la plupart des grands contre lui. Ils appelèrent à leur secours Andronic, cousin du défunt empereur, qui l'avait envoyé en exil. Andronic, s'étant rendu maître de Constantinople au mois d'avril 1182, fit crever les yeux au sébastocrator, et s'empara de la régence. A peine en fut-il revêtu, qu'il fit massacrer tous les latins établis à Constantinople, sans épargner ni sexe, ni âge, ni condition. Le 16 mai de la même année 1182, il fit couronner le jeune Alexis avec AGNÈS, fille de Louis le Jeune, roi de France, qui lui était fiancée depuis le 2 mars 1180. La mort de l'impératrice Marie suivit de près cette cérémonie. Andronic la fit étrangler, après en avoir fait signer l'ordre par l'empereur. L'an 1183, Andronic se fait associer à l'empire dans le mois de septembre. Au mois d'Octobre suivant, il fait étrangler Alexis avec la corde d'un arc. Le cadavre de ce malheureux prince lui ayant été apporté, il le poussa du pied en disant que *sa mère avait été une impudique, son père un parjure, et lui un imbécille.* Alexis avait régné trois ans et quelques jours. Ce prince était né sans esprit et avec des penchants vicieux, que l'éducation n'avait pu réformer.

ANDRONIC, 1, COMNENE, dit le Vieux.

1183. ANDRONIC I, petit-fils de l'empereur Alexis I, par Isaac son père, fut reconnu seul empereur au mois d'octobre 1183, après la mort du jeune Alexis. Les seules villes de Pruse et de Nicée lui refusèrent l'obéissance. Andronic, les ayant réduites, y commit des cruautés inouies. L'an 1185, Guillaume, roi de Sicile, excité par Alexis, neveu de l'empereur Manuel, entreprit la conquête de l'empire grec. Dans ce dessein, il fait partir une flotte avec une forte armée de terre. Ses généraux, après avoir pris Duras le 24 juin, Thessalonique le 25 août suivant, marchent droit à Constantinople. Andronic envoye contre eux un corps de troupes, qui fut mis en fuite au premier choc. Furieux de ce revers, il s'en prit à plusieurs seigneurs de Constantinople, qu'il soupçonnait faussement d'intelligence avec l'ennemi. Il en fit mourir la plupart. Du nombre de ces innocentes victimes devait être Isaac l'Ange, qui lui était d'ailleurs odieux, parce que le peuple l'aimait. Isaac se sauve dans l'église de Sainte-Sophie, où le peuple, s'étant attroupé, le proclame empereur. Andronic, à cette nouvelle, veut s'enfuir par mer. Il est pris, chargé de chaînes, et ramené aux pieds d'Isaac, qui l'abandonne à la populace. Il n'y eut sorte de tourments et d'outrages qu'on ne lui fît subir durant plusieurs jours. Il les soutint avec une grande fermeté, ne disant autre chose que *Kyrie eleison*. Enfin, après avoir été promené par la ville, monté sur un chameau, il fut mené au théâtre où on le pendit par les pieds. Andronic expira de cette sorte le 12 septembre 1185. Il avait épousé en troisièmes noces AGNÈS DE FRANCE, fiancée à son devancier. Andronic, s'il eût su modérer la fougue de son caractère emporté et violent, était capable de régner avec gloire. Il aimait la justice, craignait de fouler le peuple, et punissait sévèrement la rapacité de ceux qui levaient les deniers publics. Il avait d'ailleurs l'esprit orné, parlait avec une éloquence persuasive, et composait avec facilité.

ISAAC L'ANGE.

1185. ISAAC L'ANGE, nommé CURSATH par les Latins, issu d'Alexis Comnène par les femmes, succéda, le 12 septembre 1185, au vieux Andronic, du vivant duquel il avait été couronné. Ce fut un prince faible, indolent et voluptueux, qui abandonna le soin des affaires à des ministres indignes de sa confiance. Il eut cependant le bonheur, au commencement de son règne, de battre les Siciliens, et de recouvrer sur eux la Thessalie, par la valeur du général Uranus. Celui-ci s'étant révolté depuis, perdit la vie devant Constantinople qu'il assiégeait. L'an 1195, Isaac l'Ange, devenu odieux à tout le monde par ses débauches et ses cruautés, fut détrôné, le 8 avril par Alexis l'Ange, son frère, qui le fit enfermer, après lui avoir fait crever les yeux. Il avait régné neuf ans, six mois et vingt-six jours. Ce prince eut, d'une première femme, Alexis, depuis empereur, et Irène, mariée, 1°. à Roger, roi de Sicile; 2°. à Philippe de Suabe. MARGUERITE, fille de Béla, roi de Hongrie, sa seconde femme, lui donna Manuel, à qui Boniface, marquis de Montferrat, fit prendre vainement le titre d'empereur, après avoir épousé sa mère.

ALEXIS III, L'ANGE, DIT COMNENE.

1195. ALEXIS L'ANGE succéda, le 8 avril 1195, à son frère Isaac, et prit le nom de COMNÈNE. Alexis le Jeune, fils d'Isaac, s'étant évadé, se sauva d'abord en Italie, vint à Rome porter ses plaintes au pape, et passa ensuite en Allemagne, où il fut bien reçu par Philippe de Suabe, alors empereur, son beau-frère. De là, étant venu dans les états de Venise, il s'adressa aux croisés qui s'y trouvaient, pour en obtenir du secours contre son oncle. Il fit un traité avec eux; après quoi leur armée ayant mis à la voile, arriva, le 23 juin 1203, à la vue de Constantinople. La ville fut attaquée aussitôt et emportée d'assaut le 18 juillet suivant. L'empereur Alexis, détesté de ses sujets, prit la fuite, après huit ans, trois mois et dix jours de règne. Ce prince, devenu fugitif, courut diverses aventures, et fut arrêté par le marquis de Montferrat : s'étant échappé de ses mains, il se réfugia, l'an 1204, chez le sultan d'Iconium, et tomba, l'année suivante, entre les mains de Théodore Lascaris, son gendre : c'était son ennemi déclaré. Lascaris le fit enfermer dans un monastère, où il finit ses jours. Alexis l'Ange n'avait ni courage ni sentiment d'honneur. Pour se livrer à la débauche, il avait abandonné les rênes du gouvernement à sa femme EUPHROSYNE DUCÈNE, qui les mania au gré de son avarice et de son orgueil. S'étant laissé battre par les Turcs et les Bulgares, il n'avait terminé cette guerre honteuse, qu'en achetant bassement la paix à force d'argent. De son mariage il laissa trois filles, Irène, femme d'Alexis Paléologue; Anne, mariée en premières noces à Isaac Comnène, et en secondes à Théodore Lascaris; Eudocie, qui épousa successivement Étienne, roi de Servie, Alexis Murzuphle, empereur, et Léon, qui se rendit maître de Corinthe après la deuxième prise de Constantinople.

C'est Alexis l'Ange qui créa la dignité de despote, et qui lui donna le premier rang après l'empereur, au-dessus de l'auguste et du césar. Les despotes étaient ordinairement les fils ou les gendres des empereurs. Le prince de Valachie, et quelques autres petits souverains tributaires du turc, prennent encore ce titre. On appela despotats les apanages qu'ils eurent. De-là le nom de despotat qu'a toujours conservé depuis la Livadie, qui est l'ancienne Etolie.

ISAAC L'ANGE *rétabli*, ALEXIS IV, LE JEUNE, SON FILS, NICOLAS CANABÉ, ALEXIS DUCAS, DIT MURZUPHLE.

1203. ISAAC L'ANGE fut tiré de prison le 18 juillet 1203, et remis sur le trône. Aussitôt il ratifia le traité fait entre les croisés et Alexis, son fils, qui fut couronné le premier août de la même année. Le jeune Alexis, maître des affaires, se fit généralement haïr par la dureté avec laquelle il tirait de ses sujets l'argent qu'il avait promis aux croisés. Ceux-ci, de leur côté, tandis qu'ils attendaient leur paiement et la saison propre à s'embarquer, achevaient de pousser à bout les Grecs par leur licence. Alexis Ducas, surnommé Murzuphle, de l'épaisseur de ses sourcils, profita de ce mécontentement pour exciter une sédition. Elle éclata tout à coup le 25 janvier 1204. Le peuple, s'étant assemblé tumultuairement, demanda un autre empereur. NICOLAS CANABÉ fut élu sur champ, et sacré au bout de trois jours. Isaac l'Aveugle était à l'agonie, et mourut dans ces entrefaites. Murzuphle, s'étant saisi du jeune Alexis, le dépouilla des habits impériaux, dont il se revêtit, et le jeta dans une affreuse prison. Il y mit aussi Canabé. Ayant ensuite essayé d'empoisonner Alexis sans pouvoir y réussir, il l'étrangla le 8 février 1204. Alexis n'avait régné que six mois et huit jours. Les croisés alors se crurent en droit de conquérir l'empire grec. La chose fut ainsi décidée par les évêques. Les Français et les Vénitiens, ayant fait entre eux un traité pour le partage de la conquête, attaquent Constantinople, et la prennent par escalade le lundi 12 avril de l'an 1204 de J. C., 6712 de l'ère des Grecs, ou de Constantinople, indiction VII, selon Nicétas et Ducas. La nuit suivante, Murzuphle s'enfuit, après avoir régné deux mois et demi. Le lendemain, on permit le pillage, mais avec défense de toucher aux choses sacrées, de mettre à mort les habitants, d'attenter à l'honneur des femmes, et avec ordre, sous peine de la vie, de porter tout le butin dans trois églises désignées, pour être ensuite distribué à chacun dans une proportion équitable. Ces sages précautions des chefs furent, à la vérité, mal observées Mais il s'en faut bien que les désordres, auxquels se livrèrent les vainqueurs, aient approché de la description horrible qu'en ont faite les historiens grecs. « Les prêtres et les moines, qui se trouvaient en grand nombre entre les croisés, travaillèrent avec tant de zèle à calmer la fureur de la victoire, qu'il n'y eut dans la ville que deux mille hommes de tués, encore le furent-ils presque tous par des Latins qu'Alexis avait chassés de Constantinople ». (Le Beau.) Les reliques furent le butin que les Latins se crurent le plus permis. Il y en avait une quantité prodigieuse à Constantinople. Elles se répandirent depuis dans les églises d'Occident, et sur-tout en France. Après la prise de Constantinople, les croisés nommèrent douze électeurs pour choisir un empereur, six français et six vénitiens. L'élection, s'étant faite le 2ᵉ dimanche après Pâques (9 mai), tomba sur Baudouin, comte de Flandre. Mais avant que de procéder à cette opération, les chefs de la croisade avaient eu soin de se réserver dans la conquête des lots qui restreignirent beaucoup le nouvel empire, et le réduisirent presque à la Thrace et à la Mésie. Les Vénitiens se donnèrent les îles vers le Péloponèse, et quelques villes des côtes de Phrygie, qui n'avaient point subi le joug des Turcs; Boniface, marquis de Montferrat, prit pour lui les provinces situées au-delà du Bosphore; le lot de Villehardouin, maréchal de Champagne, fut l'Achaïe, ou la Grèce proprement dite; et Jacques d'Avennes du Haïnaut eut l'île Eubée, ou le Negrepont pour son partage. L'empereur latin n'avait même la souveraineté que dans un quart de la ville de Constantinople, dont les trois autres quarts étaient partagés entre les Français et les Vénitiens.

EMPEREURS FRANÇAIS.

BAUDOUIN I.

1204. BAUDOUIN I, comte de Flandre, fut couronné empereur, le 16 mai 1204, dans l'église de Sainte-Sophie. Cette cérémonie faite, les croisées procédèrent à un nouveau partage. Le marquis de Montferrat, au lieu des provinces d'au-delà du Bosphore, aima mieux la Thessalie, qui le raprochait des états du roi de Hongrie, son beau-frère, et on l'érigea en royaume; le comte de Blois eut la Bithynie avec le titre de duché. Un gentilhomme de Bourgogne, nommé la Roche, obtint Athènes; de là vinrent les sires de Thèbes et les ducs d'Athènes. Guillaume de Champlitte, seigneur franc-comtois, eut l'Achaïe, ou la Grèce proprement dite. On créa diverses autres principautés pour récompenser les différents chefs de l'armée; mais les mieux partagés furent les Vénitiens. (*V.* Henri

Dandolo, *doge de Venise*.) La fuite de Murzuphle ne le déroba pas à la vengeance des croisés. Il fut arrêté près du Bosphore par Thierri de Loos, suivant Villehardouin, et amené au nouvel empereur qui, par jugement de son conseil, le condamna à être précipité du haut d'une colonne très-élevée, qui était au milieu de la ville; ce qui fut exécuté. *Et oyez*, dit cet écrivain, *une grant merveille, que en cele columne, dont il chait aval, avoit images de maintes manieres ovrées el marbre. Et entre celes images si en avoit une qui ert laborée en forme d'empereur, et cele si chait outre val. Car de long-tems ert proféticie qui auroit un empereur en Constantinople, qui devoit estre gitez aval de la columne. Et ensi fut cele semblance et cele proféticie averée.* L'année suivante, Baudouin fut défait, le 15 avril, près d'Andrinople, et fait prisonnier par Joannice, roi des Bulgares, que les Grecs avaient appelé à leur secours. Ce roi barbare, après avoir retenu Baudouin près d'un an dans les fers, lui fit couper les bras et les jambes, et jeta le tronc dans un précipice, où il fut la proie des oiseaux, et mourut au bout de trois jours. Tel est le récit que Nicétas Choniate fait de la mort de Baudouin. Les autres historiens ne conviennent pas de ces circonstances. Meyer et Raynaldi laissent en doute s'il fût tué sur le champ de bataille, ou fait seulement prisonnier. Mais la réponse que le roi des Bulgares fit au pape Innocent III, qui lui avait écrit pour demander l'élargissement de l'empereur, lève toute difficulté. Joannice marqua au pape qu'il ne pouvait lui donner cette satisfaction, parce que Baudouin était mort dans sa prison : *quia debitum carnis exsolverat, cum in carcere teneretur.* (*Gesta Innocentii III*, pag. 117.) Baudouin est fort loué, même par les Grecs, pour sa charité, sa justice et sa chasteté. (*Voyez* Baudouin IX, *comte de Flandre.*)

HENRI I.

1206. HENRI I, frère de Baudouin, né à Valenciennes l'an 1174, élu régent de l'empire après la bataille d'Andrinople, fut élevé sur le trône impérial lorsqu'on se crut assuré de la mort de Baudouin. Son couronnement se fit à Sainte-Sophie, le 20 aout 1206. Henri continua la guerre contre les Bulgares, qui furent à la fin réduits à demander la paix. Il tourna ensuite ses armes contre Théodore Lascaris, son rival, avec lequel il eut une guerre opiniâtre et cruelle. Les hostilités finirent par une trève, durant laquelle Henri mourut, le 11 juin 1216, dans la quarante-troisième année de son âge, et la dixième de son règne. Il avait épousé, 1°. AGNÈS, fille du marquis de Montferrat; 2°. N. fille de Joannice, roi des Bulgares, laquelle, dit-on, l'empoisonna.

PIERRE DE COURTENAI.

1216. PIERRE DE COURTENAI, comte d'Auxerre, petit-fils de Louis le Gros, roi de France, par Pierre de France, son père, époux d'Isabelle de Courtenai, fut élu par les barons de Constantinople, au refus d'André, roi de Hongrie, pour succéder à l'empereur Henri. Etant parti d'Auxerre à cette nouvelle, avec YOLANDE, sa seconde femme, il vint à Rome pour s'y faire couronner par le pape Honorius III. Le pontife lui refusa d'abord cette faveur pour deux raisons; la première, pour ne pas donner atteinte aux droits du patriarche de Constantinople; la seconde, parce qu'il ne convenait pas, selon lui, de couronner en Occident un empereur d'Orient. Mais à la fin, vaincu par les instances de Pierre et de sa femme, il fit la cérémonie le 9 avril 1217, non dans l'église de Saint-Pierre, mais dans celle de Saint-Laurent, hors des murs, afin que Pierre ne pût s'en prévaloir pour étendre ses prétentions sur l'empire d'Occident. Pierre s'embarqua ensuite à Brindes, sur des vaisseaux de la république de Venise, assiégea, mais inutilement, Duras, qu'elle revendiquait sur Théodore l'Ange Comnène, qui s'en était rendu maître; et, s'avançant de là par terre vers Constantinople, il fut arrêté dans un repas par ce même Théodore, contre la foi d'un traité qu'ils avaient fait ensemble. Ce perfide, qu'il ne faut pas confondre avec Théodore Lascaris, qui régnait alors à Nicée, passa au fil de l'épée, peu d'heures après, la petite armée de Pierre, et fit mourir, au mois de janvier 1218, au plus tard, Pierre lui-même en prison. Yolande, qui était arrivée par mer à Constantinople, gouverna fort sagement pendant la prison de son mari, et mourut au mois d'août 1219. Cette princesse, sœur des empereurs Baudouin et Henri, eut de son époux, Pierre, destiné à l'état ecclésiastique Philippe, marquis de Namur, Robert, qui suit, Henri, marquis de Namur après Philippe, Baudouin, successeur de Robert, Yolande, deuxième femme d'André II, roi de Hongrie, Marie, alliée, en 1219, à Théodore Lascaris Ier, empereur des Grecs, Marguerite, nommée Sibylle par Albéric dans sa Chronique, mariée, vers l'an 1210, à Raoul III, seigneur d'Issoudun; puis, en 1217, à Henri, comte de Vianden au duché de Luxembourg; Elisabeth, dite aussi Sibylle, femme, 1° de Gaucher, fils de Milon IV, comte de Bar-sur-Seine; 2° d'Eudes de Bourgogne, seigneur de Montaigu; Eléonore, femme de Geoffroi de Villehardouin II du nom, prince d'Achaïe; Constance et Sibylle, mortes à Fontevrault. (*V. Agnès, comtesse de Nevers*, première femme de Pierre de Courtenai.)

ROBERT DE COURTENAI.

1221. ROBERT, second fils de Pierre et d'Yolande, succéda dans l'empire à son père, l'an 1219, au refus de son aîné Philippe, comte de Namur. Etant parti de France sur la fin de 1220, il fut couronné à Sainte-Sophie de Constantinople, le 25 mars 1221. Pendant l'interrègne il y avait eu deux régents de suite, Conon de Béthune, sénéchal de Romanie, qui mourut peu de mois après avoir été nommé par les barons, et Marin Michel, qui remit à Robert le gouvernement après son sacre. Robert, indolent, voluptueux, donna lieu, par sa négligence, à l'établissement de deux nouveaux empires, outre l'empire de Nicée; savoir, celui de Trébisonde, et celui de Thessalonique. Jean Vatace, empereur de Nicée, après avoir battu Robert, l'an 1224, à la journée de Pimarin, et resserré par ses conquêtes l'empire des Latins dans le territoire de Constantinople, obligea Robert à lui demander la paix, et ne la lui accorda qu'à des conditions humiliantes. Robert mourut, en 1228, du chagrin que lui causa l'outrage qu'on avait fait à une demoiselle d'Artois, qu'il voulait épouser.

BAUDOUIN II ET JEAN DE BRIENNE.

1228. BAUDOUIN II, fils de Pierre de Courtenai et d'Yolande, né à Constantinople, succéda, l'an 1228, à Robert, son frère, n'ayant tout au plus que onze ans. JEAN DE BRIENNE, ci-devant roi de Jérusalem, et alors occupé à faire la guerre en Italie à l'empereur Frédéric II, son gendre, pour le pape Grégoire IX, fut appelé, l'an 1229, par les barons, avec la permission du pontife, pour gouverner pendant la minorité de Baudouin: il gouverna effectivement avec titre d'empereur à vie depuis l'an 1231, époque de son arrivée, jusqu'en 1237, et mourut le 23 mars de cette année, à l'âge de quatre-vingt-neuf ans. C'était un vieillard vénérable et vigoureux, qui joignait à une taille avantageuse et bien proportionnée, beaucoup de probité, de prudence et de valeur. Baudouin, à la mort de son tuteur, était en Flandre, où il sollicitait du secours contre les Grecs. De retour, il remporta des avantages considérables sur eux, l'an 1240: mais ne se trouvant plus en forces les années suivantes, il vint en Italie, sur la fin de 1244, pour implorer de nouveaux secours. Ceux qu'il obtint ne détournèrent point le malheur qui le menaçait. L'an 1261, le césar Alexis Stratégopule, envoyé par l'empereur Michel Paléologue contre Michel, despote d'Épire, s'empara de Constantinople, sans dessein prémédité, la nuit du 25 juillet. Baudouin, réduit alors à se sauver dans une barque, passe dans l'île de Négrepont, et de là en Italie, où il mourut sur la fin de 1273. Ainsi finit la domination des Francs à Constantinople, dont ils avaient été maîtres l'espace de cinquante-sept ans. Baudouin laissa de MARIE, sa femme, fille de Jean de Brienne, qu'il avait épousée l'an 1234, un fils nommé Philippe, qui mourut, l'an 1274, avec le vain titre d'empereur de Constantinople. *Cest empereur*, dit le Miroir Historial, en parlant de Baudouin, *estoit jeune de sens et de simple gouvernement. Il despendit le sien follement ; par quoy ses chevaliers le laisserent.* (*Voyez* Baudouin II , comte de Namur.)

EMPEREURS GRECS.

THEODORE LASCARIS I.

1204. THÉODORE LASCARIS I, époux d'Anne, fille d'Alexis l'Ange, passa en Natolie après la prise de Constantinople, et s'y fit reconnaître en qualité de despote. Deux ans après (l'an 1206), il se fit proclamer empereur à Nicée. Il étendit sa domination dans l'Asie jusqu'au Méandre, tandis qu'un autre grec, nommé Maurozume, occupait ce qui est de l'autre côté de ce fleuve. Deux princes de la maison des Comnène, David et Alexis, qui étaient frères, s'emparèrent dans le même tems, le premier de la Paphlagonie, le second de Trébisonde et de la Colchide, appelée Lazique dans le bas-empire. Théodore Lascaris fut le plus grand homme de guerre, et le meilleur politique de son tems. Il établit une sage police dans ses états. Placé entre les Latins et les Turcs, il soutint avec valeur les efforts obstinés qu'ils firent de part et d'autre pour le dépouiller. Théodore mourut l'an 1222, après avoir régné dix-huit ans depuis la prise de Constantinople par les Latins. Il avait épousé, 1°. comme on l'a dit, ANNE COMNÈNE, dont il eut Hélène, mariée à Jean Vatace, qui suit ; Marie, femme de Bela IV, roi de Hongrie, et Eudoxie ; 2°. PHILIPPINE, fille de Rupin, prince d'Arménie, qu'ils répudia après en avoir eu un fils mort avant lui ; 3°. l'an 1219, MARIE, fille de l'empereur Pierre de Courtenai, morte peu de tems après son époux.

JEAN DUCAS VATACE.

1222. JEAN DUCAS VATACE succéda, l'an 1222, à Théodore Lascaris, son beau-père. Il se trouva pour lors quatre princes qui prenaient le titre d'empereur de Constantinople ; savoir, Robert de Courtenai, qui était en possession de la ville ; Jean Ducas Vatace, à Nicée ; David Comnène, à Trébisonde ; et Théodore l'Ange Comnène, à Thessalonique. Vatace fit de rapides conquêtes sur les Français, et resserra leur empire jusques dans le territoire de Constantinople. L'an 1240, l'empereur Baudouin II l'obligea de lever le siége de Constantinople, qu'il faisait pour la troisième fois. Ayant fait ensuite la paix avec les Latins, Vatace tourne ses armes contre les Bulgares, et leur enlève plusieurs places. Il soumit aussi par la force plusieurs villes grecques, qui ne voulaient point le reconnaître. Vatace, couvert de gloire et chéri de ses peuples, mourut, le 30 octobre 1255, à l'âge de soixante-deux ans, après en avoir régné trente-trois. Il avait épousé, 1°. HÉLÈNE LASCARIS, dont il eut Théodore, qui suit ; 2°. ANNE, fille naturelle de Frédéric II, empereur d'Allemagne.

THEODORE LASCARIS II.

1255. THÉODORE LASCARIS II, fils de Jean Vatace, lui succéda, l'an 1255, à l'âge de trente-trois ans, et fut couronné le jour de Noël de la même année. (Mansi.) L'an 1257, il fut attaqué par Michel, roi des Bulgares, qui reprit plusieurs des villes que Vatace lui avait enlevées. Mais l'année suivante, Théodore eut l'avantage à son tour, et obligea Michel à demander la paix, qu'il lui accorda. Ce prince était brave, savant et ami de ses sujets; mais d'un caractère impétueux, qui le porta quelquefois à des cruautés. Il ne régna que trois ans et environ huit mois, étant mort au mois d'août 1259. D'HÉLÈNE, sa femme, fille de Jean Azan, roi de Bulgarie, il laissa Jean, qui suit, et trois filles, qui épousèrent trois seigneurs francs.

JEAN LASCARIS ET MICHEL PALEOLOGUE.

1259. JEAN LASCARIS, fils de Théodore, lui succéda, dans le mois d'août 1259, à l'âge de six ans. Son père avait donné par son testament la régence de l'empire à Georges Muzalon; mais les grands s'élevèrent contre Muzalon, qui fut assassiné neuf jours après la mort de Théodore. On mit à sa place MICHEL PALÉOLOGUE, qui fut proclamé empereur, le premier décembre, à Magnésie, et ensuite couronné, l'an 1260, à Nicée. L'an 1261, la ville de Constantinople ayant été reprise la nuit du 25 juillet par le césar Alexis Stratégopule, Michel, qui était en Asie, partit en diligence pour s'y rendre, et y fit son entrée le 14 août 1261. La même année, il fit aveugler Jean Lascaris, le jour de Noël, malgré les serments qu'il lui avait faits. Michel Paléologue travailla beaucoup pendant son règne à réunir les deux églises. Il signa l'acte d'union au mois d'avril 1277, et envoya au pape la formule de sa profession de foi et de son serment d'obéissance; ce qui souleva les Grecs schismatiques contre lui, et occasionna des révoltes. D'un autre côté, le pape, Martin IV, était si persuadé du peu de sincérité de la soumission de Michel, qu'il l'excommunia, comme fauteur du schisme et de l'hérésie des Grecs, le 18 novembre 1281. Michel mourut le 11 décembre 1282, après vingt-trois ans de règne, selon Pachymère. De THÉODORA DUCÈNE, sa femme, petite-Nièce de Vatace, morte le 16 février 1284, il eut Andronic, son successeur; Irène, femme de Jean Asan III, roi des Bulgares; Eudoxie, mariée à Jean Comnène, empereur de Trébisonde; Anne, femme de Michel Crotulas, fils de Michel l'Ange, empereur de Thessalonique.

ANDRONIC II PALÉOLOGUE, DIT LE VIEUX.

1282. ANDRONIC II PALÉOLOGUE, né l'an 1258, couronné empereur le 8 novembre 1273, succéda, le 11 décembre 1282, à Michel Paléologue, son père. C'était un prince crédule, timide, irrésolu. Séduit par les Schismatiques, il commença son règne par rompre l'union avec les Latins, et persécuta ceux qui demeuraient attachés à l'eglise romaine. Andronic, se sentant incapable de résister aux ennemis de l'empire, acheta d'eux la paix, et accabla son peuple d'impôts pour les satisfaire. Il altéra les monnaies, et par là fit tomber le commerce avec l'étranger. Voici un exemple éclatant de sa crédulité. L'an 1290, il fit mettre, sur quelques faux rapports, Constantin, son frère, dans une cage de fer, où ce prince mourut au bout de seize ans. L'empereur, dans la suite, reçut la juste peine de cette inhumanité. L'an 1328, Andronic, son petit-fils, qu'il avait fait couronner empereur trois ans auparavant, s'étant rendu maître de Constantinople, le 24 mai, s'empara de toute l'autorité, laissant seulement à son aïeul les ornements impériaux, avec un appartement dans le palais, d'où il lui défendit de sortir. Réduit en cet état, le vieil empereur prend l'habit monastique, sous le nom d'Antoine. Il vécut ainsi trois ans et neuf mois, et mourut, le 13 février 1332, à l'âge de soixante-quatorze ans, après un règne de cinquante ans, à compter depuis 1282 jusqu'à sa mort. Il avait épousé, 1°. ANNE, fille d'Etienne V, roi de Hongrie, dont il eut Michel, couronné empereur le 21 mai 1294, et mort en 1320; et Constantin; 2°. IRÈNE, fille de Guillaume le Grand, marquis de Monferrat, qui lui donna trois fils et une fille.

ANDRONIC III PALÉOLOGUE, dit LE JEUNE.

1332. ANDRONIC III, fils de Michel et petit-fils d'Andronic le Vieux, né vers l'an 1295, associé à l'empire, et couronné le 2 février 1325, succéda, l'an 1332, à son aïeul, qu'il avait dépossédé quatre ans auparavant. En montant sur le trône, il trouva les affaires dans un état déplorable. Elles ne firent qu'empirer sous son règne, malgré les efforts qu'il fit pour les rétablir. L'an 1333, les Turcs lui enlevèrent Nicée, dont ils firent leur capitale. Les Vénitiens voyant que les conquêtes de ces infidèles s'étendaient sur leurs terres, forment, pour les repousser, une ligue, dans laquelle ils firent entrer le pape Jean XXII, l'empereur Andronic, les rois de France, de Naples, de Chypre et le grand-maître de Rhodes. Mais tout le fruit du grand armement que firent ces confédérés, se borna à une victoire stérile qu'ils remportèrent sur les côtes de Grèce. L'an 1339, Andronic envoya des ambassadeurs au pape Benoît XII, pour traiter de la réunion. Barlaam, chef de cette ambassade, proposa la convocation d'un concile général pour aplanir toutes les difficultés. Mais cette voie n'étant point praticable pour lors, les choses restèrent au même état. L'empereur et sa femme étaient fort attachés à la doctrine des Quiétistes et à Grégoire Palamas, leur chef. On a déjà dit ailleurs que ce prince, l'an 1341, ayant assemblé dans son palais un concile sur ce sujet, il y harangua, quoique malade, avec tant de véhémence en faveur du Quiétisme, que son mal, étant augmenté, l'emporta quatre jours après (le 15 juin.) Ce prince fut extrêmement regretté de ses sujets, dont il avait mérité l'amour et le respect par ses grandes qualités. On ne doit pas lui faire un crime particulier de la cause de sa mort. C'était depuis longtems la manie des empereurs grecs de vouloir se mêler dans toutes les querelles théologiques et de s'en rendre les arbitres. Andronic III avait régné treize ans depuis l'expulsion de son aïeul. Il laissa deux fils, Jean et Michel, sous la tutelle de l'impératrice, ANNE DE SAVOIE, leur mère, et sa seconde femme. Il avait épousé en premières noces JEANNE, fille de Henri le *Merveilleux*, duc de Brunswick-Grubenhagen.

JEAN Ier. PALÉOLOGUE ET JEAN CANTACUZÈNE.

1341. JEAN PALÉOLOGUE, fils d'Andronic le Jeune, né, le 18 juin 1332, à Didimotique, succéda, le 15 juin 1341, à son père, et fut couronné le 19 novembre suivant. Comme il était mineur, Jean d'Apri, patriarche de Constantinople, et Jean Cantacuzène, grand-domestique, voulurent s'attribuer chacun la conduite de l'état. Celui-ci prit même les ornements impériaux dès le 26 octobre 1341, se portant pour collègue et protecteur du jeune prince. Cinq ans après il, se fit couronner empereur dans Andrinople par Lazare, patriarche de Jérusalem, et fit ouvertement la guerre à Jean Paléologue. Ce furent, selon lui, les calomnies du général Apocauque et du patriarche de Constantinople, qui l'obligèrent d'en venir à cette extrémité. Plusieurs villes entrèrent dans son parti, sans se faire prier ; il en soumit d'autres par les armes. Enfin il entra par surprise dans Constantinople, le 8 janvier 1347, au moyen d'une ouverture que ses partisans avaient faite dans le mur. Jean Paléologue et sa mère avaient alors d'autres soins plus importants, selon eux, que celui de se mettre en garde contre les entreprises de ce rival. Ils étaient occupés à faire déposer dans un concile le patriarche Jean d'Apri, pour son opposition à la doctrine de Palamas. Maître de la ville impériale, Jean Cantacuzène s'y fit couronner de nouveau, le 13 mai, avec Irène, sa femme. La misère où l'empire était réduit parut bien à cette cérémonie. Les couronnes qu'on y employa n'étaient que de pierres fausses, et le repas n'y fut servi qu'en vaisselle de terre et d'étain. Jean Paléologue, après avoir fait la paix avec Cantacuzène, s'était alors retiré à Thessalonique pour y faire sa résidence, laissant à celui-ci Constantinople. Mais la bonne intelligence ne fut point durable entre eux. L'an 1353, pressé par les Turcs et par Jean Paléologue, Cantacuzène se tourne du côté de l'Occident pour avoir du secours. Dans cette vue, il envoie une députation au pape Innocent VI, nouvellement élu, témoignant désirer la réunion. Pour maintenir le trône dans sa famille, l'an 1354, au mois de février, il fit couronner empereur son fils, Mathieu Cantacuzène. Mais Jean Paléologue étant rentré dans Constantinople au mois de janvier 1355, Jean Cantacuzène, pour n'être pas la cause de nouveaux troubles, prit le parti d'abdiquer ; et s'étant fait religieux sous le nom de Joseph, il alla se renfermer dans le monastère de Mangane. Sa femme Irène embrassa le même état sous le nom d'Eugénie. De leur mariage sortirent, outre Mathieu, dont on vient de parler, trois autres fils, Thomas, Manuel, prince de Sparte, Andronic; et trois filles, Hélène, femme de Jean Paléologue ; Marie, qui épousa Nicéphore ; et Théodora, femme d'Orcan, sultan des Turcs. On a de Jean Cantacuzène des Mémoires de sa vie et d'autres ouvrages. La retraite de ce prince entraîna la chûte de son fils aîné. Mathieu, battu, pris et envoyé en exil dans la même année, fut obligé, l'année suivante, de quitter la pourpre, à l'exemple de son père. Cependant les Turcs continuaient de faire des progrès sur les terres de l'empire, et s'approchaient de Constantinople en subjuguant tout ce qui l'environnait. L'an 1369, Jean Paléologue vint en Occident solliciter du secours contre ces infidèles. Il vit à Rome le pape Urbain V, entre les mains duquel il fit une profession de foi très-orthodoxe ; mais il ne remporta de son voyage que de vaines promesses. L'an 1373, Andronic, fils de l'empereur, et Cuntuza, fils du sultan Amurath, s'étant rencontrés, conspirèrent ensemble contre les jours de leurs pères. Le complot ayant été découvert, Amurath fait crever les yeux à son fils ; Andronic est mis en prison, avec sa femme et son fils Jean, dans le fort d'Anemio, par ordre de Jean Paléologue, et privé seulement d'un œil, ainsi que Jean, son fils. Délivré au bout de deux ans par les Génois établis à Galata, il arrête son père, et le traîne avec Manuel, son autre fils, dans la même prison où il avait été dans les fers. L'empereur s'échappe au bout de deux ans, et se réfugie auprès du sultan Bajazet, qui lui fournit des troupes avec lesquelles il rentra dans Constantinople. Andronic se retire à Sélivrée, où il finit ses jours. Dans la crainte que Bajazet ne lui enlève Constantinople, dont les murs faisaient presque les bornes de l'empire, Jean Paléologue la fait fortifier. Mais Bajazet lui mande de faire démolir les ouvrages qu'il a commencés, avec menace, s'il n'obéit promptement, de faire crever les yeux à son fils Manuel, qui est à la cour ottomane. L'empereur, en conséquence, fait abattre les fortifications qu'il a élevées. Ce prince, aussi méprisé que méprisable, dépourvu de talents et de vertus, livré aux femmes, à la crapule, à la chasse et au jeu, incapable de prévoir les dangers, et ne sentant les malheurs que lorsqu'il en était accablé, finit ignominieusement ses jours l'an 1391, laissant d'HÉLÈNE CANTACUZÈNE, sa première femme, Irène, mariée à Basile Comnène, empereur de Trébisonde, et d'autres enfants. EUDOCIE, sa seconde femme, ne lui en donna point.

MANUEL PALÉOLOGUE.

1391. MANUEL PALÉOLOGUE, second fils de l'empereur Jean, né l'an 1348, associé, le 25 septembre 1373, au préjudice d'Andronic, son aîné, par son père, à l'empire, lui succéda l'an 1391. Ce fut à la cour du sultan Bajazet, où il était en ôtage, qu'il apprit la mort de l'auteur de ses jours. A cette nouvelle, il s'échappe furtivement, et se rend en diligence à Constantinople, où il fut universellement reconnu. Le sultan, irrité de son évasion, passe dans la Thrace, saccage tous les lieux où il passe, et investit ensuite Constantinople, qu'il réduit, en interceptant les vivres, à l'état le plus déplorable. Mais, déterminé à porter la guerre en Hongrie, il se retire dans la résolution de revenir après cette expédition. Il reparut en effet, l'an 1397, devant cette ville, dont il fit le siége, et qu'il aurait emportée sans la crainte que son grand-visir lui inspira d'une croisade prête à se former, disait-il, pour défendre ou recouvrer Constantinople. Ce visir était bien mal informé de l'état des affaires de l'Europe. Bajazet suivit le conseil qu'il lui donna de faire la paix avec l'empereur, et la fit à trois conditions : 1°. qu'on lui payerait dix milles pièces d'or par an; 2°. qu'on bâtirait à Constantinople une mosquée pour les Musulmans; 3°. qu'ils y auraient un cadi, nommé par le sultan, pour juger leurs affaires. Bajazet, n'osant prendre Constantinople à force ouverte, se proposait de l'obtenir par accommodement. Dans cette vue, il contraignit, le 4 décembre 1399, Manuel à se donner pour collègue le prince Jean, son neveu, fils d'Andronic, sous la promesse que Jean lui fit d'échanger avec lui Constantinople pour la Morée. Mais, sur le refus que celui-ci fit ensuite de tenir cet engagement, Bajazet se prépare à faire de nouveau le siége de la ville impériale. Manuel, l'année suivante, passe en Occident pour solliciter des secours contre les Turcs, et s'en revient, l'an 1401, avec l'unique et frivole satisfaction d'avoir été reçu partout avec de grands honneurs. Heureusement il apprend à son retour que Bajazet a été fait prisonnier par Tamerlan. Mais les fils du sultan continuent la guerre contre les Grecs. Manuel cependant vint à bout de faire, quelques années après, une paix avantageuse avec Soliman Ier., successeur de Bajazet. Ce traité fut respecté par les sultans Chélébi et Mahomet Ier, qui vinrent ensuite l'un après l'autre, et laissèrent l'empire grec respirer pendant leurs règnes. Mais, l'an 1423, le sultan Amurath II, irrité contre Manuel de ce qu'il avait épousé la cause de Mustapha, son oncle, qui lui disputait l'empire, vient mettre le siége devant Constantinople avec une armée de cent cinquante mille hommes. Il réduit en cendres les environs de la ville, et lui fait essuyer tout ce que la guerre a de plus cruel. Le canon jusqu'alors n'étoit point connu dans l'Orient. Amurath en fit usage à ce siége. Les effets de ce terrible instrument n'abattirent pas le courage des Grecs. Ils se défendirent, hommes et femmes, avec toute la valeur possible. Enfin, le 6 septembre de la même année, Amurath lève le siége pour aller s'opposer à Chélébi-Mustapha, son frère, qui venait de se rendre maître de Nicée. L'an 1425, Manuel conclut, avec Amurath, un traité de paix, dont on ignore les conditions. Il était à peine signé, que Manuel finit subitement ses jours le 21 juillet. Ce prince avait régné trente-quatre ans depuis la mort de son père, et avait vécu soixante-dix-sept ans et vingt-

cinq jours. Quelques auteurs disent qu'en 1419, il avait abdiqué
en faveur de son fils aîné, après l'avoir fait couronner empereur. Si cela est, son abdication, comme on vient de le voir,
ne l'empêcha pas de vaquer aux affaires de l'état. Il est plus
certain que, deux jours avant sa mort, il se retira dans un monastère, où il prit l'habit et le nom d'Antoine. Ses funérailles
furent honorées des larmes de ses sujets, qu'il avait gouvernés
avec beaucoup de douceur. Il avait fait fermer l'entrée de la
Morée, ou du Péloponèse, par un mur, dans la largeur de
l'isthme, qu'on estime, d'après cette largeur, d'environ six
milles : ce qui l'a fait appeler *hexamille* par les Grecs du bas-
empire. Manuel eut de sa femme IRÈNE, fille de Constantin
Dragasès, souverain d'une petite contrée de la Macédoine, huit
enfants, qui furent Jean, qui suit ; Théodore, prince de Sparte ;
Andronic, prince de Thessalonique; Constantin, empereur ;
Démétrius, prince du Péloponèse ; Thomas, prince d'Achaïe ;
Hélène, femme de Lazare, souverain de Servie ; et Zoé, qui
fut mariée à Jean Basile, duc de Moscovie.

JEAN PALÉOLOGUE II.

1425. JEAN PALÉOLOGUE, né le 25 décembre 1390, couronné empereur, à ce qu'on prétend, le 19 janvier 1419, succéda, le 21 juillet 1425, à l'empereur Manuel, son père. Il
faut distinguer, avec Sponde, deux commencements du règne
de Jean Paléologue, pour ne pas tomber dans la méprise de
quelques historiens, qui ont cru que Jean Paléologue, couronné, comme ils le reconnaissent, en 1419, était fils d'Andronic, et différent de Jean, fils et successeur de Manuel. La
situation déplorable à laquelle ce prince se trouva réduit par
les Turcs, le porta à penser à la réunion des deux églises, dans
l'espérance d'obtenir du secours des Latins. Il y eut, pour cet
effet, différentes ambassades de part et d'autre, depuis 1426
jusqu'en 1437. Le 27 novembre de cette dernière année, l'empereur partit de Constantinople sur des galères envoyées par le
pape Eugène IV, arriva, le 8 février 1438, à Venise, et de-là se
rendit à Ferrare, où il fut reçu, le 4 mars, par Eugène, qui
s'y était rendu pour le concile qu'il y avait indiqué. L'année
suivante, le concile ayant été transféré à Florence, l'affaire de
la réunion y fut heureusement terminée. (Voyez *les Conciles*
année 1439.) L'empereur quitta Florence le 26 août 1439,
s'embarqua, le 11 octobre, à Venise, et rentra, le 1er. février
1440, à Constantinople. La réunion fut d'aussi courte durée
qu'elle avait été solennelle. Marc d'Ephèse, le seul des Grecs
qui avait refusé de la souscrire à Florence, renouvela le schisme

à son retour; et échauffa tellement les esprits, que depuis il n'y a plus eu moyen de réconcilier les deux églises. Pour comble de désolation, l'intérêt mit la division dans la famille impériale. Constantin, frère de Jean Paléologue, s'empara des domaines de Démétrius, son frère, qui avait accompagné l'empereur en Italie. Démétrius, voyant que l'empereur, sourd à ses plaintes, ne lui donne aucune satisfaction, s'adresse au sultan Amurath, qui lui fournit des troupes, avec lesquelles il vient assiéger Constantinople le 23 avril 1443. Obligé de lever le siége, après avoir ravagé tous les dehors de la ville, il fait sa paix, et obtient une principauté sur les bords du Pont-Euxin, où il va s'établir. L'année suivante, après la célèbre bataille de Varne, gagnée sur les Chrétiens par Amurath, le 10 novembre, Jean Paléologue se voit menacé de toutes les forces des Turcs, sans apercevoir aucune ressource contre ces infidèles. Dans cette extrémité, il eut recours à la clémence du sultan, qui lui accorda la paix, et le laissa tranquille le reste de ses jours. Jean Paléologue, mourut sans enfants, le 31 octobre 6957 de l'ère de Constantinople, selon Phranzès, (1448 de Jésus-Christ.) Ce prince n'était point guerrier; mais il ne manquait pas de politique, et fit avec les Turcs des traités aussi avantageux que les circonstances le permettaient. Il aimait d'ailleurs ses sujets, et il ne tint pas à lui qu'il ne les rendît heureux. Il avait épousé trois femmes, dont on ne voit point qu'il ait eu aucun enfant, 1°. ANNE DE MOSCOVIE, morte l'an 1417; 2°. SOPHIE, fille de Jean II, marquis de Montferrat, qui abandonna son époux, et revint en Italie l'an 1426; 3°. MARIE COMNÈNE, fille d'Alexis, empereur de Trébisonde.

CONSTANTIN XII, PALÉOLOGUE, DIT DRAGASÈS.

1448. CONSTANTIN, quatrième fils de l'empereur Manuel et d'Irène Dragasès, né vers la fin de février 1403, prince du Pont, puis du Péloponèse, succéda, au commencement de novembre 1448, à l'empereur Jean, son frère. Démétrius, son cadet, ayant voulu lui disputer l'empire, le sultan Amurath se rend arbitre de la querelle, et décide en faveur de Constantin. L'an 1453, Mahomet II, successeur d'Amurath, ayant trouvé l'occasion de rompre l'alliance avec Constantin, marche vers Constantinople à la tête d'une armée de trois cent mille hommes; quatre cents galères turques couvrent en même tems le détroit du Bosphore. Le siége est commencé par terre le 2 avril. Mais l'entrée du port étant fermée par deux chaînes d'une force extraordinaire, Mahomet, après avoir fait couper un chemin à travers les montagnes derrière le Bosphore, fait transporter à force de bras, en une nuit, ses bâtiments par terre jusqu'à l'autre côté du golfe de Cérat; ce qui formait un trajet de deux lieues. La ville, dont la garnison n'était que de huit mille hommes, se défend avec un courage incroyable. Enfin la valeur opiniâtre des Turcs triompha de la belle résistance des Grecs. La malheureuse Constantinople fut emportée d'assaut le 29 mai 1453. Constantin y périt les armes à la main dans la cinquantième année de son âge, et la cinquième de son règne. La ville fut pillée et saccagée : le sultan avait défendu d'y mettre le feu; mais à la réserve de l'incendie, les victorieux y exercèrent, pendant trois jours, tout ce qu'on peut imaginer de plus abominable en tout genre d'excès. Telle fut la fin de l'empire d'Orient; et Constantinople, fondée par Constantin le Grand, qui en avait fait la dédicace le 11 mai 330, tomba sous la puissance des Turcs le 29 mai 1453, après avoir été onze cent vingt-trois ans et dix-huit jours le siége des empereurs grecs, dont le dernier portait le nom de Constantin. C'est ainsi que l'empire d'Occident, fondé par un Auguste, finit sous un Auguste. Démétrius et Thomas, frères de Constantin Paléologue, lui survécurent, et se soutinrent quelque tems dans le Péloponèse, c'est-à-dire jusqu'en 1458, que Mahomet s'en rendit maître. Enfin il restait aux Grecs Trébisonde, où régnait David Comnène; Mahomet s'en empara, l'an 1462, et emmena David à Constantinople, où, peu de tems après, il le fit mourir.

CHRONOLOGIE HISTORIQUE

DES

ROIS ARSACIDES DES PARTHES,

DEPUIS JÉSUS-CHRIST.

Le royaume des Parthes eut pour fondateur Arsace, bactrien de naissance, suivant Georges le syncelle. L'an 498 de Rome, 256 ans avant Jésus-Christ, il engagea les Parthes à secouer le joug des Perses, leurs maîtres, et à lui déférer le titre de roi. Cette monarchie, petite dans ses commencements, s'étendit avec rapidité, embrassa la plus grande partie de l'Asie, et devint la terreur et l'émule de l'empire romain. Les successeurs d'Arsace furent au nombre de quatorze, lui compris, jusqu'à Jésus-Christ. Leur résidence était tantôt à Ecbatane, tantôt à Ctésiphon, qui furent les deux capitales de leurs états. Il est bon d'observer que, sur l'histoire des Parthes et des Perses leurs successeurs, ainsi que sur la chronologie de leurs rois, les historiens persans et arabes ne sont pas toujours d'accord, à beaucoup près, avec les Grecs et les Latins. Ceux-ci ne s'accordent pas mieux entre eux. Il en est de même de nos historiens modernes ; ensorte que rien n'est plus embrouillé que la matière que nous entreprenons de traiter dans ce chapitre. De tous les écrivains modernes, celui qui paraît l'avoir étudiée avec plus de soin et discutée avec plus de critique, d'après les Grecs et les Latins, c'est l'abbé de Longuerue, dans ses Annales latines des rois arsacides, imprimées à Strasbourg en 1732, par les soins de M. Schoepflin : ce sera aussi notre principal guide.

Mais en le suivant, nous aurons l'attention de relever quelques méprises où il est tombé, et de fournir la preuve de notre sentiment.

XIV. PHRAATE IV.

L'an 37° avant J. C. (219-220 des Arsacides), PHRAATE, associé au trône par son père Orodès, le fait empoisonner. Il ajoute à cette barbarie celle de faire massacrer vingt-neuf de ses frères. Auguste étant venu, l'an 20 avant Jésus-Christ, en Asie, obligea Phraate à lui renvoyer les drapeaux pris sur Crassus et Antoine, avec les prisonniers romains qu'il avait faits; et de plus à lui donner en ôtage ses quatre fils Saraspade, Cerospade, Phraate et Vonone, deux de leurs femmes, et quatre de leurs fils. L'an 13 de Jésus-Christ, ce prince parricide reçoit la peine du talion, par la conspiration de Thermuse, sa concubine, italienne de nation, et de Phraatace son fils, qu'il avait désigné pour son successeur. (Longuerue.) M. de Tillemont met sa mort en l'an 4 de Jésus-Christ.

XV. PHRAATACE.

L'an 13 de Jésus-Christ (268-269 des Arsacides), PHRAATACE, fils de Phraate, monta sur le trône des Parthes, après l'avoir souillé du sang de son père. Au bout de quelques mois, ses sujets, indignés de son parricide, le mettent à mort dans une sédition, ou, selon d'autres, l'envoient en exil, où il périt quelque tems après.

XVI. ORODÈS II.

L'an 14 de Jésus-Christ (269-270 des Ars.), ORODÈS II, fils de Pacore, et, suivant M. de Tillemont, petit-fils de Phraate ou fils de Phraate même, selon Muratori, fut élevé sur le trône des Parthes après la mort de Phraatace; sa cruauté lui valut le sort de son prédécesseur, dans le septième mois de son règne.

XVII. VONONE I.

L'an 15 de Jésus-Christ (270-271 des Ars.), VONONE I, fils de Phraate IV, suivant M. de Tillemont, retenu en ôtage à Rome, fut renvoyé aux Parthes, qui le redemandaient pour les gouverner. Mais bientôt, dédaignant d'obéir à un roi qui avait été esclave (c'est ainsi qu'ils regardaient les ôtages), ils appellent, de Médie, Artaban, du sang des Arsacides, pour le supplanter. Vonone, battu et mis en fuite par ce rival, se retire en Arménie, dont le trône vint à vaquer presque dans le même tems, par la mort d'Ariobarzane. Il en est élu roi; mais, poursuivi par Artaban, il abandonne presque aussitôt ce nouveau royaume, et va chercher un asile chez les Romains. Il est reçu en Syrie par le gouverneur Silanus, et de là envoyé à Pompeiopolis, en Cilicie, où on lui donne des gardes. Mais ayant tâché de s'échapper, il fut assassiné dans sa fuite l'an 19 de Jésus-Christ.

XVIII. ARTABAN III.

L'an 18 de Jésus-Christ (273-274 des Ars.), ARTABAN III, de la race des Arsacides, et roi ou gouverneur de Médie, s'empare du trône des Parthes, après en avoir chassé Vonone. Ce rival étant mort, il redemande aux Romains les trésors qu'il avait emportés dans sa retraite. Sur leur refus, il attaque la Cappadoce, d'où il est bientôt contraint de se retirer. Artaxias, roi d'Arménie, ayant cessé de vivre, Artaban mit Arsace, son fils, sur le trône de cette monarchie, sans égard pour l'empereur Tibère, qu'il méprisait souverainement. Mais Lucius Vitellius, gouverneur de Syrie, lui suscita des compétiteurs, qui l'obligèrent à se retirer de l'Arménie. L'an 36, l'inconstance des Parthes leur fait désirer un autre roi. Tibère, à leur demande, leur envoie de Rome Tiridate, fils de Phraate IV. Artaban, à son arrivée, se voyant généralement abandonné, prend la fuite.

XIX. TIRIDATE.

L'an 36 de Jésus-Christ (292-293 des Ars.), TIRIDATE, après la fuite d'Artaban, est proclamé roi des Parthes. Sa mauvaise conduite lui aliéna bientôt les cœurs de ses sujets. Artaban, rappelé, attaque son rival, et l'oblige de s'enfuir en Syrie.

ARTABAN, *rétabli*.

L'an 36 de Jésus-Christ, ARTABAN remonte sur le trône. Tibère, loin de s'en offenser, mande à Vitellius, gouverneur de Syrie, de faire avec ce prince un traité d'alliance et d'amitié, dans la crainte où il était qu'il ne rentrât dans l'Arménie, et qu'après l'avoir soumise, il ne poussât plus avant ses conquêtes. L'entrevue du gouverneur et du roi se fit sur un pont de l'Euphrate, chacun étant accompagné d'un nombreux cortége. Hérode Antipas, tétrarque de Galilée, qui s'y était rendu, les régala splendidement ensuite l'un et l'autre, dans un magnifique salon qu'il avait fait construire au milieu du fleuve. Artaban, peu de tems après, envoya Darius, son fils, en ôtage à Tibère avec divers présents, parmi lesquels on remarquait un juif, nommé Éléazar, qui avait cinq coudées de hauteur (Josephe). Mais l'année suivante, Darius, son fils, étant mort, Artaban se brouille de nouveau avec les Romains. Il écrit à Tibère, qu'il détestait, de satisfaire le peuple romain en se donnant la mort. L'an 41, les Parthes, mécontents, le déposent une seconde fois; mais il est presque aussitôt rétabli. Il meurt l'an 43, fort regretté de ses sujets, dont il avait regagné les cœurs. M. de Tillemont, qui met sa mort en 44, dit qu'il fut assassiné par Gotarze, son fils.

XX. VARDANE.

L'an 43 de Jésus-Christ (298-299 des Ars.), VARDANE, fils aîné d'Artaban, lui succède. Il déclare aussitôt la guerre aux Romains, contre le gré des Parthes, qui le déposent pour ce sujet, et le chassent.

XXI. GOTARZE.

L'an 43 de Jesus-Christ, GOTARZE, ou GHUDARZE, deuxième fils d'Artaban, est substitué à Vardane, son frère. Le premier acte qu'il fit de son pouvoir, fut de faire mourir Artaban, l'un de ses frères. Les Parthes, irrités de cette cruauté, rappelent Vardane. Guerre entre les deux frères. Sur le point d'en venir à une action décisive, ils s'accommodent tout-à-coup. Gotarze cède le royaume à Vardane, et passe en Hircanie pour écarter tout ombrage.

VARDANE, *rétabli.*

Vers la fin de l'an 43 de Jésus-Christ, VARDANE, replacé sur le trône, travaille à regagner l'affection de ses sujets. Mais l'année suivante, Gotarze, excité par le roi des Mèdes, travaille à recouvrer le royaume qu'il avait cédé. Il est battu avec son allié, qui perd lui-même ses états. Vardane établit roi des Mèdes Vonone, qui depuis régna aussi sur les Parthes. L'an 47, Vardane est assassiné par ses sujets. M. de Tillemont met sa mort deux ans plus tard.

GOTARZE, *rétabli.*

L'an 47 de Jésus-Christ (302-303 des Ars.), GOTARZE remonte sur le trône avec les mêmes vices qui l'en avaient fait descendre. L'an 49, les Parthes, révoltés, lui opposent Méherdate, fils de Vonone, qu'ils avaient fait venir de Rome. Gotarze, ayant pris ce rival dans un combat, lui fait couper les oreilles ;

mais une maladie le conduit lui-même au tombeau l'année suivante.

XXII. VONONE II.

L'an de Jésus-Christ 5o (3o5-3o6 des Ars.), VONONE II, roi des Mèdes, issu du sang des Arsacides, succède à Gotarze dans le royaume des Parthes. Il mourut la même année sans avoir rien fait de mémorable.

XXIII. VOLOGÈSE.

L'an 5o de Jésus-Christ, VOLOGÈSE, fils de Vonone II, succède au royaume de son père. Pour se concilier l'amitié de ses frères, Pacore et Tiridate, il donna la Médie au premier, et l'Arménie à l'autre; mais les Romains empêchèrent celui-ci de se mettre en posseession de son royaume. Vologèse prend les armes pour le soutenir. Il est battu par Corbulon, et obligé, l'an 55, d'envoyer à Rome des ôtages. L'an 6o, Tigrane, de la race des Hérodiades, est créé, par les Romains, roi d'Arménie. Vologèse recommence la guerre. L'an 66, Tiridate, par convention faite avec Corbulon, vient recevoir à Rome la couronne d'Arménie, des mains de Néron. L'an 72, les Alains font irruption dans la Médie, d'où ils chassent le roi Pacore; de là ils passent dans l'Arménie, qu'ils ravagent. Le roi Tiridate, vaincu dans un combat, est obligé de prendre la fuite. Vologèse implore alors le secours des Romains, et demanda à Vespasien un de ses fils, pour le mettre à la tête de ses armées contre ces barbares. Vespasien, que le roi des Parthes avait indisposé par ses hauteurs, selon M. de Tillemont, demeure sourd à sa demande. Les Alains cependant se retirent. On ignore, dit M. de Longuerue, l'année de la mort de Vologèse. M. de Guignes la met en l'an 90 de Jésus-Christ. Mais l'abbé de Longuerue place, vers cette même année, la mort du successeur immédiat de ce prince. On va voir qu'elle est de l'an 81, au plus tard.

XXIV. ARTABAN IV.

ARTABAN IV, de la race des Arsacides, est donné, par l'abbé de Longuerue et les auteurs de l'Histoire Universelle, pour successeur immédiat à Vologèse, dont il était fils, suivant les derniers. L'an 81, il donna retraite dans ses états à un imposteur, nommé Terentius Maximus, qui se disait être Néron, à qui il ressemblait par le visage et par la voix, et menaça même l'empereur Tite, suivant Zonare, de placer ce fourbe sur le trône impérial. Mais l'an 88, il le rendit à Domitien, non sans peine. Artaban mourut environ deux ans après.

XXV. PACORE II.

L'an 90, ou environ, PACORE, ou BAKOUR, fils d'Artaban, lui succéda. Ses liaisons étroites avec Décébale, roi des Daces, donnèrent de l'inquiétude à Domitien : il paraît néanmoins qu'il vécut toujours en paix avec les Romains : mais il eut beaucoup de guerres avec ses propres sujets. Pacore mourut l'an 106, suivant M. de Guignes. Il embellit la ville de Chalné, fondée, dit-on, par Nembrod, en fit la capitale de ses états, et lui donna le nom de Ctésiphon.

XXVI. CHOSROÈS I.

L'an 106. CHOSROÈS I, ou KHOSROU, frère de Pacore II, suivant M. de Longuerue, petit-fils de Vardane, selon M. de Guignes, fut élevé, l'an 106, sur le trône des Parthes. L'an 112, il met sur le trône d'Arménie Exédare, son neveu, sans consulter les Romains. L'empereur Trajan, se croyant outragé par cette entreprise, part de Rome au mois d'octobre de la même année, pour en tirer vengeance. Arrivé, l'an 113, à Athènes, il y reçoit des ambassadeurs de Chosroès, qui lui demande la paix, et l'Arménie pour Parthamasiris, son autre neveu, qu'il voulait substituer à Exédare. Trajan répond qu'il fera justice sur les lieux. L'an 114, il s'empare de l'Arménie, qu'il réduit en province de l'empire. L'an 116, l'empereur pénètre dans le royaume des Parthes, se rend maître de Nisibe, entre victorieux dans Ctésiphon, et oblige Chosroès, à prendre la fuite. L'an 117, il dépose Chosroès, et nomme à sa place un autre roi.

XXVII. PARTHAMASPATE.

L'an 117 de J. C. (372-373 des Ars.), PARTHAMASPATE, arsacide, fils du roi d'Arménie, fut substitué par Trajan à Chosroès dans le royaume des Parthes. La même année après la mort de cet empereur, ses sujets l'ayant chassé, Adrien lui donna l'Arménie pour dédommagement.

CHOSROÈS, *rétabli.*

L'an 117 de J. C. CHOSROÈS, après l'expulsion de Parthamaspate, remonta sur le trône des Parthes, avec le consentement de l'empereur Adrien. L'an 118, il fit, avec les Romains, un traité, par lequel il fut dit que l'Euphrate servirait de limite aux deux empires. Depuis ce tems, Chosroès vécut en paix. M. de Guignes met sa mort en l'an 133, et M. Pellerin, d'après les médailles, en 121, ou 122.

XXVIII. VOLOGESE II.

121 ou 122. Vologèse II, fils de Chosroès, lui succéda dans le royaume des Parthes. L'an 161, après la mort de l'empereur Antonin, il se jeta sur l'Arménie, où il tailla en pièces l'armée romaine commandée par Sévérien. Mais l'empereur Lucius Verus étant venu sur les lieux, l'année suivante, ses généraux réparèrent cet échec par plusieurs victoires signalées qu'ils remportèrent sur les Parthes pendant le cours de quatre années consécutives. La mésopotamie resta aux Romains, pour fruit de ces avantages. M. de Tillemont dit que les Parthes, irrités de leurs défaites et de leurs pertes, déposèrent Vologèse, et le chassèrent l'an 165. Constantin Manassés avance qu'il fut tué vers le même tems. Mais l'abbé de Longuerue se contente de dire que Vologèse, après les échecs qu'il avait reçus, demeura en paix le reste de son règne, sans marquer le tems ni le genre de sa mort, qu'il croit être fort incertains. Ce que nous pouvons assurer d'après deux médailles produites par M. Vaillant (*Arsacid. imper*, t. VIII. pp. 335-338) c'est que les Parthes, après avoir chassé Vologèse, lui substituèrent Mornèse, sur lequel, au bout d'un an, il reprit le sceptre qu'il conserva jusqu'à la fin de ses jours, que quelques-uns placent vers le commencement du règne de l'empereur Commode.

XXIX. VOLOGESE III

Vologèse III, qu'Hérodien nomme **Artaban**, fut le successeur de Vologèse II, son père. L'an 193, Pescennius Niger, gouverneur de Syrie, ayant pris la pourpre après la mort de l'empereur Pertinax, Vologèse se déclara en sa faveur; mais on ignore ce qu'il fit pour sa défense. Tout ce que l'histoire nous apprend, c'est qu'après la mort de Niger, les soldats de celui-ci, redoutant la vengeance de Sévère, se retirèrent chez les Parthes auxquels ils apprirent l'usage des armes romaines. Sévère, l'an 198, étant venu en Syrie, marcha de-là contre les Parthes, en suivant le cours de l'Euphrate. Il arriva en peu de tems à Séleucie et à Babylone, qu'il prit sans peine, les ayant trouvées désertes l'une et l'autre. Après avoir fait le dégât dans le pays, il s'avança jusqu'à Ctésiphon, où Vologèse était alors. Il y soutint un siége qui fut assez pénible pour les Romains, puisqu'ils se trouvèrent réduits à vivre des herbes qui croissaient autour de la place. Mais la voyant serrée de plus en plus, il prit la fuite avec quelques cavaliers. Sévère, après s'en être rendu maître vers la fin de l'automne de la même année 198, la livra au pillage. Presque tous les modernes placent la mort de Vologèse en l'an 214; mais M. Pélerin prouve, par les médailles, qu'elle arriva l'an 198.

XXX. ARTABAN V.

L'an 199 de Jésus-Christ (469-470 des Ars.), ARTABAN, nommé ARDAVAN par les Persans, fils aîné de Vologèse, lui succède, malgré ses frères, qui lui disputaient le trône. L'an 216, l'empereur Caracalla, étant en Syrie, lui fait demander sa fille en mariage. La princesse lui est amenée avec une escorte nombreuse et brillante, que le perfide empereur fait tailler en pièces. La guerre est alors déclarée entre les deux empires. Tel est le récit de quelques anciens auteurs. D'autres racontent avec plus de vraisemblance que le roi des Parthes, se doutant que Caracalla n'en voulait qu'à sa couronne, refusa l'alliance qui lui était proposée; et que l'empereur, irrité de ce refus, entra subitement sur les terres des Parthes, qu'il en ravagea une grande partie, qu'il rasa des villes, et entr'autres celle d'Arbelles, où étaient les tombeaux des rois. Les Parthes, revenus de leur terreur, se préparent à venir attaquer les Romains. Dans ces entrefaites, Caracalla est mis à mort au mois d'avril 217. Macrin, son successeur, fait une paix honteuse avec les Parthes, à la suite d'un bataille sanglante qui avait duré deux jours, et dont le succès ne lui avait pas été avantageux. L'an 222, un perse nommé, parmi les Latins, Artaxercès par les uns, Artaxare par les autres, et Ardschir par les Orientaux, s'élève contre Artaban, lui déclare la guerre, et met en déroute l'armée qu'il lui oppose. L'an 223, vainqueur encore dans une deuxième bataille, il met en fuite Artaban, et se rend maître du trône. C'est à cette époque, comme le prouve M. Assemani (*Acta Mart. Præf.*), qu'il faut rapporter l'extinction de l'empire des Parthes arsacides, et le commencement de celui des Perses sassanides. L'an 226, Artaban est tué dans une troisième bataille qu'il livre à son rival.

CHRONOLOGIE HISTORIQUE

DES

ROIS SASSANIDES DES PERSES.

I. ARTAXERCES I.

L'an 223 de Jésus-Christ, Artaxercès, ou Artaxare, (Ardschir en persan) fils de Sassan, après avoir mis en fuite Artaban, fonde la dynastie des Perses sassanides sur les ruines de celle des Parthes arsacides. A l'exemple des anciens rois de Perse, il prend le titre de grand roi, ou de roi des rois. Il rétablit dans ses états la religion des Mages, opposée au Polythéisme, fait de nouvelles lois, et érige des tribunaux pour les faire exécuter. Un de ses plus beaux règlements, fut de ranger le peuple en différentes classes de professions et de métiers, donnant à chacune des instructions et des docteurs particuliers. Il rebâtit les villes qui tombaient en ruine, et en fonda de nouvelles. Ayant affermi sa monarchie, il se mit en tête de l'étendre aussi loin que le grand Cyrus, dont il prétendait descendre, l'avait portée. Plein de cette idée, il envoie redemander aux Romains tous ce qu'ils possédaient au-delà du Bosphore, comme une usurpation faite sur ses ancêtres. Ce fier message équivalant à une déclaration de guerre, l'empereur Alexandre assemble, l'an 232, trois armées, qui devaient s'avancer par différents chemins, et envahir la Perse dans le même tems. Cette expédition, bien concertée et mal exécutée, n'eut point un heureux succès. Des trois armées romaines, la première, étant entrée dans la Babylonie, s'y trouva environnée par des troupes supérieures en nombre qui la détruisirent entièrement. La seconde, après avoir ravagé les provinces voisines de la Médie, périt en grande partie de famine et de fatigue en repassant les montagnes. L'empereur, qui conduisait le troisième et principal corps, au lieu de se porter dans le centre de la Perse, pour soutenir les deux grands détachements, passa l'été dans l'inaction en Mésopotamie, d'où il ramena honteusement à Antioche des troupes que les maladies avaient considérablement diminuées, et qu'irritait la conduite indolente de leur chef. Artaxercès néanmoins, par les pertes que ses victoires lui avaient coûtées, se trouva hors d'état de poursuivre les projets de conquête qu'il avait formés, (*Hérodian.* l. VI.) Il y renonça sagement, et ne s'occupa plus qu'à perfectionner la police de ses états. Ce grand prince mourut l'an 238, après un règne glorieux de treize ans. (Vaillant, Assemani.) Il avait épousé la veuve d'Artaban, son prédécesseur. Mais cette princesse, regrettant son premier époux, voulut se défaire du second. Artaxercès, instruit de son dessein, la mit entre les mains d'un de ses ministres pour la faire périr. Celui-ci, voyant que la reine était grosse et que son maître était sans enfants, résolut de conserver la princesse dans un lieu secret, où elle accoucha d'un fils. Artaxercès, à qui l'enfant fut depuis présenté dans une occasion favorable, loua la prudence du ministre, et fit élever ce fils avec soin. Ce monarque cultiva les lettres, et outre des Commentaires de sa vie, il composa un ouvrage intitulé : *Adab alaisch*, ou règles pour bien vivre. (D'Herbelot.)

II. SAPOR I.

L'an 238, Sapor I, ou Schah-por, dit aussi Schavar, et surnommé Tirdeh, fils d'Artaxercès, fut placé sur le trône de Perse après la mort de son père. Il fit sa résidence dans la ville de Gandaschavar qu'Artarxercès, son père, avait rebâtie, et à laquelle il donna le nom de son fils. L'an 241, il enlève aux Romains plusieurs villes en Syrie, et en Mésopotamie, qui furent reprises, les deux années suivantes, par le jeune Gordien. L'an 244, après la mort de Gordien, il conclut la paix avec l'empereur Philippe, qui lui cède la Mésopotamie et l'Arménie, suivant Zonaras; ce qui est hors de vraisemblance, comme l'observe Muratori. L'an 258, un magistrat d'Antioche, nommé Mariade, chassé par ses concitoyens, pour ses malversations, s'étant retiré auprès de Sapor, l'excite à se rendre maître de cette ville, et lui en suggère les moyens. Le monarque sans délai se met en marche, avec son armée, pour la Syrie. Mais sur sa route, il s'empare de Carrhes et de Nisibe, après en avoir chassé les garnisons. Comme il

approchait d'Antioche, les habitants étaient occupés au spectacle d'un histrion et de sa femme, qui les faisaient éclater de rire. La femme tout-à-coup s'écrie : *mon mari, ou je rêve, ou les Perses sont près d'ici.* Tous les yeux, à l'instant, se tournent du côté de la montagne, d'où l'on voit effectivement descendre l'armée des Perses. Sapor entre sans résistance dans la ville qu'il met à feu et à sang, après l'avoir pillée. Il en fait autant dans les environs, et pénètre jusqu'en Cappadoce, dont il assiége la capitale, Césarée, qui fut vaillamment défendue par Démosthènes, son gouverneur. Il eut vraisemblablement échoué devant cette place sans un médecin de Césarée qui, ayant été fait prisonnier, et mis à la torture, indiqua l'endroit faible par où l'on pourrait la prendre. On comptait alors à Césarée quatre cent mille habitants, dont la plupart furent massacrés par le vainqueur, qui livra ensuite la ville aux flammes, après l'avoir pillée. En s'en retournant, chargé d'un immense butin, il prit Émèse, qui éprouva le même traitement. Mais le traître Mariade, qui avait livré sa patrie, reçut le juste salaire de sa perfidie. Sapor, avant de rentrer dans ses états, le fit brûler vif, selon Jean Malala, ou décapiter, suivant Ammien Marcellin. Du reste ce Mariade paraît être le même que Cyriade, dont Trebellius Pollion raconte qu'ayant engagé Sapor et Odenat à faire la guerre aux Romains, il profita des troubles de l'Orient pour usurper la pourpre dont il fut dépouillé presque aussitôt par ses soldats qui le tuèrent (1). L'an 259, l'empereur Valérien étant venu en Orient, Sapor le défait en bataille rangée. Réduit, vers la fin de l'année suivante, par le mauvais état de son armée, à demander la paix, Valérien s'engage dans un pourparler avec Sapor, qui le fait arrêter, et le condamne à la plus ignominieuse captivité. (*Voy.* les Empereurs romains.) Odenat, prince de Palmyre, craignant pour son pays menacé par Sapor, lui envoie plusieurs chameaux chargés de riches présents, avec une lettre respectueuse où il lui demande son amitié. « Quel est cet Odenat, dit le farouche
» monarque, en déchirant sa lettre et faisant jeter ses présents
» dans l'Euphrate ; quel est ce vil esclave qui ose écrire si in-
» solemment à son maître ? S'il veut conserver l'espoir d'adou-
» cir son châtiment, qu'il vienne se prosterner aux pieds de
» notre trône ; qu'il paraisse devant nous les mains liées derrière

---

(1) La chronologie que nous suivons ici est celle de Trebellius Pollion, adoptée par MM. de Tillemont et Muratori ; M. Gibbon, la trouvant confuse et peu naturelle, a jugé à propos de la changer, en plaçant, comme le marque Zonaras, la prise d'Antioche après la captivité de Valérien.

» le dos. S'il hésite, une prompte destruction écrasera sa tête,
» sa race et son pays. » Ces paroles, rapportées au prince de
Palmyre, loin d'abattre son courage, le rendirent un héros.
Ayant fait alliance avec les Romains, il déclara une haine irré-
conciliable aux Perses. Dès la même année 260, il remporta
sur eux de si grands avantages, qu'il obligea Sapor à repasser
l'Euphrate, après lui avoir tué beaucoup de monde en divers
combats, enlevé quelques-unes de ses femmes et pillé ses trésors. L'année suivante, il reprit Carrhes, Nisibe et toute la
Mésopotamie. Peu s'en fallut même qu'il n'emportât Ctésiphon,
dont il forma le siége. Gallien, informé de ses succès, le nomma général de l'Orient, et lui-même prit le titre de roi qu'il
communiqua à son fils Hérodien. Jusqu'à sa mort, arrivée
l'an 267, il ne cessa d'avoir les armes à la main contre les
Perses, et la victoire ne cessa de couronner les assauts qu'il
leur livra. L'an 271, au mois de décembre, Sapor, devenu de
plus en plus insupportable à ses sujets, est assassiné par les
satrapes, à Gandi-Sapor, ville qu'il avait bâtie sur les ruines
de Persépolis, dans la province d'Elam, et où ses successeurs
firent leur résidence, au lieu de Ctésiphon et de Séleucie, que
les rois des Parthes avaient faites les deux siéges de leur empire.
Bar Hebræus dit que ce fut dans cette ville que Sapor garda prisonnier l'empereur Valérien. Les Syriens la nomment souvent
Lapetha, ou Beth-Lapetha. Ils lui donnent aussi le nom d'Elymaïde, quoique l'ancienne Elymaïde fût à quelque distance. Ce
fut sous le règne de Sapor que parut en Perse le fameux hérésiarque Manès ou Mani, surnommé Zendik par les Orientaux,
et Cubrique par les Grecs et les Latins. Sa doctrine était un mélange de Magisme et de Christianisme, dont le principal fondement était la supposition de deux principes contraires et co-
éternels, l'un du bien et l'autre du mal. Il se mêlait aussi de
médecine. Mais ayant échoué dans le traitement d'un fils de
Sapor, qui mourut entre ses mains, il fut mis en prison. Ayant
trouvé depuis moyen de s'échapper, il se sauva sur les terres
des Romains, où ses erreurs firent des progrès rapides malgré
la confusion dont le couvrit Archelaüs, évêque de Cascar, en
Mésopotamie, dans une conférence publique qu'il eut avec lui
en 272, suivant Photius, et dont nous avons les actes authen-
tiques. Enfin, étant retourné en Perse, il y fut mis à mort par
ordre, non pas de Sapor, comme le dit un moderne, mais de
l'un de ses successeurs, ainsi qu'on le verra ci-après.

III. HORMISDAS.

L'an 271, HORMISDAS, ou HORMODZ, fils de Sapor, lui succéda. C'était un prince de très-bonne mine, robuste et de belle taille. Il s'adonna à l'étude ; mais sa science lui nuisit, car elle le fit tomber dans les erreurs de Manès. Il chérit cet imposteur au point qu'il lui fit bâtir, dans le Khusistan, qui est la Susiane un château pour lui servir de retraite contre ceux qui le poursuivaient à cause de son impiété. Le règne d'Hormisdas fut très-court. Il mourut en 272 ou 273.

IV. VARARANE I.

272 ou 273. VARARANE I (ou BAHRAM), fils d'Hormisdas, le remplaça sur le trône. Ennemi des Romains, il envoya des secours à Zénobie contre Aurélien. M. de Tillemont met sa mort en 276, et M. de Guignes en 279. Vararane, au commencement de son règne, fit paraître de l'inclination pour la doctrine de Manès, et voulut que ses mages, c'est-à-dire les docteurs de la secte de Zoroastre, entrassent en dispute avec lui. Mais ce n'était qu'une ruse de ce prince pour faire sortir cet imposteur de son fort et l'avoir entre ses mains. Manès, ayant donné dans le piége, le roi le fit écorcher vif, et exposer sa peau, remplie de paille, dans un lieu fort élevé, pour inspirer la terreur à tous ceux de sa secte. Cette exécution en effet mit en fuite les Manichéens, dont la plupart se sauvèrent aux Indes, et quelques-uns même jusqu'à la Chine. D'autres passèrent sur les terres de l'empire romain, où ils séduisirent un grand nombre de chrétiens. (D'Herbelot.)

V. VARARANE II.

276 ou 279. VARARANE II, fils aîné du précédent, lui succéda. Son règne, suivant Albufarage, fut de 17 ans, pendant lesquels il fut presque toujours en guerre avec les Romains. L'an 279 ou environ, voyant l'empereur Probus approcher de la Perse, après avoir triomphé des Blemmyes, peuple voisin de l'Egypte, il lui fit une députation pour demander la paix. Les ambassadeurs rencontrèrent l'empereur sur une haute montagne, assis sur l'herbe au milieu de ses soldats, et mangeant dans une jatte de terre des pois avec du porc salé. Probus leur dit, sans se lever, que si leur maître ne faisait pas une prompte et entière satisfaction, il rendrait les campagnes de la Perse aussi rase que l'était sa tête, et en même tems, ôtant son bonnet il leur fit voir une tête parfaitement chauve. Vararane, effrayé par le récit de ses envoyés, vint lui-même trouver Probus, et lui accorda tout ce qu'il exigeait. Mais, l'an 282, sur quelques manquements des Perses envers la majesté du nom romain, la paix fut rompue, et Probus ayant révolé vers la Perse, prit Ctésiphon.

après avoir battu Vararane. Carus continua les conquêtes de Probus sur les Perses. Dioclétien, l'an 286, obligea Vararane, par la seule terreur de son nom, à rendre aux Romains la Mésopotamie. Vararane avoir un frère puîné, nommé Ormiès ou Hormisdas, qui, las de vivre en sujet, se révolta l'an 293, et prétendit monter sur le trône. Ce parti ne lui réussit pas. Vararane mourut l'an 293, suivant M. de Tillemont, ou 296 selon M. Rivaz.

VI. VARARANE III.

293 ou 296. VARARANE III, successeur de Vararane II, son père, et surnommé SEGANSAA, selon Agathias, ou SAHAHAM, suivant Eutychius, ne régna tout au plus qu'un an. De-là vient peut-être qu'Abulfarage n'en parle point. (Tillemont.)

VII. NARSÈS.

294 ou 297. NARSÈS, ou NARSI, second fils de Vararane, parvint à la couronne de Perse après la mort de son père. Il reprit la guerre contre les Romains, et la fit d'abord avec succès. L'an 301, suivant M. de Longuerue, et non pas 297, comme le marque M. de Tillemont, il battit le césar Galère Maximien, et s'empara de la Mésopotamie. L'année suivante il se rendit maître de l'Arménie. Mais le césar Galère étant tombé inopinément sur lui vers le commencement d'avril 302, tailla en pièces son armée, lui enleva ses femmes et ses filles, et l'obligea de prendre la fuite. Narsès prit alors le parti de faire la paix avec les Romains. Il lui en coûta, pour l'obtenir, cinq provinces sur le Tigre, outre la Mésopotamie si long-tems disputée, et sur laquelle il céda toute prétention à l'empire. Ce prince mourut l'an 303, après un règne de sept ans.

VIII. HORMISDAS II.

303. HORMISDAS, fils de Narsès, fut reconnu pour son successeur dans le royaume de Perse. Son règne paisible et heureux fut de cinq ans, suivant Abulfarage, ou plutôt de sept ans cinq mois selon Agathias, que nous préférons. Il mourut par conséquent l'an 310. Les grands, loin d'élever Hormisdas, son fils, sur le trône, se saisirent de lui aussitôt que le père eut fermé les yeux, le chargèrent de chaînes, et l'enfermèrent dans une tour située sur une colline à la vue de sa capitale. La cause de ce traitement était la menace qu'il avait faite de les traiter comme Marsyas le fut par Apollon, c'est-à-dire de les faire écorcher vifs lorsqu'il aurait le sceptre en main, et cela pour

ne s'être point levés devant lui dans un banquet royal, où il était survenu en arrivant de la chasse.

IX. SAPOR II.

310. SAPOR II, fils posthume d'Hormisdas II, fut déclaré son successeur avant que de naître. Les mages firent même dès-lors la cérémonie de son couronnement, en mettant le diadême sur le ventre de sa mère, persuadés, ou feignant de l'être, qu'elle était enceinte d'un fils. L'an 323, Hormisdas, son frère, ayant trouvé moyen de s'échapper de sa prison, va se réfugier chez le roi d'Arménie, qui l'envoie sous bonne escorte à l'empereur Constantin, dont il est très-favorablement accueilli. Sapor, non-seulement ne le redemande point, mais il lui renvoie même sa femme avec honneur. Hormisdas, s'étant fixé à la cour impériale, y embrassa le Christianisme, et rendit pendant quarante ans des services importants aux Romains dans leurs guerres contre les Perses. (Tillemont, le Beau.) L'an 326, Sapor, à la sollicitation des mages, commence à persécuter les Chrétiens de ses états. (Assemani.) L'empereur Constantin lui écrivit en vain une lettre pathétique en leur faveur. Elle ne fit aucun effet sur l'âme de ce prince, irrité par les mages. L'an 337, peu de tems avant la mort de Constantin, il redemande aux Romains les provinces Transtigritaines : on donnait ce nom à cinq provinces situées, pour la plupart, entre l'Euphrate et le Tigre, que l'empereur Maximien Galère avait conquises, comme on l'a dit, sur Narsès son aïeul. Constance hérita de cette guerre. Sur le refus qu'il fit à la demande de Sapor, celui-ci, l'année suivante, vient mettre le siége devant Nisibe. Mais après avoir serré cette place durant soixante-trois jours, il est obligé de se retirer honteusement, poursuivi et harcelé dans sa retraite par l'ennemi qui lui tue beaucoup de monde, sans parler de ceux que la fatigue, la famine et les maladies firent périr. L'an 340, il renouvelle, avec une fureur incroyable, la persécution contre les Chrétiens. Elle dura quarante ans. (Assemani, *Acta Mart.*) L'an 348, vers le mois d'août, suivant saint Jérôme et Idace, il gagne, sur l'empereur Constance, la célèbre bataille de Singare, en Mésopotamie. Elle lui coûta cher ; son fils, héritier de la couronne, ayant été fait prisonnier dans cette journée, les Romains, dans la rage de se voir enlever une victoire dont ils se croyaient assurés, le massacrèrent indignement. Sapor, l'an 350, revient devant Nisibe, qu'il tint assiégée pendant quatre mois, sans pouvoir encore la prendre. Elle avait au milieu d'elle son évêque, saint Jacques, qui la défendait par ses prières. Sapor, obligé de lever le siége et d'avouer que Dieu combat pour les Romains, tire une flèche contre le ciel dans son désespoir,

L'an 359, il reprend la guerre qu'il avait interrompue pendant neuf ans, et assiége pour la troisième fois Nisibe avec aussi peu de succès que par le passé. Il se dédommage sur Amide, qu'il emporte d'assaut au milieu de l'automne, après des efforts incroyables, et dont il fait passer la garnison au fil de l'épée. L'année suivante, il se rend maître de Singare et de Besabde, en Mésopotamie, qu'il traite comme Amide. Constance arrête ses progrès, et l'oblige à se tenir sur la défensive. l'an 363, poursuivi par l'empereur Julien jusques dans le cœur de ses états, la Providence le délivre de cet ennemi redoutable dans un combat, où Julien fut blessé à mort le 26 juin. Peu de jours après cet événement, il fait une paix avantageuse avec Jovien, successeur de Julien. Sapor regagne, par ce traité, les cinq provinces Transtigritaines qui avaient fait le sujet de la guerre. L'an 370, il est battu par l'empereur Valens, qui l'oblige à lui demander une trêve. L'an 380, Sapor meurt après un règne de soixante-dix ans. (Assemani.) Outre l'affreuse persécution qu'il fit aux Chrétiens, Procope, (*de Bello Pers.*, liv. 1, chap. 5,) rapporte d'autres traits de sa barbarie, qui font également horreur. L'orgueil de ce prince ne le cédait point à sa cruauté; témoin sa lettre à l'empereur Constance, à la tête de laquelle il se qualifiait, *Roi des rois, compagnon des astres, frère du soleil et de la lune: Rex regum Sapor, particeps siderum, frater solis ac lunæ.*

X. ARTAXERCÈS II.

380. Artaxercès II, frère, ou du moins proche parent de Sapor II, devint son successeur, et régna, suivant Agathias, l'espace de quatre ans. C'est le sentiment qu'adoptent M. de Guignes et les auteurs de l'Histoire Universelle, préférablement à celui de Kondemir, qui donne à ce prince douze ans de règne. Sa mort est arrivée, par conséquent, l'an 384. Ce fut lui, ou son successeur, qui envoya cette année des ambassadeurs chargés de présents magnifiques à Théodose, pour renouveler la paix entre les deux empires.

XI. SAPOR III.

384. Sapor III, fils de Sapor II, régna cinq ans et quatre mois depuis la mort d'Artaxercès II. Eloigné de la barbarie de ses prédécesseurs, il gouverna ses états avec modération, vécut en paix avec les Romains, et mourut vers l'an 389, regretté de ses peuples.

XII VARARANE IV.

389. Vararane, fils de Sapor III, monta sur le trône des

Perses après la mort de son père. Abulfarage ne le compte point entre les rois de Perse. Mais le vide d'environ onze ans, qu'il laisse entre Sapor III et Isdegerde, fait voir qu'il y a dans sa liste, un prince intermédiaire d'oublié. Nous plaçons la mort de Vararane III, d'après ceux qui en font mention, en l'an 399.

XIII. ISDEGERDE I.

399. ISDEGERDE I, ou JAZDEGERDE, fils de Sapor III, commença, suivant Abulfarage, à régner la cinquième année de l'empereur Arcade, c'est-à-dire l'an 399, étant âgé pour lors de vingt et un ans. Il vécut en si bonne intelligence avec Arcade, que ce prince, en mourant, si l'on en croit Procope, le nomma tuteur de son fils Théodose le Jeune. Ce qui est certain, c'est que ce monarque guerrier, loin de profiter de l'occasion que lui présentait la minorité de Théodose, pour étendre les bornes de ses états, se déclara hautement son défenseur. Il lui écrivit une lettre pleine d'affection; conclut avec les Romains une paix de cent ans, et envoya au jeune empereur un eunuque grec fort savant, nommé Antiochus, pour l'instruire dans les lettres. Le Christianisme s'étendit en Perse sous sa protection. Mais l'an 418 (Assemani) et non l'an 420, il changea de disposition envers les Chrétiens, à l'occasion d'un temple que l'évêque Abdaas avait eu l'imprudence de brûler. Depuis cet événement il ne cessa de les persécuter; et cette persécution, continuée sous ses deux successeurs, dura trente ans, suivant Théodoret. Isdegerde mourut l'an 420.

XIV. VARARANE IV.

420. VARARANE IV (ou BAHRAM GOUR), se mit en possession du trône de Perse après la mort d'Isdegerde, son père. Il continua la persécution contre les Chrétiens, et enchérit sur la cruauté de son prédécesseur. Les Chrétiens qui purent échapper à ses recherches, se sauvèrent à Constantinople, où ils furent bien accueillis par l'empereur Théodose le Jeune. Vararane ayant envoyé les redemander comme des fugitifs, Théodose répondit avec courage que l'empire était un asile toujours ouvert aux innocents; que le Christianisme faisant tout le crime de ceux que Vararane poursuivait, il était du devoir d'un empereur chrétien de les protéger, et que pour les traîner en Perse, afin d'y répandre leur sang, il faudrait que Vararane vînt les arracher d'entre ses bras. Cette réponse généreuse fut suivie d'une rupture entre l'empire et la Perse. Ardabure, général de Théodose, s'étant mis le premier en campagne, remporta, sur les Perses comman-

dés par Narsès, une victoire qui fut célébrée, le 6 septembre 421, à Constantinople par de grandes réjouissances. Narsès, poursuivi par le vainqueur, se retire à Nisibe, où il ne tarda pas d'être assiégé. Le roi de Perse rassemble toutes ses forces et celles de ses alliés, pour les envoyer au secours de la place. Il arriva une chose singulière : les deux armées qui se cherchaient l'une et l'autre, prirent l'épouvante toutes les deux lorsqu'elles s'aprochèrent, et fuirent chacune de leur côté. Les Perses se précipitèrent dans l'Euphrate, où il en périt près de cent mille. Les Romains abandonnèrent le siége de Nisibe, brûlèrent leurs machines, et se retirèrent sur les terres de l'empire. Cette guerre finit, l'an 422, par un traité de paix, dont la principale condition fut que le roi de Perse laisserait aux Chrétiens de ses états la liberté de professer leur religion. Mais cet article ne fut pas fidèlement observé. Les mages, qui étaient les plus acharnés contre les Chrétiens, engagèrent Vararane, peu de tems après, à recommencer la persécution. Elle ne finit pas même à sa mort, arrivée l'an 440.

XV. ISDEGERDE II.

440. ISDEGERDE II, nommé aussi VARARANE par quelques auteurs grecs, posséda le trône des Perses depuis la mort de Vararane, son père, jusqu'à la sienne, arrivée l'an 457.

XVI. PÉROSE.

457. PÉROSE (ou PHIROUZ) s'empara du trône, avec le secours des Euthalites (ou Huns blancs, suivant M. de Guignes; Hongrois, selon M. Fischer), au préjudice d'Hormoz, son frère, que le testament de leur père Isdegerde y avait appelé. Il eut ensuite la guerre avec ses bienfaiteurs, cantonnés alors dans la Maourennaahar. Vainqueur dans le premier combat, pris dans le second et renvoyé, il périt dans le troisième l'an 488. (De Guignes.) Le Nestorianisme fit de grands progrès en Perse, sous le règne de ce prince par les soins de Barsumas, évêque de Nisibe, qui vint à bout de lui persuader que, parmi les Chrétiens de ses états, il n'y avait que les Nestoriens qui fussent attachés au gouvernement, et qu'il devait regarder ceux qui suivaient la doctrine des Romains comme autant d'espions et de traîtres, qui entretenaient des correspondances dangereuses avec les ennemis, et étaient toujours prêts à les seconder dans l'occasion. Au moyen de ces insinuations, il excita une violente persécution en Perse contre les Catholiques, remplit les siéges d'évêques nestoriens, et en fonda de nouveaux pour ceux de cette secte qui s'étendit fort avant dans les Indes, et pénétra jusqu'à la Chine. (Assemani, *Biblioth. Orient.*)

XVII. BALASCÈS.

488. BALASCÈS (ou BALASCH), fils de Pérose, parvint au trône après la mort de son père. Soupharai, son général, remporta, sur les Euthalites, une victoire, qui délivra la Perse d'un tribut honteux qu'ils lui avaient imposé, et procura la liberté des enfants de Pérose, qu'ils retenaient prisonniers. Les satrapes, mécontents de Balascès, l'obligèrent à descendre du trône l'an 491.

XVIII. CAVADÈS.

491. CAVADÈS (ou KOBAD), second fils de Pérose, fut substitué par les satrapes au roi Balascès, son frère. L'an 498 (Assemani), il fut déposé à son tour, mis dans les fers et remplacé par Giamasp, son frère. L'an 501, Cavadès, s'étant échappé de sa prison, se sauva chez les Euthalites, qui le rétablirent sur le trône. Il eut ensuite la guerre avec ces peuples, pour le paiement des troupes qu'ils lui avaient fournies. Il l'eut aussi avec les Romains, sur le refus que fit l'empereur Justin, en 522, d'adopter son fils Chosroès, dans la crainte qu'un jour il ne prétendît lui succéder à l'empire. Après une longue inimitié qui fermentait sourdement, cette guerre éclata l'an 528, et dura jusqu'à la mort de Cavadès, arrivée l'an 531, et au delà.

XIX. CHOSROÈS I, DIT LE GRAND.

531. CHOSROÈS (ou KHOSROU), troisième fils de Cavadès, fut élu roi de Perse après la mort de son père, par préférence à ses deux aînés, conformément au testament de son père. Pour avoir le tems de s'affermir sur le trône, il prêta l'oreille à l'accommodement que Justinien lui fit proposer. Les principales conditions de la paix, dont le traité ne fut signé qu'en 533, étaient qu'on rendrait les prisonniers faits de part et d'autre, et que les Romains paieraient en outre mille livres d'or aux Perses. L'an 540, jaloux du succès des armes de Justinien, qui avait recouvré l'Afrique, il fit irruption dans la Syrie, où il mit tout à feu et à sang. Hiéraple et Antioche, les deux plus considérables villes de cette province, éprouvèrent les effets les plus marqués de sa perfidie et de sa cruauté. Justinien obtint la paix de lui la même année en s'obligeant à lui payer une pension annuelle de cinq cents livres pesant d'argent, outre mille que Chosroès se fit compter sur-le-champ. Deux ans après, le roi de Perse reprend les armes contre l'empire, et s'avance, au printems de l'an 542, vers la Palestine. Bélisaire, envoyé contre lui, l'oblige, sans tirer l'épée, à reprendre la route de ses états. L'an 544, il lève

le siége d'Edesse, en Mésopotamie, après avoir fait de longs et vains efforts pour s'en rendre maître. Cet échec l'engage à conclure une trève de cinq ans avec les Romains. L'an 554, il remporte des avantages considérables dans la Lazique (l'ancienne Colchide) soumise aux Romains. Gubase, roi de ce pays, instruit l'empereur de la mauvaise conduite des généraux qu'il y avait envoyés; et sa mort, qu'ils complotèrent, fut le prix de ses justes accusations. Pour effacer l'horreur de cet assassinat, ils vont faire le siége d'Onogare avec une armée de cinquante mille hommes. Chosroès fond sur eux avec trois mille et les taille en pièces. Ce revers fut réparé, l'année suivante, par une grande victoire que le général Justin remporta sur les Perses devant la ville de Phase, qu'ils assiégeaient. L'an 562, traité de paix entre les Perses et les Romains, par lequel ceux-ci s'obligent à un tribut annuel de trente mille pièces d'or (quatre cent mille livres de notre monnaie) envers les premiers. C'était une des conditions de ce traité, que Chosroès cesserait de persécuter, comme il avait fait jusqu'alors, les Chrétiens dans ses états. Il la viola quelques années après, en voulant contraindre les Persarméniens d'abjurer le Christianisme qu'ils professaient. Ce peuple, l'an 571, a recours à l'empereur Justin II, dont il implore la protection. La guerre, à cette occasion, recommence entre l'empire et la Perse. L'an 576, Chosroès, battu par le général Justinien dans les plaines de Melitine, ville du Pont, est obligé de repasser l'Euphrate, après avoir perdu la plus grande partie de son armée. Les vainqueurs le poursuivent jusque dans le cœur de ses états qu'ils dévastent. L'an 579, il meurt à Ctésiphon vers le mois de mars, à l'âge de quatre-vingts ans. Les historiens grecs et les Perses ont tracé de ce prince deux portraits qui forment le contraste le plus frappant. Il égala, selon les derniers, Alexandre en valeur, en grandeur d'âme et en générosité. C'était, suivant les autres, un monstre en perfidie et en cruauté; il ne savait d'ailleurs ni former une entreprise avec réflexion, ni la conduire avec sagesse; les succès qu'il eut à la guerre, il les dut moins à son habileté qu'à l'imprudence et à l'incapacité des généraux ennemis. Il y a de l'exagération de part et d'autre. Chosroès eut les vices de la plupart de ses prédécesseurs, et les surpassa par ses grandes qualités.

XX. HORMISDAS III.

579. HORMISDAS III, fils de Chosroès, et son successeur, continua la guerre contre les Romains. Mais il ne remporta de ses expéditions que la honte d'avoir été presque toujours battu par le général Maurice, depuis empereur, et ensuite par Filé-

pique. Son imprudence l'ayant depuis brouillé avec les Turcs, ceux-ci pénétrèrent dans la Perse, et ils en auraient fait la conquête sans la valeur de Varame ou Baharam Tchoubin, qui tailla en pièces leur armée avec des forces très-inférieures. Varame devint par ce succès l'objet de la jalousie des courtisans, et la manière indigne dont il fut traité par Hormisdas ayant irrité les troupes, elles se révoltèrent. Varame, l'an 589, s'étant mis à la tête de son armée, se saisit du roi, le fit déposer, fit égorger son plus jeune fils qu'il demandait à voir, et fit scier à ses yeux sa mère par le milieu du corps, puis le jeta dans une obscure prison, après l'avoir privé de la vue, et lui substitua son fils aîné Chosroès. Hormisdas fut le prince le plus injuste et le plus cruel qui eût encore régné dans la Perse. M. Le Beau met sa déposition en 492. Nous suivons M. Assemani.

XXI. CHOSROÈS II.

589. CHOSROÈS II (ou KHOSROU PERWIS), fils d'Hormisdas, et mis à sa place, signala le commencement de son règne par faire assommer son père devenu furieux dans sa prison. L'an 590, il est chassé par le même général qui avait détrôné Hormisdas. Dans son malheur, il s'adresse à l'Être Suprême, lâche la bride à son cheval et lui laisse la décision de son sort. Après bien des fatigues, il arrive dans une ville des Romains, d'où il implore la protection de l'empereur Maurice, qui le rétablit au bout de dix-huit mois et lui donne sa fille en mariage. Lorsqu'il se vit affermi sur le trône, il déploya son ressentiment contre les auteurs de sa fuite, et signala en même tems sa reconnaissance envers ses bienfaiteurs. L'an 603, il déclara la guerre aux Romains pour venger la mort de Maurice, assassiné par Phocas, et la fit pendant dix-huit ans avec autant de succès que d'acharnement. Ses progrès furent si grands que l'empire se vit menacé de sa destruction totale en Asie. Dans l'excès de sa fureur il avait juré, si l'on en croit Zonare, qu'il forcerait les Chrétiens à renoncer à Jésus-Christ pour adorer le soleil. Mais la longue prospérité de ses armes fut suivie des revers les plus humiliants. L'empereur Héraclius, en trois campagnes qu'il fit en personne dans les années 622, 623, 624, reprit tout ce que les Romains avaient perdu dans les précédentes guerres; il pénétra ensuite jusqu'au cœur de la Perse, et y répandit la terreur et la désolation. Pour comble de désastre Chosroès est arrêté, l'an 628, par son fils aîné Siroès, indigné de ce qu'il avait désigné Médarsés ou Merdesane, son frère puîné, pour lui succéder. Siroès, après avoir fait égorger dix-sept de ses frères en présence de son père, le fait enfermer dans une prison, où cha-

que jour il envoyait les satrapes tour-à-tour pour lui faire insulte et lui cracher au visage. On joignait les tourments aux outrages, en le piquant avec des flèches pour le faire mourir peu à peu. Il finit ainsi ses jours dans les souffrances et le désespoir.

XXII. SIROÈS.

628. Siroès (ou Chobad Schironieh) ne jouit que dix mois du trône qu'il avait usurpé sur Chosroès, son père. Il mourut vers le commencement de l'an 629. Ce prince, dès qu'il eut le sceptre en main, fit avec les Romains une paix solide, dont une des conditions fut la restitution de la vraie croix enlevée par son père. (*Voy.* l'empereur Héraclius.)

XXIII. ADESER.

629. Adéser (ou Ardschir) fut porté sur le trône après la mort de Siroès, son père, à l'âge de sept ans. Au bout de six mois, Sarbazas, général des Perses, l'assassina, et se mit à sa place.

XXIV. SARBAZAS.

629. Sarbazas (ou Schahriar) fut tué, suivant M. de Guignes, le second mois de son usurpation, et non la seconde année, comme d'autres l'avancent.

XXV. TOURANDOKHT.

629. Tourandokht, fille de Chrosroès, fut élue reine au défaut de mâles dans la ligne directe. On prétend qu'elle fut empoisonnée au bout de seize mois. Cinq princes, après elles, se succédèrent si rapidement, qu'ils ne firent qu'aparaître sur le trône. Leurs noms sont, Koschanschdeh, Arzoumidokht, sœur de Tourandokht, Khosrou, Phirouz et Pharoukh-Zad.

XXVI. ISDEGERDE III.

632. Isdegerde III, fils de Sarbazas, fut proclamé roi de Perse après la mort ou la déposition de Pharoukh-Zad. (L'époque de son élévation est remarquable, comme on l'a dit ailleurs, parce qu'elle est le fondement d'une ère fameuse chez les Persans. On la nomme l'ère d'Isdegerde, et on en fixe le commencement au 16 juin 632.) L'an 633, Khaled, général du calife Aboubecr, lui enlève une partie de l'Irak ou de la Chaldée. L'an 637, Saad, autre général arabe, neuf mois après s'être

rendu maître de Madaïn, capitale de la Perse, défait Isdegerde en bataille rangée, et l'oblige à prendre la fuite. Cet échec entraîna la perte de ses états, à l'exception du Ségestan, où il conserva une espèce de souveraineté. L'an 652, Isdegerde fut tué par des rébelles, laissant un fils, nommé Phirouz, qui se sauva en Chine, et une fille, dont on ignore le nom et le sort. La Perse devint alors une portion de l'empire des califes. Elle fut ensuite demembrée par différents princes arabes ou étrangers, qui en érigèrent diverses provinces en autant de souverainetés ; ce qui dura jusqu'à la dynastie des Sophis, qui réunirent toute la Perse sous un seul monarque. (*Voyez* l'article des Schas ou Sophis.)

CHRONOLOGIE HISTORIQUE

DES

CHEFS DES HUNS.

Les Huns ont commencé à se faire connaître dans l'empire romain sous le règne de l'empereur Valens, en 376. Ce nouveau peuple, que Dieu réservait dans les trésors de sa providence pour être l'instrument de ses vengeances, eut pour son premier domicile les vastes déserts qui confinent aux provinces septentrionales de la Chine. La discorde ayant excité des guerres civiles parmi eux, les vaincus, accablés par leurs défaites et la tyrannie des vainqueurs, abandonnèrent leur patrie pour aller chercher de nouvelles demeures vers l'Occident. La Baskirie, grande province située au pied du mont Caucase, où le Jaïk prend sa source, fut le pays où ils vinrent d'abord s'établir. Mais, ennemis du repos, ces barbares, en chassant devant eux les nations voisines, étendirent leur domination jusqu'aux portes Caspiennes, et de là parvinrent aux Palus Méotides, ou la mer de Zabache. Ces succès, loin de les satisfaire, ne servirent qu'à irriter la soif des conquêtes qui les animait. Ils passèrent le Tanaïs ; et, s'étant rendus maîtres des contrées que les Goths habitaient depuis cent cinquante ans, ils forcèrent une partie de cette nation à s'enrôler parmi eux, et l'autre à se retirer dans les provinces romaines situées au-delà du Danube. Deux ans après ils franchirent eux mêmes ce fleuve pour entrer dans la Pannonie, où ils se fixèrent après l'avoir soumise.

Amien Marcellin fait le portrait le plus hideux de cette nation. « Dès la mamelle, dit-il, les Huns tailladent, avec le fer,
» les joues de leurs enfants, afin d'empêcher le poil d'y venir,
» de sorte qu'ils vieillissent sans barbe, semblables à des eu-
» nuques, et sans aucun agrément dans le visage. Une tête
» énorme enfoncée dans de larges épaules, tous les autres
» membres sans proportion, une difformité universelle les

» ferait prendre pour des bêtes à deux pieds, ou pour les origi-
» naux de ces pieux que l'on taille grossièrement en figures
» d'hommes pour les mettre sur les parapets des ponts. »

Cette nation était divisée par hordes ou par tribus, qui avaient toutes la même manière de vivre. Les Huns, ennemis de l'agriculture, ne connaissaient point l'usage du pain. « Les racines
» et la chair à demi-crue, mortifiée entre la selle et le dos de
» leurs chevaux, faisaient leur nourriture. Ils ne se croyaient
» point en sûreté dans une maison ou dans un bâtiment solide ;
» errants dans les plaines et dans les forêts, ils laissaient leurs
» femmes et leurs enfants sous des tentes qui étaient posées sur
» des chariots, et qu'ils transportaient où ils jugeaient à pro-
» pos. Ils n'avaient aucune demeure fixe......, et n'étaient ha-
» billés que de peaux ou de toile qu'ils laissaient pourir sur
» leur corps. Ils étaient toujours à cheval ; c'était ainsi qu'ils
» tenaient leurs assemblées ; et ils étaient si peu accoutumés à
» rester sur leurs pieds, qu'ils se couchaient sur le dos de leurs
» chevaux pendant la nuit.... Ils étaient fourbes, inconstants,
» sans religion, avides de richesses, cruels, colères, en un
» mot semblables en tout aux Calmouks d'à présent et aux Tar-
» tares de Crimée. » (De Guignes.)

Les Huns n'avaient point de rois, mais des chefs dont l'autorité était assez mal établie.

BALAMIR.

376. BALAMIR, ou BALEMBER, était chef des Huns lorsqu'ils passèrent les Palus Méotides, et se rendirent maîtres de tout le pays qui est entre le Tanaïs et le Danube, en chassant les Goths, les Alains et autres barbares. Ce fut aussi lui qui, après leur avoir fait passer ce dernier fleuve, les conduisit en Pannonie, dont il les rendit maîtres par les victoires qu'il remporta sur les Romains à leur tête. L'an 397, appelé par le perfide Rufin, ministre du faible Arcade, il se jette sur les terres de l'empire, voisines de la Pannonie, d'où il emporte un butin considérable. On rapporte sa mort à la fin du quatrième siècle.

ULDÈS.

400. ULDÈS, dit aussi ULDIN, chef des Huns, attaqua, par divers combats, le traître Gainas, goth de nation, qui, chassé des terres de l'empire, contre lequel il s'était révolté après avoir servi dans les armées romaines avec réputation, voulait s'établir dans l'ancien pays des Goths, au-delà du Danube, le défit, le tua, et envoya sa tête à l'empereur Arcade. Elle fut portée en triomphe à Constantinople le 3 janvier 401. En 405, Stilicon oignit à ses troupes celles du même Uldès, pour marcher con-

virent à faire un traité plus avantageux avec son maître. M. de Guignes met la mort de Rouas en 433.

ATTILA.

433. ATTILA, ou ATEULA, surnommé le *Fléau de Dieu*, fils de Mundiuque, l'un des chefs des Huns, devint le successeur de Rouas, son oncle, avec Bléda, son frère. Théodose envoya, vers ces deux nouveaux chefs, des ambassadeurs qui conclurent avec eux un traité de paix, moyennant un tribut de 700 livres d'or, que les Romains s'obligèrent à leur payer. Théodose, en faisant ce traité, prétendait ne donner aux chefs des Huns que le titre de généraux de ses armées, et appelait *gages* le tribut qu'il était forcé de leur payer. Mais Attila pensait autrement, et comptait parmi ses sujets des rois et l'empereur lui-même. *Mon maître et le vôtre*, disaient ses ambassadeurs en parlant à l'empereur, qui ne manquait jamais de leur faire des présents considérables. Quand Attila voulait enrichir quelques-uns de ses favoris, il les envoyait en ambassade à Constantinople. (Condillac.) L'an 444, ou 445, Attila fait tuer son frère Bléda pour régner seul sur les Huns, les Gépides, les Goths, restés dans leur pays, les Suèves, les Alains, les Hérules, etc. Jamais prince ne fit en si peu de tems de si grandes conquêtes et ne subjugua tant de pays qu'Attila. Il avait à sa suite une troupe de rois et de princes qui étaient dans la crainte et le tremblement en sa présence. On faisait monter son armée à cinq cent et même à sept cent mille hommes. Depuis l'an 433, Honoria, reléguée, pour sa mauvaise conduite, par Valentinien, son frère, à Constantinople, sollicitait Attila de faire la guerre aux Romains. Ce barbare, en 449, s'y dispose. Théodose II, informé de ce dessein, tente, par le conseil de l'eunuque Chrysaphe, son ministre, de faire assassiner Attila. Le complot est découvert, et le roi des Huns a la générosité de le pardonner, moyennant la somme destinée à l'assassin. En 450, il demande, à Valentinien, Honoria pour épouse, avec la moitié de l'empire. Valentinien refuse l'une et l'autre, alléguant qu'Honoria était mariée, et que les femmes n'avaient aucune part dans le partage de l'empire. Attila consent ensuite à la paix pour tromper l'empereur. En 451, usant du même artifice, il passe le Rhin, entre dans les Gaules comme allié des Romains; mais agissant réellement en ennemi, il ruine plusieurs villes sur son passage. Le général Aëtius et Théodoric, roi des Visigoths, le battent, près d'Orléans, le 14 juin 451. Attila s'enfuit : il est battu une seconde fois dans une sanglante bataille donnée le 20 septembre suivant dans les plaines

de Meri-sur-Seine, dites par les anciens les plaines Catalauniques, à six lieues au-dessous de Troyes. Il resta sur le champ de bataille, selon Paul Diacre, cent quatre-vingt mille morts, et trois cent mille, suivant Jornandès et Idace. C'en était fait d'Attila si le général romain eût voulu profiter de cette victoire. Mais la crainte que la défaite entière des Huns n'augmentât la puissance du roi des Visigoths, qui était avec lui, fit qu'il empêcha ce prince de forcer le camp des barbares et de les massacrer tous. Attila eut le tems de retourner vers le Rhin, d'où il passa en Pannonie, pour y recruter ses troupes. De là il entre, l'an 452, en Italie, qu'il ravage sans presque nulle opposition. Aquilée, Milan, Pavie et d'autres villes, éprouvèrent tout ce que la férocité d'un vainqueur avide de carnage et de butin peut lui inspirer. Arrivé sur les bords du Pô, il délibère s'il ira faire le siége de Rome. Valentinien, qui s'y tenait renfermé, craignant qu'il ne prenne ce parti, lui député le pape saint Léon, avec deux sénateurs pour le détourner de ce dessein. Le pontife l'ayant rencontré au confluent du Mincio et du Pô, suivant la plus commune opinion, ou selon Maffei, dans l'endroit où est aujourd'hui Pesquiera, l'engage à faire la paix avec les Romains moyennant un tribut auquel il se soumet au nom de Valentinien. Attila reprend, au mois de juillet la route de ses états, chargé d'immenses dépouilles, mais avec une armée considérablement diminuée par les maladies. Il y mourut, en 453, d'une hémorragie qui l'étouffa la nuit de son mariage avec une fille nommée Ildico. Telle fut la fin de cet homme, qui avait été la terreur et le fléau de l'univers. Jornandès décrit ainsi la figure d'Attila : « Il était de petite taille, avait la poitrine large, » la tête grosse, les yeux petits, la barbe claire, le nez épaté, » les cheveux mêlés. Son regard et sa démarche annonçaient la » fierté de son âme. Il entreprenait la guerre avec ardeur et la » faisait avec prudence. » Il dit ailleurs qu'Attila méprisait le faste, qu'il était équitable envers ses sujets, mais fourbe envers ses ennemis. Son empire fut renversé avec lui par la mésintelligence de ses enfants; circonstance dont les princes subjugués profitèrent pour secouer le joug. Cependant, les Huns firent encore des ravages sur les terres de l'empire. L'an 467, Hermidas, chef d'une troupe de cette nation, fut défait par Anthemius, proclamé empereur la même année. On voit un Dengizic, ou Dingic, fils d'Attila, entreprendre la guerre contre les Romains vers 468. Elle fut terminée par la mort de l'agresseur, dont la tête fut apportée à Constantinople l'an 469.

CHRONOLOGIE HISTORIQUE

DES

ROIS DES VANDALES.

Les Vandales, peuple venu des bords de la mer Baltique, vis-à-vis de l'île que Dexippe appelle *Scanzia*, s'arrêtèrent d'abord dans l'ancienne Dace, et s'établirent ensuite dans la Pannonie, d'où Stilicon, suivant l'opinion commune, les appela dans les Gaules au commencement du cinquième siècle.

GODIGISELE.

401. Godigisèle, ou Godisèle, est le premier roi connu des Vandales. Il fut tué dans un combat contre les Francs l'an 406. C'en était fait de tous les Vandales, si Respendial, chef des Alains, massagète d'origine, ne fût venu à leur secours, et n'eût empêché les Francs de les exterminer.

GONDERIC.

406. Gondéric, fils de Godigisèle, fut élu roi des Vandales après la mort de son père. Pour réparer l'échec que les Francs avaient fait essuyer aux Vandales, il fit alliance avec les Alains et les Suèves. Ces trois peuples s'étant réunis, passèrent le Rhin, le 31 décembre 406, après avoir marché sur le ventre aux Francs qui s'opposèrent à leur passage, et mis en fuite les garnisons romaines qui gardaient les bords du fleuve. De là ils se répandirent dans les Gaules qu'ils ravagèrent pendant trois ans, après quoi ils passèrent en Espagne l'an 409. Idace, dans sa Chronique, écrite au cinquième siècle, date ce passage de la fin de septembre et du commencement d'octobre de l'an 447

de l'ère d'Espagne ; ce qui revient effectivement à l'an 409 de J. C. Mais Isidore de Séville, qui écrivait au sixième siècle, semble l'avancer d'une année, en le plaçant à l'an 446 de la même ère. On peut néanmoins concilier ces deux historiens, en disant que le premier compte par années courantes, et l'autre par années révolues. Les progrès des Vandales en Espagne furent rapides, parce qu'il ne s'y trouva point d'armée pour les arrêter. S'étant emparés, l'an 411, de la Galice, ils étendirent leurs conquêtes jusqu'au détroit de Gibraltar. Ayant alors fait une espèce de partage avec leurs alliés, ils abandonnèrent aux Suéves la Galice, qui comprenait aussi les Asturies, et s'établirent dans la Bétique, qui, de leur nom, fut appelée Vandalousie ou Andalousie. Ce fut là qu'ils fondèrent une nouvelle monarchie. Mais bientôt ils se brouillèrent avec les Suéves et tournèrent leurs armes contre eux. L'empereur Honorius, au lieu de laisser ces barbares s'entredétruire, eut l'imprudence de secourir les Suéves. Les Vandales, devenus par là plus furieux, ravagèrent toute l'Espagne, démolirent Carthagène, emportèrent Sévilla d'assaut, et y commirent les plus grandes cruautés. Gonderic, leur roi, mourut en 428.

GENSERIC.

428. GENSÉRIC, frère de Gondéric, lui succéda l'an 428. C'était, selon quelques écrivains, un apostat, qui, de catholique, s'était fait arien. La même année, apprenant qu'Hermigaire, général des Suéves, ravage les provinces qui l'invironnent, il marche contre lui, l'attaque dans les plaines de Mérida, et le met en déroute de manière qu'une partie de son armée fut taillée en pièces, et que lui-même en fuyant se noya dans le Tage. L'an 429, appelé par le comte Boniface, que l'inimitié d'Aëtius avait engagé à se révolter, Genséric, au mois de mai, passe en Afrique avec une armée composée, non seulement de vandales (ceux-ci ne montaient qu'à trente mille hommes), mais d'alains, de suéves, de goths, et d'autres nations barbares que l'espérance d'un riche butin avait réunis sous ses drapeaux. (*Possid. in vitâ S. Augus.*) Avec des forces si considérables, il se rend maître en peu de tems de toutes les villes d'Afrique, à l'exception de Carthage, d'Hippone et de Cirthe, qui tombèrent néanmoins, dans la suite, au pouvoir des Vandales. En vain le comte Boniface, qui était rentré dans le devoir, veut s'opposer aux progrès de ces barbares. Il est défait l'an 430, et assiégé dans Hippone sur la fin de mai, trois mois avant la mort de saint Augustin. L'an 431, vers le mois de juillet, les Vandales lèvent le siége

d'Hippone, qui durait depuis environ quatorze mois. Mais ils gagnent, peu de tems après, une grande bataille sur les Romains. Ils brûlent ensuite Hippone, que ses habitants avaient abandonnée. Genséric, l'an 435, le 11 février, fait la paix avec l'empereur Valentinien. Ce fut Trigetius, gouverneur d'Afrique, qui en dressa le traité, par lequel Genséric demeura propriétaire de la Proconsulaire, à l'exception de Carthage, de la Bysacène et de la Numidie. L'an 437, il commence à persécuter les Catholiques. (C'est la première persécution des Vandales.) L'an 439, le 19 octobre, les Vandales, au mépris du traité de paix, prennent Carthage par surprise, la pillent durant plusieurs jours, et en adjugent les églises aux Ariens. (Genséric date de cette époque les années de son règne.) Ses vues peut-être ne se seraient point portées sur l'Italie, s'il n'y eût été appelé par l'impératrice Eudoxie, pour venger sur Maxime, auquel elle était remariée, la mort de Valentinien, son premier époux, dont il était le meurtrier. Flatté de l'espérance d'un riche butin, il met à la voile avec son armée pour le pays où il était invité, et après son débarquement, il marche droit à Rome, où il entre sans résistance, le 12 juin de l'an 455. Saint Léon sauva le fer et le feu à Rome; mais elle fut pillée pendant quatorze jours. L'impératrice et ses deux filles, Placidie et Eudoxie, furent transportées en Afrique, avec d'autres personnes illustres, du nombre desquelles fut Gaudence, fils du général Aëtius. Le vainqueur, de retour en Afrique, acheva d'engloutir ce que Valentinien y avait soustrait à sa voracité. Ainsi affermi dans cette partie du monde, l'empire de la mer devint l'objet de son ambition. Il lui fut aisé de l'obtenir, ayant une marine très-supérieure à celle des Romains. Mais au lieu d'employer ses flottes à enrichir ses sujets par la voie du commerce, il ne les fit servir qu'à exercer la plus affreuse piraterie. Il ne se passa point d'année dans la suite de son règne qui ne fut marquée par quelque descente funeste des Vandales en Sicile, en Sardaigne, sur les côtes d'Italie, ou sur celles d'Espagne, même sur celles d'Illyrie et du Peloponèse. Le général Ricimer, en 456, battit leur flotte à la hauteur de la Sicile, et après lui, le comte Marcellin défendit cette île contre eux et la préserva d'une invasion, tant qu'il eut le commandement. L'an 460, Genséric, averti d'un grand armement que l'empereur Majorien faisait à Carthagène pour aller descendre en Afrique, le prévint, brûla une partie de ses vaisseaux dans le port même, et enleva le reste qui servit à augmenter ses forces maritimes. Ce barbare mourut le 24 janvier 477, après trente sept ans, trois mois et six jours de règne depuis la prise de Carthage, laissant au moins trois fils,

Hunéric qui suit, Genton, et Théodoric. Genséric, suivant Jornandès (*de reb. Goth.* c. 33), était de moyenne taille, et boîteux d'une chûte de cheval. Il avait l'air pensif, parlait peu, méprisait la volupté, et s'occupait toujours de grandes entreprises. Procope dit qu'il usa du droit de conquête envers les Africains dans la plus grande rigueur; et que, non content de leur ôter leurs terres et leurs esclaves pour les donner aux Vandales, il les surchargea d'impôts si excessifs, qu'en travaillant beaucoup ils ne pouvaient suffire à les acquitter.

HUNÉRIC.

477. HUNÉRIC, ou HONORIC, succéda, le 24 janvier 477, à Genséric, son père. Il parut d'abord plus modéré que lui à l'égard des Catholiques. L'an 479, il leur permit d'élire un évêque pour Carthage, qui était sans pasteur depuis l'an 455. Ce ne fut que l'an 483 qu'il commença la persécution contre eux. Elle fut une des plus cruelles que les Chrétiens eussent souffertes; mais elle fut courte et ne dura pas deux ans entiers. On compte jusqu'à quarante mille catholiques qui furent les victimes de sa cruauté. Parmi les supplices qu'on fit souffrir aux confesseurs de la vraie foi, plusieurs eurent la langue coupée jusqu'à la racine, avec la main droite; et cependant ils continuèrent de parler, comme l'attestent trois témoins oculaires, Victor de Vite, l'historien Procope et Enée de Gaze. La cruauté d'Hunéric s'étendit jusqu'à sa propre famille. Genséric, dans la vue de donner à son peuple les princes les plus sages et les plus expérimentés de sa maison, avait réglé qu'on mettrait après lui sur le trône celui de ses descendants qui se trouverait le plus âgé, sans avoir égard à la ligne de primogéniture, et cela à perpétuité. Par cette fausse politique il remplit sa maison d'assassinats. Hunéric, pour faire tomber la couronne à son fils Hildicat, fit massacrer ses frères et leurs enfants mâles. Mais deux fils de Genton échappèrent à sa fureur. (Le Beau.) Ce mauvais prince mourut enfin le 11 décembre de l'an 484, après avoir régné sept ans, dix mois et dix-huit jours. Son fils Hildicat, qu'il avait eu d'une première femme qui n'est point connue, était descendu avant lui au tombeau. Il avait ensuite épousé, l'an 462, EUDOXIE, fille de l'empereur Valentinien III, que Genséric, son père, retenait alors en captivité. Cette princesse lui ayant donné Hildéric qui viendra ci-après, lasse de vivre avec un prince arien, se sauva, au bout de seize ans de mariage, à Jérusalem, où elle embrassa le tombeau d'Eudoxie, son aïeule, et ne survécut que quelques jours à son arrivée

Procope représente les Vandales comme un peuple qui, après

la mort de Genséric, était tombé dans la mollesse, et s'était abandonné à toutes les voluptés. Ils passaient les journées entières dans des bains parfumés, ou au théâtre; leurs habits étaient tissus d'or et de soie; ils étalaient sur leurs tables le luxe le plus recherché; ils avaient à la ville et à la campagne des maisons superbes et des jardins délicieux. Les spectacles et les tournois faisaient leur occupation la plus sérieuse, et la chasse leur unique travail. Ils jouissaient dans la plus grande sécurité de leurs conquêtes, et négligeaient en conséquence l'art militaire, ne jugeant pas avoir dans la suite rien à craindre des empereurs d'Orient.

GUNTHAMOND.

484. GUNTHAMOND, fils de Genton, succéda le 11 décembre 484 à Hunéric. L'an 485, il rappela les évêques exilés, et permit d'ouvrir les églises d'Afrique, qui étaient fermées depuis plusieurs années. Les Maures, sous le règne précédent, s'étaient emparés du Mont-Aurase, en Numidie. Gunthamond entreprit de les en chasser, mais avec si peu de succès, qu'ils se rendirent maîtres de toute la côte d'Afrique depuis Cadix jusqu'à Césarée. Ce prince mourut le 21 septembre 496, après un règne de onze ans neuf mois et onze jours.

TRASAMOND.

496. TRASAMOND, ou TRASIMOND, frère de Gunthamond, lui succéda le 21 septembre 496. « Ce nouveau prince faisait
» espérer un règne doux et heureux; il était bien fait de sa
» personne, généreux, spirituel; il aimait les lettres; il n'em-
» ploya d'abord que la séduction des récompenses et l'attrait
» des honneurs et des grâces pour engager les Catholiques à
» l'apostasie. Mais voyant le peu de succès de ses artifices, il
» devint furieux, et ne mit plus en œuvre que les rigueurs et
» les supplices. (Le Beau.) » Il relégua, l'an 504 ou 505, jus-
» qu'à deux-cent-vingts évêques en Sardaigne. Saint Fulgence, si célèbre par sa doctrine et sa piété, fut du nombre de ces illustres exilés. Le mariage de Trasamond avec AMALFRÈDE, sœur de Théodoric-le-Grand, le rendit maître de Lilibée, en Sicile. Il vécut en paix avec l'empire, et mourut, au mois de mai 523, du chagrin que lui causa une grande défaite de son armée vaincue par les Maures.

HILDÉRIC.

523. HILDÉRIC, fils d'Hunéric et d'Eudoxie, succéda, dans un âge avancé, le 24 mai 523, à Trasamond, son cousin. Ce

prince en mourant lui avait fait promettre avec serment qu'étant sur le trône, il n'ouvrirait pas les églises des Catholiques et ne rappellerait pas leurs évêques exilés. Hildéric fit le contraire, et rendit la paix à l'église d'Afrique. Mais il manquait de valeur, qualité qui se rencontrait heureusement dans Hoamer, son frère, qu'il chargea du commandement de ses armées contre les Maures. Hoamer, après avoir remporté sur eux plusieurs victoires signalées, fut à la fin battu si complètement que presque toute son armée périt dans l'action. Ce revers excita de grands murmures parmi les Vandales. Gélimer, fils de Gélaride, petit-fils de Genton, et arrière-petit-fils de Genséric, se prévalut de ce mécontentement pour s'emparer du trône dont il était l'héritier présomptif. Ayant séduit, par de fausses insinuations, les seigneurs Vandales, il se saisit d'Hildéric et de ses deux frères, Hoamer et Evagès, fit massacrer les officiers les plus attachés à leur prince légitime, et ne trouva plus alors d'obstacles à ses desseins. C'est ainsi qu'Hildéric fut détrôné dans le mois d'août 530, après avoir régné sept ans et trois mois.

GÉLIMER.

530. GÉLIMER se mit en possession de la monarchie des Vandales en Afrique, l'an 530, après s'être rendu maître de la personne d'Hildéric. L'empereur Justinien ayant appris la disgrâce de ce dernier, dont il était ami, fait la paix avec les Perses, pour tourner ses armes contre l'Afrique. Bélisaire est chargé de cette guerre, qu'il termina au bout de deux ans, par la conquête de tout le pays qui était sous la domination des Vandales, tant en Afrique qu'en Sicile, en Sardaigne et sur les côtes d'Italie. Gélimer lui-même fut obligé de se rendre, l'an 534, au général Pharas, que Bélisaire avait envoyé contre lui. Pharas envoya prisonnier ce malheureux prince à Bélisaire, qui le reçut à Carthage, d'où il l'emmena à Constantinople. Ainsi finit la domination des Vandales en Afrique, après avoir duré cent cinq ans. On fait état de plus de cinq millions d'hommes qui périrent dans les deux dernières années ; et Procope dit que l'Afrique devint alors tellement déserte, qu'on pouvait y voyager des journées entières sans rencontrer un seul homme.

CHRONOLOGIE HISTORIQUE

DES

ROIS BARBARES D'ITALIE.

L'an 476 est l'époque de l'extinction de l'empire en Occident, et l'établissement d'une monarchie nouvelle en Italie. Ce pays fut érigé en royaume au moment qu'il cessa d'être une portion de l'empire. Il devint le domicile des barbares qui l'avaient conquis; et leur chef, s'étant mis à la place des césars, exerça, sur tout ce qui s'étend depuis les Alpes jusqu'en Calabre, la même autorité dont ils avaient joui, mais sous un autre titre. L'Italie cependant ne fut pas toujours assujettie aux mêmes barbares. De la domination des Hérules, elle passa sous celle des Goths; à ces derniers, succédèrent les Lombards, dont la puissance plus durable fut enfin détruite par Charlemagne, qui, l'an 800, rétablit l'empire en Occident.

ODOACRE, ROI DES HERULES.

L'an 476, ODOACRE, fils d'Edicon, le même vraisemblablement que Prisque met au nombre des ministres d'Attila, ruge ou scythe, de nation, mais élevé en Italie et l'un des officiers des gardes du corps de l'empereur, demande, au nom des barbares incorporés aux milices romaines, le tiers des terres d'Italie, pour y fixer leur demeure. Oreste, père de l'empereur, s'étant durement opposé à cette demande, Odoacre passe en Pannonie, où il ramasse différents corps d'hérules, de skirres, de turcilinges, etc., à la tête desquels il fait irruption en Italie, prend et livre aux flammes Pavie, où le patrice Oreste s'était réfugié, l'emmène prisonnier avec toute la garnison, entre dans Ravenne, où il fait décapiter le patrice Paul, frère d'Oreste, marche à Rome, dont il trouve à son arrivée les portes ouvertes et le sénat disposé à le recevoir, dépose Augustule de la dignité impériale, mais sans lui faire d'autre mal par compassion pour son âge, se fait proclamer roi d'Italie par son armée, le 22 août 476, revient à Plaisance, où il fait mourir Oreste le 28 du même mois, et commence un règne qui fut paisible et sans perte, l'espace de treize ans, comme saint Séverin, apôtre du Norique le lui avait prédit à son passage par ce pays pour entrer en Italie. Mais l'an 489, Théodoric, étant venu fondre sur l'Italie à la tête des Ostrogoths, défit, près d'Aquilée, Odoacre le 28 août de cette année, et le battit une deuxième fois près de Vérone, le 27, ou le 30 septembre suivant; mais trahi par un de ses généraux, Théodoric fut obligé de se retirer à Pavie, où son ennemi vint l'assiéger après avoir ravagé la Ligurie. Théodoric, dans sa détresse, appela les Visigoths avec lesquels il remporta une troisième victoire le 11 août 490. Odoacre alors va se renfermer dans Ravenne, s'y fortifie, et après s'y être défendu avec beaucoup de courage pendant trois ans, se trouve enfin obligé de traiter avec Théodoric L'accord fut conclu le 27 février 493. Théodoric fit son entrée triomphante dans Ravenne, le 5 mars, et tua de sa main, peu de jours après, Odoacre, malgré le serment qu'il avait fait de lui conserver la vie. Jamais peut-être conquérant barbare ne montra plus de modération qu'Odoacre. Salué roi par son armée, et reconnu pour tel par toute l'Italie, il refusa de prendre les ornements de la royauté; il ne brigua que le titre de patrice, que l'empereur Zénon lui donna de lui-même dans une lettre qu'il lui écrivit, et ne se regarda que comme le premier sujet de l'empire. Quoique arien, il ne maltraita point les Catholiques. Les Romains et les Barbares eurent également à se louer de son humanité. S'il établit plusieurs impôts onéreux, il y fut contraint par la nécessité de récompenser ceux qui l'avaient aidé dans sa conquête. Il avait un fils, nommé Telano, qui périt vraisemblablement avec lui; du moins il n'en est plus parlé après la mort de son père.

ROIS DES GOTHS EN ITALIE.

I. THEODORIC.

493. THÉODORIC, fils naturel de Théodemer, second roi des Ostrogoths, ou Goths orientaux établis en Pannonie, et d'Erchiva, né l'an 455, fut donné en ôtage, l'an 461, par Wélamir,

frère et prédécesseur de Théodemer, à l'empereur Léon Ier; âgé pour lors d'environ six ans, il en passa treize à la cour de Constantinople. L'an 473, il fut renvoyé à son père, qui avait succédé, l'année précédente, à Wélamir. L'an 475, il succéda lui-même à Théodemer, décédé au printems de cette année. L'an 483, l'empereur Zénon, l'ayant rappelé à Constantinople, le nomma capitaine de ses gardes, l'adopta pour son fils d'armes, le désigna consul pour l'année suivante, et lui fit élever une statue équestre vis-à-vis du palais impérial. L'an 489, il passa en Italie avec l'agrément de Zénon, pour faire la guerre à Odoacre. Après l'avoir défait en trois batailles, il devint maître de toute l'Italie, où il commença de régner le 5 mars 493. Il établit sa résidence à Ravenne. Ce prince, pour se concilier l'amour et l'admiration des Italiens, fit gloire de protéger les arts et les sciences qui étaient en honneur parmi eux, et d'imiter leurs mœurs. Il quitta et fit quitter à ses Goths leur habillement pour prendre celui des Romains. Il conserva le sénat de Rome et les magistrats sur l'ancien pied, et conférait les places également aux Goths et aux Romains, n'excluant ceux-ci que des emplois militaires. Il fit construire plusieurs édifices pour l'utilité publique; il établit une police exacte dans ses états, qui embrassaient, en 510, non-seulement l'Italie entière avec la Sicile, mais la Dalmatie, la Norique, les deux Rhéties, la Pannonie et la Provence. Quoique arien, comme toute sa nation, il favorisa les Catholiques: mais sur la fin de son règne, il devint soupçonneux et cruel. L'an 524 ou 525, il fit mourir l'illustre Boëce, avec Symmaque, son beau-père, sur des accusations fausses d'intelligence avec l'empereur Justin. L'an 526, il mourut le 30 août, jour qu'il avait destiné pour chasser des églises tous les prêtres catholiques, moins par haine pour eux, qu'afin de forcer l'empereur à laisser aux Ariens de l'empire le libre exercice de leur religion. Le bruit courut, suivant Procope, qu'ayant pris, par une imagination singulière, la hure d'un poisson monstrueux qu'on servit à table, pour la tête de Symmaque, et croyant la voir prête à le dévorer, ses sens furent tellement glacés à ce spectacle, qu'il ne put rappeler la chaleur naturelle, et mourut au bout de quelques heures, déchiré par des remords que personne ne put calmer. « Guerrier » habile et intrépide, conquérant juste et humain, roi paci- » fique, il sut par un heureux mélange de sévérité et de douceur, » contenir ses sujets victorieux dans une exacte discipline, et se » faire chérir des peuples vaincus. Il s'était fait construire un » mausolée qu'on voit encore à Ravenne, et dont le dôme est » d'une seule pierre d'Istrie, et d'une masse énorme. » (Le Beau.) Théodoric avait régné trente-sept ans, à commencer de son entrée en Italie, et trente-trois ans depuis la mort d'Odoacre. C'est de la première de ces deux époques que les années de son règne se comptent dans ses rescrits. Il ne laissa de sa femme AUDEFLÈDE, sœur de Clovis, qu'Amalasonte, femme d'Eutaric, qu'elle fit père d'un fils qui suit. Théodoric, avant son mariage, avait eu d'une concubine deux autres filles, Ostrogothe, qui épousa Sigismond, roi de Bourgogne, et Thiudicote, ou Théodocote, femme d'Alaric, roi des Visigoths. N'oublions pas de dire que Théodoric, quoique élevé à la cour de Constantinople, ne savait pas même écrire, et que pour signer les actes il se servait d'une lame de cuivre, où l'on avait gravé à jour les cinq premières lettres de son nom. Le bon sens chez lui suppléait au défaut d'étude. Les lois qu'il fit pour les peuples soumis à sa domination, sont une preuve de l'étendue, de la pénétration et de la justesse de son esprit. Il est remarquable que, dans ce code, pour distinguer les Italiens des Ostrogoths, il désigna ceux-là par le nom de Romains, et ceux-ci par celui de Barbares.

II. ATHALARIC.

526. ATHALARIC, petit-fils de Théodoric, fils de sa fille Amalasonte et d'Eutaric, déjà mort, succéda à Théodoric à l'âge de neuf ans. Pendant sa minorité, Amalasonte, sa mère, tint les rênes du gouvernement. Elles ne pouvaient être maniées par de plus habiles mains. Cette princesse, douée de toutes les qualités propres à faire les grands rois, confia son fils à d'excellents instituteurs, et tandis qu'ils le formaient aux sciences, à l'art de régner et à la vertu, elle s'appliqua à maintenir la paix dans ses états, et à en écarter les guerres étrangères. Le célèbre Cassiodore, que son père et son époux lui avaient laissé pour ministre, pourvut à la sûreté des côtes contre les descentes des Grecs, et commanda lui-même les troupes destinées à les garder. D'autres généraux d'Athalaric repoussèrent les Lombards que l'empereur Justin avait excités à se jeter sur les terres de Dalmatie occupées par les Ostrogoths. Justin, admirant la sagesse d'Amalasonte, répond favorablement à une lettre très-soumise qu'elle lui avait écrite au nom de son fils, et devient son ami. L'an 533, quelques seigneurs goths, las d'être gouvernés par une femme, animent Athalaric contre sa mère. Elle trouve moyen d'éloigner de la cour les trois principaux d'entre eux, en leur donnant des gouvernements en Calabre, et de les faire ensuite périr. L'année suivante, Athalaric est attaqué de la peste, dont il meurt le 2 octobre, n'ayant régné que huit ans. Il ne fut point marié.

III. THEODAT.

534. THÉODAT, fils de Téodahad, roi d'une partie des Lombards en Germanie, et d'Amalfrède, sœur du roi Théodoric, fut tiré de la vie privée qu'il menait en Toscane, et placé sur le trône le 3 octobre 534, par Amalasonte, dont il était cousin; mais oubliant bientôt ce qu'il devait à cette princesse, il l'envoya, le 30 avril 535, en exil, et l'y fit étrangler dans un bain. Les affaires des Goths changèrent bien de face sous le règne de Théodat. L'an 535, après la chûte d'Amalasonte, Bélisaire, général de Justinien, fait une descente dans la Sicile, dont il se rend maître avant la fin de l'année. De là il passe, au printems de l'an 536, en Italie, où il assiège Naples, qu'il prend après vingt-deux jours de siége. A cette nouvelle, Théodat se met en marche pour s'opposer aux progrès des Grecs. Mais les Goths, indignés de sa lâcheté, proclament roi le général Vitigès, grand capitaine. Théodat prit la fuite, fut poursuivi et mis à mort par Oktaris, vers le mois d'août de l'an 536, n'ayant pas régné deux ans entiers. Il avait épousé GUDELINE, dont on ignore la naissance. Il en eut un fils, nommé Thédégisil, que Vitigès fit mourir en prison; et une fille, Théodénante, qui fut mariée, ou fiancée, au général Evermond.

IV. VITIGÈS.

536. VITIGÈS fut élu roi des Goths, en Italie, l'an 536, au mois d'août. Son élection fut d'assez près suivie de la prise de Rome, dont Bélisaire s'empara sans aucune peine, la même année 536, soixante ans après qu'elle était tombée entre les mains des barbares. Vitigès voulut la reprendre sur les Grecs; mais inutilement. Il fut obligé de se retirer au mois de mars de l'an 538, après un siége d'un an et neuf jours. S'étant enfermé dans Ravenne, il y fut assiégé, l'an 539, par Bélisaire, pris l'an 540, et transporté à Constantinople avec la reine MATHASONTE, fille d'Amalasonte et d'Eutharic, qu'il avait forcée de l'épouser. Ce prince avait régné environ quatre ans. Il mourut l'an 542, ou 543. Mathasonte, après la mort de Vitigès, épousa en deuxièmes noces Germain, neveu, et non pas frère, de l'empereur Justinien.

V. HELDIBADE, ou THÉODEBALDE.

540. HELDIBADE fut élu roi par les Goths qui étaient au-delà du Pô, après la prise de Vitigès, l'an 540. Ce choix était sage. Heldibade prit toutes les mesures convenables pour faire

reprendre aux Goths l'avantage sur les Grecs ; mais pour le malheur de ses sujets, il fut tué dans un repas l'an 541. Il était neveu de Theudis, roi des Visigoths.

VI. ÉRARIC.

541. ÉRARIC, ruge de naissance, fut choisi par ses compatriotes, établis en Italie, pour commander les Goths après la mort d'Heldibade ; il eut le même sort que lui cinq mois après, sur la fin de la sixième année de la guerre des Goths.

VII. TOTILA.

541. TOTILA, dit aussi BADUILLA, fils de Manduc, frère d'Heldibade, fut élu, l'an 541, vers le mois d'août, pour succéder à Eraric. Il profita de l'absence de Bélisaire, occupé contre les Perses, pour rétablir les affaires des Goths en Italie. L'an 542, il battit l'armée romaine sur les bords du Pô. L'an 543, il se rendit maître de Naples au mois de janvier, après un long et vigoureux siége. En passant par le Samnium, il voulut voir saint Benoît, et il éprouva qu'il avait le don de prophétie. Il prit Rome le 17 décembre de l'an 546, suivant Pagi et Muratori, ou 547, suivant D. Bouquet, renversa le tiers de ses murs, brûla le Capitole ; et après avoir pillé toutes les maisons opulentes et les églises, il se retira. Bélisaire, qui était revenu en Italie, rentra dans Rome, et commença à en relever les murs. Totila se rendit maître de Rome une deuxième fois, l'an 549. Il avait résolu de la garder ; mais l'an 552, il fut défait et perdit la vie, au mois de juin, dans une grande bataille donnée contre Narsès. Après cette victoire, Narsès rentra dans Rome. Ainsi furent accomplies toutes les prédictions que saint Benoît, suivant saint Grégoire le Grand, avait faites à Totila. Ce prince avait régné environ onze ans. Héros digne des plus grands éloges, vigilant, actif, prudent, généreux, modéré dans la prospérité, jamais déconcerté par les revers, zélé pour les bonnes mœurs, il releva le royaume des Goths sur le penchant de sa ruine, et n'eut eu besoin que d'une plus longue vie pour le rétablir dans son premier éclat.

VIII. THÉIAS.

552. THÉIAS fut élu roi par les Goths échappés de la bataille où périt Totila, l'an 552. Ce prince ne négligea rien pour raffermir la monarchie chancelante de sa nation en Italie. Il sollicita le secours des Français, mais inutilement ; enfin après plusieurs actions de bravoure, il périt le 1er. octobre de l'an 553.

Ce fut le dernier roi des Ostrogoths, dont la domination fut éteinte avec lui, après avoir duré soixante ans, depuis l'an 493, que Théodoric se rendit maître de l'Italie, par la défaite et la mort d'Odoacre. Ce peuple néanmoins, après la mort de Théias, ne se tint pas pour vaincu sans ressource. Conduits d'abord par Aligern, frère de Théias, ensuite par d'autres chefs, la plupart firent les derniers efforts pour se rétablir. Leur valeur donna encore, l'espace d'un an, beaucoup d'exercice au général Narsès. Enfin, l'an 554, ayant perdu Vérone et Brescia, deux villes où ils s'étaient maintenus, les uns vidèrent l'Italie, les autres subirent le joug, et montrèrent la même soumission que les Italiens pour l'empire romain.

CHRONOLOGIE HISTORIQUE

DES

DUCS D'ITALIE.

NARSÈS.

553. L'eunuque Narsès, persan de nation, après avoir détruit la monarchie des Goths en Italie, fut créé général du pays, sous le titre de duc. La sagesse de son gouvernement, l'intégrité de ses mœurs, et la piété dont il faisait profession, réunirent, pendant quelques années, les suffrages en sa faveur. Mais à la longue, l'autorité qu'il exerçait dans Rome lassa les sénateurs, parce qu'elle gênait la leur. Ils prirent occasion de ses richesses pour l'accuser de concussion auprès de l'empereur Justin II, menaçant de se donner un autre maître si on ne leur envoyait pas un autre ministre. L'an 567, Narsès, rappelé sur cette accusation, se rend à Naples, dans le dessein de s'embarquer pour Constantinople. Le pape Jean III va le trouver, et l'engage à revenir. Il meurt à Rome la même année, à l'âge de quatre-vingt-quinze ans. Ce grand homme, avant que d'arriver en Italie, avait été capitaine des gardes de l'empereur, grand logothète, ou grand trésorier, désigné consul et créé patrice. Sans aucune teinture des lettres, il avait un jugement admirable et une éloquence naturelle, qui triomphait de tous ceux qu'il voulait persuader. Il ne faut point le confondre, à l'exemple de Baronius, avec deux autres Narsès, qui fleurirent dans le même tems à la cour de Constantinople. L'un, frère d'Aratius, et dont parle Procope avec éloge (*de Bella Goth.*, liv. 2, ch. 23)

fut tué sous Justinien dans la guerre de Perse ; l'autre, célébré par Théophane, et ami de saint Grégoire le Grand, fut brulé vif par ordre du tyran Phocas.

EXARQUES DE RAVENNE.

I. LONGIN.

568. Le patrice FLAVIUS LONGINUS, envoyé par la cour de Constantinople pour succéder à Narsès, arrive en Italie l'an 568, et choisit Ravenne pour le lieu de sa résidence. Il prend le titre d'exarque, que portait déjà le gouverneur d'Afrique. Il donne lui-même le titre de duc aux gouverneurs de Rome, de la Pentapole, de Naples, et autres villes et contrées soumises encore aux Grecs. Son pouvoir était sans bornes. La seule marque de sa dépendance était la révocabilité. Il fut en effet révoqué l'an 584, après avoir fait d'inutiles efforts pour arrêter les progrès des Lombards en Italie. Ce fut lui qui conseilla, par un esprit d'avarice, à Rosemonde, veuve et meurtrière d'Alboin, d'empoisonner son amant. Celui-ci, en buvant la coupe funeste qu'elle lui avait présentée comme un breuvage excellent, s'étant aperçu de la fraude, l'obligea d'avaler le reste, et l'entraîna ainsi avec lui dans le tombeau. La mort de ces deux coupables rendit l'exarque maître des trésors qu'ils avaient apportés à Ravenne.

II. SMARAGDE.

584. Le patrice SMARAGDE ou SMÉRALDE, fut donné pour successeur à l'exarque Longin. Pendant son gouvernement, il fatigua les peuples par des exactions criantes, pour satisfaire l'avarice de l'empereur Maurice et la sienne. L'an 586, il fit, avec le roi Autharis, une trêve de trois ans, qui fut assez mal observée de part et d'autre. L'an 588, il contraignit, à force de mauvais traitements, Sévère, patriarche d'Aquilée, résident à Grado depuis l'invasion des Lombards, de signer, avec trois de ses suffragants, la condamnation des trois chapitres. Cette violence, faite à la sollicitation du pape Pélage II et de Jean, archevêque de Ravenne, fut blâmée de l'empereur, sur les plaintes que les prélats maltraités lui en portèrent. L'an 590, Smaragde reprend, sur les Lombards, Mantoue, Modène et trois autres villes. Il est rappelé à Constantinople la même année.

III. ROMAIN.

590. Le patrice ROMAIN fut substitué à Smaragde. Pendant

son exarchat, qui fut de sept ans, il ne cessa d'avoir les armes à la main contre les Lombards. Trouvant son avantage à faire la guerre parce qu'elle l'enrichissait, il rendit inutiles les mouvements que saint Grégoire le Grand se donnait pour procurer la paix en Italie. Ce saint pape fait, dans ses lettres, un portrait affreux de l'avarice de Romain, et des concussions innombrables dont elle fut la source. Enfin, il obtint le rappel de cet exarque l'an 597.

IV. CALLINIQUE.

597. Le patrice CALLINIQUE succéda, l'an 597, à Romain. Pressé par saint Grégoire le Grand, il conclut, l'an 599, le traité de paix que ce pape ménageait avec les Lombards. Mais, l'an 601, il le viole, en faisant arrêter le gendre et la fille d'Agilulphe, qui passaient sur les terres des Romains. Les malheurs qu'attira cette perfidie, et les plaintes que les habitants de Ravenne firent de la conduite de Callinique à la cour de Constantinople, engagèrent à le rappeler l'an 602.

SMARAGDE, *pour la deuxième fois.*

602. SMARAGDE, après le départ de Callinique, fut renvoyé pour le remplacer. L'an 606, Sévère, patriarche schismatique de Grado, étant mort, Smaragde fait venir à Ravenne les évêques de ce patriarcat, et les oblige à nommer un patriarche de la communion romaine. Les évêques lombards, de retour chez eux, protestent contre la violence qu'on leur a faite, rétablissent le siége patriarcal d'Aquilée, et élisent, pour le remplir, l'abbé Jean, opposé, comme eux, au cinquième concile. Depuis ce tems, il y eut deux patriarches, l'un à Aquilée, l'autre à Grado, ce qui produisit un nouveau schisme. L'an 611, Smaragde fut rappelé.

V. JEAN LÉMIGIUS.

611. JEAN LÉMIGIUS fut envoyé, l'an 611, pour relever Smaragde. Son orgueil et sa tyrannie soulevèrent contre lui tous les habitants de Ravenne. L'an 616, ils le massacrèrent dans une sédition, avec tous les officiers qu'il avait amenés avec lui.

VI. ELEUTHERE.

616. Le patrice ELEUTHÈRE, successeur de Lémigius, commença par faire le procès à tous les meurtriers de son prédécesseur. Il y eut, à cette occasion, de nombreuses et sanglantes

exécutions à Ravenne. La principale fut celle de Jean Conopsin, qu'il avait assiégé, pris dans Naples, et amené en triomphe avec lui. L'an 619, voyant le triste état des affaires de l'empire, Eleuthère devient lui-même rebelle, et usurpe la pourpre. Etant parti de Ravenne pour aller se faire couronner à Rome, son armée le mit à mort sur la route.

VII. ISAAC.

619. Le patrice ISAAC fut, à ce qu'on croit, le successeur immédiat d'Eleuthère. L'an 625, il donna retraite au roi Adaloald chassé par les Lombards, et se mit en devoir de le rétablir. L'an 633, il vient à Rome, et pille le trésor de Saint-Jean de Latran pour payer ses troupes. L'an 638, il meurt peu de tems après avoir fait trancher la tête au cartulaire Maurice, qui avait soulevé les Romains contre lui.

VIII. PLATON.

638. Le patrice PLATON remplaça immédiatement, selon M. de Saint-Marc, l'exarque Isaac. Il n'est connu que par les actes du pape saint Martin, où il est dit que lorsque le patriarche Pyrrhus vint à Rome (au commencement de 646), Platon était exarque d'Italie. On croit que ce fut lui qui obligea depuis ce patriarche à révoquer la rétractation qu'il avait faite à Rome de ses erreurs. Platon fut rappelé l'an 648 au plus tard.

IX. THÉODORE CALLIOPAS.

648, au plus tard. Le patrice THÉODORE CALLIOPAS prit la place de l'exarque Platon, et fut rappelé l'an 649. (Saint-Marc.)

X. OLYMPIUS.

649. Le patrice OLYMPIUS fut donné pour successeur à Calliopas avant le mois d'octobre 649. Il vint à Rome dans ce mois pour faire souscrire le Type de Constant par le concile qui se tenait pour lors à Saint-Jean de Latran. Ce formulaire ayant été rejeté par l'assemblée, Olympius veut faire arrêter le pape saint Martin, et ne l'ose, par la crainte du peuple qui se disposait à défendre son pasteur. L'an 652, il revient à Rome dans le même dessein, et y trouve le même obstacle. Il veut ensuite faire assassiner le saint pontife, tandis qu'il communie chacun à sa place, suivant l'usage. Le coup manque par la terreur subite de celui qui était chargé de l'exécution. Olympius passe de

Rome en Sicile pour combattre les Sarrasins. Il y meurt la même année 652, à la suite d'une victoire remportée sur lui par ces infidèles. (Pagi, Muratori, Zanetti.)

THÉODORE CALLIOPAS, *une deuxième fois.*

652. CALLIOPAS fut renvoyé pour succéder à l'exarque Olympius. L'an 653, il arrive à Rome le 15 juin, arrête le pape saint Martin par ordre de l'empereur Constant, et le fait embarquer pour Constantinople le 19 du même mois. Calliopas n'était plus exarque en 666.

XI. GRÉGOIRE.

666 au plus tard. Le patrice GRÉGOIRE, gouverneur d'Oderzo, avait remplacé, l'an 666, et peut-être encore plutôt, l'exarque Calliopas. On connaît qu'il exerçait cette année les fonctions de l'exarchat, par une lettre de l'empereur Constant, où ce prince l'exhorte à protéger la révolte de Maur, archevêque de Ravenne, contre le saint siége, dont il prétendait ne point dépendre. Grégoire s'acquitta fidèlement, à ce qu'il paraît, de sa commission; mais l'empereur n'en demeura point là. Par un diplôme donné à Syracuse le 1er. mars de la même année 666, il déclara l'église de Ravenne exempte de tout supérieur ecclésiastique, et lui accorda le privilége de l'autocéphalie. L'exarchat de Grégoire était fini en 678. (Zanetti, Saint-Marc.)

XII. THÉODORE II.

678 au plus tard. Le patrice THÉODORE II, différent de Théodore Calliopas, comme le prouve Muratori, remplaça, l'an 678 au plus tard, l'exarque Grégoire. C'était un homme vraiment pieux, ainsi que sa femme AGATHE. L'extinction du schisme d'Istrie, qui cessa entièrement l'an 679, fut en grande partie due à ses soins. Il mourut à Ravenne l'an 687.

XIII. JEAN PLATYN.

687. Le patrice JEAN PLATYN prit possession de l'exerchat de Ravenne pendant la maladie et avant la mort du pape Conon, arrivée le 21 septembre 687. Il fit ses efforts pour faire substituer à ce pontife l'archidiacre Pascal, qui lui avait promis cent livres d'or en cas de réussite. Sergius ayant emporté les suffrages pour la papauté, Platyn exigea de lui la même somme, et l'obtint. L'an 702, Platyn mourut, ou fut rappelé.

XIV. THÉOPHYLACTE.

702. Le patrice THÉOPHYLACTE, fait exarque par Tibère Absimare, vint de Constantinople par la Sicile, directement à Rome, contre l'usage de ses prédécesseurs. A son arrivée, le peuple s'imagina qu'il avait quelques mauvais desseins contre le pape Jean VI. La milice s'attroupe, et se met en devoir de le chasser; mais la prudence du pape appaisa ce tumulte. Théophylacte passa de Rome à Ravenne. Cette ville était coupable aux yeux de l'empereur Justinien II, pour avoir témoigné de la joie de sa dernière disgrâce, et Justinien, prince vindicatif, avait résolu de la punir. L'an 709, le patrice Théodore y arrive de Sicile, livre la ville au pillage, et envoie prisonniers à Constantinople l'archevêque Félix, avec les principaux citoyens. L'empereur les fait tous mourir, à l'exception du prélat, qu'il se contente de reléguer dans la Chersonèse, après lui avoir fait crever les yeux. Théophylacte ne paraît point avoir eu de part à ces événements. Il mourut à Ravenne l'an 710.

XV. JEAN RIZOCOPE.

710. Le patrice JEAN RIZOCOPE fut envoyé de Constantinople, l'an 710, pour succéder à l'exarque Théophylacte. Avant que de se rendre à Ravenne, il passa par Rome, où il fit trancher la tête à trois officiers du pape Constantin, en son absence. Arrivé à Ravenne, il trouva tout l'exarchat soulevé contre l'empereur Justinien. Il périt, l'an 711, dans un des combats qu'il livra aux rébelles.

XVI. EUTYCHIUS.

711. L'eunuque EUTYCHIUS, fait exarque par Justinien II, après la mort de Rizocope, fut révoqué, l'an 713, par Anastase II. (Saint-Marc.)

XVII. SCHOLASTIQUE.

713. SCHOLASTIQUE fut donné pour successeur, l'an 713, à Eutychius. L'an 716, Faroalde, duc de Spolette, s'étant rendu maître, par surprise, du port de Classe, le roi Liutprand, sur les plaintes de l'exarque, l'obligea de rendre cette place. Scholastique fut rappelé l'an 727.

XVIII. PAUL.

727. PAUL remplaça Scholastique, l'an 727, dans l'exarchat

de Ravenne. Il était chargé par l'empereur Léon l'Isaurien, de faire assassiner le pape Grégoire II, en haine du zèle de ce pontife pour le culte des saintes Images. Les Romains, à son arrivée à Rome, prennent les armes pour la défense de leur pasteur. L'exarque passe à Ravenne, où il est aussi mal accueilli qu'à Rome. On en vient aux mains ; Paul est tué dans le tumulte l'an 728. (Muratori, Zanetti.)

EUTYCHIUS, *une deuxième fois.*

728. EUTYCHIUS revint en Italie l'an 728, pour succéder à l'exarque Paul. L'an 729, il recouvre, avec le secours des Vénitiens, Ravenne, dont le roi Liutprand s'était rendu maître l'année précédente. L'an 742, près de se voir enlever toute la Pentapole par ce prince, il obtient, par la médiation du pape Zacharie, qu'il rende une partie de ce qu'il a pris sur les Grecs. L'an 751, Astolphe, successeur de Liutprand, fait la conquête de l'Istrie. L'an 752, il reprend la Pentapole, s'empare de Ravenne, et réduit sous ses lois tout ce que les Grecs possédaient en-deçà du duché de Rome. Eutychius, hors d'état de lui résister, s'enfuit à Naples. Ainsi finit l'exarchat de Ravenne, après avoir duré cent quatre-vingt-quatre ans. (Zanetti, Saint-Marc.)

CHRONOLOGIE HISTORIQUE

DES

ROIS LOMBARDS EN ITALIE.

Les Lombards (en latin *Langobardi*, et non pas *Longobardi*) ont commencé, pour la première fois, à paraître, selon Grotius, cité par M. de Tillemont, l'an 379, sous l'empire de Gratien. Saint Prosper est le premier, dit-on, qui en ait parlé. Leur nom se trouve cependant long-tems auparavant dans Ptolémée, Tacite et Strabon ; mais Grotius prétend que le mot de Lombards, dans ces auteurs, marque divers peuples d'Allemagne appelés Lombards, à cause de leur longue barbe ; ce que signifie ce mot dans l'allemand, et non les Lombards qui s'établirent en Italie. Ces derniers, dont parle saint Prosper, sortis des extrémités de l'Océan et de la Scandinavie, cherchant de nouveaux pays sous la conduite des deux frères Ibor et Aïon, attaquèrent et défirent, vers l'an 379, les Vandales qui étaient en Allemagne. Dix ans après, leurs chefs étant morts, ils créèrent, pour leur premier roi, Agilmond, fils d'Aïon, qui régna trente-trois ans. L'an 527, ils entrèrent en Pannonie sous la conduite de leur roi Haldouin, ou Haudouin, et y restèrent quarante-deux ans non entiers, jusqu'à ce qu'ils passèrent en Italie l'an 568. On ne sait pourquoi M. Fleuri dit qu'ils avaient demeuré quatre cents ans en Pannonie ; car Sigebert et Paul, diacre marquent expressément qu'ils y demeurèrent quarante-deux ans. L'an 566, Alboin, leur roi, secouru des Abares, espèce de Huns qui habitaient ce qu'on nomme aujourd'hui la Moldavie, recula les limites de ses états aux dépens des Gépides, qu'il défit dans une bataille, où périt leur roi Hunimond. Ce fut l'époque de la ruine de cette nation. Les Gépides n'eurent plus désormais de souverains; ils furent soumis, partie aux Lombards, partie aux Abares, qui s'emparèrent aussi de la Pannonie, après que les Lombards l'eurent abandonnée pour passer en Italie. La plupart des auteurs attribuent l'irruption de ces derniers en Italie aux invitations de Narsès, qui les y appela, dit-on, pour se venger de l'empereur Justin et de l'impératrice Sophie. Mais c'est une fable imaginée, comme le prouve Muratori, par les ennemis de ce grand homme.

M. Gaillard prouve (*Mém. de l'Ac. des Belles-Lettres*, tom. XXXII) que les Lombards avaient embrassé le Christianisme dès la fin du cinquième siècle. Mais l'hérésie arienne corrompit ensuite leur créance.

Paul, diacre, décrit ainsi, d'après les peintures qu'on voyait de son tems, la manière de s'habiller des premiers Lombards. Ils se rasaient le derrière de la tête, et partageaient le reste des cheveux, de façon que, tombant également du front le long des joues, ils s'unissaient à leur longue barbe, vis-à-vis de leur bouche. Leurs habits courts, mais très-amples, étaient faits ordinairement de toile et chamarrés de larges rubans. Ils n'eurent d'abord pour chaussure que des espèces de sandales, qui laissaient à découvert tout le dessus du pied. Ils y substituèrent des guêtres de cuir, qu'ils recouvraient d'autres guêtres d'étoffe, ou de toile rouge, à la façon italienne, lorsqu'ils montaient à cheval.

I. ALBOIN.

568. ALBOIN, fils de Haudoin, dixième roi des Lombards hors d'Italie, et de Rodelinde, fille de Théodahart, et nièce, par sa mère Amalfrède, de Thédoric, roi des Ostrogoths, sort de la Pannonie le lendemain de Pâques, 2 avril 568, à la tête d'une armée composée de lombards, gépides, bulgares, etc. entre en Italie par la Vénétie, dont il prend presque toutes les villes; de là passe en Ligurie, s'empare de Milan le 4 septembre 569, fait rapidement la conquête du reste du pays, et ne trouve que Pavie qui lui résiste. Cette place ne se rendit que l'an 572, après un siège de trois ans, pendant lequel Alboin subjugua l'Émilie en partie, la Toscane, l'Ombrie, et le duché de Bénévent. Alboin termine enfin le cours de ses prospérités avec celui de ses jours, le 28 juin 573 (Muratori), ayant régné, suivant Paul, diacre, trois ans et demi en Italie, à compter de la prise de Milan. Toutes ses conquêtes à sa mort se trouvèrent partagées en différents duchés qu'il avait distribués aux

officiers qui l'avaient le mieux servi. Alboin eut deux femmes, CLODOSWINDE, fille de Clotaire Ier., roi de France, qui ne lui donna point d'enfants, et ROSEMONDE, fille de Kunimond, roi des Gépides, qu'il avait tué de sa propre main dans une bataille. Forcée par son époux de boire dans le crâne de son père, dont il se servait en manière de coupe, cette princesse se vengea de cet outrage, en le faisant assassiner. Alboin laissa d'elle une fille nommée Abswinde, qui fut envoyée à Constantinople par l'exarque Longin, après la mort de sa mère. Rosemonde eut la fin qu'elle meritait. S'étant retirée à Ravenne avec Elmigise, son amant et le meurtrier de son époux, ils périrent l'un et l'autre du poison qu'ils se donnèrent mutuellement. (Zannetti, *del regno di Longobardi*, tom. I.) La défense des Romains contre Alboin fut très-méprisable ; il ne paraît pas qu'ils lui aient livré une seule bataille. Cependant Alboin, non-seulement n'entreprit point la conquête de Ravenne, ni celle de Rome, mais il laissa au pouvoir des Romains cinq villes dont le territoire, appelé Pentapole, composa l'exarchat de Ravenne. (Le comte du Buat.)

II. CLEPH.

573. CLEPH ou CLÉPHON, fut élu roi des Lombards au mois d'août 573. Son règne ne dura que dix-huit mois ; mais il le rendit mémorable par beaucoup d'injustices et de cruautés. Ce méchant prince fut assassiné, par un de ses domestiques, au mois de janvier 575. Comme il ne laissait de MASSANA, sa femme, qu'un fils en bas âge, les Lombards aimèrent mieux se passer de roi que de placer un enfant sur le trône. Cet état d'anarchie subsista l'espace de dix ans, durant lesquels trente ducs administrèrent les affaires de la nation. L'Italie, dans cet intervalle, eut beaucoup à souffrir de la férocité des Lombards. Les pays limitrophes se ressentirent aussi de leur voisinage. L'an 576, ils firent une irruption dans les Gaules, après avoir commis d'horribles dégâts, leur armée fut taillée en pièces par le patrice Mommole. L'an 582, ils pillèrent le Mont-Cassin, dont les moines furent assez heureux pour échapper à leur fureur. Ces barbares, néanmoins, respectèrent les corps de saint Benoît et de sainte Scholastique. Les Romains, excédés de leurs brigandages, députèrent à Constantinople le patrice Pamphronius avec cent trente livres d'or pour engager l'empereur Tibère à affranchir l'Italie de l'oppression dans laquelle les tenaient les Lombards. Tibère, qui n'avait en tête que la guerre de Perse, rendit à Pamphronius l'argent qu'il avait apporté, et ne lui donna du reste que des conseils. « Essayez, lui dit-il, si, avec

» cet argent, vous ne pourrez pas débaucher quelques seigneurs
» lombards avec leurs troupes et les engager à ne plus troubler
» l'Italie : ce serait un moyen sûr d'y réussir, si vous pouviez
» leur persuader de passer en Orient au secours de l'empire. Si
» les Lombards refusent d'aller faire la guerre hors de leur
» pays, achetez l'alliance de quelques ducs de France, et enga-
» gez-les à faire la guerre aux Lombards. » C'était ainsi qu'un
empereur des Romains s'acquittait envers l'ancienne Rome des
obligations que ce titre semblait lui imposer.

III. AUTHARIS.

584. AUTHARIS, ou AUTHARIC, fils du roi Cleph et de Massana, parvenu à l'âge de majorité, fut enfin élu, l'an 584, pour successeur de son père. Il prit le nom de Flavius qu'avaient pris tous les empereurs depuis Constantin, par où il annonça ses prétentions à la conquête de toute l'Italie, ou du moins à l'indépendance. Peu de tems après son avènement au trône, il confirma les ducs dans leurs duchés, au moyen de la moitié de leurs revenus, qu'ils s'obligèrent à lui payer, et à la charge du service, nommé depuis féodal. Tel est proprement l'origine des fiefs. La même année, attaqué par Childebert, roi d'Austrasie, Autharis lui abandonne la campagne et s'accommode ensuite avec lui. L'an 585, il rend inutile la nouvelle irruption de ce prince en Italie. L'an 587, il remporte une victoire signalée sur les Grecs. L'an 589, il bat l'armée de Childebert, qui s'était jointe aux Grecs, pour l'attaquer une troisième fois. Frédégaire, sans avouer cet échec des Français, dit qu'alors les Lombards se soumirent à leur payer un tribut pour avoir leur amitié. Mais Paul diacre, qui écrivait sur les Mémoires de Secundus, abbé de Trente, auteur contemporain, atteste la déroute de ces derniers, et leur retraite qui la suivit de près. L'an 590, assailli de nouveau par les Français et par les Grecs, Autharis perd une partie de ses villes par la lâcheté des ducs que la terreur subjugua. La dyssenterie arrête le progrès des Français. Autharis, dans ces entrefaites, meurt de poison à Pavie, sa capitale, le 5 septembre 590 (Paul, diacre.) THÉODELINDE, sa veuve, fille de Garibald, duc de Bavière, éloigne de ses états les Français, qui s'en retournent pour ne plus revenir. Autharis avait de grandes qualités, qui le firent extrêmement regretter. Il ne laissa point d'enfants.

IV. AGILULPHE.

591. AGILULPHE, ou AGON, parent d'Autharis et duc de Turin, fut proclamé roi de Lombardie au mois de mai 591. Il fut

redevable de la couronne à son mariage avec Théodelinde, veuve d'Autharis, princesse tellement respectée des Lombards, qu'ils promirent de reconnaître pour roi celui qu'elle choisirait pour époux. Elle était catholique, et Dieu se servit de son ministère pour retirer Agilulphe de l'hérésie arienne. Cette conversion est de l'an 602 au plutôt. Agilulphe, en rentrant dans le sein de l'église, fraya le chemin à sa nation. Cependant elle n'y revint qu'avec le tems, parce qu'elle eut dans la suite d'autres rois qui furent ariens. Quoique pacifique par caractère, Agilulphe eut de longues guerres à soutenir contre les Grecs. Il ne les interrompit que par des trèves qu'il fit acheter bien cher aux empereurs Maurice Phocas et Héraclius. La taxe était de 12000 sous d'or pour chaque trève. Les pauvres et les églises reçurent de grandes marques de sa libéralité. Ce prince fut le protecteur des gens de bien. Saint Colomban, s'étant retiré vers l'an 612, en Italie, pour se soustraire à la persécution de Thierri, roi de Bourgogne, il lui permit de choisir tel lieu de ses états qu'il voudrait pour sa demeure. Agilulphe mourut, comme le prouve Muratori, l'an 615, après un règne de vingt-cinq ans, à compter du mois de novembre 590, époque de son mariage avec Théodelinde. Il laissa de cette princesse un fils qui lui succéda, et une fille, Gondeberge, qui épousa successivement deux rois de Lombardie. Agilulphe et ses successeurs dataient leurs diplômes du jour du mois, de l'an de leur règne et de l'indiction. Ce fut sous le règne de ce prince qu'on vit pour la première fois des buffles en Italie. (*Paul Diac. de Gest. Langob.* L. 4, c. 11.)

On conserve dans le trésor de l'église de Saint-Jean-Baptiste, à Monza, la couronne du roi Agilulphe. Elle est d'or, du poids de vingt et un marcs et douze deniers, à laquelle pend une croix d'or, garnie de pierreries, qui pèse vingt-quatre onces et quatorze deniers. Ce qui la rend plus digne de curiosité c'est l'inscription qu'on lit dessus, composée par Agilulphe lui-même, dans les termes et les caractères suivants :
✝ AGILUL. GRAT. DI. VIR. GLOR. REX. TOTIUS. ITAL. OFFERT. SCO. IOAANNI. BAPTISTAE. IN. ECLA. MODICIA.

V. ADALOALD.

615. Adaloald, autrement dit Adoald, ou Adawald, fils d'Agilulphe et de Théodelinde, né l'an 602, associé par son père au trône l'an 604, au mois de juillet, lui succéda l'an 615, sous la tutelle de sa mère. Tant que cette princesse vécut, elle sut entretenir la paix dans ses états, et contenir les grands dans le devoir. Mais presque aussitôt après sa mort, arrivée au com-

mencement de 625, les choses changèrent de face. Arioald, duc de Turin, beau-frère d'Adaloald, abusant de quelques légéretés de ce jeune prince, le fit passer pour insensé, forma contre lui un parti considérable, où les évêques même entrèrent, l'obligea de prendre la fuite et se mit à sa place. Adaloald faisait des efforts pour remonter sur le trône, lorsqu'il fut empoisonné dans le printems de l'an 626. Cependant le P. Pagi produit un diplôme de ce prince, par lequel il paraît qu'il régnait encore sur une partie des Lombards en 628; mais cette pièce est fausse, ou altérée, comme le prouve Muratori. Dans le trésor de l'église de Saint-Jean de Monza, dont la reine Théodelinde est fondatrice, on montre la fameuse poule d'or avec sept poulets de même métal, qu'on dit avoir été l'emblême des sept provinces que cette princesse possédait.

VI. ARIOALD.

625. ARIOALD, ou ARIWALD, gendre d'Agilulphe et de Théodelinde, par sa femme GONDEBERGE, s'empara du trône l'an 625, sur Adaloald, son beau-frère; mais il ne fut universellement reconnu pour roi par les Lombards que l'an 626, après la mort de son rival. Il était arien. Son règne fut de onze ans. Il mourut l'an 636 sans laisser d'enfants de sa femme, qui lui survécut. (Muratori, *Ann. d'Ital.* t. IV. Zanetti, *del regno de Long.* t. I.)

VII. ROTHARIS.

636. ROTHARIS, duc de Brescia, fut proclamé roi des Lombards, après avoir épousé GONDEBERGE, veuve d'Arioald. L'an 641, il fit la conquête de toutes les places qui restaient aux Grecs depuis les Alpes cottiennes jusqu'à Lune, en Toscacane. L'an 643, il fait rédiger en un corps les lois des Lombards. Ce code fut publié le 22 novembre de la même année, dans la diète générale de la nation. Parmi les lois qu'il renferme, il y en a pour empêcher la propagation de la lèpre, espèce de maladie qui n'était point connue en Italie, à ce qu'on prétend, avant le règne de ce prince. L'an 652, Rotharis meurt âgé de quarante-sept ans, après un règne de seize ans, quatre mois, suivant Paul, diacre. Gondeberge ne lui donna point d'enfants; mais il avait eu celui qui lui succéda d'une première femme qu'il répudia pour épouser la deuxième. Quoique arien, il fut enterré dans la basilique de Saint-Jean de Monza, que Gondeberge, bonne catholique, avait bâtie. Le duel était si accrédité

sous le règne de ce prince, qu'il se fit à Pavie, suivant Sigonius, un réglement portant que « tout homme, qui se trouve en pos-
» session depuis cinq ans de quelques meubles ou immeubles,
» et qui est attaqué sur la légitimité de cette possession, peut
» justifier son titre par le duel. » Celui des combattants qui cédait le terrein, et mettait seulement le pied hors de la ligne qui était marquée, perdait sa cause comme vaincu. En quelques endroits la rigueur de la loi était extrême; les haches et les cordes, les gibets et les échafauds étaient préparés hors du champ de bataille pour le malheureux vaincu. (Muratori, *Ann. d'Ital.* t. IV. Bianchini, *Not. in Paul. diac.* Zanetti, *del regno de Long.* t. I.)

VIII. RODOALD.

652. RODOALD, fils de Rotharis, monta sur le trône après la mort de son père. On lit dans Paul, diacre, qu'il régna cinq ans et six jours; mais c'est une faute du copiste qui a mis cinq ans au lieu de cinq mois. Une ancienne chronique des Lombards, publiée par Muratori (*Rer. Ital. Script.* tom. II), ne donne effectivement à ce prince que six mois (commencés) de règne. Il mourut, par conséquent, en 653 au plus tard. Sa mort ne fut point naturelle. Un bourgeois, dont il avait outragé la femme, l'assassina.

IX. ARIBERT I.

653. ARIBERT, ou ARIPERT, bavarois de nation, fils de Gondoald, frère de la reine Théodelinde, et d'une mère lombarde, fut substitué à Rodoald dans les premiers mois de l'an 653. Son règne fut d'environ neuf ans. Il mourut l'an 661, laissant deux fils qui lui succédèrent, et une fille, qui épousa le roi Grimoald. Aribert professait la religion catholique.

X. PERTHARIT ET GODEBERT.

661. PERTHARIT, ou BERTHARIT, et GODEBERT, ou GONDEBERT, tous deux fils d'Aribert, et princes catholiques, partagèrent les états de leur père après sa mort, de manière que le premier fixa sa résidence à Milan, et l'autre à Pavie. Bientôt ils se brouillèrent au sujet des limites de leur partage. Godebert, ayant appelé à son secours Grimoald, duc de Bénévent, est assassiné par ce prince. Pertharit, à cette nouvelle, prend la fuite et se retire en Pannonie chez les Abares, laissant RODÉLINDE, sa femme, et son fils Cunibert, encore enfant, à la discrétion de Grimoald, qui se contenta de les envoyer pri-

sonniers à Bénévent. Godebert laissa pareillement un fils en bas âge, nommé Ragimbert, que les amis de son père mirent en sûreté.

XI. GRIMOALD.

662. GRIMOALD, maître de Pavie par la mort de Godebert, et de Milan par la fuite de Pertharit, n'eut pas de peine à se faire proclamer roi par la diète des Lombards. L'an 663, il fait sommer le khan des Abares de lui livrer Pertharit. Le khan le refuse, craignant de violer les droits de l'hospitalité. Pertharit, comptant sur la générosité de Grimoald, vient de lui-même se remettre entre ses mains. Il est reçu avec bonté, traité avec magnificence; mais bientôt devenu suspect, il se sauve, l'an 664, en France, d'où étant revenu en Italie l'an 665, à la tête des troupes du roi Clotaire III, il est entièrement défait près d'Asti, et contraint de s'en retourner. L'an 666, le samedi-saint, Grimoald surprend Forlimpopoli, ville de l'empire, qui avait encouru son indignation, livre la place au pillage, et massacre les habitants, sans épargner les ministres de l'autel, occupés alors au baptême des catéchumènes. L'an 671, ce prince meurt, laissant, d'une première femme, ou plutôt d'une concubine, un fils, nommé Romoald, qui lui succéda au duché de Bénévent, avec deux filles; et d'une deuxième, un fils en bas âge, nommé Garibald, qu'il nomma son successeur en Lombardie. (*Voy.* Grimoald, *duc de Bénévent.*)

PERTHARIT, *rétabli.*

671. PERTHARIT, ayant appris la mort de Grimoald, rentre en Italie, chasse Garibald, et remonte sur le trône trois mois après la mort de Grimoald. Alors il se fait renvoyer de Bénévent, sa femme, avec son fils Cunibert, qu'il associa, l'an 677, à la royauté. L'an 678, il reçoit chez lui Wilfrid, archevêque d'Yorck, qui allait à Rome pour se défendre contre ceux qui l'avaient déposé. Les ennemis de Wilfrid font offrir de grands présents à Pertharit pour le retenir et l'empêcher d'aller à Rome. Il en avertit le prélat; et après lui avoir raconté la générosité dont le klan des Abares avait usé envers lui-même dans sa fuite, il ajouta : *Si les droits de l'hospitalité ont eu tant de pouvoir sur le cœur d'un prince barbare idolâtre, ne dois-je pas, à plus forte raison, les respecter, moi qui connais et adore le vrai Dieu! Non, pour tous les trésors du monde, je ne voudrais point perdre mon âme.* L'an 686, Pertharit meurt avant le 10 novembre, emportant au tombeau les regrets de ses sujets, dont il avait gagné les cœurs par la douceur et la sagesse de son

gouvernement. (Muratori, *Ann. d'Ital.*, *ad an.* 688.) C'est ce prince qui a exercé, quoique sans succès, le génie de Corneille dans la tragédie qui porte son nom.

XII. CUNIBERT.

686. CUNIBERT, fils de Pertharit, après avoir été neuf ans le collègue de son père, devint son successeur l'an 686. Dépouillé, l'an 690, par Alachis, duc de Trente et de Brescia, qui lui devait ce second duché, il livre bataille, sur les bords de l'Adda, à cet usurpateur, qui périt dans la mêlée. Cunibert, rétabli dans son royaume, le gouverna paisiblement jusqu'à sa mort arrivée, l'an 700, à Pavie. Paul, diacre, l'appelle *Cunctis amabilis princeps*, éloge complet en trois mots. Cunibert laissa d'HERMÉLINDE, sa femme, fille d'un des rois anglo-saxons, un fils qui lui succéda.

XIII. LIUTPERT.

700. LIUTPERT, encore enfant, succéda, l'an 700, à Cunibert, son père, sous la tutelle d'un seigneur nommé Ansprand. A peine avait-il régné huit mois, qu'il fut dépouillé, l'an 701, par Ragimbert, fils du roi Godebert, et duc de Turin.

XIV. RAGIMBERT.

701. RAGIMBERT, maître du trône de Lombardie qu'il avait envahi, le quitta pour descendre au tombeau l'année même de son usurpation. Il eut de sa femme, dont on ignore le nom, deux fils, Aribert, qui lui succéda, et Gombert, qui se retira, l'an 712, en France, après le malheur de son frère.

XV. ARIBERT II.

701. ARIBERT, fils de Ragimbert, lui succéda sur la fin de 701. L'année suivante, attaqué par Ansprand et Liutpert, il fait prisonnier le second, à qui, peu à près, il ôte la vie, met en fuite l'autre, et fait périr ensuite sa famille, à l'exception de Liutprand, son second fils, qu'il laisse aller rejoindre son père. L'an 712, Ansprand rentre en Italie à la tête d'une armée de bavarois. Aribert lui livre une bataille, dont le succès fut d'abord douteux. Se voyant enfin abandonné des siens, il prend la fuite, et se noie dans le Tesin. Ce prince avait de grandes qualités, dont il ternit l'éclat par des traits de cruauté, auxquels il se porta moins par son caractère que par une espèce de nécessité des conjonctures.

XVI. ANSPRAND.

712. ANSPRAND, bavarois de naissance ou d'origine, suivant la conjecture de Muratori, proclamé roi de Lombardie l'an 712, après la mort d'Aribert II, ne jouit du trône que trois mois, étant mort le 10 ou 11 juin de la même année, à l'âge de cinquante-cinq ans. Avant que de mourir, il eut la satisfaction de voir élire son fils pour lui succéder.

XVII. LIUTPRAND.

712. LIUTPRAND, fils d'Ansprand, lui succéda au mois de juin 712. L'an 728, voyant l'Italie prête à se soulever contre l'empereur Léon l'Isaurien, à l'occasion de son édit contre les saintes Images, il profite de cette disposition pour faire de nouvelles conquêtes. Ravenne, par où il débute pour faire d'abord un grand coup, lui est livrée par trahison. Il se rend maître ensuite des villes de la Pentapole, de Bologne, d'Osimo dans la Marche d'Ancône, et de Feltri dans le duché de Rome, petite ville avec un château, dont il fit présent à l'église romaine. M. de Saint-Marc se trompe, en comprenant dans ce don plusieurs des autres places que Liutprand venait de prendre. L'an 729, l'exarque Eutychius, qui s'était retiré chez les Vénitiens, reprend, avec leur secours, Ravenne, Classe et la Pentapole. Liutprand, instruit que le pape avait excité les Vénitiens contre lui, se réconcilie avec l'exarque pour se venger de ce trait qu'il taxait d'ingratitude. Ils concertent ensemble d'aller faire le siège de Rome après avoir toutefois réduit les ducs de Spolette et de Bénévent, qui affectaient l'indépendance envers le roi des Lombards. Ayant soumis sans peine ces deux rebelles, ils paraissent devant Rome, qui n'était pas en état de leur résister. Le pape vient au-devant d'eux, désarme par son éloquence le roi des Lombards, et l'amène à l'église du Vatican, où il donne des marques éclatantes d'une humilité profonde et d'un sincère repentir. Le pape, à sa prière, lève l'excommunication qu'il avait lancée contre l'exarque qui lui en témoigne sa reconnaissance. Tout occupé du soin d'améliorer ses états, Liutprand fait bâtir, vers l'an 734, sur la voie Émilie, à quatre milles de Modène, une ville qui, ayant dégénéré par le malheur des tems, est aujourd'hui le bourg de Citta Nuova. L'an 740, ce prince, ayant rassemblé ses troupes, se met en marche pour contraindre les Romains à lui remettre Thrasimond, duc de Spolette, qui s'était retiré chez eux après s'être révolté une deuxième fois. Il entre dans le duché de Rome, où il prend quatre villes, et menace la capitale. Le pape Gré-

goire III implore à cette occasion le secours de Charles Martel. Charles, ami de Liutprand, n'offre au pape et aux Romains que sa médiation auprès de ce prince. Ils la rejettent; et Agathon, duc de Pérouse pour l'empereur, s'étant mis à la tête des troupes de Rome, les mène devant Bologne, pour reprendre cette place, dont Liutprand s'était rendu maître en 729. L'entreprise échoue; et Grégoire III, étant mort sur ces entrefaites, les choses changent de face. Liutprand, fléchi par les remontrances de Zacharie, successeur de Grégoire, consent de lui rendre les quatre villes qu'il avait prises l'année précédente sur le duché de Rome; il restitue en même tems une grande étendue de terres que les Lombards avaient enlevées à l'église romaine, et fait la paix pour vingt ans avec le duché de Rome. Mais l'exarchat de Ravenne, n'étant point compris dans ce traité, il fait des préparatifs, l'année suivante, pour s'en emparer. Le pape, sollicité par l'exarque Eutychius et par les villes qui étaient menacées, vient trouver à Pavie le roi des Lombards, la veille de Saint-Pierre, et après une conférence de trois jours, réussit à le désarmer. L'an 744, Liutprand meurt vers le mois de janvier au plus tard, après un règne de trente et un ans et sept mois. Ce prince réunissait presque toutes les vertus civiles, héroïques et chrétiennes; pieux, chaste, vaillant, appliqué à la prière, et très-libéral envers les pauvres. Ce fut lui qui, vers l'an 722, retira des mains des Sarrasins, à prix d'argent, le corps de saint Augustin, et le fit transporter de l'île de Sardaigne à Pavie. Liutprand fut le premier des rois, dit M. de Saint-Marc, qui s'avisa d'avoir une chapelle domestique.

XVIII. HILDEBRAND.

744. HILDEBRAND, ou HILPRANC, associé, l'an 736, à Liutprand, son oncle, remplit seul le trône après la mort de ce dernier. Il ne régna, suivant Sigebert, que sept mois. La nation, indignée de ses vices, qu'il avait cachés du vivant de son oncle, le déposa vers le mois d'août 744. (Zanetti, *del regno de Longob.* t. II.)

XIX. RATCHIS.

744. RATCHIS, duc de Frioul, fut élu roi par la même assemblée qui déposa Hildebrand. Il commença son règne par confirmer, à la prière du pape Zacharie, le traité de paix conclu entre Liutprand et les Romains. L'an 749, sous prétexte de quelques infractions faites à ce traité par les Romains, il va faire le siège de Pérouse, ville du duché de Rome. Le pape, l'étant

venu trouver devant cette place, lui parle si efficacement de la vanité du monde, qu'il l'engagea à le quitter. Ratchis abdique la même année, reçoit l'habit monastique des mains du pape, et se retire au Mont-Cassin. TASIE, sa femme, et Ratrude, sa fille, fondent en même tems, près de cette abbaye, le monastère de Piombarole, où elles se consacrèrent à la vie religieuse. Ratchis, comme on le verra ci-après, s'ennuya du cloître au bout de quelques années, et voulut reprendre son premier état.

XX. ASTOLPHE.

749. ASTOLPHE, frère et successeur de Ratchis, commença de régner le 1er mars 749, au plus tard. La confirmation qu'il fit des lois de Rotharis et de Liutprand, le 1er mars 754, en est la preuve, puisqu'elle est datée en même tems de la cinquième année de son règne. L'an 752, au mois de juin, il éteignit, par la prise de Ravenne, l'exarchat d'Italie. Non content de cette conquête et de celle de la Pentapole qu'il fit en même tems, il porta ses vues sur le duché de Rome. L'an 754, battu par les troupes de Pépin, roi de France, et ensuite assiégé par ce prince dans Pavie, il promet, avec serment, de rendre Ravenne avec les autres villes de l'exarchat et de la Pentapole. L'année suivante, il viole son serment, et va mettre le siége devant Rome. Pépin repasse les monts à cette nouvelle. Son arrivée oblige le roi lombard de lever le siége de Rome pour aller se renfermer à Pavie. Pressé par le roi de France, il demande la paix, et l'obtient en restituant les villes usurpées sur les Grecs et les Romains. Il en retint cependant encore quelques-unes. L'an 756, au mois de décembre, Astolphe meurt d'une chûte de cheval. De GISELTRUDE, sa femme, sœur d'Anselme, qu'il avait créé duc de Frioul, il ne laissa que des filles qui se firent religieuses.

XXI. DIDIER, DERNIER ROI DES LOMBARDS.

756. DIDIER, duc d'Istrie, si l'on en croit André Dandolo, fut proclamé roi des Lombards le 8 décembre 756, ou peut-être un peu plus tard, malgré les efforts que fit Ratchis pour remonter sur le trône. Il est certain néanmoins que ce dernier resta maître du palais royal jusqu'au mois de mars 757. Une charte, rapportée par Muratori, prouve aussi qu'il régnait dans une partie de la Toscane au mois de février de la même année. Mais enfin les ordres du pape Etienne l'obligèrent, peu après, de retourner au Mont-Cassin. L'an 770, Didier négocie une triple alliance avec la maison de France, par le mariage d'Adal-

gise, son fils, avec Gisèle, sœur des deux rois (cette alliance ne s'accomplit pas), par celui de sa fille Désidérate avec Charlemagne, et par celui de Gerberge, son autre fille, avec Carloman. L'an 772, Didier se brouille avec le pape Adrien, au sujet des villes de Ferrare, de Faënza et de Commachio, qu'il venait de prendre, et dont il refusait de se dessaisir. Adrien, à l'exemple de ses prédécesseurs, a recours au roi des Français. Charlemagne passe les Alpes et entre en Italie dans l'été de l'an 773, après avoir mis en fuite Adalgise, que Didier, son père, dont il était collègue depuis 769, avait envoyé pour lui fermer les gorges du Mont-Cenis, oblige Didier lui-même à s'aller renfermer dans Pavie, forme le blocus de cette place au mois d'octobre, désespérant de la prendre d'assaut, et la réduit par famine au mois de mai suivant. Didier, sa femme ANSA et sa fille Désidérate, que Charlemagne, son époux, avait répudiée, viennent se remettre entre ses mains et sont retenus prisonniers; après quoi il fait son entrée dans Pavie au commencement de juin ; de là il va faire le siége de Vérone défendue par Adalgise. Le prince lombard, sur le point d'être forcé, trouve le moyen de s'évader, et se sauve à Constantinople, où il est favorablement accueilli de l'empereur qui l'élève à la dignité de patrice, et change son nom en celui de Théodote. Vérone se rend après sa fuite, et Gerberge, veuve de Carloman, qui s'y était retirée avec ses deux fils, Pépin et Siagre, tombe au pouvoir du vainqueur. Ainsi finit le royaume des Lombards en Italie, où il avait duré l'espace de deux cent six ans. En retournant en France, Charlemagne emmena avec lui Didier et sa femme, qu'il relégua l'un et l'autre à Liége, d'où le mari fut ensuite transféré au monastère de Corbie dans lequel il acheva saintement ses jours. Outre les enfants dont on vient de parler, il eut de son mariage Adalberge, femme d'Arigise, duc de Bénévent, Ansperge, abbesse de Sainte-Julie de Brescia, et Liutperge, qui épousa Tassillon, duc de Bavière. Adalgise retiré à Constantinople, fit de vains efforts pour recouvrer le royaume de Lombardie. Après avoir échoué dans les soulévements qu'il excita en Italie par les intelligences qu'il y entretenait, il s'avisa d'y faire une descente en 788. Mais s'étant avancé dans le pays, il fut pris et mis à mort la même année par les Français. (Bouquet.) On voit des Chartes qui ne font commencer le règne de Didier qu'en 757, apparemment parce qu'il ne fut reconnu solennellement qu'en cette année, après la dernière retraite de Ratchis.

TABLE

DES CONCILES.

A.

Achaie (d'), *Achaïcum*, tom. II, p. 263.
Adena, *Adanense*, tom. III, p. 207.
Adria, *Adriense*, tom. II, p. 306.
Afrique, *Africanum*, tom. II, p. 282, 291, tom. III, p. 14.
Agaune, *Agaunense*, tom. II, p. 313; tom. III, p. 67.
Agde, *Agathense*, tom. II, p. 308.
Airi, *Airiacense*, tom. III, p. 87.
Aix, en Provence, *Aquense*, tom. III, p. 131.
Aix-la-Chapelle, *Aquisgranense*, tom. III, p. 35, 36, 37, 38, 39, 41, 43, 44, 46, 54, 56, 81, 152.
Albans (Saint), *ad S. Albanum*, tom. III, p. 163.
Albi, *Albiense*, tom. III, p. 180.
Albon, *Epaonense*, tom. II, p. 311.
Alcala de Henarès, *Complutense*, tom. III, p. 209, 213.
Alexandrie, *Alexandrinum*, tom. II, p. 262, 266, 268, 270, 271, 278, 280, 287, 295, 304, 305, tom. III, p. 6, 8, 12, 66.
Altheim, *Altheimense*, tom. III, p. 72, 73.
Altino, *Altinense*, tom. III, p. 34.
Anagni, *Anagninum*, tom. III, p. 150.
Anazarbe, *Anazarbicum*, tom. II, p. 296.
Ancyre, *Ancyranum*, tom. II, p. 268, 276.
Angers, *Andegavense*, tom. II, p. 303; tom. III, p. 98, 100, 190.
Angleterre, *Anglicanum* ou *Anglicum*, ou *Britannicum*, tom. III, p. 10, 20, 22, 30, 78, 104, 107, 121. *Voyez* Londres et Cantorberi.

Anse, *Ansanum* ou *Ansense*, tom. III, p. 82, 96, 103, 124, 130.
Antioche, *Antiochenum*, tom. II, p. 263, 265, 270, 271, 273, 274, 275, 276, 278, 280, 282, 285, 286, 294, 296, 297, 299, 304, 305, 309, 310, 317; tom. III, p. 66, 144.
Apt, *Aptense*, tom. III, p. 214.
Aquilée, *Aquileiense*, tom. II, p. 283; tom. III, p. 2, 23, 192, 202, 222.
Aquitaine, tom. III, p. 92.
Arabie, *Arabicum*, tom. II, p. 263.
Aragon, *Aragonense*, tom. III, p. 100.
Aranda, *Arandense*, tom. III, p. 237.
Arboga, *Arbogense*, tome III, p. 217.
Arles, *Arelatense*, tom. II, p. 267, 275, 298, 301, 302, 303, 304, 305, 313; tom. III, p. 2, 38, 92, 99, 160, 162, 172, 182, 188.
Armach, *Armachanum*, tom. III, p. 153.
Arménie (petite), *Nicopolitanum*, tom. II, p. 280.
Arménie, *Armenum*, tom. III, p. 212.
Arneberg, *Arneborchiense*, tom. III, p. 85.
Aschaffenbourg, *Aschaffenburgense*, tom. III, p. 195, 229, 236.
Asille, *Attilianum*, tom. III, p. 70.
Astorga, *Asturicense*, tome III, p. 74.
Attigni, *Attiniacense*, tom. III, p. 30, 40, 58, 61.
Auch, *Auscense*, ou *Auscitanum*, tom. III, p. 103, 197, 203.
Ausbourg, *Augustanum*, tom. III, p. 75, 96.
Autun, *Augustodunense*, tom. III, p. 17, 109, 120.
Auxerre, *Altissiodorense*, tom. III, p. 7.
Avignon, *Avenionense*, tom. III, p. 113, 161, 187, 189, 191, 208, 209, 211, 237.
Avranches, *Abrincatense*, tom. III, p. 153.

B.

Bacanceld, *Bucanceldense*, tom. III, p. 23. *Voy.* Becanceld.
Bagaïs, *Bagaiense*, tom. II, p. 287.
Bâle, *Basileense*, tom. III, p. 100, 226.
Bamberg, *Bambergense*, tom. III, p. 87, 96. 148.
Barcelonne, *Barcinonense*, tom. II, p. 316; tom. III, p. 10, 71, 97, 103.
Bari, *Barense*, tome III, p. 123.
Basle (Saint-), *Remense*, tom. III, p. 81.
Bazas, *Vasatense*, tom. III, p. 156.

Beaugenci, *Balgenciase*, tom. III, p. 126, 148.
Beauvais, *Bellovacense*, tom. III, p. 47, 132, 136, 150.
Bécanceld, *Becanceldense*, tom. III, p. 35. *Voy.* Bacanceld.
Bénévent, *Beneventanum*, tom. III, p. 99, 116, 117, 129, 134, 135.
Benningdon, *Benningdonense*, tom. III, p. 50.
Benoît (Saint-) sur Loire, *Floriacense*, tom. III, p. 129.
Bergame, *Bergomense*, tom. III, p. 205.
Bergamsted, *Bergamstedense*, tom. III, p. 23.
Berni, tom. III, p. 5.
Béryte, *Berytense*, tom. II, p. 299.
Bésalu (du château de), *Bisuldinense*, tom. III, p. 110.
Beverlei, *Beverlacense*, tom. III, p. 183.
Béziers, *Biterense*, tom. II, p. 276; tom. III, p. 172, 175, 177, 189, 196, 213.
Bisuntinum, tom. III, p. 137.
Bithynie, *Bithyniense*, tom. II, p. 268.
Bonœuil, *apud Villam Bonoilum* ou *Bonogisilum*, tom. III, p. 52.
Borgolio, *Borgolii*, tom. III, p. 208.
Boulogne *ou* Bologne, *Bononiense*, tom. III, p. 185.
Bourdeaux *ou* Bordeaux, *Burdigalense*, tom. II, p. 284; tom. III, p. 17, 113, 180.
Bourges, *Bituricense*, tom. II, p. 305; tom. III, p. 91, 145, 167, 189, 193, 210, 230, 234, 241.
Brague, *Bracarense*, tom. III, p. 3, 4, 18.
Brême, *Bremense*, tom. III, p. 186, 195.
Breslaw, *Vratislaviense*, tom. III, p. 178, 186.
Bretagne, *Britannicum*, ou *Armoricanum*, tom. III, p. 48, 111.
Brevi, *Britannicum*, tom. II, p. 312.
Brionne, *Brionnense*, tom. III, p. 96.
Bristol, *Anglicanum*, tom. III, p. 166.
Brixen, *Brixinense*, tom. III, p. 113.
Bude, *Budense*, tom. III, p. 190, 203.
Burgos, *Burgense*, tom. III, p. 112, 141.
Byzacène, *Byzacenum*, tom. II, p. 293, 317.

C.

Cabarsussi, *Cabarsussianum*, tom. II, p. 287.
Calcédoine, *Chalcedonense*, tom. II, p. 301.
Calne, *Calnense*, tom. III, p. 80.

Cambrai, *Cameracense*, tom. III, p. 202, 215.
Cantorberi, *Cantuariense*, tom. III, p. 11, 119, 158, 197, 211.
Capoue, *Capuanum*, tom. II, p. 286, tom. III, p. 116, 135.
Cappadoce, *in Cappadocia*, tom. II, p. 280.
Carpentras, *Carpentoractense*, tom. II, p. 314.
Carrionense, tom. III, p. 140.
Carthage, *Carthaginense*, tom. II, p. 262, 263, 264, 267, 270, 274, 285, 286, 287, 289, 290, 291, 292, 293, 294, 305, 313, 315.
Cashel, *Cassiliense*, tom. III, p. 153, 236.
Cavernes de Suze (des), *Cavernense*, tom. II, p. 287.
Celchyt, *Calchutense*, tom. III, p. 32, 39.
Ceperano, *Cyperanum*, tom. III, p. 131.
Césarée, *Cesareense Palestinum*, tom. II, p. 261. 270, 276,
Césène, *Cæsenense*, tom. III, p. 93.
Châlons-sur-Saône, *Cabilonense*, tom. II, p. 304; tom. III, p. 5, 9, 10, 14, 38, 45, 66, 101, 104, 105.
Châlons-sur-Marne, *Catalaunense*, tom. III, p. 139.
Charne, *Charnense seu Theodosiopolitanum*, tom. III, p. 12, 210.
Charroux, *Carrofense*, tom. III, p. 81, 90, 113, 157.
Chartres, *Carnutense*, tom. III, p. 49, 146.
Château-Gontier, *apud*, *Castrum Gonterii*, tom. III, p. 170, 179, 210.
Chêne (du), *ad Quercum*, tom. II, p. 290.
Chichester, *Cicestrense*, tom. III, p. 195.
Chypre, *Cyprium*, tom. II, p. 288.
Cilicie, *Ciliciense*, tom. II, p. 294.
Cirte ou Zerte, *Cirtense*, tom. II, p. 266, 291.
Citta di Friuli, *Forojuliense*, tom. III, p. 34.
Clarendon, *Clarendonense*, tom. III, p. 151.
Clermont, en Auvergne, *Arvernense* ou *Claromontanum*, tom. II, p. 315, 318; tom. III, p. 7, 121, 140.
Clichi, *Clippiacense*, tom. III, p. 12, 13, 15.
Cliffe, *Cloveshoviense*, tom. III, p. 27, 35, 36.
Coblentz, *Confluentinum*, tom. III, p. 54, 72, 87.
Cognac, *Copriniacense*, tom. III, p. 174, 182, 184.
Cologne, *Coloniense*, tom. II, p. 273; tom. III, p. 32, 57, 67, 98, 129, 133, 135, 157, 158, 178, 183, 185, 191, 202, 203, 208, 216, 225, 236, 241.
Compiègne, *Compendiense*, tom. III, p. 30, 40, 43, 62, 63, 64, 116, 158, 173, 187, 189, 199, 209.
Compostelle, *Compostellanum*, tom. III, p. 79, 98. 132.
Constance, *Constantiense*, tom. III, p. 85, 93, 119, 149, 222.

Constantinople, *Constantinopolitanum*, tom. II, p. 271, 277, 283, 284, 287, 290, 294, 299, 300, 304, 305, 306, 310, 312, 315, 316, 319; tom. III, p. 1, 3, 7, 12, 14, 20, 22, 23, 24, 29, 32, 37, 38, 39, 43, 45, 53, 55, 58, 59, 60, 66, 71, 72, 73, 75, 78, 90, 97, 102, 130, 143, 145, 146, 149, 152, 153, 157, 166, 190, 192, 196, 211, 212, 236.
Copenhague, *Hafniense*, tom. III, p. 225.
Cordoue, *Cordubense*, tom. II, p. 274; tom. III, p. 50.
Corinthe, *Corinthium*, tom. II, p. 261.
Coulène, *in villa Colonia*, tom. III, p. 46.
Coyança, *Coyacense*, tom. III, p. 96.
Creixan, *Creissanum*, tom. III, p. 141.
Crémieu, *Stramiacense*, tom. III, p. 44.
Crémone, *Cremonense*, tom. III, p. 168.
Cressi ou Créci, *Christiacum*, tom. III, p. 18.
Crète (île de), *Cretense*, tom. III, p. 17.
Ctésiphon, *Ctesiphontis*, tom. II, p. 294.
Cyzique, *Cyzicenum*, tom. II, p. 281.

D.

Dalmatie, *Dalmaticum*, tom. III, p. 159.
Danemarck, *Danicum*, tom. III, p. 181.
Denis, en France (Saint-), *San-Dionysianum*, tom. III, p. 43, 83.
Dijon, *Divionense*, tom. III, p. 109, 134, 159.
Diospolis, *Diospolitanum*, tom. II, p. 292.
Dingelfing, *Dingolvingense*, tom. III, p. 31, 73.
Dortmont, *Tremoniense*, tom. III, p. 86.
Douzi-lès-Prés, *Duziacense*, tom. III, p. 61, 62.
Dublin, *Dublinense*, tom. III, p. 213.
Duren, *Duriense*, tom. III, p. 31.

E.

Ecosse (d'), *Scoticum*, tome III, p. 168.
Egara, *Egarense*, tom. III, p. 11.
Egypte, *Ægyptiacum*, tom. II, p. 275; tom. III, p. 5.
Elne, *Eliberitanum*, tom. II, p. 266.
Enham, *Ænhamense*, tom. III, p. 86.
Ephèse, *Ephesinum*, tom. II, p. 261, 263, 289, 295, 296, 300, 305.
Erfort, *Erpfordiense*, tom. III, p. 73, 105.

Etampes, *Stampense*, tom. III, p. 118, 139, 177.
Excester, *Exoniense*, tome III, p. 194.

F.

FERRARE, *Ferrariense* tome III, p. 229,
Fîmes, *apud Sanctam Macram*, tom. III, p. 66, 73.
Finklei, *Finchalense*, tom III, p. 35.
Florence, *Florentinum*, tom. III, p. 97, 128, 220, 230.
Fontaneto, *apud Fontanetum*, tom. III, p. 98.
Fontenai, *Tauriacense*, tom. III, p. 45.
Forcheim, *Forchcimense*, tom. III, p. 68, 71, 109.
Francfort-sur-le-Mein, *Francofordiense* ou *Francofurtense*, tom. III, p. 33, 50, 84, 86, 172. 220, 230.
Frisingue, *Frisingense*, tom. III, p. 234.
Fritzlar, *Fritizlariense*, tom. III, p. 135, 177.

G.

GALICE, *Gallœciæ*, tom. II, p. 299.
Gangre, *Gangrense*, tom. II, p. 271.
Gaules (des), *Gallicanum*, tom. II, p. 275, 278, 281, 298, tom. III, p. 19, 34, 59.
Gaza, *Gazense*, tom. II, p. 317.
Geislar, *Geitzletense* (aujourd'hui *Geislingen*), tom. III, p. 90.
Gênes, *Genuense*, tom. III, p. 166
Gentilli, *Gentiliacense*, tom. III, p. 30.
Germanie, *Germanicum*, tom. III, p. 24, 27, 88, 94.
Germigni, *Germaniciense*, tom. III, p. 46.
Gerstungen, *Gerstungense*, tom. III, p. 115.
Gévaudan, *Gabalitanum*, tom. III, p. 8.
Gilles (Saint) *Sancti Ægidii*, tom. III, p. 93, 161.
Gironne, *Gerundense*, tom. II, p. 311; tom. III, p. 102, 123.
Gisors et Trie (entre), tom. III, p. 158.
Gnesne, *Gnesnense*, tom. III, p. 84.
Goslar, *Goslariense*, tom. III, p. 87.
Grado (île de) *Gradense*, tom. III, p. 5.
Gran, *Strigoniense*, tom. III, p. 131.
Gratlei, *Grateleanum*, tom. III, p. 73.
Guastalla, *Guastallense*, tom. III, p. 128.

H.

HALL, *Hallense*, tom. III, p. 154, 207.
Hambourg, *Hammaburgense*, tom. III, p. 218.

Herford, *Herfordiense*. tom. III, p. 18.
Hibernie (d'), *apud pontem Hibernia*, tom. III, p. 184.
Hiéraple, *Hierapolitanum*, tom. II, p. 261.
Hippone, *Hipponense*, tom. II, p. 286, 287, 294.
Huesca, *Oscense*, tom, III, p. 10.
Huzillos, *Fuselense*, tom. III, p. 116.

I.

ICONE, *Iconiense*, tom. II, p. 262, 282.
Illyrie, *Illyricum*, *Illyricianum*, ou *Illyriense*, tom. II, p. 281, 292, 310.
Ingelheim, *Ingelheimense*, tom. III, p. 32, 41, 45, 74, 75, 79, 80.
Irlande, *Hiberniense* ou *Hibernicum*, tom. III, p. 122, 148, 157.
Isle (l'), *Insulanum*, tom. III, p. 179, 194.
Issoudun, *Exolidunense*, tom. III, p. 114.
Istrie, *Istrium*, tom. III, p. 9.
Italie, *Italicum*, tom. II, p. 284, 290, tom. III, p. 92.

J.

JACCA, *Jacetanum*, tom. III, p. 101.
Jérusalem, *Jerosolymitanum*, tom. II, p. 260, 271, 274, 288, 292, 303, 312, 316, tom. III, p. 2, 13, 30, 66, 129, 131, 144.
Jome (abbaye de Saint), *Lingonense*, tom. III, p. 53.
Jonquières, *Juncheriis*, tom. III, p. 71.
Jouarre (abbaye de), *Jotrense*, tom. III, p. 141.
Junque, *Juncense*, tom. II, p. 313.

K.

KALISCH, *Calischiense*, tom. III, p. 225.

L.

LAGNY, *Latiniacense*, tom. III, p. 144.
Lambèse, *Lambesitanum*, tom. II, p. 262.
Lambeth, *Lambethense*, tom. III, p. 123, 161, 183, 191, 210.
Lampsaque, *Lampsacenum*, tom. II, p. 279.
Landaff, *Landavense*, tom. III, p. 2, 73, 75, 81, 98.
Langei, *Langesiacum*, ou *Langensiense*, tom. III, p. 187, 189.

Langres, *Lingonense*, tom. III, p. 53, 134.
Laodicée, *Laodicenum*, tom. II, p. 279, 305.
Laon, *Laudunense*, tom. III, p. 146, 171.
Lapetense, tom. II, 306.
Latopole ou Latopolis, *Latopolitanum*, tom. II, p. 273.
Latran, *Lateranense*, tom. III, p. 15, 57, 70, 82, 130, 133, 137, 142, 153, 155, 163, 238.
Laval, *apud Vallem Guidonis*, tom. III, p. 175.
Lavaur, *Vaurense*, tom. III, p. 163, 214.
Lausanne, *Lausanense*, tom. III, p. 235.
Leire (monastère de), *Leirense*, tom. III, p. 102.
Lencici, *Lancisciense*, aujourd'hui *Lenciza*, tom. III, p. 192.
Lenia, *Leniense*, tom. III, p. 12.
Léon, *Legionense*, tom. III, p. 88, 117, 132.
Leptes, *Leptense*, tom. II, p. 285.
Lérida, *Ilerdense*, tom. II, p. 317; tom. III, p 169, 173, 177.
Liége, *Leodiense*, tom. III, 140, 168.
Lillebonne, *Juliobonense*, tom. III, p. 112.
Limoges, *Lemovicense*, tom. III, p. 48, 91, 156.
Liptines, *Liptinense*, tom. III, pag. 25.
Lizieux, *Lexoviense*, tom. III, p. 97, 128.
Lodi, *Laudense*, tom. III, p. 150.
Loiré, *apud Lauriacum*, tom. III, p. 46.
Lombers. *Lumbariense*, tom. III, p. 152, 154.
Londres, *Londinense*, tom. III, p. 11, 75, 102, 107, 110, 125, 129, 137, 139, 141, 142, 144, 148, 149, 152, 154, 157, 160, 163, 171, 173, 174, 176, 177, 180, 181, 183, 191, 193, 195, 202, 208, 209, 212, 213, 215, 216, 217, 219, 222.
Louvre (au), tom. III, p. 199.
Lucques, *Lucense*, tom. III, p. 101.
Lugo, *Lucense*, tom. III, p. 4.
Lunden, *Lundiense*, tom. III, p. 188.
Lyon, *Lugdunense* ou *Gallicanum*, tom. II, p. 262, 305, 307, 311, tom. III, p. 3, 6, 43, 49, 92, 97, 111, 176, 187, 241.

M.

Macon, *Matisconense*, tom. III, p. 6, 12, 193.
Macriane, *Macrianum*, tom. II, p. 293.
Madrid, *Madritense*, tom. III, p. 237.
Magdebourg, *Magdeburgense*, tom. III, p. 84, 206, 208, 212, 214, 236.

TABLE DES CONCILES.

Malai-le-Roi, *Mansolacense*, tom. III, p. 16.
Mans (au), tom. III, p. 158.
Mantaille, *Mantalense*, tom. III, p. 66.
Manaschiertense, tom. III, p. 21.
Mantoue, *Mantuanum*, tom. III, p. 42, 96, 102.
Marano, *Maranense*, tom. III, p. 8.
Marciac, *Marciacense*, tom. III, p. 209, 210.
Marzaille, *Marzaliense*, tom. III, p. 79.
Mayence, *Moguntinum* ou *Moguntiacum*, tom. III, p. 27, 38, 42, 48, 50, 53, 54, 67, 89, 95, 96, 97, 103, 104, 113, 116, 119, 127, 141, 149, 167, 172, 174, 182, 184, 204, 215, 233, 234.
Meaux, *Meldense*, tom. III, p. 47, 112, 114, 160, 169, 175.
Médina-del-Campo, *Salmanticense*, tom. III, p. 215.
Melfi, *Melfitanum*, tom. III, p. 99, 116, 124, 142, 192.
Mélitène, *Melitinense*, tom. II, p. 276.
Mellifont (au monastère de), *Hibernicum*, tom. III, p. 148.
Melun, *Melodunense*, tom. III, p. 166, 167, 197.
Mésopotamie. Dispute célèbre d'Archelaüs, évêque de Caschar, tom. II, p. 265.
Mérida, *Emeritense*, tom. III, p. 16.
Merton, *Mertonense*, tom. III, p. 182, 197.
Metz, *Metense*, tom. III, p. 8, 29, 53, 56, 60, 67.
Meun sur Loire, *Magdunense*, tom. III, p. 68.
Milan, *Mediolanense*, tom. II, p. 273, 274, 275, 282, 284, 285, 301; tom. III, p. 19, 86, 125, 134, 194, 195.
Milève, *Milevitanum*, tom. II, p. 289, 292.
Montélimar, *Montis-Limarii* ou *Montiliense*, tom. III, p. 161.
Montpellier, *Monspeliense*, tom. III, p. 150, 159, 163, 167, 182.
Mont-Sainte-Marie, *apud Montem Sanctæ Mariæ*, tom. III, p. 79.
Mopsueste, *Mopsuestenum*, tom. II, p. 318.
Moret, *apud Murittum* ou *Moretum*, tom. III, p. 50.
Morlai, *Marlucense*, tom. III, p. 18.
Mouzon, *Mosomense*, tom. III, p. 74, 82, 157.
Muldorf, *Mildorfianum*, tom. III, p. 178.

N.

NANTES, *Nannetense*, tom. III, 16, 138, 185, 229.
Naplouse, *Neapolitanum*, tom. III, p. 136.

Narbonne, *Narbonense*, tom. III, p. 8, 33, 74, 81, 93, 97, 98, 117, 162, 168, 172, 176, 214.
Naumbourg, *Naumburgense*, tom. III, p. 193.
Nazareth, tom. III, p. 150.
Néelle, *Nigellense*, tom. III, p. 160.
Néocésarée, *Neocæsareense*, tom. II, p. 268, 276.
Nesterfield, *Nesterfieldense*, tom. III, p. 23.
Neuf-Marché, *apud Novum Mercatum*, tom. III, p. 150.
Neustrie, *in Neustria*, tom. III, p. 64.
Nice, en Thrace, tom. II, p. 277.
Nicée, *Nicænum*, tom. II, p. 268; tom. III, p. 32, 170, 179.
Nicomédie, *Nicomediense*, tom. II, p. 279.
Nicopoli. *Voyez* Armenie.
Nicosie, *Nicosiense*, tom. III, p. 196, 211.
Nid, *Niddanum*, tom. III, p. 23.
Nimègue, *Noviomagense*, tom. III, p. 43, 87.
Nismes, *Nemausense*, tom. II, p. 285; tom. III, p. 122.
Nogaro, *Nugaroliense*, tom. III, p. 144, 195, 202, 206.
Northampton, *Northamptoniense*, tom. III, p. 141, 152, 154, 162, 185.
Northausen, *Northusanum* ou *Northusense*, tom. III, p. 127.
Noyon, *Noviomense*, tom. III, p. 38, 171, 212.
Numidie, *in Numidia*, tom. II, p. 274.
Nuys, *Coloniense*, tom. III, p. 178.
Nymphée, *Nymphaense*, tom. III, p. 171.
Nysse, *Nyssenum*, tom. II, p. 281.

O.

ODENSÉE, *Othoniense*, tom. III, p. 176.
Omer (Saint), *Audomarense*, tom. III, p. 123.
Oppenheim, *apud Oppenheim*, tom. III, p. 108.
Orange, *Arausicanum*, tom. II, p. 297, 314.
Orléans, *Aureliunense*, tom. II, p. 309, 315, 316, 318; t. III, p. 13, 89.
Osbor (du château d'), *Osboriense*, tom. III, p. 101.
Osrhoëne, *Osrhoënum*, tom. II, p. 261.
Oviédo, *Ovetanum*, tom. III, p. 63, 133.
Oxford, *Oxoniense*, tom. III, p. 150, 166, 175, 215, 220.

P.

PADERBORN, *Paderbornense*, tom. III, p. 31, 32.
Padoue, *Patavinum*, tom. III, p. 213.
Palencia, *Palentinum*, tom. III, p. 132, 139, 216.

Palerme, *Panormitanum*, tom. III, p. 216.
Palestine, *Palestinum*, tom. II, p. 268.
Palith, *Palithense*, tom. III, p. 91.
Pamiers, *Apamiense*, tom. III, p. 162.
Pampelune, *Pampelonense*, tom. III, p. 90.
Paris, *Parisiense*, tom. II, p. 277; tom. III, p. 2, 4, 11, 41, 42, 47, 49, 51, 90, 96, 106, 127, 139, 146, 157, 159, 160, 161, 162, 163, 167, 168, 178, 179, 180, 181, 183, 184, 191, 197, 199, 204, 206, 208, 209, 212, 216, 217, 218, 219, 226, 240.
Pavie, *Papiense* ou *Ticinense*, tom. III, p. 50, 52, 58, 63, 68, 83, 88, 94, 113, 138, 150, 225,
Pegna-Fiel, *apud Pennam Fidelem*, tom. III, p. 197.
Pergame, *Pergamenum*, tom. II, p. 261.
Perpignan, *Perpiniacense*, tom. III, p. 219.
Perse, *Persicum*, tom. II, p. 307, 317, 319.
Perth, *Perthanum*, tom. III, p. 160.
Péterkau, *Peterkavense*, tom. III, p. 238.
Pharense, en Angleterre, tom. III, p. 16.
Philadelphie, *Philadelphiense*, tom. II, p. 262.
Philippopolis, en Thrace; tom. II, p. 273.
Pise, *Pisanum*, tom. III, p. 141, 220, 238.
Pitres, *Pistense*, tom. III, p. 56, 57, 60.
Plaisance, *Placentinum*, tom. III, p. 120, 141.
Poitiers, *Pictaviense*, tom. III, p. 8, 84, 89, 105, 106, 110, 124, 128.
Polden, *Poldense*, tom. III, p. 84.
Pont, *Ponticum*, tom. III, p. 261.
Pont-Audemer, *ad Pontem Audomari*, tom. III, p. 186, 189.
Pontion, *Pontigonense*, tom. III, p. 63.
Port (du), *de Portu*, tom. III, p. 67.
Portugal, *Lusitanicum*, tom. III, p. 169.
Prague, *Pragense*, tom. III, p. 213, 215, 216, 225.
Pré (du prieuré du), *Pratense*, tom. III, p. 210.
Presbourg, *Posoniense*, tom. III, p. 203.
Provins, *Pruvinense*, tom. III, p. 179.
Ptolémaïde, *Ptolemaïdense*, tom. II, p. 291.
Pui, en Vélai, *Aniciense*, tom. III, p. 139, 156.
Puze, *Puzense*, tom. II, p. 281.

Q.

QUEDLIMBOURG, *Quintiliburgense*, tom. III, p. 115, 127
Quentin (Saint-), *apud Saint-Quintinum*, tom. III, p. 174, 187.

Quierzi-sur-Oise, *Carisiacum* ou *Carisiacense*, tom. III, p. 44, 49, 51, 52, 53.

R.

RATISBONNE, *Ratisbonense*, tom. III, p. 31, 33, 34, 73.
Ravenne, *Ravennatense*, ou *Ravennense*, tom. II, p. 293; tom. III, p. 62, 64, 70, 78, 83, 87, 138, 179, 184, 193, 204, 205, 206, 207.
Réading, *Redingense*, tom. III, p. 190.
Redon (du monastère de Saint-Sauveur de), *Rotonense*, t. III, p. 49.
Reims, *Remense*, tom. III, p. 12, 38, 62, 68, 70, 72, 80, 82, 87, 94, 119, 123, 127, 132, 135, 140, 149, 152, 172, 194, 197, 198, 219.
Rennes, *Redonense*, , tom. III, p. 187.
Riez, *Regiense*, tom. II, p. 297; tom. III, p. 193.
Riga, *Rigense*, tom. III, p. 226.
Rimini, *Ariminense*, tom. II, p. 276.
Rockingham, *Rockinghamiæ*, tom. III, p. 119.
Rome, *Romanum*, tom. II, p. 261, 262, 263, 264, 265, 267, 272, 274, 275, 276, 279, 280, 281, 282, 284, 285, 289, 295, 296, 298, 299, 300, 302, 304, 305, 306, 307, 308, 315; tom. III, p. 9, 10, 11, 14, 15, 17, 19, 23, 24, 25, 27, 31, 35, 39, 40, 41, 49, 51, 55, 56, 57, 59, 62, 63, 64, 65, 66, 69, 70, 75, 76, 77, 78, 79, 80, 81, 83, 84, 85, 86, 90, 93, 94, 95, 96, 97, 98, 99, 100, 101, 104, 105, 106, 107, 110, 111, 112, 114, 115, 116, 123, 125, 126, 127, 129, 145, 160, 162, 168, 198, 222.
Rouen, *Rotomagense*, tom. III, p. 95, 98, 104, 105, 106, 122, 135, 136, 138, 158, 167, 196, 234.
Ruffec, *Roffiacense*, tom. III, p. 182, 209.

S.

SAINTES, *Santonense*, tom. III, p. 3, 113, 117, 122, 191.
Salamanque, *Salmanticense*, tom. III, p. 204, 210, 215, 222.
Salisbéri, *Salisberiense*, tom. III, p. 134.
Salone, *Salonitanum*, tom. III, p. 109.
Saltzbourg, *Saltzburgense*, tom. III, p. 37, 155, 188, 11, 194, 195, 203, 211, 215, 224, 236, 238.
Sangare, *Sangarense*, tom. II, p. 286.
Sardaigne, *in Sardiniâ*, tom. II, p. 313.
Sardique, *Sardicense*, tom. II, p. 273.

Saragosse, *Cæsar Augustanum*, tom. II, p. 283 ; tom. III, p. 9, 21, 207.
Saumur, *Salmuriense*, tom. III, p. 179, 189, 195, 206, 211.
Saurci, *Sauriciacum*, tom. III, p. 8.
Savonnières, *apud Saponarias*, tom. III, p. 53.
Schening, *Schœningiense*, tom. III, p. 178.
Schirvan, *Schirvanum*, tom. III, p. 57.
Segni, *Signiense*, tom. III, p. 156.
Séleucie, *Seleuciense*, tom. II, p. 277, 291, 306, tom. III, p. 4.
Selingstadt, *Salegunstadiense*, tom. III, p. 88.
Senlis, *Silvanectense*, tom. III, p. 62, 81, 173, 204, 206, 207, 208.
Sens, *Senonense*, tom. III, p. 10, 48, 94, 143, 159, 175, 179, 181, 186, 190, 207, 237.
Septimunicum, en Afrique, tom. II, p. 293.
Séville, *Hispalense*, tom. III, p. 9, 11.
Side, *Sidense*, tom. II, p. 286.
Sidon, *Sidonense*, tom. II, p. 310.
Sienne, *Senense*, tom. III, p. 98, 225.
Sirmich, *Sirmiense*, tom. II, p. 274, 276.
Siponto, *Sipontinum*, tom. III, p. 95.
Sis, *Sisense*, tom. III, p. 202.
Sleswic, *Slesvicense*, tom. III, p. 100, 166.
Soissons, *Suessionense*, tom. III, p. 27, 50, 55, 56, 58, 73, 118, 132, 136, 149, 160, 236.
Spalatro, *Spalatense*, tom. III, p. 61, 99, 103, 107, 157.
Suffète, *Suffetanum*, tom. II, p. 313.
Suffetula, *Suffetulense*, tom. II, p. 293.
Sutri, *Sutrinum*, tom. III, p. 93, 99.
Synnade, *Synnadense*, tom. II, p. 262.
Syrie, *Syriacum*, tom. III, p. 133.
Szabolchs, *Szabolchense*, tom. III, p. 118.

T.

Taraçona, *Turiasonense*, tom. III, p. 169.
Tarragone, *Tarraconense*, tom II, p. 304, 310, t. III, p. 155, 170, 174, 175, 176, 177, 179, 191, 195, 202, 207.
Tarse, *Tarsense*, tom. II, p. 296, tom. III, p. 154.
Thènes, *Thenesium*, tom. II, p. 293.
Thessalonique, *Thessalonicensia*, tom. III p. 15.
Theveste, *Thevestanum*, tom. II, p. 278.
Thevis, *Thevinense*, tom. II, p. 316.

Thionville, *apud Theodonis Villam*, tom. III, p. 40, 43, 46, 85.
Tiben, *Tibenense*, tom. II, p. 319.
Tiberi (abbaye de Saint-), *apud S. Tiberianum*, tom. III, p. 71.
Tolède, *Toletanum*, tom. II, p. 288, 299, 314, tom. III, p. 6, 7, 10, 11, 12, 13, 14, 15, 16, 18, 20, 21, 22, 23, 33, 208, 211, 213.
Tortose *Dertosanum*, tom. III, p. 226.
Toul, *Tullense*, tom. II, p. 318, tom. III, p. 53.
Toulouse, *Tolosanum*, tom. III, p. 98, 100, 103, 111, 117, 135, 139, 150, 166, 169.
Tournus, *Trenorchiense*, tom. III, p. 133.
Tours, *Turonense*, tom. III, p. 3, 38, 67, 95, 97, 100, 122, 151, 173, 174, 192, 238.
Trente, *Tridentinum*, tom. III, p. 241.
Trèves, *Trevirense*, tom. II, p. 285, tom. III, p. 72, 74, 92, 146, 168, 174, 204, 211, 225.
Tribur, *Triburiense*, tom. III, p. 69, 92, 108.
Troja, *Trojanum*, tom. III, p. 119, 133, 138.
Troli, *Trosleianum*, tom. III, p. 71, 72.
Troyes, *Trecense* ou *Tricassinum*, tom. II, p. 295, tom. III, p. 59, 64, 126, 128, 138.
Tuluge, *Tulugiense*, tom. III, p. 94, 102.
Turin, *Taurinense*, tom. II, p. 289.
Tusdre, *Tusdrense*, tom. II, p. 292.
Tusey, *Tusiacense*, tom. III, p. 55.
Tyane, *Tyanense*, tom. II, p. 279.
Tyr, *Tyriense*, ou *Tyrium*, tom. II, p. 271, 299, 312.

U.

Udine, *Utinense*, tom. III, p. 203.
Udward, *Udwardense*, tom. III, p. 203.
Utrecht, *Ultrajectense*, tom. III, p. 111, 178, 216.

V.

Vaison, *Vasense*, tom. II, p. 297, 314.
Valence, *Valentinum*, en Dauphiné, tom. II, p. 281, 314, tom. III, p. 6, 51, 68, 124, 161, 178.
Valence, en Espagne, *Valentinum*, tom. II, p. 318; tome III, p. 175.
Valladolid, *apud Vallem Oleti*, tome III, p. 208.
Vannes, *Venetense*, tom. II, p. 304.

TABLE DES MATIÈRES
CONTENUES
DANS CE VOLUME.

A.
Antioche (patriarches d'). 1

C.
Constantinople (patriarches de). 65
Consuls romains avant J. C. 132

E.
Empereurs romains. 171

H.
Huns (chefs des). 353

I.
Italie (rois barbares d'). 364
Italie (ducs d'). 371

J.
Jérusalem (patriarches de) 32

L.
Lombards en Italie (rois). 378

O.
Occident (empereurs d'). 247
Orient (empereurs d') 263

P.
Parthes (rois arsacides des). 330
Perses (rois sassanides des) 338

R.
Ravenne (exarques de). 372

V.
Vandales (rois des). 358

TABLE DES CONCILES.

Venise, *Venetum*, tom. III. p. 92, 155.
Vern (du château de), *Vernense*, tom. III, p. 29, 46.
Verberie, *Vermeriense*, tom. III, p. 27, 51, 57, 60.
Verceil, *Vercellense*, tom. III, p. 96.
Verdun, *Virdunense*, tom. III, p. 74.
Verlam, *Verolumense*, tom. III, p. 33.
Véroli, *Verulanum*, tom III, p. 130.
Vérone, *Veronense*, tom. III, p. 156.
Vienne, en Autriche, *Viennense*, tom. III, p. 186.
Vienne, en Dauphiné, *Viennense*, tome III, p. 61, 68, 99, 131, 135, 159, 205.
Vincent (de l'abbaye de Saint-), *Laudunense*, tom. III, p. 74.

W.

WESTMINSTER, *Westmonasteriense* ou *Londinense*, tom. III, p. 137, 138, 144, 151, 153, 166, 169.
Winchester, *Vintoniense*, tom. III, p. 52, 103, 108, 142, 143.
Windsor, *Vindsoriense*, tom. III, p. 131.
Winuwski, *Uniejoviense*, tom. III, p. 215.
Wurtzbourg, *Vurtzeburgense*, tom. III, p. 112, 140, 152, 193.
Worchester, *Wigorniense*, tom. III, p. 175.
Worms, *Wormatiense*, tom. III. p. 42, 53, 59, 68, 94, 107, 136, 138, 148.

Y.

YORCK, *Eboracense*, tom. III, p. 159, 214.

Z.

ZÈLE, *Zelense*, tom. II, p. 278.
Zeugma, *Zeugmatense*, tom. II, p. 296.

FIN DU QUATRIÈME VOLUME.

Nota. La disposition de l'ouvrage n'ayant pas permis de prolonger ce volume jusqu'à 500 pages, l'Editeur doit prévenir le Public que les tomes subséquents contiendront en plus l'équivalent des feuilles qui manquent à celui-ci. Il en sera usé de même dans tous les cas semblables qu'on ne pourra éviter.

www.ingramcontent.com/pod-product-compliance
Lightning Source LLC
Chambersburg PA
CBHW071901230426
43671CB00010B/1432